U0472957

潜艇结构腐蚀防护

Corrosion and Protection of Submarine Structures

方志刚　刘　斌　著

国防工業出版社

·北京·

图书在版编目(CIP)数据

潜艇结构腐蚀防护/方志刚,刘斌著.—北京:国防工业出版社,2017.5

ISBN 978-7-118-11301-3

Ⅰ.①潜… Ⅱ.①方… ②刘… Ⅲ.①潜艇结构-防腐 Ⅳ.①U672.7

中国版本图书馆 CIP 数据核字(2017)第 077767 号

※

国防工業出版社 出版发行

(北京市海淀区紫竹院南路 23 号 邮政编码 100048)

腾飞印务有限公司印刷

新华书店经售

*

开本 710×1000 1/16 **印张** 20¼ **字数** 342 千字

2017 年 5 月第 1 版第 1 次印刷 **印数** 1—2000 册 **定价** 98.00 元

国防书店:(010)88540777 发行邮购:(010)88540776

发行传真:(010)88540755 发行业务:(010)88540717

致　读　者

本书由中央军委装备发展部**国防科技图书出版基金**资助出版。

为了促进国防科技和武器装备发展，加强社会主义物质文明和精神文明建设，培养优秀科技人才，确保国防科技优秀图书的出版，原国防科工委于1988年初决定每年拨出专款，设立国防科技图书出版基金，成立评审委员会，扶持、审定出版国防科技优秀图书。这是一项具有深远意义的创举。

国防科技图书出版基金资助的对象是：

1. 在国防科学技术领域中，学术水平高，内容有创见，在学科上居领先地位的基础科学理论图书；在工程技术理论方面有突破的应用科学专著。

2. 学术思想新颖，内容具体、实用，对国防科技和武器装备发展具有较大推动作用的专著；密切结合国防现代化和武器装备现代化需要的高新技术内容的专著。

3. 有重要发展前景和有重大开拓使用价值，密切结合国防现代化和武器装备现代化需要的新工艺、新材料内容的专著。

4. 填补目前我国科技领域空白并具有军事应用前景的薄弱学科和边缘学科的科技图书。

国防科技图书出版基金评审委员会在中央军委装备发展部的领导下开展工作，负责掌握出版基金的使用方向，评审受理的图书选题，决定资助的图书选题和资助金额，以及决定中断或取消资助等。经评审给予资助的图书，由中央军委装备发展部国防工业出版社出版发行。

国防科技和武器装备发展已经取得了举世瞩目的成就，国防科技图书承担着记载和弘扬这些成就，积累和传播科技知识的使命。开展好评审工作，使有限的基金发挥出巨大的效能，需要不断地摸索、认真地总结和及时地改进，更需要国防科技和武器装备建设战线广大科技工作者、专家、教授，以及社会各界朋友的热情支持。

让我们携起手来，为祖国昌盛、科技腾飞、出版繁荣而共同奋斗！

国防科技图书出版基金
评审委员会

前　言

地球上71%的面积被海水覆盖,海洋及海底蕴藏着大量的矿产、石油、天然气和丰富的鱼类、海产资源,人类对自然的开发、利用和战略制高点的抢夺已逐渐从陆地走向海洋,21世纪是海洋世纪。开发、经略海洋,从海洋大国发展成为海洋强国是我国今后相当长时期内的国家战略工程。在这个庞大的工程中,包括对海洋资源勘探、开发、利用的海洋工程,物质交易运输的海运工程,护航舰船、守护岛屿的海监和海军工程等,金属材料起到了重要的作用。海水是自然界强腐蚀性介质,无论是海洋工程、海运工程还是海军舰船,只要是利用、开发海洋,就离不开与海水打交道,就避不开海水对材料的腐蚀问题。如何减少和控制海水对装备的腐蚀是管理者、设计者必须考虑的问题。随着人们对海洋认识程度的增加,开发和研究的重点也逐渐从浅海走向深海、从近海走向远海。对两极的开发利用已不遥远,深海探潜器已从当初的几百米逐渐发展到4000m、7000m,极少数国家科学家甚至可以利用深潜器下潜到超过10000m的海沟进行探索。所以我们对海洋腐蚀问题的研究也必须跟随人们对海洋追求的步伐,需要扩大研究视野,将关注的焦点和精力转移到深海工程的腐蚀问题上来。

潜艇是军事装备的一个重要组成部分,是人们和平利用、开发、探索海洋的重要保障。现在潜艇已经成为民用上开发、研究深海的器具之一,潜艇和潜器的功能将会在很大程度上重合,潜艇在民用上的用途也将会越来越广泛。海水对金属的腐蚀作用会随着海水温度、盐度的增加而加剧,所以在赤道附近海域的海洋和海工装备一般要比其他地区的腐蚀严重一些,长期航泊于海水中的舰船装备更是如此。潜艇不仅壳体有可能全部、长期浸泡在海水中,还有大量的为了节省耐压壳体内部空间而布置于舷外的设备、附体,腐蚀又要比水面舰船严重一些。恶劣环境(如南太平洋的“高温、高湿、高盐雾”环境)及深潜后使用条件(如海水压力增大)的联合作用,使潜艇的腐蚀问题更加复杂和严重。潜艇在交付使用一段时间后透水部位的艇体、系统、设备等都会出现较为严重的腐蚀问题,这种问题已影响到潜艇的安全性和装备的正常使用。

研究者发现,除腐蚀环境恶劣和材料耐蚀性有待提高外,防护涂料过早失效、牺牲阳极结壳失效、防护系统设计不当是造成潜艇腐蚀的主要原因。表面处理是防腐蚀方法的一种最常见的手段，大致可分为两大类，即金属表面处理技术和金属表面涂装技术，包括化学的、电化学的、物理的方法，诸如热喷涂、冷喷涂以及激光熔覆、热扩散、离子注入、气相沉积等方法。这些方法工程设计者都做过尝试，但是实际应用效果不理想。学术上较为一致的意见是，对全浸状态下流动结构的腐蚀防护运用这些"先进"的表面处理方法尚需谨慎，工程上这些表面处理方法还需要涂料进行"封闭"，而封闭层难以做到真正地对海水"绝对封闭"，流动的装备与海水中的氧充分交换造成喷涂覆盖层实际上沦为牺牲层。随着纳米技术的发展，金属基涂层微观孔隙小于海水分子，在技术上已能做到通过涂层的屏蔽作用抵御海水的侵蚀，但真正进入到装备实用还有待时日。同其他海洋装备一样，潜艇结构的腐蚀防护当今依然采用提高材料的耐蚀性、涂料保护、阴极保护以及结构优化设计等几种主要方式。

提高材料的耐蚀性(如选择钛合金作为潜艇壳体)是一个长期的、基础性的过程，是材料学和总体设计范畴。而涂层破损失效、牺牲阳极材料防护能力下降、阴极保护系统失效、结构设计不合理则是潜艇设计者应该认真思考的问题：其一，防腐蚀涂料快速破损、寿命短、防护效果差是引起腐蚀的基本原因。进一步分析认为，目前绝大多数国家没有针对潜艇的耐压防腐蚀涂料，没有针对于潜艇特殊使用环境和工况条件系统地进行防腐蚀涂料配套设计选型和性能评价方法研究，没有系统地开展涂料方面的维修性设计研究，以致于存在涂料配套体系选型设计不合理、档次偏低、施工工艺复杂且不完善等问题，涂料的防腐蚀能力不能适应潜艇发展的需要。其二，针对干湿交替环境的牺牲阳极材料防护性能下降、失效速度更快、潜艇结构防腐蚀涂层失效以后得不到有效保护也是原因之一。如果不是针对干湿交替、压力交变环境的阴极保护阳极材料，阳极在使用一段时间以后，结壳、失效、电流效率下降，金属结构处于欠保护状态，在海水环境中腐蚀速度会比平时更快。其三，由于潜艇上层建筑等舷间结构复杂，浸泡在海水中的金属种类多，阴极保护系统存在"电流屏蔽"现象，阴极保护系统处于失效状态，即使牺牲阳极材料本身可用时，局部结构也可能得不到保护而腐蚀速度比设计者预计要快得多。

经过多年深入调研、分析认为，潜艇腐蚀防护问题研究是一个特殊的领域，涂料破损的原因除受到海水介质中的水分子、氯离子等影响外，还有压力、氧、温度和海水中的盐度以及这些因素的交变与交互影响。在科学研究的范畴内，这与海油等海洋工程、水面舰船的防腐蚀问题都不类同，在这些领域取得的成功经验都不能完全被借鉴和参考。理论研究的缺乏造成产品研制和应用研究方向上的偏移，乃至引起装备应用过程中产品可靠性和适应性差。为此，一方面需要研究潜艇环境条件下涂料和牺牲阳极失效成因、失效机理，研究装备结构失效规律,研究如何在原材料选用和制作工艺上防止压力、氧、温度、盐度以及这些因素的交变影响,为指导研发耐蚀、高效防护产品打下理论基础;另一方面,需要在设计方面突破传统设计方法,开发有限元、边界元等优化设计模型,将整个潜艇结构作为一个"大系统"来对待,做到系统设计、兼顾局部,避免腐蚀防护设计中应尽量杜绝的局部快速腐蚀的"水桶短板"问题。

对于装备腐蚀防护工作者来说,一是需要研究如何解决现实问题。通过系统研究找出潜艇涂料失效、牺牲阳极失效的真正原因和主要影响因素,避免工程应用或学术上无休止的争论,乃至错误的设计选型造成装备质量的不稳定,影响装备的可靠使用。二是需要研究基础理论问题。潜艇处于一种特殊环境,有二维的海域腐蚀环境变化,有三维带压力的海水环境参数交变,还有使用因素带来的干湿交替环境变化,材料的腐蚀特性特别是防护材料的失效理论需要研究和突破。三是需要研究发展问题。随着消声瓦技术在潜艇上的使用和潜艇向更深的潜深发展,对潜艇材料性能、防腐蚀涂料和牺牲阳极保护材料的防护期效、压力海水条件下的防腐蚀性能提出了更高的要求,迫切需要对潜艇防护材料配套体系发展方向、科学的设计方法进行研究。

本书共8章,由方志刚主编,涉及5个方面:深海装备腐蚀研究科学问题的提出,结构材料腐蚀特性,涂层在压力海水环境的失效问题,牺牲阳极材料在干湿交替环境的失效问题,腐蚀控制系统的优化设计方法。第1、2、3章由方志刚、张波、刘斌撰写,以装备的典型腐蚀问题和基础结构材料在海水中的腐蚀特性为研究起点,提出了开展潜艇等深海装备腐蚀研究的3个主要的科学问题,即涂层失效、牺牲阳极材料失效、腐蚀控制系统失效的研究,以及这3个方面的失效控制;第4、5章由曹京宜、方志刚、刘斌、邵亚薇撰写,以模拟实海环境为手段,研究了防腐蚀涂层在压力海水和压力交变海水中的失效机理;第6章由方志刚、王洪仁、刘斌、管勇撰写,总结了实验室试验、实海试验数据,论述了牺牲阳极保护材料在干湿交替环境中的失效规律;第7章由黄一、方志刚、管勇撰写,描述了分块边界元在复杂结构阴极保护系统设计中的应用,阐述了牺牲阳极阴极保护系统的屏蔽效应;第8章由刘斌、黄一、方志刚撰写,阐述了基于BP人工神经网络结合分块边界元方法,设计优化布置多材料组成的复杂结构牺牲阳极阴极保护系统的方法。

装备腐蚀控制涉及腐蚀学、材料学和系统工程学。本书撰写的基础是团队多年持续研究成果的积累,团队核心研究人员先后有王虹斌研究员、李平教授、刘斌博士、管勇博士、董月成博士等,笔者一方面总结、提炼团队研究成果,一方面参考了文献中提到的国内外同行最近10年的最新研究进展;在涂层失效研究方面得到海军涂料检测分析中心、哈尔滨工程大学、中国科学院腐蚀与防护国家实验室的支持，材料腐蚀特性研究方面得到青岛海洋腐蚀研究所的支持，牺牲阳极材料失效研究方面得到海洋腐蚀与防护国防重点实验室的支持，牺牲阳极阴极保护系统优化设计研究方面得到大连理工大学船舶学院的支持；上级机关的课题支持，敖晨阳、刘云生等管理者合理的工作安排，为本书的撰写创造了好的条件，在此一并表示感谢。

潜艇等深海装备的腐蚀控制技术属于腐蚀学科前沿领域，深海工作站、深海探测器等进入到人们视野的时间还非常短，许多深海环境还处于未知领域，关于深海装备、材料、腐蚀防护的许多基础理论还有待更进一步的探索，如同浩瀚而深邃的大海一样，深海装备的腐蚀研究有着广阔的空间。本书的主要目的是做一块“砖”，希望能为装备总体设计者和材料研发人员起一个“抛砖引玉”的作用，为专注于开发研制耐深海腐蚀的结构材料、耐压力交变的防护涂层和既在深海环境中性能优异又能兼顾干湿交替环境作用的阴极保护材料的人们提供一种思想、一种思考方法，这样我们就很满足了。

受水平、基础和条件所限，书中不足在所难免，敬请读者批评指正。

方志刚

2017 年 1 月

目　　录

Contents

第1章　舰艇腐蚀与控制概论

1.1　腐蚀基础

金属发生腐蚀其实是金属一种自发的趋势。在自然界中，只有少数几种金属如金、银、铂等有单质存在，大多数金属都是以化合物，即矿石状态存在。这是因为以这种状态存在最稳定，这称为热力学稳定状态。当金属冶炼成为单质以后，就处于热力学不稳定状态。由热力学不稳定状态向稳定状态的转变是自发过程，因此，可以说金属发生腐蚀是必然的过程，只能采取一些措施减缓腐蚀过程的速度，但不能完全阻止。

尽管人们花费很大力气把金属矿石开采出来，利用各种冶金手段，还原成金属单质，并加工成金属结构和各种制品。但是在使用过程中，它们还会与周围环境介质发生反应，重新形成化合物，这个返回原始状态的过程就是腐蚀。

1.1.1　腐蚀概念

例如钢铁材料，它们是从含氧化铁和四氧化三铁的矿石冶炼出来的，又很容易与氧化合再回到矿石状态，红褐色的铁锈主要成分就是氧化铁和四氧化三铁，它们与铁矿石没有太大区别，见图1.1。

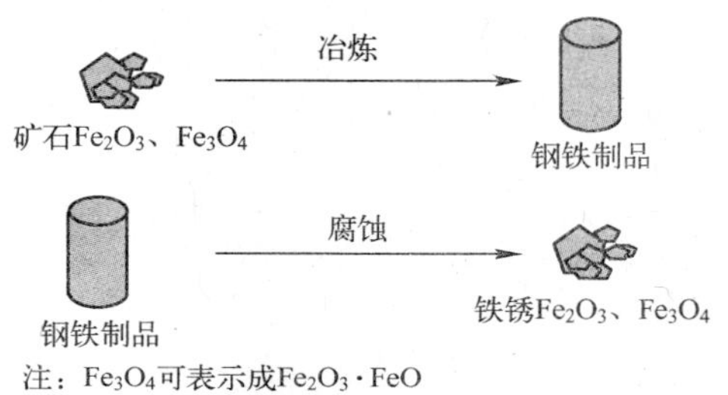

图1.1　金属的冶炼与腐蚀

在海水和海洋大气中，钢铁变成腐蚀产物——矿石状态是有一个过程的，大体过程是：金属晶格中的原子（实质上是金属晶格中的离子）先在电解质中溶解,变为水化离子,一般情况下水化离子继续发生变化再形成化合物。

金属腐蚀是一个十分复杂的过程。首先,环境介质的组成、浓度、压力、温度、pH 值等千差万别;其次,金属材料的化学成分、组织结构、表面状态等也是各种各样的;再次,由于受力状态不同,也可能对腐蚀过程产生不同的影响。所有这些因素的变化造成了金属腐蚀机理的变化、腐蚀的形态及腐蚀速度的差异等。因此,也就存在着各种不同的腐蚀类型及分类方法。

1.1.2 腐蚀类型

根据腐蚀过程进行的历程、机理不同,可以把腐蚀分为两大类,即电化学腐蚀和化学腐蚀。

金属的电化学腐蚀是指金属表面与离子导电的介质因发生电化学作用而产生的破坏。腐蚀过程中有电流产生,以电池的形式进行。例如,钢铁材料、铝合金、铜合金等在潮湿的大气、土壤及海水中的腐蚀都是电化学腐蚀。

化学腐蚀是指金属表面与非电解质直接发生纯化学作用而引起的破坏。其反应历程的特点为:在一定条件下,非电解质中的氧化剂直接与金属表面的原子相互作用而形成腐蚀产物,即氧化还原反应是在反应粒子相互作用的瞬间于碰撞的那一个反应点上完成的。这样,在化学腐蚀过程中,反应中电子的传递是在金属与氧化剂之间直接进行的,因而没有电流产生。例如钢铁的高温氧化,铝在四氯化碳、三氯甲烷或乙醇中,镁和钛在甲醇中,金属钠在氯化氢气体中等皆会发生化学腐蚀。上述介质往往因含有少量水分而使金属的化学腐蚀转为电化学腐蚀。

金属在电解质中的腐蚀是一种电化学腐蚀过程,它具有一般电化学反应的特征。电化学过程就是说腐蚀是通过电极的电化学反应来完成的,整个过程是一个腐蚀电池过程。在这个电池中,在金属与电解质界面的不同部位会形成两个耦合的电极反应:金属失去电子的阳极反应(氧化)及氧化剂得到电子的阴极反应(还原),在金属内部及电解质中会形成电流。

腐蚀形态的各种形式见图 1.2。根据产生腐蚀的环境状态,可以将腐蚀分类如下:

(1) 在自然环境中的腐蚀,如大气腐蚀、土壤腐蚀、海水腐蚀、微生物腐蚀。

(2) 工业环境介质中的腐蚀,如在酸性溶液中的腐蚀、在碱性溶液中的腐蚀、在盐类溶液中的腐蚀、在工业水中的腐蚀。

根据腐蚀形态及表面特征又可将腐蚀分为全面腐蚀与局部腐蚀两类:

(1) 全面腐蚀,又分为均匀的全面腐蚀和不均匀的全面腐蚀。

(2) 局部腐蚀,又分为电偶腐蚀(或称异种金属接触腐蚀)、点腐蚀(孔蚀)、缝隙腐蚀、晶间腐蚀、选择性腐蚀、丝状腐蚀、剥蚀。

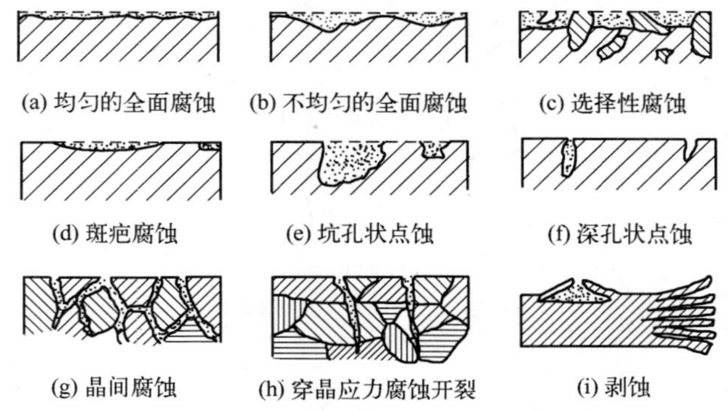

图1.2　腐蚀形态的各种形式举例

另外，在力学和环境因素共同作用下的局部腐蚀还包括：

① 氢损伤：氢脆；氢鼓泡；氢腐蚀；

② 应力腐蚀断裂；

③ 腐蚀疲劳；

④ 磨蚀（包括冲蚀、湍流腐蚀、空泡腐蚀）；

⑤ 微振腐蚀。

下面就几个典型概念进行描述。

（1）全面腐蚀。全面腐蚀是指腐蚀分布在整个金属表面上，全面腐蚀按其表面各部位腐蚀程度比较可分为均匀的或不均匀的。如果金属的材质和腐蚀环境较为均一，腐蚀不仅分布于整个表面，且以相同速度进行，就是均匀腐蚀。通常以均匀腐蚀速度来表示腐蚀进行的快慢。腐蚀速度常以失重或失厚表示。

全面腐蚀的电化学过程特点是腐蚀原电池的阴、阳极面积非常小，甚至用微观方法也无法辨认出来，而且微阳极与微阴极的位置是变幻不定的，因为整个金属表面在溶液中都处于活化状态，只是各点随时间（或地点）有能量起伏，能量高时（处）为阳极，能量低时（处）为阴极，这样使金属表面都遭受腐蚀。

全面腐蚀往往造成金属的大量损失，但从技术观点来看，这类腐蚀并不可怕，不会造成突然事故。尤其是均匀腐蚀，其腐蚀速度较易测定，在工程设计时可预先考虑应有的腐蚀裕量，防止设备过早的腐蚀破坏。均匀腐蚀的监测也比较容易。

（2）局部腐蚀。局部腐蚀是相对全面腐蚀而言，其特点是腐蚀仅局限或较集中于金属的某一特定部位，而表面的其他部分则几乎未被破坏或腐蚀较轻。

局部腐蚀在实质上也是以一种较宏观的腐蚀电池形式在运作。各种局部腐蚀其阳极和阴极区一般都可以截然分开,其位置可用肉眼或微观检查的方法加以区分和辨别;腐蚀电池中的阳极反应和阴极反应可以在不同区域发生,而次生腐蚀产物又可在第三地点形成。

局部腐蚀实际上又分许多种不同的形式,如点蚀、缝隙腐蚀、选择性腐蚀、晶间腐蚀、应力腐蚀、腐蚀疲劳、流体中的冲蚀、湍流腐蚀、空泡腐蚀等。局部腐蚀的危害要大于均匀腐蚀,要特别注意防止。

(3) 点蚀。在金属表面的局部区域,出现向深处发展的腐蚀小孔,其他区域不腐蚀或腐蚀轻微,这种腐蚀形态称为小孔腐蚀,简称孔蚀或点蚀。

点腐蚀(孔蚀)是一种腐蚀集中于金属表面的很小范围内,并深入到金属内部的蚀孔状腐蚀形态,一般是直径小而深度深。蚀孔的最大深度和金属平均腐蚀深度的比值称为点蚀系数。点蚀系数越大表示点蚀越严重。点蚀是一种破坏性和隐患较大的腐蚀形态之一,是船舶及海洋工程、化工生产中经常遇到的腐蚀现象。

点蚀也是一种较宏观的腐蚀电池:其孔外是阴极,而孔内是阳极并保持高度的活化,一般情况下是大阴极小阳极,所以蚀孔的扩展速度很快。一个较深的蚀孔必然处于一种较闭塞的状态,故而这种形态的腐蚀电池也称"闭塞电池"。

1.1.3 舰船腐蚀的分类和破坏形态

金属和它所处的环境介质之间发生化学、电化学和物理作用而引起的变质和破坏称为金属腐蚀。海水是自然界中数量最大,并且具有很强腐蚀性的天然电解质。舰船的主体是由各种各样的金属构成的,航行于海洋中会遭受各种各样的腐蚀。

舰船腐蚀从腐蚀外观上看,可分为全面腐蚀和局部腐蚀。全面腐蚀也称均匀腐蚀,腐蚀反应在不同程度上分布在整个或大部分金属表面,宏观上难以区分出腐蚀原电池的阴极和阳极区域。全面腐蚀分布较均匀,危害较小。

局部腐蚀即非均匀腐蚀,腐蚀反应集中在局部表面上。局部腐蚀中最明显而且对船舶影响较大的有点腐蚀、缝隙腐蚀、电偶腐蚀、应力腐蚀、腐蚀疲劳、晶间腐蚀、冲刷腐蚀、空泡腐蚀、杂散电流腐蚀和微生物腐蚀。以下主要介绍舰船材料极易遭受的以上几种局部腐蚀。

1. 点腐蚀

点腐蚀简称点蚀,又称小孔腐蚀或孔蚀。它发生在金属表面极为局部的区域内,造成洞穴或者坑点并向内部扩展,甚至造成穿孔,是破坏性和隐患最大的腐蚀形态之一。

点腐蚀发生于易钝化的金属,如不锈钢、钛、铝合金等,这些金属表面虽然能够生成保护性钝化膜而减轻腐蚀，但也表面往往存在局部缺陷，如错位、划痕及夹杂物等，当溶液中存在破坏钝化膜的活性离子（主要是卤素离子）与配位体时，容易造成钝化膜的局部破坏，此时，微小破口处暴露的金属成为阳极，周围钝化膜成为阴极，阳极电流高度集中使腐蚀迅速向内发展，形成孔蚀（图 1.3 给出的是铝点蚀成长的电化学示意图）。蚀点有时彼此孤立，有时则彼此靠得很近。上面常覆盖着腐蚀产物，因此不易检查出来。在蚀点附近，金属的阳极溶解快，形成腐蚀坑穴，并逐渐向深处发展，最后穿透金属。

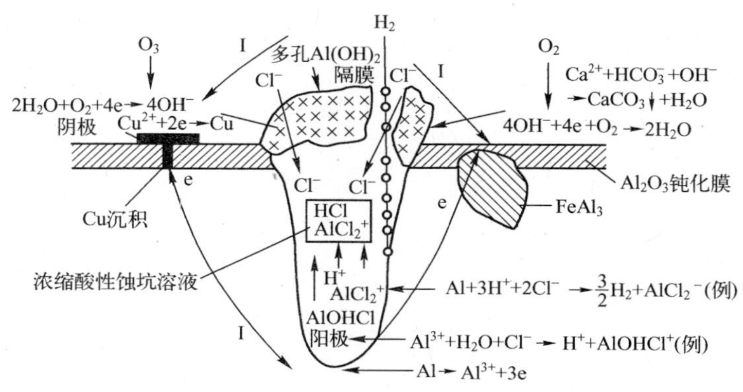

图 1.3　铝点蚀成长示意图

据实海暴露试验及相应文献显示，海洋环境全浸条件下碳钢、低合金钢试样，在不到一年的暴露时间内，试件表面就产生了相当数量的宏观蚀点。实船统计资料表明，船舶结构某些区域，如易积水的舱底板区、海水管道，散货船货舱区肋骨区及水下推进器不锈钢叶片等，点蚀是主要的腐蚀形貌之一。例如：散货船货舱区肋骨易遭受严重点蚀，某些部位蚀坑直径甚至可达 50mm 左右。而船舶各类管道、液舱板结构由严重点蚀引发的穿孔事故也屡见不鲜。

2. 缝隙腐蚀

当金属表面上存在异物或者结构上存在缝隙时，由于缝内溶液中电解质迁移困难所引起缝隙内金属的腐蚀，总称为缝隙腐蚀。几乎在所有介质中均可发生缝隙腐蚀，尤其在含有 Cl^- 的介质中。对于依靠氧化膜或钝化层来维持耐蚀性的不锈钢，最易受到缝隙腐蚀。

图 1.4 是典型的缝隙腐蚀示意图，在起始阶段由于缝隙内充氧充分，所以在缝隙区域金属腐蚀较为均匀。随着缝隙内的氧逐渐被耗尽，由于缝隙狭小，外部氧向缝内扩散困难，形成了氧浓差电池。缝隙外部为阴极，缝内为阳极，金属腐蚀加速。

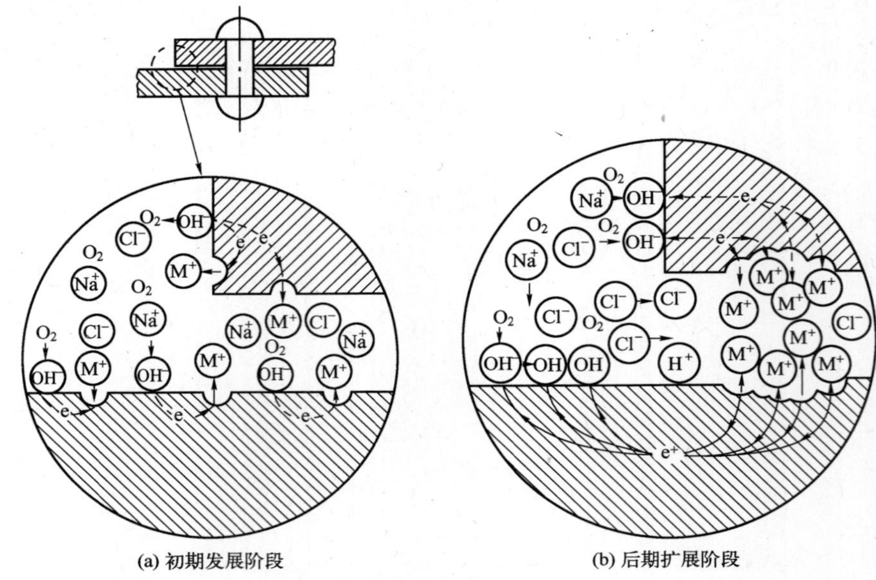

(a) 初期发展阶段　　(b) 后期扩展阶段

图 1.4　缝隙腐蚀示意图

造成缝隙腐蚀的条件有:①金属结构的铆接、焊接、螺纹连接等;②金属与非金属的连接,如金属与塑料、橡胶、木材、石棉、织物等,以及各种法兰盘之间的衬垫;③金属表面的沉积物、附着物,如灰尘、沙粒、腐蚀产物的沉积等。

缝隙腐蚀的特征:①可发生在所有金属与合金上,特别容易发生在靠钝化而耐蚀的金属及合金上;②介质可以是任何侵蚀性溶液,酸性或中性,而含有氯离子的溶液最易引起缝隙腐蚀;③与点蚀相比,对同一种合金而言,缝隙腐蚀更易发生,在 $E_b \sim E_p$ 电位范围内,对点蚀讲,原有点蚀可以发展,但不产生新的蚀孔;而缝隙腐蚀在该电位区内,既能发生,也能发展。缝隙腐蚀的临界电位要比点蚀电位低。

3. 电偶腐蚀

异种金属在同一电解质溶液中接触(或用导线连接),由于金属各自的电势差异构成腐蚀电池,使得电势较低的金属腐蚀加重、电势高的金属腐蚀减轻,这种腐蚀称为电偶腐蚀,又称接触腐蚀,或称异金属腐蚀。

舰船构件中发生异种金属接触腐蚀的情况有以下几种:①结构钢与铜、钛、不锈钢等高电位金属接触;②铜等材料的腐蚀产物遗留在钢、铝合金表面;③水密填料和涂漆中含有铅、汞、铜与铝合金、结构钢的接触等。

4. 应力腐蚀

金属和合金在腐蚀与拉应力的同时作用下产生的破裂,称为应力腐蚀开裂(SCC)。这是一种最危险的腐蚀形态,但它只有在一定条件下才能发生:一是有一定的拉应力；二是有能引起该金属发生应力腐蚀的介质；三是金属本身对应力腐蚀敏感。如海水中的奥氏体不锈钢、硫化氢污染海水中的低合金钢、氨污染海水中的铜合金等常有应力腐蚀现象出现。图 1.5 为被氧化物覆盖的金属的应力腐蚀示意图。一般认为纯金属不会发生应力腐蚀，含有杂质的金属或是合金才会发生应力腐蚀。

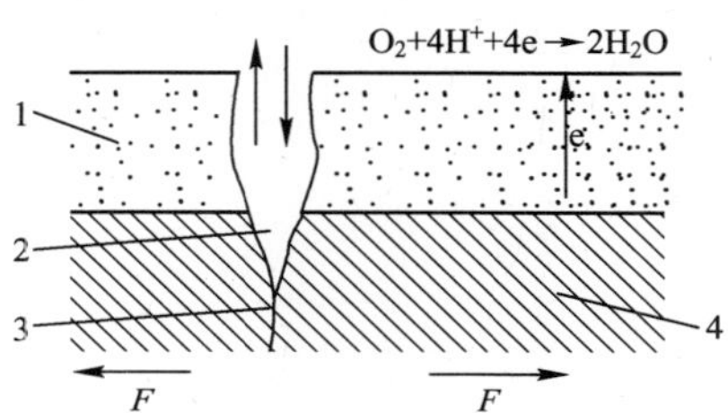

图 1.5 典型的被氧化物膜覆盖的金属应力腐蚀示意图

1—氧化物层；2—酸性溶液；3—晶界或滑移面；4—金属；F—拉应力。

应力腐蚀是一种复杂的腐蚀现象，即在某一特定介质中，材料不受应力时腐蚀甚微；而受到一定拉伸应力时（可远低于材料的屈服极限），经过一段时间甚至延伸性很好的金属也会发生脆性断裂。由于这种脆断没有明显的征兆，所以往往会造成灾难性的后果。

裂缝形态有两种，沿晶界发展的晶间型（如黄铜的“季裂”）和缝穿晶粒的穿晶型（如不锈钢的碱脆）。应力腐蚀断裂是一种典型的滞后破坏。应力腐蚀裂纹主要特点是：裂纹起源于表面；裂纹的长宽不成比例，相差几个数量级；裂纹扩展方向一般垂直于主拉伸应力的方向；裂纹一般呈树枝状；裂纹扩展速度一般为 10^{-6} ~ 10^{-3}mm/min，比均匀腐蚀要快大约 10^6倍，但仅约为纯机械断裂速度的 10^{-10}。

5. 腐蚀疲劳

腐蚀疲劳是指材料或构件在交变应力与腐蚀环境的共同作用下产生的脆性断裂，是材料在循环机械载荷和腐蚀介质的联合作用下的一种破坏形式。迄今，人们发现即使是抗腐蚀性能很好的金属材料（如不锈钢），也会在像自来水这样的“无害”介质中发生腐蚀疲劳。交变应力与腐蚀环境共同作用所造成的破坏要比单纯的交变应力造成的破坏（疲劳）或单纯的腐蚀作用造成的破坏严重得多。船舶推进器、涡轮及涡轮叶片等常出现这种破坏。

6. 晶间腐蚀

晶间腐蚀是在晶粒或者晶粒本身未受到明显腐蚀的情况下，发生在金属或合金晶界处的选择性腐蚀。晶间腐蚀会导致强度和延展性的剧降，因而会造成金属结构的损坏，引发事故。晶间腐蚀的原因是在某些条件下晶界比较活泼，若晶界处存在杂质或者合金偏析,如铝合金的铁偏析、黄铜的锌偏析、高铬不锈钢的碳化铬偏析等都容易引起晶间腐蚀。

奥氏体不锈钢是船用级不锈钢,它含有8%的镍和18%的铬。当焊接时,焊缝两侧2~3mm处可被加热到400~910℃,在这个温度下,晶界的铬和碳易化合形成Cr_3C_6,铬从固溶体中沉淀下来,晶粒内部的铬扩散到晶界很慢,晶界就形成了贫铬区,在某些电解质溶液中就形成了“碳化铬晶粒(阴极)—贫铬区(阳极)”电池,使晶界贫铬区腐蚀,如图1.6所示。

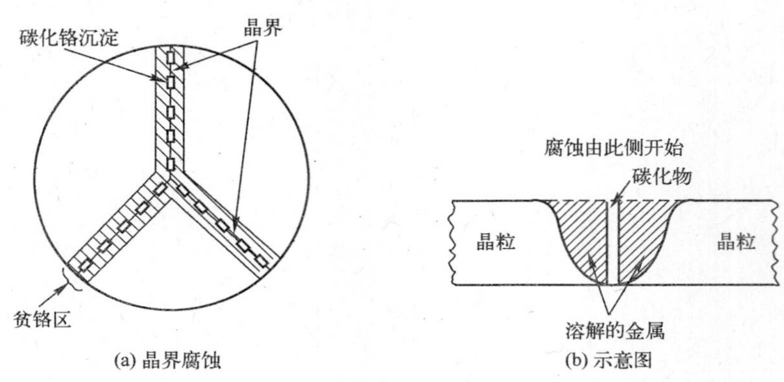

(a) 晶界腐蚀 (b) 示意图

图1.6 不锈钢的晶界

7. 冲刷腐蚀

冲刷腐蚀是在湍流或者冲击液流的作用下,金属的某些部位发生的局部磨损腐蚀。湍流使金属与介质的接触更加频繁,不仅加速了电解质的供应和腐蚀产物的转移,而且也增加了力学因素,即金属与液体之间的剪切应力,这种剪切应力会将腐蚀产物从金属表面撕拉开并冲走;而液体冲击金属表面,在固态悬浮颗粒(如沙子)的作用下,剪切力矩会增大,加速金属腐蚀。

影响冲刷腐蚀的因素有很多,主要有水流速度、水体中固体颗粒物、金属材料本身性能、水温、pH值和水体的含氧量。冲刷腐蚀大多发生在叶轮、螺旋桨、泵、搅拌器、离心机、多种管道的弯曲部位。物体槽、沟、波纹、圆孔和山谷型处最易腐蚀,还常发现方向性。

金属和合金的化学成分、耐蚀性、硬度和冶金过程都影响材料的耐冲刷腐蚀性能,其中化学成分是最重要的因素,例如铝黄铜的耐冲刷性就比黄铜高,高硅铁的耐冲刷性比普通铸铁好。有研究比较了不同条件下金属的抗冲刷能力,结果发现这些合金的耐冲刷性能可以分为3类:①金属钛合金、镍合金在整个测试流速范围内表面均能形成致密的保护膜,有很好的抗冲刷腐蚀能力;②不锈钢、镍镉合金在中流速和高流速条件下能形成保护膜,有很好的防护能力,但是在低流速下，不形成保护膜，抗冲刷能力较差；③铜合金在低流速下能形成保护膜，但在高流速下，保护膜被冲走。

8. 空泡腐蚀

空泡腐蚀是指液体在高流速时，由于气泡的产生和破灭，对所接触的结构材料产生水锤作用，其瞬间压力可达上千大气压①，能将金属表面的腐蚀产物膜和衬里破坏，使之不断暴露新鲜表面而造成的腐蚀破坏，如图1.7所示。空泡腐蚀只发生在高速的湍流状态下，特别是液体流经形状复杂的表面及液体压强发生很大变化的场合，如水轮机叶片、螺旋桨、泵的叶轮、阀门及换热器的管路等。

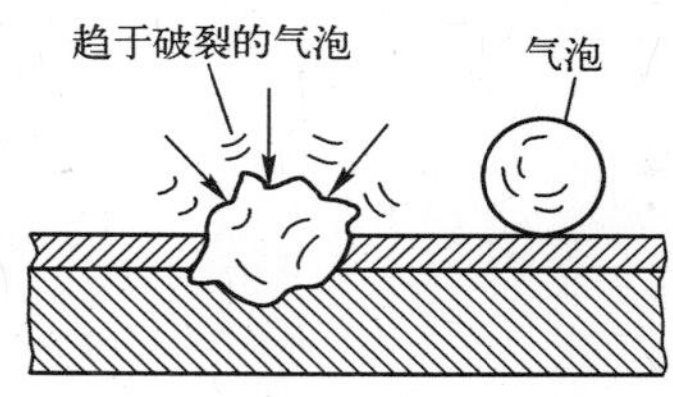

图1.7　空泡腐蚀的示意图

9. 杂散电流腐蚀

杂散电流腐蚀又称电腐蚀，是外来电流引起的腐蚀，与电解、电镀相似。船舶杂散电流腐蚀也是电化学腐蚀的一种。产生杂散电流腐蚀应同时具备3个条件，即电源、电解质和两个电极。船舶遭受杂散电流腐蚀的原因有两个：一是由于电焊机电流的泄漏；二是由于在船舶所在的区域存在一个有电位梯度的电场。

10. 生物腐蚀

由材料表面生物膜内的微生物生命活动引起或促进材料的腐蚀和破坏称为微生物腐蚀（MIC）。材料微生物腐蚀的大量研究表明，几乎所有常用材料都会产生由微生物引起的腐蚀。舰船的微生物腐蚀主要集中在舰船海水冷却器和底舱中的微生物污损和腐蚀。舰船生物腐蚀含水线以下船体外表面海生物污损和舱内的微生物腐蚀。水线以下船体外表面海生物污损如图1.8~1.10所示。

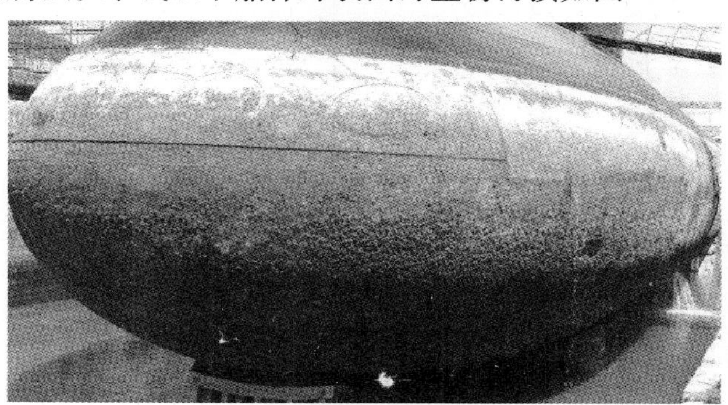

图1.8　潜艇的水下污损

① 1大气压=101.325kPa。

图 1.9 螺旋桨的污损

图 1.10 海底门格栅的污损

微生物腐蚀通常是由于生物膜内微生物的存在和活动而产生的腐蚀,相关微生物活动的电化学反应表明微生物加速了材料腐蚀过程的局部反应速率或者改变了其腐蚀机制,目前公认的微生物腐蚀机制主要是形成氧浓差电池腐蚀机制、微生物产酸腐蚀机制和硫酸盐还原菌的腐蚀机制。

1.2 腐蚀控制概论

1.2.1 金属发生腐蚀的条件

由于腐蚀形式及种类繁多,发生腐蚀的条件也相应地很多。这里仅就电化学腐蚀讲述金属发生腐蚀的基本条件:

(1) 环境条件:金属表面存在适合于该种金属发生电化学腐蚀反应的介质,或者说是电解质溶液,一般为水溶液。适合该金属发生电化学腐蚀反应的介质是指溶液中存在一种或多种氧化剂,它们有能力夺取(或称得到)金属变为水化离子溶解后所给出的电子。从电化学腐蚀的原理上讲,金属原子失去电子变为水化离子的氧化反应(阳极反应)会在金属与溶液界面之间建立一个电位;而氧化剂得到电子的还原反应(阴极反应)也有一个电位。这两个反应耦合,还原反应的电位高于金属发生氧化反应的电位,则金属就会发生腐蚀。例如,铁或锌在稀硫酸或盐酸中,则酸中有可以得电子的氢离子,氢离子得电子的阴极反应,其电极电位高于铁、锌等失去电子的阳极反应的电位,则铁或锌在稀硫酸或盐酸中会发生腐蚀。然而对于铜来说,如果酸中没有氧,则由于氢离子得电子的阴极反应的电极电位低于铜失去电子反应的电位,则氧化剂氢离子就不能得到铜的氧化反应所给出的电子,腐蚀就不会发生。但是如果酸中有较多的氧,则氧得电子的反应所建立的电位较铜失去电子反应的电位正,则铜也会发生腐蚀。在海水中，铁、锌、铝、铜等都会发生腐蚀，这是由于海水中有氧的缘故。蒸汽动力舰用锅炉的锅水、核反应堆一回路与二回路水都要进行除氧处理，就是为了消除水中可引起设备发生腐蚀的氧化剂。

（2）金属自身条件：金属在所处的介质中，其表面原子能够失去电子变为水化离子，这个条件的本质是，金属原子在其固体晶格上的能量（吉布斯自由能）比水化离子的能量高，有离子化趋势，故而可失去电子变为水化离子。

要满足上述转化过程还要有个表面状态的条件，即金属部件与介质接触部位有裸露的活化表面。这个条件比较容易理解。腐蚀是发生在金属表面，金属部件周围有腐蚀介质，但是表面如果存在有相当绝缘效果的隔离层，则腐蚀就不会发生，或进行得极其缓慢。如金属表面有保护效果很好的涂层，或金属表面进行了阳极氧化或钝化处理，有很好的一层保护膜，则都会有效地阻止或减缓腐蚀。

然而，在金属部件整体有涂层或保护膜的条件下，局部表面甚至是微小的局部表面保护层（膜）发生了破坏，局部就要发生腐蚀，而且局部破坏部位的腐蚀速度可能更快。金属部件表面发生局部裸露的原因很多，有些是结构设计原因，如结构缝隙，海水进入缝隙造成缝隙内的金属表面局部活化；有时表面保护层（膜）遭到机械损伤；也有可能是逐渐发展的腐蚀破坏，如不锈钢发生应力腐蚀时，尽管不锈钢部件整体表面有保护膜且基本完好，其应力腐蚀裂纹前端却裸露出高度活化的微区而发生快速的腐蚀溶解。

（3）电位－pH条件：在有合适的电解质及金属有裸露表面的条件下，金属发生腐蚀还要考虑其电位－pH条件，具体说就是在一定pH值的电解质溶液中，金属的电位必须处于相应的腐蚀电位区，才能发生腐蚀。

需要说明的是，在没有外界进行电位干涉情况下，金属裸露的活化表面处于适合于腐蚀的电解质溶液中，则一般情况下，其自然就会符合发生腐蚀的电位－pH条件。但是有时可以人为地改变金属部件的电位，使金属腐蚀速度发生改变，甚至可以避免腐蚀的发生，如对腐蚀部件进行阴极保护，使金属的电位降至免蚀区，从而破坏了发生腐蚀的条件，金属得以免蚀。有些金属的免蚀电位会随着溶液的pH值发生变化，因此，我们将该条件明确为电位－pH条件。图1.11所示为铁－水系的电位－pH图，它标明了铁发生腐蚀、钝化及免蚀的电位－pH条件。

（4）有些特殊的腐蚀在满足上述基本条件外还需要特殊的条件。如电偶腐蚀，它需要的特殊条件是：异种金属接触部位发生电导通；两种金属表面都与电解质溶液直接接触；两种金属的电位值存在较明显的差异。如果其中高电位金属换成可导电的且电位较高的非金属（如石墨）或化合物相，也会发生电偶腐蚀。

再如应力腐蚀,除了金属自身条件及配合的介质条件外,还需要拉应力的存在。

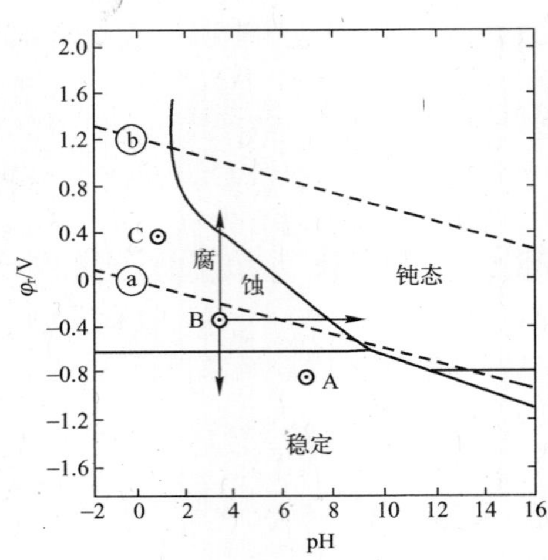

图 1.11 铁－水系的电位－pH 图

1.2.2 舰艇腐蚀原因

舰艇在海水中的全面腐蚀是由环境和材质造成的。局部腐蚀产生的原因很多,也很复杂,并且依局部腐蚀的类型不同而有所差异。总地来看,舰艇上发生的局部腐蚀大体与以下几个方面的原因有关:

1. 材料因素

如选材不当、材料不耐蚀、材料加工工艺不当。例如,早期有些接触海水设备选用的不锈钢为普通不锈钢,在海水中易产生点蚀,实际上应当选用含钼的耐海水腐蚀不锈钢。见图 1.12 右上,普通不锈钢 2Cr13 早已烂穿,含 Mo 的不锈钢基本上安然无恙,见图 1.12 右下。

2. 设计因素

包括结构设计与连接、装配工艺设计、工况参数设计等。例如,不开流水孔导致积水,就会使船体结构发生全面腐蚀或局部坑孔腐蚀。单面焊、间断焊,易人为地造成结构缝隙,引发缝隙腐蚀;异种金属连接部位未进行绝缘设计,或进行了绝缘设计但装配施工工艺不当造成了电偶腐蚀;海水管系的流速设计过大导致发生冲蚀和湍流腐蚀。如图 1.13 所示,海水过滤器滤网为铜质,滤器壳体为钢质,导致滤器壳体腐蚀穿孔。

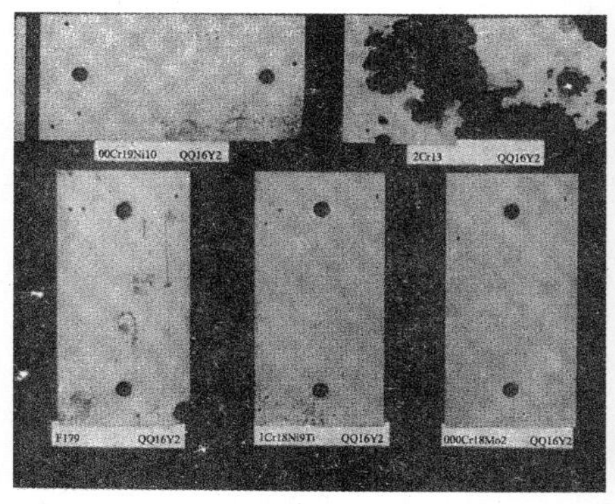

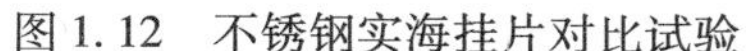

图 1.12　不锈钢实海挂片对比试验

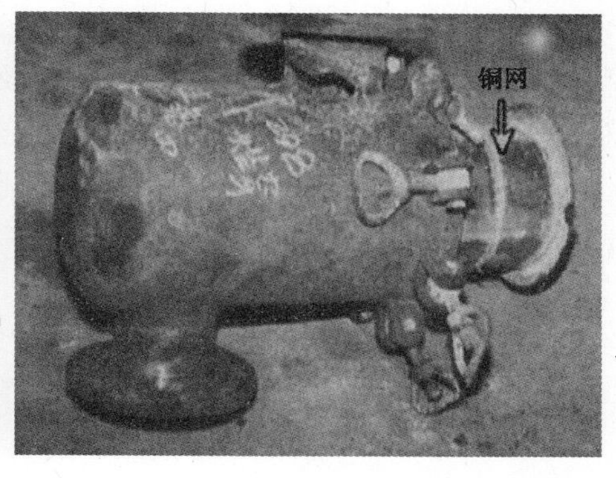

图 1.13　海水过滤器壳体腐蚀穿孔

3. 防护措施不当

涂装工艺不规范、不严格，涂层保护差或保护期效短，海生物大量附着，阴极保护电位不足或保护过度等都会造成局部涂层失效，导致船体出现坑疤腐蚀或孔蚀。如图 1.14 所示，防污漆期效短，海生物附着导致船体发生坑孔腐蚀。

4. 使用管理不当

如未按时添加缓蚀剂，致使柴油机缸套发生穴蚀；恒电位仪不按时开机，或经常停机，牺牲阳极未及时更换或临时悬挂，舱底失落杂物未及时清理等都会使船体得不到有效保护，而发生腐蚀。图 1.15 所示为螺帽掉在舱底钢板表面上形成缝隙腐蚀和电偶腐蚀。

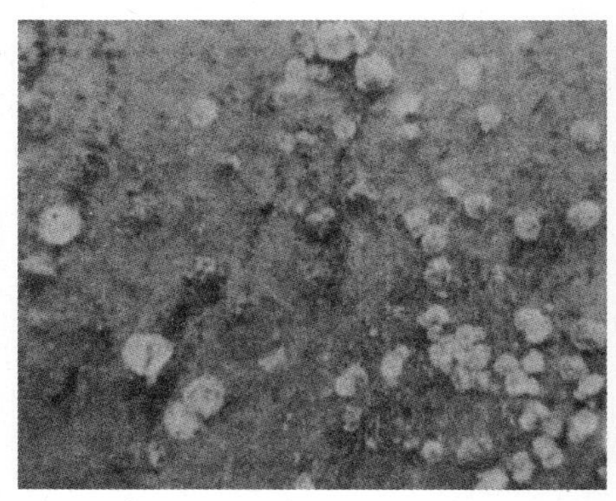

图 1.14　海生物附着导致艇体发生坑孔腐蚀

图 1.15　螺帽掉在舱底钢板表面上形成缝隙腐蚀

5. 生产工艺与维修施工工艺不当

如换热器传热管加工时未消除应力，使用中发生应力腐蚀开裂；弯头弯曲半径过小、焊缝突出、法兰连接不对中，造成湍流而引发湍流腐蚀。焊接工艺不当造成的局部腐蚀也很多,如焊渣、飞溅未清除,造成局部涂层易破损,引发局部点蚀。焊缝的沟状腐蚀在舰艇上,尤其是服役寿命较长的舰艇上很常见,其原因多而复杂,如咬边会引起缝隙腐蚀,焊缝－热影响区－母材之间还会因成分与组织差异而发生电偶腐蚀。不锈钢焊缝还会因成分不均或晶间偏析及析出相而引发晶间腐蚀。更为严重的是,不规范的焊接施工引起杂散电流腐蚀,使船体产生大量的局部腐蚀穿孔。

1.3 潜艇结构腐蚀及控制技术研究动态

1.3.1 外国海军的腐蚀防护概况

由于腐蚀是海军舰艇结构和设备最主要的损坏形式,因此多年来各国一直在不懈地进行防腐蚀研究。目前,美、德、英、法、俄等国海军已制定有专门的标准,并将防腐防漏控制工作纳入到舰船的论证、设计、建造、使用和修理等全过程。自20世纪50年代以来,美、苏/俄海军开展了大量的舰船防腐蚀基础研究和耐蚀材料等应用技术研究,目前其舰船防腐防漏控制水平均居世界前列。美国建立了大规模、配套齐全、技术先进的多个材料腐蚀试验场所,对其海军装备材料进行长年的腐蚀研究,但由于腐蚀问题的普遍性和复杂性,大型舰船尤其是航空母舰的腐蚀仍然是美国海军面临的首要技术问题。

2002年,美国国会议员团在环太平洋地区进行例行检查中发现,军用设备及其基础设施普遍存在严重的腐蚀问题,在造成巨大经济损失的同时,对安全性和战备完好性也造成严重影响。为此,美国国会责成总审计局(GAO)对武器装备腐蚀状况进行全面评估。GAO在2003年向国会提交的报告中指出,美军装备及基础设施由腐蚀造成的年直接损失约200亿美元,构成武器系统全寿命周期费用的最大部分。至2014年,美国海军每年腐蚀损失约70亿美元,10余年来,其腐蚀预算占据维修费用的25%至33%。2004年11月,美国国防部腐蚀政策和监督办公室完成并发布了长达118页的《腐蚀预防和减缓战略计划》,制定了武器装备及其基础设施腐蚀防护的长期战略。目前,此战略已实施超过10年的时间,对于降低美军舰船装备的腐蚀发挥了重要作用。

国际上普遍采用在典型自然环境中建立自然环境试验站(场)的方法,通过材料和产品的自然环境试验,了解各类自然环境的严酷度与特性,掌握材料和产品在各类自然环境中的适应能力与变化规律,以及自然环境因素变化对材料和产品性能所带来的综合影响等。自然环境试验是材料和产品发展的重要溯源性技术基础,是评价材料和产品内在质量的重要手段。环境试验和研究获得的数据与规律，准确可靠，接近使用实际，对于产品合理选材，正确选择防护措施，延长产品使用寿命，减少经济损失是十分重要的。

从20世纪初，美国等工业发达国家就已经通过建立水环境腐蚀试验暴露装置和站点，进行材料在海水等自然水环境中的腐蚀试验和研究，积累腐蚀数据，掌握材料在水环境中的腐蚀行为和规律，为工程设施的合理设计、选材、有效防护及研制新耐蚀材料提供科学依据。在军事方面，公开发表的资料甚少，仅就美国的研究来看，美国海军的许多实验室都长期进行材料海水腐蚀的试验研究，海军还委托一些大学和工业部门的实验室进行研究，可以说美国海军的研究工作覆盖了海水腐蚀的整个领域。

据美军海空基地故障调查资料，引起故障原因中，环境因素占73%，全是由于在复杂自然环境作用下，产生腐蚀、老化、膨胀、开裂、长霉所引起。美国材料试验协会（ASTM）在国内外设有45个试验场，进行全球海水腐蚀试验，对数量多达3000种的低合金钢进行了长期暴露试验。并在此基础上建立了数据库、出版了腐蚀手册并制定了大量的材料生产、产品设计、工程设计等一系列的标准和规范。与美国军方联系紧密的美国拉奎（LaQue）腐蚀技术研究中心，在北卡罗莱纳州的柯尔海滩设立了3个暴露试验场（2个大气暴露场、1个海水暴露场）和2个室内海水加速车间（海水用泵从室外海洋抽入，流速、温度可控），在威尔明顿设有2个海洋大气试验站，在莱茨维尔设有大型的海水腐蚀试验站和设备先进的实验室。美国军方在这些海水腐蚀试验站长期进行各类材料腐蚀试验和针对性研究，根据影响材料或产品环境适应性的因素，采用静态与加速的方法来试验材料的腐蚀特性，并在材料的海水冲刷腐蚀机理、海洋生物附着、疲劳损伤、生物因素和电化学因素之间的交互作用、深海腐蚀、不同海域腐蚀性显著变化的原因等方面进行了大量的基础性研究工作。

日本、英国、比利时、法国、瑞典、德国等国，均在各自的国家建有为本国军方服务的材料海洋腐蚀试验站，长年开展各类材料适应性研究工作。为了掌握金属材料在各种严酷自然环境条件下的腐蚀行为与大气环境因子的关系，日本通商产业省于1992年开始组织实施了在日本和美国的6个典型海洋环境试验站进行6大类8个牌号包括碳素钢、耐候钢、铝、铜、锌、不锈钢等金属材料的自然环境试验计划，至今已有20余年的试验结果。

1.3.2　国内舰船腐蚀防护现状

由于腐蚀对舰船的严重影响，我国对防腐防漏工作也随着装备建设的发展不断提高重视程度。国内曾组织会战组对舰用涂料进行攻关，对舰艇的阴极保护技术，电解防海生物技术等开展了大量的研究工作，制定了相关的防护标准和规范。现在我国舰船使用的阴极保护、电解防污产品及技术已达到较高水平。

我国从20世纪90年代开始进行舰船防腐防漏技术体系研究和建设,开展了系列技术攻关,颁发了系列舰船防腐防漏技术体系文件,已在各新研舰船型号上得到了贯彻,对舰船防腐防漏能力的提高起到了积极的促进作用,有力推动了我国舰船腐蚀防护全寿命、全系统观念的建立和技术发展。在选材、设计、工艺和建造方面取得的进步,使舰艇的可靠性和安全性有了明显改善。

但与国外的先进技术和雄厚研究基础相比,我国在舰艇防腐方面的研究和应用技术尚有显著差距,基础性研究较薄弱,在结构设计、新材料新技术吸收应用、材料环境腐蚀特性研究、腐蚀数据积累分析等诸多方面还难以满足新造舰艇对全寿命防腐设计的要求。具体表现在:舰船的管系、设备、阀门、泵、滤器等的内壁腐蚀还难以控制;与海洋大气特别是与海水接触的基座、马脚以及上层建筑等艇体内外紧固件的材质、表面防护方法还较落后;透水部位涂料失效快;材料协调性、匹配性不佳;异金属电绝缘控制还没有全面实施;结构上死角多,缺少应有的免维护设计;长效防腐涂料配套体系设计、施工工艺、维修保障及复涂工艺等尚需进一步优化改善,等等。

经过20多年的发展,我国水面舰船结构的水上船壳以及甲板和上层建筑等部位的防腐防漏技术已取得了很大的进步,在耐蚀材料选用、结构密封设计、涂层保护以及阴极保护方面已形成了较为系统的防腐防漏措施,并且保护效果较为理想。目前,通过调研发现,水下船壳通过涂层与阴极保护的联合作用已可基本有效保证舰船的安全使用,但是在水下船壳和水下船体结构的防海生物污损效果方面还是存在不足。另外,在水线交变区壳板的涂层保护和船体内部各种舱室的涂层保护方面,尤其是舰艇内舱底板油污水的涂层防护方面,依然存在技术上的不足,装备使用过程中还有一定的腐蚀风险。

在潜艇的防腐防漏技术方面,通过腐蚀调查发现,潜艇的腐蚀现象比水面舰船严重,潜艇结构的整体防腐防漏技术应用效果还不是非常理想。在非耐压壳体内表面、耐压壳体外表面的焊缝、支架和加强筋、高压气瓶和指挥台围壳等许多部位均存在比较严重的腐蚀现象。

潜艇的涂层体系防护方面,主要存在两个问题:一是涂层的耐蚀性能不能满足使用要求,主要表现在耐压船体外表面与非耐压壳体内外表面涂层防护期限短,在南太平洋高湿、高温、高盐雾的环境中,防护期效更短;二是涂装配套体系设计不合理,主要包括涂料配套设计不合理,如早期在与海水直接接触的部位热喷涂铝,缺乏性能优异的封闭涂层,涂层很快就失效;涂装施工措施不当,如许多部位的钢板边缘、死角、焊缝区、缝隙和难于保养的积水处在涂装前未进行适当的涂装前预处理;工装工艺不当,如焊接工艺完成后,对某些涂层造成破坏,没有修复,形成腐蚀源。

在耐蚀材料技术方面,国外潜艇部分设备采用了耐蚀钛合金材料,如柴油机进排气系统、海水系统和冷却系统均采用钛合金,防腐效果比较理想。但是,大量钛合金集中在上层建筑内,对钢质艇体、管路、舾装以及其他如不锈钢、铜合金等部件易形成异种金属接触,发生快速的电偶腐蚀。另外,涂层对钛材的附着力差,容易剥落。实艇观察表明,很多钛合金表面实际是裸露的,这就无形中加大了阴阳面积比,使得呈阴极性的钢质等部分加速腐蚀。

在结构优化技术方面,主要是异种金属接触造成的电偶腐蚀,特别是紧固件与铜法兰连接时,紧固件耐蚀性能低,在海水、应力、电偶等多重腐蚀作用下,紧固件腐蚀快甚至爆裂、失效。另外,在排烟管围壁及内表面以及水柜顶板等无法维修保养的部位,没有做好易腐蚀结构的密封等防腐蚀处理工作。而国外潜艇在异种金属接头防护方面做得较好,为防止异种金属接触引起的电偶腐蚀,美、俄潜艇凡是有异种金属接头,均进行绝缘处理和胶泥包覆。

舰船舾装件数量多、分布广,且多为碳钢件,在船上恶劣的腐蚀环境中容易发生腐蚀。目前,舰船舾装设备在耐蚀材料技术、结构优化技术和涂镀层技术方面存在不足。舾装紧固件很大部分采用了普通钢或不锈钢材料,存在不同程度的腐蚀,有的甚至锈死无法拧开,后期应考虑改变材质,如采用钛合金等;位于上层建筑内的缆车、应急钢缆等锈蚀严重。结构优化技术存在薄弱环节,包括各种管路马角和电缆固壳马角等材料档次低,紧固件欠缺绝缘保护措施,是典型的“阳极”,腐蚀严重。

1.4 潜艇结构典型腐蚀失效调查

从腐蚀概念和各国潜艇腐蚀现状来看,潜艇结构腐蚀失效的关键问题有防腐蚀涂层问题、阴极保护问题和优化设计问题。以下就从这三方面进行重点分析。

1.4.1 潜艇防腐蚀涂料失效行为特征

腐蚀调研分析认为,潜艇的腐蚀壳体结构腐蚀与防腐蚀涂层破损密切相关,如图1.16、图1.17所示。

通过对潜艇涂料的典型失效案例分析发现,涂层失效的主要特征如下:

(1) 涂层失效的形式是起泡、层间剥离和脱落。发生起泡部位涂层较脆,极易破损;发生层间剥离部位涂层附着力极差,稍加外力即可将涂层大面积揭起而露出富锌底漆。底漆保留部位尚能对基底金属提供暂时保护而未发生腐蚀，底漆脱落部位金属已发生严重腐蚀。

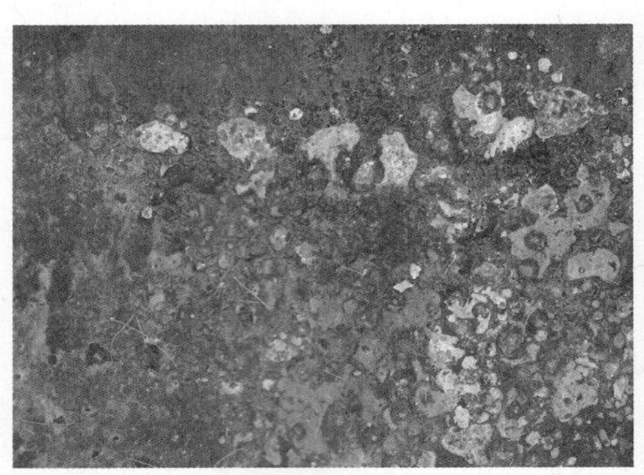

图 1.16 潜艇涂层失效引起的结构腐蚀形貌

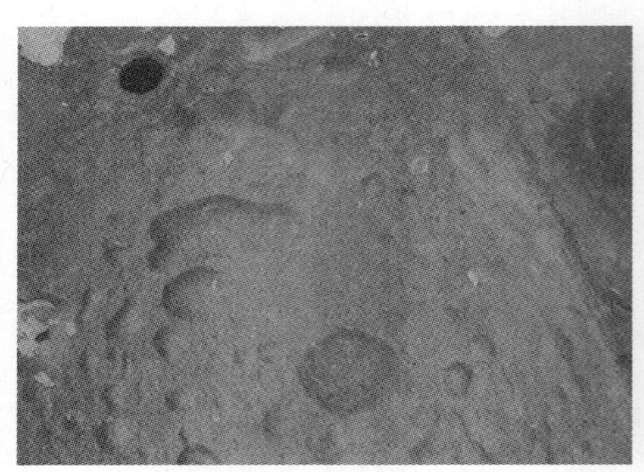

图 1.17 耐压防腐涂层起泡和破损

（2）从艇体腐蚀严重区域形貌特征分析，腐蚀形态为局部坑状点蚀，表明首先是该区域涂层发生起泡，随后起泡区域涂层下金属发生腐蚀，腐蚀反应使起泡区域渗透压升高，进一步加速海水的渗透速度和渗透量，从而加速涂层起泡进程，当涂层吸水量达到一定程度后，导致涂层破损。失去涂层阻挡保护的艇体金属的腐蚀速度将会更快，腐蚀程度将会更加严重。

（3）对于未发生基底金属腐蚀的区域，涂层的失效过程也是首先发生起泡，然后发生破损或脱落，但底漆保留使金属未直接接触海水，暂时未发生腐蚀。

（4）综合实艇调研结果发现，凡是承受海水静压力作用的艇体部位涂料均不同程度地出现涂层起泡、开裂、脱落等问题，导致涂层过早失去对基底金属的保护作用，造成潜艇艇体结构、设备等的严重腐蚀。

1.4.2 牺牲阳极失效

牺牲阳极保护系统失效主要有两种形式：一是阳极表面结壳，保护效率下降，相关结构得不到应有的保护，见图1.18(a)；二是牺牲阳极系统设计不合理，存在"电流屏蔽"，牺牲阳极发出的电流被"短路"或被屏蔽，被保护结构同样得不到保护，发生腐蚀，见图1.18(b)。

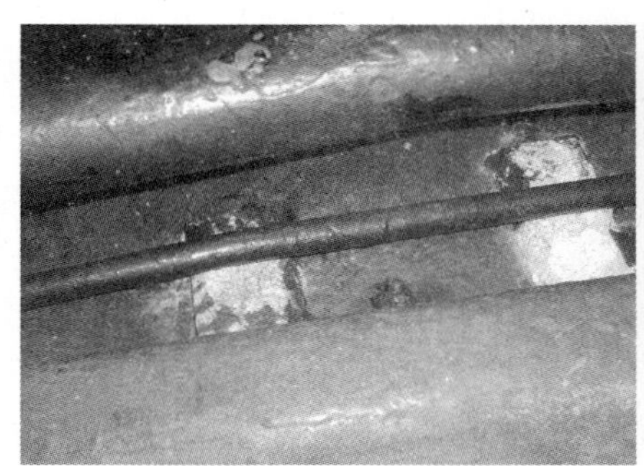
(a) 牺牲阳极结壳

(b) 牺牲阳极系统失效

图1.18 非耐压壳体干湿交替区域牺牲阳极失效和结构腐蚀情况

1.4.3 潜艇结构腐蚀涉及的科学问题

1. 特殊腐蚀环境分析

潜艇特殊腐蚀环境对裸露金属腐蚀行为有影响，但涂装涂料后，涂层/金属构成了完整的体系，该体系的腐蚀行为将发生变化。结合常规潜艇不同的工作状态，典型分析如下：

(1) 潜艇处于系泊、水面航行或通气管航行状态时，海水深度小于25m，在此深度的海水中，氧的浓度可达到饱和，约为5.8mL/L(温度为20℃时)，足够提供金属腐蚀反应的需氧量。该状态下，潜艇涂层/金属体系的腐蚀行为与其他类型水面舰艇没有本质区别，涂层对海水、氧等腐蚀性介质有良好的阻挡屏蔽作用，腐蚀速度由腐蚀性介质在涂层中的扩散速度所控制。在这种条件下，如果涂层发生破损，金属直接暴露于海水中，腐蚀速度将主要取决于海水温度，如在南太平洋海域或其他海域的夏季，海水温度可达20℃以上，钢的腐蚀速度很高，可达0.8mm/年。

(2) 潜艇处于潜航状态时，如下潜到海水深度300m，氧的浓度约为1.5mL/L(温度为7℃)；如下潜到海水深度700m，氧的浓度约为0.3mL/L(温度为5℃)。虽然在此条件下，由于溶解氧浓度和海水温度均比较低，涂层/金属体系处于低腐蚀状态。但是,由于海水压力的作用,腐蚀性介质(H_2O、O_2、Cl^-)的渗透速度和渗透量明显加快,涂层体系实际上处于高渗透状态。虽然当潜艇再次回到水面航行状态后,海水压力逐渐减小恢复到常压,但腐蚀性介质必然通过化学结合或物理结合的形式(积聚水)残留在涂层中,为涂层的后续失效和金属腐蚀埋下了隐患。一旦腐蚀性介质在涂层/金属界面处积聚,那么在浅海充足氧含量和较高海水温度条件下,将引发涂层下金属的腐蚀,并使之以较快的腐蚀速度发展。

(3) 由于潜艇的工作特点是水面航行和深潜航行交替进行,以上两种状态下的腐蚀过程将会循环往复地进行。而且由于金属腐蚀产物在界面处积累导致渗透压升高,进而使渗透过程加速,而渗透速度增加又会加速涂层下金属的腐蚀进程,使腐蚀过程与渗透过程相互促进,彼此构成加速条件。

(4) 海水压力增大不仅增加涂层中海水的渗透量,使涂层发生溶胀,同时使涂层内部承受较高的内应力。另外,随着潜艇工作状态的交替变换,带来海水压力交变,涂层随之交替发生溶胀、收缩和再溶胀、再收缩,这必然会使涂层力学性能不断降低,加速涂层老化、失效进程。

(5) 当渗透和腐蚀发展到一定阶段,涂层/金属界面主要由海水和腐蚀产物占据,附着力逐渐丧失,发生起泡、开裂和脱落,失去涂层保护的基底金属的腐蚀速度将会更加迅速。

(6) 对于舷间和上层建筑非耐压壳体内表面与耐压壳体外表面形成的空间的艇体,其涂层表面受到压力海水的交变作用,在相当长一段时间内潜艇停泊时,处于一种海水蒸发后有许多残留的有害物质的沉积物覆盖的大气腐蚀状态,潮大气和湿大气腐蚀相互转化,压力海水对涂层破损后有害物质的沉积物加速腐蚀和涂层破损。

(7) 对于非耐压壳体水线以上外表面的涂层破损将还承受紫外线影响和涂层与艇体相对速度的冲刷影响。

可以初步这样认为,海水压力增大使海水渗透加快是导致涂层过早丧失保护作用的直接原因,而潜艇工作状态交替变换带来的海水压力交变和干湿交替,构成了涂层下金属腐蚀过程和腐蚀性介质渗透过程相互加速的条件。综合作用的结果,使潜艇结构遭受着比其他水面舰艇更为严重的腐蚀,以致出现涂层的早期失效而破损,艇体金属发生严重腐蚀。

2. 结构腐蚀原因初步分析

根据以上潜艇涂层失效和金属腐蚀特征,结合潜艇的腐蚀环境特点和工况条件,潜艇涂料失效的原因可以定性地这样认为:

(1) 随着潜艇下潜深度增加,海水压力逐渐增大,使海水在涂层中的渗透速度大大加快，缩短了涂层发挥阻挡屏蔽作用的时间，加快了涂层破损速度。水的过早渗入，尤其是在涂层/金属界面处积聚，使涂层局部丧失附着力，导致涂层脱落而过早失效。失去涂层保护的基底金属将会发生十分严重的腐蚀。

（2）海水压力增大，同样使海水中溶解氧和 Cl^- 的渗透速度加快，使涂层下金属过早发生腐蚀，腐蚀反应产物在涂层/金属界面处积聚，导致涂层内部渗透压的进一步升高，从而加速涂层起泡破损速度。

（3）局部阴极保护电位异常和杂散电流存在是导致涂层发生失效的原因之一。由于潜艇具有特殊的双壳体结构，耐压与非耐压壳体之间布置了大量的设备、管系和其他金属材料（如基座、支架、马脚等），它们的存在对牺牲阳极保护电流产生屏蔽和其他效应，不仅对牺牲阳极的阴极保护作用产生较大影响，还使该区域的保护电位场的分布变得十分复杂和不均匀。局部电位的异常将对涂层产生阴极剥离作用，导致涂层发生起泡、开裂和脱落。另外，杂散电流的存在同样可能导致这种局部电位的异常。

（4）潜艇水线以上涂层受到压力海水破损后的基材金属处于大气中的潮大气腐蚀和湿大气腐蚀，其含有有害物质的沉积物和水膜的覆盖，腐蚀将加速，涂层破损速度也相应地加快。

（5）潜艇的表面处理和涂装工艺特殊性也是导致涂层发生早期失效的原因之一：一方面，由于潜艇的特殊结构特点，在耐压壳体外表面布置了大量设备的基座和马脚，无法像水面舰艇那样实施大面积喷砂表面处理和高压无气喷涂；另一方面，由于潜艇分段建造的工艺特点，决定了在一些焊缝和水密性试验预留部位需要表面二次除锈处理和采取手工刷涂的涂装方法。这就决定了在以上这些部位，表面处理和涂装质量难于控制到理想的水准。另外，有些潜艇用涂料对表面处理和施工工艺条件要求过于苛刻，也增加了涂料施工中出现质量问题的概率。

（6）涂层中聚合物发生老化也是导致涂层发生早期失效的原因之一。由于涂层中聚合物的抗老化性和耐久性将直接影响涂层的使用寿命，而海水在涂层中的渗透、海水压力和温度变化都将对聚合物的老化行为产生影响，因此潜艇特殊使用环境中的这些因素变化可能直接加速涂层中聚合物的老化过程，主要表现为涂层力学性能或抵抗外界作用力的能力迅速降低，发生脆化、开裂、脱落，最终导致涂层发生早期失效。

3. 潜艇结构腐蚀科学问题

综合以上分析，就涂料所处的腐蚀环境而言，潜艇与水面舰艇的不同之处在于增加了 3 种腐蚀条件，即高压海水渗透、海水压力交变、干湿交替，分别对应于 3 种防护系统失效模式，具体如下：

（1）渗透失效。海水压力增大直接导致海水渗透速度和渗透量加大，缩短涂料发挥屏蔽保护作用的时间，加速涂料失效过程，使涂料提前丧失防腐蚀性能。

（2）力学失效。海水压应力的存在和交替变化，使涂料的微观结构和力学性能不断发生变化，达到一定程度后产生力学老化和疲劳，导致涂层附着力、柔韧性等机械性能的降低，提前丧失防护能力而失效。牺牲阳极在压力海水中电流效率显著下降，牺牲阳极系统失效。

（3）干湿交替失效。在海水压力、冲刷等作用下，潜艇上浮停泊，水线以上涂层和牺牲阳极系统失效和基材金属腐蚀的机理将不完全等同于水线以下的变化规律。研究压力海水作用下水膜和有害物质沉积物的影响将会变得更为复杂。

由于潜艇工作状态的变化必然引起腐蚀环境的交替变化，因此潜艇涂料和牺牲阳极系统的实际失效过程有可能是以某一种模型为主，也有可能是多种模型综合作用的结果。模型中可能是单一因素为主，也可能是多种因素作用的结果。

综上所述，造成潜艇结构用涂料和牺牲阳极系统失效速度远远快于水面舰艇涂料的原因是多方面的，影响因素众多，其中有主要的，也有次要的。压力海水条件下涂层的失效机理也十分复杂，可能是某个因素起主要作用，也可能是多因素综合作用的结果。对于长期处于水面以下耐压壳体和经常处于干湿交替状态的非耐压壳体的腐蚀防护来说，人们做了很多尝试，其中对金属结构表面处理就是较为集中的方法。大致可分为金属表面处理技术和金属表面覆盖技术。表面处理技术有化学的、电化学的、物理的方法，诸如热喷涂、冷喷涂以及激光熔覆、热扩散、离子注入、气相沉积等方法，工程设计者都有做过尝试，但是实际应用效果并不理想，较为一致的意见为，对全浸状态下流动结构的腐蚀防护运用这些“先进”的表面处理方法尚需谨慎，工程上这些表面处理方法还需要涂料进行“封闭”，而封闭层难以做到真正地对海水“绝对封闭”，流动的装备与海水中的氧充分交换造成喷涂覆盖层实际上沦为牺牲层，只不过视这类喷涂覆盖层的材料种类是铝基、锌基还是镍基或者是几者的合金的致密程度和耐蚀性怎么样罢了。同其他海洋装备一样，潜艇结构的腐蚀防护依然回归到采取提高材料的耐蚀性、涂料保护、阴极保护以及结构优化设计等几种主要方式。结合本书的研究实际，以及国内现有的研究基础和试验条件，确定本书的研究范围如下：

（1）由于海水介质、海水压力、局部电位异常、涂装工艺、涂层老化等都可能是导致潜艇涂料发生早期失效的因素。但由于工艺问题具有偶然性，而出现涂层早期失效问题的潜艇来自于海军不同造、修船厂和服役于不同的海区，带有一定的普遍性。局部电位异常和杂散电流的出现本身也带有一定的随机性，潜艇艇体电位场的特点和分布情况尚不掌握。工艺和局部电位异常问题、涂层老化问题不列入本书的讨论范围。

（2）正如以上分析所述，造成潜艇涂料、牺牲阳极材料发生早期失效和破损的原因并不一定是某单个因素的作用结果，有可能是多因素综合作用的结果。但通过对国内相关研究单位的调研发现，国内在压力海水条件下涂层和牺牲阳极系统防护机理和性能评价方面的研究基础十分薄弱，尚不具备在高压力海水条件下同时开展多因素变量（包括海水中氧含量、海水温度）影响研究的条件。因此，在现阶段以开展单因素变量分析为主，即将海水压力作为潜艇涂料早期失效的主要影响因素和核心内容来进行研究，将干湿交替作用作为牺牲阳极系统失效来考虑。而在有关压力试验过程中，可以适时结合海水干湿交替和溶解氧含量两个因素开展多因素变量对潜艇涂料、牺牲阳极失效行为的综合影响研究。

（3）由于当前常规潜艇透水部位涂层破损比较普遍而严重，无机富锌涂层配套体系是否在体系设计和选型上存在问题尚不得而知，因此本书需要特别在富锌涂层失效机理方面予以探索、比较和试验研究，以期在短期内解决学术争论问题，满足装备工作的急需。

（4）牺牲阳极系统失效除了阳极材料本身失效外，还有没有其他问题呢？答案是显然的。我们通过研究发现，牺牲阳极系统存在屏蔽效应，即有可能存在物体遮挡和电流“汇流”的情况，也需要对这种现象的发生规律进行研究。

虽然本书问题的提出来源于对潜艇的腐蚀防护的需要，相关数据也主要是以潜艇为依据，但从腐蚀角度而言，深海工程和深潜器的腐蚀环境和工况条件与潜艇有相似之处，因此，本书的有关研究结果同样可供其他深海装备的防腐蚀研究参考使用。

1.5　潜艇结构腐蚀控制技术研究动态

1.5.1　国内外涂层性能评价与测试技术研究现状及发展趋势

与国外先进技术和雄厚的研究基础相比，我国在潜艇防腐方面的研究和应用尚有很大差距，尽管与 20 世纪 90 年代初期的舰艇涂料配套体系相比目前舰艇防腐涂料配套体系的总体防腐性能已有较大提高，但由于近几年来消声瓦潜艇的出现、潜艇使用训练强度的提高、基础性和应用性研究工作的不足，导致潜艇在使用中出现了超出设计者预想的腐蚀，目前潜艇使用的防腐涂料配套体系的防腐能力还滞后于潜艇对防腐蚀的要求。

涂层的性能评价与测试技术,对于保障涂层的服役性能起着关键作用。暴露在一定的环境中使用的各种有机/无机防护涂层,会受到环境因素的影响而发生变质、老化或失效。在失效的过程中,涂层的某些物理性能和化学性能会发生变化,在涂层体系中会形成一些微观或宏观的缺陷。通过对涂层体系性能的变化及存在的缺陷进行探测,可获得与涂层性能相关的信息。对涂层性能进行快速有效的评价和失效机理分析,确定及时有效的维护措施,可以有效地避免涂层失效引起的恶性事故和造成的巨大的经济损失;同时,对涂层进行快速有效评价和失效机理分析也是开发新的涂层的迫切需要。现代分析测量技术为涂层性能的评价提供了强有力的工具,使涂层性能的快速有效评价成为可能。

海洋环境是十分严酷的腐蚀环境,所有与海洋活动有关的设施都需要有效的保护。由于涂料具有经济、简便、适用范围广等特点,使其作为经典的防腐蚀技术得以广泛应用。涂层对金属的防护作用主要有 3 种机理:一是阻隔作用,减缓侵蚀性粒子向金属/涂层界面的扩散。对于水、氧和许多侵蚀性离子来说,涂层是可渗透的,但有机涂层一般均具有较高的电解质阻挡性,可以阻抑阴极和阳极区域之间的离子运动。二是颜料、填料的抑制作用,涂层中的缓蚀性颜料可以在侵蚀性粒子到达金属/涂层界面时起到抑制基体腐蚀的作用;涂层中也可以加入腐蚀电位比被保护基材电位更负的物质作为牺牲阳极型填料,对基材产生阴极保护作用。三是涂层和金属之间一般均具有很好的粘结性,可以防止腐蚀剥离的发生。

在涂层服役过程中,环境中的水、氧及各种侵蚀性离子等会逐渐向涂层内部渗透,最终导致涂层保护性能的失效。对于不同涂层的失效过程和失效机制,国内外已开展了大量研究。

1. 防腐蚀涂层失效微观机制的研究

虽然已经大致知道涂层在腐蚀性环境下的失效行为主要与涂层的起泡、湿附着力、腐蚀性离子在涂层内部的传输等因素相关,但是关于这些方面的机理是需要进一步深入研究的重要问题。

1)涂层起泡微观机制研究

涂层起泡是指涂层局部丧失附着力而脱离底层表面,呈球状小泡突起。关于涂层发生起泡,曾提出如涂层吸水体积膨胀导致起泡、涂层包含气体导致起泡、电渗透导致起泡以及渗透压导致起泡等失效机制,但没有一个机制能圆满解释与涂层失效有关的各种现象。相比较而言,被广大学者接受的涂层起泡的原因和机制有涂层吸水与渗透压作用理论。Yang X F 等采用扫描电子显微镜(SEM)等方法研究了聚氨酯涂层的失效行为。结果显示:在涂层的失效过程中,在涂层内部形成了亲水离子团加速了将水吸收到涂层内,干湿环境的交替引起了渗透性单元的形成,从而导致水泡形成。Senkevich 等采用 EIS 测量了吸入醇酸树脂涂层中水的总量。基体表面的电解质,大都可以归纳为可溶性盐类,且大部分含有氯化物与硫酸盐。因腐蚀性介质容易到达金属基体表面而首先发生腐蚀,生成的腐蚀产物具有半渗透性,阻塞了涂层中孔的通道,并具有足够的机械强度来抵抗渗透压,这就形成一个渗透系统,在渗透压的作用下,水就不断渗向涂层内部,从而引起起泡。Y. G. Kweon 等的研究支持了这一理论。

2）涂层湿附着力的研究

越来越多的研究表明,涂层的湿附着力是决定涂层失效的重要因素之一。涂层的失效,往往是由于涂层与金属基体界面的附着力降低,甚至完全丧失,才导致涂层的大面积剥落,从而最终导致涂层的失效。关于涂层湿附着力的研究是涂料研究的热点之一。

涂层在干的状态下的附着力是涂层一项非常重要的力学性能。而当涂层在有水渗透到涂层/基体界面处时的附着力,即湿附着力,对于服役中的涂层而言,则是最重要的性能,而且它所起的作用往往是决定性的,这是因为当涂层在完全丧失湿附着力的情况下其他性能将变得毫无意义。

关于附着机制,目前主要有吸附理论、扩散理论、静电理论、化学键合理论和机械键合理论。这些理论分别适用于不同的条件,而且在实际情况下往往是几种机制在同时起作用。

Funke 教授首先提出"湿附着力"的理论,指出水和氧的渗透性越小,漆膜湿态附着力越大,其涂料保护性能越好。研究表明,涂层的湿附着力是影响涂层失效的重要因素之一。常规的附着力测试方法均针对干态涂层,而对于在海水中服役的涂层而言,水渗透到涂层/基体界面的湿附着力是很重要的性能参数。潘肇基认为有机涂层的起泡、脱落及丝状腐蚀均起源于涂层湿附着力的降低。高立新等采用重量法和 EIS 考察了两种环氧涂层的吸水性和防腐蚀作用。结果表明:水在涂层中的扩散可以分为两个过程,分别作用于提高涂层的离子导电性和降低涂层在金属表面粘结性。关于附着机制至今尚有不同的认识,绝大多数人认为附着力由化学键、分子间作用力和机械作用力 3 种类型作用力组成。

3）腐蚀性介质在涂层中的传输行为

决定涂层失效的 3 个重要物质因素是水、氧气和离子。涂层不同程度地阻挡这 3 个因素的渗透而发挥其防腐蚀的作用,良好的防腐蚀涂层必须具有较强的抗腐蚀性介质渗透的性能。对于水和氧气在涂层中的传输行为已做了一些工作,但关于腐蚀性离子在涂层中的传输还存在着许多问题。腐蚀性介质的来源有很多种,Orcillol 认为至少有 8 种,大都可以归纳为可溶性盐类。可溶盐的存在主要有 3 个方面的影响:①增加水通过涂层渗透的动力;②提供传导腐蚀电流的离子;③某些离子可能对腐蚀反应起催化作用。

探测腐蚀性离子在涂层不同层面上的分布是研究腐蚀性离子在涂层中传输行为的关键,目前已采用的方法有电化学交流阻抗技术、放射性活性跟踪技术和电子探针显微分析技术等。通过探测腐蚀产物如 Fe^{2+} 从基体经涂层向环境的传输过程及腐蚀性离子如 Cl^- 向涂层的扩散过程,可建立腐蚀性离子传输过程与涂层失效机制的内在联系。研究表明:涂层阴极剥离面积与阳离子的渗透量呈线性关系,这种关系受电极电位的影响;在存在温度梯度时,温度梯度加速了腐蚀性介质的扩散速度,正向温度梯度会加速涂层的失效过程,而负向温度梯度则会减缓腐蚀速度;离子在涂层中的传输行为是影响基体金属腐蚀行为的重要因素,涂层中的极性基团对阴、阳离子在涂层中的传输产生重要的影响,Cl^- 在涂层中传输的难易程度往往决定着基体金属的腐蚀程度。

H. Leidheiser 等用不同厚度的涂层进行试验证明,在涂层下金属微阴极极化的情况下,Na^+ 通过涂层传输到了界面上。Z. Nemeth 等用放射性同位素法研究了 Cl^- 和 SO_4^{2-} 通过涂层的传输,证实了这两种离子能够通过涂层扩散到界面。V. G. Lambrev 等用中子激活方法研究了镀锡合金钢和镀铬合金钢中各种元素的腐蚀产物通过涂层的扩散和传输,也证实了 Fe^{2+}、Sn^{2+}、Cr^{3+}、Na^+ 等离子也能通过涂层进行传输。这就说明涂层对电解质的阻挡能力是有限的,不能完全隔绝其通过涂层的扩散和传输。但由于可溶盐离子半径较大,其传输速度要比水和氧慢得多。

胡吉明等采用 EIS 对 LY12 铝合金/环氧涂层在 NaCl 溶液中的吸水与失效的研究表明:Cl^- 盐膜的形成、生长及溶解等在体系的失效过程中起了关键作用。严川伟等用显微红外方法辅以波谱技术研究了 $SO_4{}^{2-}$ 在环氧涂层中的传输规律。王周成等进行了离子选择性酚醛涂层对碳钢防腐性能的研究。

2. 涂层理化性能的测试与表征技术

尽管涂层技术作为有效的材料保护技术已应用了几十年,但始终缺少对涂层性能、涂敷质量和涂层缺陷进行有效的现场或原位快速检测的方法。目前,有机涂层耐蚀性的破坏性试验通常有常规(如浸泡试验)和加速两种方式。多数研究目的为优化涂料配方、改善施工工艺、提高涂层耐渗透性和涂层与金属基体间结合力等,少数讨论侵蚀性粒子在涂层中的传输。主要有:常规物理、化学分析方法,包括力学测试方法、浸渍试验、盐雾试验、湿热试验、人工加速老化、紫外光灯照射试验等;现代仪器分析方法,包括傅里叶变换红外光谱(FT-IR)、红外热成像、激光拉曼光谱法、扫描声学显微技术 SAM、扫描电子显微镜等;表面分析技术、热分析等。

3. 涂层的电化学检测技术

在原位检测方面,电化学方法是主要的方法。近年来,用于有机涂层测试的电化学技术主要有电化学交流阻抗技术(EIS)、扫描开尔文探针(SKP)、扫描振动电极(SVET)和局部阻抗谱(LEIS)等。EIS 方法的主要局限是测量的重现性不易保证,且得到的是整个测试表面的平均结果,对涂层局部破坏或局部缺陷不够敏感。

针对 EIS 法的不足,近年发展了局部电化学阻抗谱技术(LEIS)、扫描开尔文探针技术(SKP)、扫描振动电极技术(SVET)和扫描参比电极技术(SRET)等,这几种方法都可获得涂层局部缺陷的信息。它们在涂层检测中有着很大的发展潜力,但由于仪器较为昂贵,主要还处于实验室研究阶段,缺少在实际复杂体系中的测量数据和应用结果。每一种研究方法均有其自身的特点,适用于不同范围、不同方法间的配合使用、相互补充,对全面准确地分析评价涂层的防腐性能、深入研究涂层的防腐机理具有重要意义,主要有直流电化学法、电化学阻抗谱法、电化学噪声法、氢渗透电流法、扫描开尔文探头技术、扫描振动电极技术等。电化学方法快速简便,提供的信息量相对丰富,能指导对涂层下金属的腐蚀机理进行深入的研究并可据此对涂层的防护性能进行定量与半定量评价。

4. 存在的问题

(1) 尽管前人针对涂层失效的过程和机理已进行过不少研究,但研究的体系还很不完善,对于多层复杂涂层体系的失效机制了解还不够深入,对于海水、压力、温度、紫外线照射、冲刷作用等多因素综合作用下的涂层失效过程有待于深入研究。

(2) 现有的方法、标准主要针对研究涂层的性能,优化涂料配方、改善施工工艺、提高涂层耐渗透性和涂层与金属基体间结合力,讨论有机涂层中水及其他侵蚀性粒子的传输机理等,缺少对涂层性能、涂敷质量和涂层缺陷进行有效的现场或原位快速检测与评价技术。

(3) 目前的涂层失效分析还主要停留在单一涂层的研究,而对实际的海水环境下正在使用的复合涂层的研究较少,并且没有严格跟踪某一类涂层体系在使用环境中的失效过程,系统性不强。还没有找到电化学参量与涂层性能之间的确切对应关系,也还没有建立起一套科学、系统、完整的复合涂层体系在不同腐蚀状态下的数学模型及相应的涂层性能数据库,没能为研究涂层失效提供一个能够判断多种涂层体系在典型海水环境中耐蚀性下降和防护效能的系统方法作为研究依据。

(4) 尽管关于涂层性能与测试已有大量的研究,但几乎全都是在常压下进行的,关于海水压力对涂层性能的影响很少有研究。关于深海的高压状况和模拟潜艇状态的高、低压交替状态对各类涂层的防护性能有何影响,国内外研究报道很少。

1.5.2 牺牲阳极保护设计与失效分析

1. 阴极保护方法

阴极保护是防止金属腐蚀的一种经济、可靠的方法,是一项广泛应用的技术。它能防止舰船水下部分船体、压载舱和水舱、螺旋桨和尾轴、水翼和滑行装置以及长期或周期地在海水中使用的其他船舶结构和船舶机器制件被海水腐蚀的一种比较新的方法,这种方法很有发展前途。阴极保护实际上可以保证消除大多数船用金属及合金的所有类型的腐蚀和腐蚀-机械破坏。

船体的阴极保护可以采用牺牲阳极或外加电流保护系统。前者安装简便,不用维护,但其寿命较短,而且安装较多的阳极块会增大船舶的航行阻力。后者相对复杂一些,但使用寿命长。两种方法特点的对比如表1.1所列。通常,小型船舶或低速船采用牺牲阳极保护,大型船舶或航速较高的船,外加电流系统更为合适。

表1.1 船体阴极保护两种系统的特点对比

牺牲阳极系统	外加电流系统
通过阳极材料的消耗来提供保护电流	通过外部电源提供保护电流
安装简便,阳极钢芯直接焊接或用螺钉固定在船壳上	安装较复杂,需在船体上开孔并在舱内敷设电缆
阳极发生电流小,只有有限的自调节输出电流的功能	阳极排流量大,可自动调节保护电流输出,使船体电位恒定
安装阳极数量较多,会增加航行阻力	装阳极数量少,嵌入式安装时阻力可忽略
寿命较短,坞修时需更换	寿命较长,可大于10年
初始费用低	初始投资高

2. 牺牲阳极保护设计

牺牲阳极保护系统的计算包括:确定用于指定条件下的最适宜类型、尺寸的牺牲阳极的数量,确定它们在被保护表面上的分布和工作参数。在这样的工作参数时,在各种使用条件下,被保护表面上所有点的电位差都将不小于所规定的最小保护值。船舶牺牲阳极阴极保护时,电流和电位的分布符合固定电场的规律,并与一系列因素有关,不但与牺牲阳极的形状和尺寸、被保护表面的状态有关,而且还与船体的线型和尺度、航速、海水电导率,以及使用条件等有关。在理论计算时,考虑所有这些因素是不可能的,因此,为了确定要探求的规律,在理论和试验综合研究的基础上,提出了近似方法。理论研究时,确定了电位分布计算的关系式,许多难于计算的因素未考虑在内。这时,把船舶近似地看作是无穷大的线性极化平面,而把牺牲阳极看作是效率等于真实牺牲阳极电化当量的点电源。

1）传统经验设计法

在船舶使用的实际条件下,在船舶上进行试验研究时,考虑了所有影响分布的因素,测定了各种规格的船体水下表面上电位的实际分布。比较计算和测量的结果,可以确定牺牲阳极和船体的形状及大小对电位分布的影响程度,并在所获得的公式中引进相应的试验系数来考虑这些影响。为了比较测量和计算结果,对在测量时遇到的涂层的表面比电阻值和介质比电导值进行了计算。在这种情况下,计算和测量的电位分布曲线的差异可能只受船体几何形状和大小的影响,它们基本上可以用船舶的排水量来表征。这使得可以用函数 $K(D)$ 来表示要寻找的系数,函数 $K(D)$ 仅与船舶的排水量(D)有关。

目前已确定了在计算和设计牺牲阳极阴极保护系统时所应用的电位分布的计算关系式,在单个牺牲阳极和不大的牺牲阳极组条件下,有

$$\Delta\varphi(r) = [1 + K(D)r]IF_s \quad \left(r > \frac{l_{rp}}{2}\right) \tag{1.1}$$

式中:$F_s = \dfrac{1}{2\gamma\pi r}\left\{1 - \dfrac{\pi r}{2\rho_{\pi p}\gamma}\left[E_0\left(\dfrac{r}{\rho_{\pi p}}\right) - N_0\left(\dfrac{r}{\rho_{\pi p}}\right)\right]\right\}$;$\Delta\varphi(r)$ 为阴极极化时船体的电位差(V);r 为由阳极中心沿船体线型到观测点的距离(m);$K(D)$ 为与船舶排水量有关的试验系数(1/m);I 为阳极电流(A);l_{rp} 为牺牲阳极的长度(m);$\rho_{\pi p}$ 为船体水下表面涂料涂层的比电阻(Ω · m);γ 为海水的比电导($1/(\Omega \cdot m^2)$);$E_0\left(\dfrac{r}{\rho_{\pi p}}\right)$,$N_0\left(\dfrac{r}{\rho_{\pi p}}\right)$分别为威布尔函数和内曼函数。

为了计算电位的分布,确定牺牲阳极的使用期限,必须知道从牺牲阳极流出的电流强度。根据精确的提法,可以把牺牲阳极和船体之间电流的计算问题归结为电场的计算。但解决这类问题是困难和复杂的,使得必须采用近似的计算方法,这种方法是以牺牲阳极保护系统的电路研究为基础的。在牺牲阳极阴极保护系统中,牺牲阳极的输出电流根据牺牲阳极保护电路的电压平衡值确定,在通常情况下为

$$I = \frac{\Delta E - \Delta\varphi_{\min}}{R_1 + R_2} \tag{1.2}$$

式中:ΔE 为牺牲阳极的工作电位和船体的稳定电位之差;R_1 为通过计算船体的极化而得到的牺牲阳极的流散电阻;R_2 为包括电缆电阻、限流电阻等在内的电路内阻;$\Delta\varphi_{\min}$ 为在牺牲阳极保护计算时所采用的最小保护电位差,它应在离牺

牲阳极最远的被保护表面区出现。

在这种情况下,靠选择牺牲阳极的工作电位值来计算牺牲阳极的极化,对于主要的牺牲阳极合金来说,工作电位在所有工作电流密度范围内实际上是恒定的。为了按式(1.2)确定牺牲阳极的电化当量,必须考虑船体的极化,计算牺牲阳极的流散电阻。正像已指出过的那样,这归结为牺牲阳极 - 被保护的金属电极系统稳定电场的计算,这仅在少数情况下才能实现,而所得到的结果对于工程计算来说通常是十分复杂的。因此,文献提出了一种近似的计算方法,这个方法是以第三类边界条件的典型表面性质为基础的。

通过用典型表面方法变换的牺牲阳极计算模型的流散电阻的研究,确定了主要类型牺牲阳极电化当量的近似计算公式。用下面的关系式,根据已知的牺牲阳极的电化当量,可以确定牺牲阳极的使用期限:

$$T = \frac{0.75GA\eta}{I \cdot 8760} \tag{1.3}$$

式中:T 为牺牲阳极的使用期限(年);0.75 为牺牲阳极到更换前允许损耗程度的系数;G 为牺牲阳极或牺牲阳极组的质量(kg);A 为牺牲阳极的理论电化学当量(A · h/kg);I 为牺牲阳极或牺牲阳极组的电化当量(A);8760 为一年中的小时数。

2)舰船牺牲阳极阴极保护数值模拟法

由于上述传统的防腐设计技术体系是基于经验公式和平均电流密度的思想,这种方法对小型、简单的结构物来讲,还是有效的。但是,对于大型舰船结构,由于外结构复杂,对所需的电流密度估计不准,并且存在电流屏蔽、电流分布不均等问题,使得有的部位是欠保护,有的部位是过保护,从而使保护效果大打折扣,特别是部分材料为不锈钢材料,其过保护会引起结构的氢损伤,而且传统设计无法考虑保护电流密度在空间上的不均匀性和随时间的变化特性,因此,经验设计很难达到阴极保护系统的最优设计。

使用有限元、有限差分、边界元等数值方法就是利用数值方法求解描述所研究问题特性的数值模型,数学模型包括问题的描述方程和相应的边界条件,是研究阴极保护体系保护电位分布问题的发展方向。近几十年来,随着对阴极保护理论的深入了解和高性能计算机的普及,阴极保护设计中数学模型的研究取得一些实际应用成果,在计算阴极保护构件电位分布和阳极参数等方面显示出模型研究的重要作用。用数值方法求近似解是将连续体系表示成含一系列节点的网络,也就是在数学上用离散的、只含有限个未知数的代数方程组来替代连续变量的微分方程及边界条件。

目前,在阴极保护模型研究中主要数值解法有以下几种:

（1）有限差分法（FDM）。用代数式$[\Phi(x+\Delta x)-\Phi(x)]/\Delta x$近似代替原微分方程中的导数$\mathrm{d}\Phi/\mathrm{d}x$，即用折线近似代替原边界曲线来求解微分方程，这种方法的收敛性和稳定性有时难以保证。

（2）有限元法（FEM）。有限元方法与有限差分法相比在于可方便地处理复杂的或弯曲的几何面，因为其元素不必非要有正规形状或尺寸。其主要步骤是：计算各单元的泛函，叠加后得到整个区域的泛函，形成方程组，解方程组得到各节点函数值，再用插值公式计算单元内任意点的函数值。

（3）边界元法（BEM）。由于前两种方法缺乏灵活性，且费时，在经典积分方程和有限元基础上发展的边界元方法使问题维数降低一维，方程组阶数降低，给定节点密度下的计算精度提高。此外，BEM法既可处理有界区域问题，也能处理无限界区域问题，但通常要求研究介质是均匀的。而FEM法一般要求区域是有界的，但介质可以是非均匀的。

阴极保护数值模型和计算方法建立后，各项目标参数通过计算软件和边界条件得出，包括：保护方式（外电流或牺牲阳极），阳极位置、尺寸和数量；预测保护初期时电位和电流密度瞬间值随时间的变化和稳定期电位、电流密度等参数的分布规律。

近年来的研究结果显示：①利用边界元方法处理阴极保护的电位场，计算保护电位、电流分布可以得到较为准确的计算结果；②通过智能造型、自动剖分单元格、边界元方法计算以及直观的结果显示，使得所研制的软件操作方便；③在提高计算精确性方面需要进一步工作。

3. 牺牲阳极失效分析

关于牺牲阳极失效分析的研究，国内公开报道不多，黄燕滨等研究了两栖车辆用牺牲阳极材料研究进展；孔小东等对含镁铝合金牺牲阳极的电流效率及影响因素进行了研究；李威力等研究了Al－Zn－In系牺牲阳极低温电化学性能；马力等研究了Ga含量对Al－Ga牺牲阳极电化学性能的影响。关于潜艇结构用牺牲阳极失效可能涉及的失效方式有材料电流效率下降、结构布置设计不合理等。阳极材料效率下降可能的主要原因有干湿交替环境、海水压力环境、温度变化环境。这些都需要针对不同装备的使用环境变化，设定条件，研究其失效规律，并最终在材料成分优化上加以突破。

第 2 章　潜艇材料与腐蚀环境

船舶上材料种类很多。按照平台类型分,有船舶结构材料、动力机电系统材料等。舰船上水中兵器用材料也属于船舶材料。按照材料类型可以分为结构材料、结构/功能一体化材料、特种功能材料三大类。结构材料又分为船体结构钢、轮机及其他结构钢、耐热钢、高温合金、不锈钢、特殊性能钢(防弹、低磁等)、焊接材料、铝合金、铜合金、钛合金等;结构/功能一体化材料分为树脂复合材料、金属复合材料、阻尼降噪材料等,特种功能材料分为涂料和涂层、阴极保护材料、电解防污材料、有源声学材料、隐身材料(吸波、吸声等)、密封材料及胶黏剂、装饰材料、橡胶、耐火及绝缘材料等。相对于民用船舶来说,军用舰船材料种类要多不少,可以说军用舰船材料的发展引领了船舶材料的进步。结构钢是潜艇最重要、最主要的材料,其性能好坏特别是耐蚀性、可靠性指标非常关键,决定了整个潜艇安全性和使用寿命。在结构材料种类、性能确定以后,防护材料(防腐蚀涂料、牺牲阳极材料等)的性能对提高艇体结构的耐蚀性、寿命也会起到关键作用。当然,随着消声瓦、吸波与吸声等隐身技术和材料的应用,对艇体结构的防腐蚀效果也会产生一定的影响。

潜艇长期处在海水和海洋环境中,不同的海域、不同深度的海水其腐蚀因素是不一样的。相对水面舰船,潜艇结构的腐蚀环境是一个三维的概念。潜艇下潜、上浮、停靠等会造成艇体结构材料、防护材料经受海水压力交变、干湿交替的考验,如果把使用因素加入到研究的条件中,潜艇的腐蚀环境维度和考虑因素就更多了。这是潜艇结构腐蚀研究的难点,也是关键点。

2.1　结构材料

在结构材料技术中,艇体结构钢是潜艇建造最重要、最关键的结构材料,其性能优劣直接关系潜艇战术性能的提高。随着潜艇向着大吨位、高航速、大潜深、低噪声方向的发展,对艇体结构钢的高强韧性、高效可焊性以及强度上的系列性和品种上的配套性都提出了更加迫切的要求。

美国的舰船船体结构钢从 20 世纪 50 年代就开始着手建立 HY 系列结构钢的体系平台,目前已在 HY 平台的基础上通过改进提高,正在建立 HSLA 平台,且基本建成。俄罗斯60年代所形成的比较完整的AK系列钢，目前已逐渐被AБ系列所取代。

我国从60年代初开始，通过研仿试制成功了主要舰船用钢，从60年代后期至70年代开始自行研制我国第一代舰船用钢，由于当时历史条件，大力开展少量镍铬或无镍铬合金钢的独立自主的技术路线，在80年代研制了我国第二代耐蚀结构钢，目前在结构钢及配套材料方面正在逐步形成以强度级别为系列、品种规格较完整的耐蚀可焊结构钢系列，主要有390MPa级907A系列钢、440MPa级945系列钢、590MPa级921A系列钢、785MPa级980系列钢。

在舰船用铝合金、钛合金、铜合金方面基本上解决了舰船急需，但尚未构成系列。随着潜艇下潜深度和安静性、轻型化、长寿命的需要，在蒸发器、主冷凝器、危急冷却器以及部分通海管路用管、泵、阀等结构上，采用了高强耐蚀钛合金。高性能钛合金是一种优秀的海洋结构用材，在潜艇关键设备中将发挥越来越重要作用。美国TC4的用量占美国用钛总量的80%，其在规格、品种、工艺上形成了完整的系列。我国钛合金的种类牌号众多，但在舰船的具体应用上，规格、品种很不配套。

铜及铜合金具有优良的耐海水腐蚀性、导热性、耐海生物污染性、优良的力学性能、良好的冷热加工性能及良好的铸造性能，广泛用于舰船螺旋桨，海水管系及配件，泵、阀及其配件，轴件等零部件。

2.1.1　结构钢

1. 化学成分及性能

我国从20世纪50年代开始研制船体钢，并走出一条从仿制到自行研制，从无Ni-Cr到有Ni-Cr钢，从低强钢到高强钢，从平炉钢到电炉钢，又从电炉到转炉连铸钢的曲折道路。先后研制开发了345MPa级901钢，390MPa级902钢、907钢，440MPa级903钢、945钢，590MPa级904钢、909钢、921钢，785MPa级402钢和980MPa级929钢。其中907钢、945钢、921钢和402钢在伴随冶金技术的发展过程中经过多次演变，形成目前舰艇用四大主力钢种，即907A钢、945钢、921A钢和980钢。

20、45优质碳素结构钢。20钢是应用广泛的优质碳素结构钢（低碳），它具有一定的硬度和强度，塑性和焊接性都好，热轧或正火后韧性好。通常用于制作不太重要的中、小型渗碳件、碳氮共渗件、锻压件，如杠杆轴、变速箱变速叉、齿轮，重型机械拉杆、钩环等。45钢是最常用的中碳调质优质碳素结构钢，综合力学性能良好，淬透性低，水淬时易生裂纹。小型件宜采用调质处理，大型件宜采用正火处理。主要用于制造强度高的运动件，如涡轮叶轮、压缩机活塞、轴、齿轮、齿条、蜗杆等。焊接件注意焊前预热,焊后消除应力退火。

30Cr 的强度和淬透性高于 30 钢,冷弯塑性尚好,退火或回火后的切削加工性良好,焊接性中等,一般在调质后使用,也可在正火后使用。它用于制造耐磨或受冲击的各种零件,如齿轮、滚子、轴、杠杆、摇杆、连杆、螺栓、螺母等。还可用作高频表面淬火用钢,制造耐磨、表面高硬度的零件。

40Cr 经调质处理后,具有良好的综合性能、低温冲击韧度及低的缺口敏感性。淬透性良好,油冷时可得到较高的疲劳强度,水冷时复杂形状的零件易产生裂纹,冷弯塑性中等,正火或调质后切削加工性好,但焊接性不好,易产生裂纹,焊前应预热到 100 ~ 150℃,一般在调质状态下使用,还可以进行碳氮共渗和高频表面淬火处理。它是使用最广泛的钢种之一。调质处理后用于制造中速、中载的零件,如齿轮、轴、蜗杆等。调质并高频表面淬火后用于制造表面高硬度、耐磨的零件,如齿轮、主轴、曲轴、心轴、销子、连杆、螺钉、螺母等。经淬火及中温回火后用于制造重载、中速冲击的零件。经淬火及低温回火后用于制造重载、低冲击、耐磨的零件。碳氮共渗处理后制造尺寸较大、低温冲击韧度较高的传动零件。20、45、30Cr、40Cr 钢的化学成分如表 2. 1 所列。

表 2. 1 20、45、30Cr、40Cr 钢的化学成分

钢	C	Si	Mn	S	P	Cr	Ni	Cu
20	0. 17 ~ 0. 24	0. 17 ~ 0. 37	0. 35 ~ 0. 65	≤0. 035	≤0. 035	≤0. 25	≤0. 25	≤0. 25
45	0. 42 ~ 0. 50	0. 17 ~ 0. 37	0. 50 ~ 0. 80	≤0. 035	≤0. 035	≤0. 25	≤0. 25	≤0. 25
30Cr	0. 27 ~ 0. 34	0. 17 ~ 0. 37	0. 50 ~ 0. 80	≤0. 035	≤0. 035	0. 80 ~ 1. 10	≤0. 30	≤0. 30
40Cr	0. 37 ~ 0. 44	0. 17 ~ 0. 37	0. 50 ~ 0. 80	≤0. 035	≤0. 035	0. 80 ~ 1. 10	≤0. 30	≤0. 30

2. 钢在海水中的一般腐蚀特性

碳钢、低合金钢在海洋环境中不能形成钝态的腐蚀产物膜,腐蚀在整个暴露的表面上发生,形成的锈层疏松,对进一步的腐蚀有较小的保护作用。组织结构、表面状态的不同、海生物污损、合金元素富集等都能使腐蚀的表面出现宏观的阳极区和阴极区,从而引起钢的腐蚀不均匀。

例如,钢中的硫化物夹杂的电位比钢基体正,因此,钢的腐蚀首先发生在硫化物周围。而大型海生物(如牡蛎、藤壶)的污损,会引起钢表面的氧浓度差异,从而产生氧浓差电池腐蚀。它的腐蚀类型为不均匀全面腐蚀。在腐蚀的表面出现浅斑、点状坑或溃疡坑。习惯上把钢表面的浅斑、点状坑或溃疡坑形貌称为钢

的点蚀。根据点蚀的形貌，可以将钢的点蚀分为斑状、麻点状、蜂窝状、坑状、溃疡状等。一般来说，钢在全浸区的腐蚀坑直径较大，深度较浅，腐蚀坑呈斑状或溃疡状。在飞溅区的腐蚀坑直径较小，深度较大，腐蚀坑呈麻点状、蜂窝状或溃疡状。

当钢中 Cr、Ni 成分较高时，腐蚀特征开始改变，出现较强的点蚀倾向。碳钢、低合金钢对缝隙腐蚀不敏感。钢在海洋环境中通常采用涂镀层或阴极保护进行腐蚀防护。由于涂镀层的缺陷、失效，阴极保护的“屏蔽区”、保护不足等，钢仍会发生腐蚀。

飞溅区是所有海洋环境中腐蚀最严重的区带，加之海水中的气泡冲击破坏材料表面及其保护层而加剧了腐蚀。钢铁材料在海洋飞溅区的腐蚀有一个腐蚀峰值。通常防腐涂层在这个区带比其他区带更易脱落。

碳钢、低合金钢在海水腐蚀电位序表中位于中间位置。在海水中稳定腐蚀电位在 0.6 ~ 0.72V（相对于 SCE）。在海水中钢与铜合金、不锈钢、镍基合金、钛合金等有电接触，钢会发生较严重的电偶腐蚀。与镁、铝、锌等有电接触，钢作为电偶的阴极而受到保护。不同的钢之间接触也产生电偶腐蚀。当电位差较大、阴/阳极面积比较大时，也能产生严重的电偶腐蚀。

在海洋环境中不同钢种间的腐蚀行为、耐蚀性差别不大，但在飞溅区、潮汐区的腐蚀行为有明显差异。20 钢和 921 钢在青岛海域中暴露 16 年的腐蚀结果如表 2.2 所列。

表 2.2　20 钢和 921 钢在青岛海域中暴露 16 年的腐蚀结果

材料牌号	时间/年	飞溅区			潮汐区		
		腐蚀率 μm/年	平均点蚀深度 /mm	最大点蚀深度 /mm	腐蚀率 μm/年	平均点蚀深度 /mm	最大点蚀深度 /mm
20	1	0.35	0.49	0.85	0.28	0.62	1.10
	2	0.27	1.11	1.68	0.19	0.70	1.29
	4	0.30	1.75	2.38	0.15	1.45	2.20
	8	0.24		C(6)①	0.094	1.71	2.42
921	1	0.095	0.22	0.36	0.19	0.77	1.12
	2	0.097	0.70	1.10	0.16	1.31	2.00
	4	0.14	2.06	2.75	0.12	1.89	3.00
	8	0.15		C(7)	0.094	2.09	3.04

① C 表示穿孔，括号内的数据是试样原始厚度（mm）

2.1.2 钛合金

1. 钛合金应用情况

钛及钛合金因密度小、比强度高、耐海水腐蚀及海洋大气腐蚀、无磁、透声、抗冲击震动、可加工性好等综合性能而成为理想的船用金属材料。钛及钛合金在舰船中的使用大大延长了设备的使用寿命并减轻了重量,提高了整体舰船的技术战术性能。

我国舰船用钛合金的研究与应用始于20世纪60年代,几十年来钛的应用研究有了很大的提高,基本形成完整的舰船用钛合金体系,能满足水面舰艇、水下潜艇和深潜器等不同强度级别的要求并适用于其不同部位。我国舰船用钛合金体系屈服强度为320~1100MPa,强度变化范围大,主要有TA5、Ti31、Ti75、Ti90以及近年新研制的Ti60、Ti80等。

(1) TA5合金。我国于70年代成功轧制TA5δ(8~38)mm×(1600~1700)mm×(3000~3500)mm合金,90年代随着设备能力改进,1994年在4.2m轧机上成功压制出43.6mm×3140mm×3060mm大规格宽厚板。中厚板是原子能反应堆和深水潜艇制造中的重要材料,可用作水室结构封头、接管和管板。TA5合金具有良好的抗低周疲劳性能,能耐深潜器下潜上浮的周期应力作用。

(2) Ti31合金。该合金集中了多种钛合金的优点,与等同强度的钛合金相比,具有明显的高塑韧性、中温热强性、高温持久性、良好的耐蚀性及可焊性;可采用常规锻造、挤压、轧制、冷成型等方法加工成各种板、棒、锻件、管等产品,合金可在300~400℃的高温环境下使用,耐海水腐蚀性能优异,用该合金制造各类换热器、管路、泵体、阀门等。

(3) Ti75合金。该合金强度、塑韧性、耐蚀性、加工性能等综合性能优于TA5,它是动力装置设备、船舶焊接结构件的重要材料。Ti75合金耐海水腐蚀性优异:与TA5钛合金相比,在保证良好的综合性能前提下,Ti75强度高出50MPa,冲击韧性和断裂韧性是TA5的1.4倍和1.2倍,并且具有TA5合金优异的冷、热加工性,低的杂质敏感性。该合金填补了国内730MPa级船用钛合金空白,达到了国际先进水平。由Ti75合金制作的零部件应用于通海系统、海水四通、接管和舷侧双座双球阀阀杆等。

由于海水中声波比光波、无线电波、电磁波的衰减小,人们将声纳用于探测和搜索的工具。一般船舶声纳安装在流线形声纳导流罩内,其目的是减小舰船运动时产生的水动力噪声,保证水声设备有效和正常工作,从而提高声纳的作用距离。声纳导流罩必须有良好的透声性能,使水声信号通过时只有很小的损耗和畸变。另外,声纳导流罩又是船体的一部分,它必须有足够的强度和刚度,以便经受住舰船航行时作用在它上面的流体压力。制作导流罩的材料要求具有中等强度($\sigma_b \geq 700$MPa)、良好的塑性($\delta \geq 20\%$)、冷成型性、易焊接、耐海水腐蚀、透声等特点。声纳导流罩材料包括不锈钢、玻璃钢、橡胶、钛合金等。现役舰艇声纳导流罩所选用的壳板透声材料基本有两种:一种是不锈钢;另一种是纤维增强的复合材料——玻璃钢。俄罗斯过去也选用玻璃钢,但后来大多采用钛合金近 α 合金 ПТ-3В,并取得了良好的效果。

我国有两种声纳导流罩钛合金:近 α 的 Ti91 和 Ti70 合金,合金分别属于 Ti-Al-Fe 系和 Ti-Fe-Zr 系。两种合金均已轧制成(4~6)mm×(900~1000)mm×L mm 板材。

Ti91 钛合金是一种新型中强度近 α 型钛合金。纯钛和 β 钛合金冷成型性良好,但纯钛的拉伸性能较低,而 β 钛合金的合金元素则较多,需添加成本较高的中间合金,且加工成本也高于 α 钛合金,使合金总体成本高。另外,β 钛合金的焊接性能不如 α 型钛合金,两种类型合金均不能满足要求。由于 β 稳定元素 Fe 的加入,使合金的加工性能得到改善,同时也为通过热处理调整性能提供了有利条件。该合金具有中等强度,高的塑性,良好的透声性能,冷成型性能,可焊性及耐海水腐蚀等性能的良好匹配,明显优于船用 TA5 合金。

Ti91 典型的合金性能关键力学性能达到 $\sigma_b \geq 700$MPa,$\delta_5 \geq 20\%$;在 60℃ 海水中浸泡均匀腐蚀率为 0.001mm/年;冷成型性 $R/t \leq 2.5$。Ti91 合金与其他钛合金的强度(σ_b)、塑性(δ_5)、冷弯性(R/t)等性能综合比较,Ti91 合金综合性能明显优于等强度合金 TA5。Ti91 合金焊接接头性能达到基材的 0.9 倍。合金声学性能良好:1~4mm 板材厚度的透声系数大于 96%。

Ti70 合金是 Ti-2.5Al-2Zr-1Fe 系合金近 α 钛合金。板材力学性能:$\sigma_b \geq 700$MPa,$\sigma_{0.2} > 600$MPa,$\delta_5 > 20\%$。耐海水腐蚀性:在 60℃ 海水中浸泡均匀腐蚀率为 0mm/年。焊接性能:焊接系数不低于 0.9,$\sigma_b > 630$MPa,冷弯角 180°。

2. 钛在海水中的腐蚀特性

钛及钛合金是目前所知材料中最抗常温海洋环境腐蚀的材料。钛在热力学上是不稳定的金属,它的标准电极电位为 -1.63V。钛在大气或海水中表面会立即生成一层保护性氧化膜,使之处于钝化状态。钛及合金的优异耐蚀性是由于它的氧化膜有很好的自愈性,受到某种程度破坏的钝化膜可以很快自行修复。

钛及钛合金在常温海洋环境中不发生点蚀和缝隙腐蚀,腐蚀速度极低。只有在某些特殊的条件下才会出现缝隙腐蚀、点蚀和应力腐蚀开裂等腐蚀类型。

钛及钛合金在海洋大气区、飞溅区、潮差区和全浸区暴露试验中,均未发现局部腐蚀迹象,显示出极好的耐蚀性。钛及钛合金在污染海水、热海水(<120℃)和海泥中也抗腐蚀,即钛及钛合金在海洋环境中完全耐蚀。

钛及钛合金在流动海水中有优异的耐蚀性。钛在流速为0.9m/s的海水中经过4年半的试验，还测量不出腐蚀。即使海水流速达到20m/s，腐蚀速度也小得难以测量。钛及钛合金在36m/s的海水中暴露30天，仍显出很低的腐蚀速度。

在常温下，钛及钛合金在海洋环境中完全没有点蚀和缝隙腐蚀。腐蚀试验表明，工业纯钛在130℃以上的海水中会发生点蚀，而Ti－0.15Pd合金要到170℃以上才出现点蚀。当海水温度达到121℃以上时，工业纯钛才会产生缝隙腐蚀。Ti－0.2Pd合金在海水温度达到149℃以上时，才出现缝隙腐蚀。

钛及钛合金在海洋环境中对应力腐蚀不敏感。对各种钛和钛合金试样以不同方法施加数值等于屈服强度75%的应力，在表面海水暴露180天，在2500英尺①深处暴露402天和在6000英尺深处暴露751天，均未发生应力腐蚀开裂破坏。

钛在海水中是高电位金属，它与钢铁、铜、铝发生电接触会加速它们的腐蚀。

2.1.3 铜合金

铜及铜合金具有优良的耐海水腐蚀性、导热性、耐海生物污染性、优良的力学性能、良好的冷热加工性能及良好的铸造性能，广泛用于舰船螺旋桨，海水管系及配件，泵、阀及其配件，轴件等零部件。

1. 螺旋桨用铸造铜合金

螺旋桨用铸造铜合金具有高强度、高韧性、优良的耐海水腐蚀性、耐空蚀性、耐冲刷腐蚀性、防海生物污染和优良的腐蚀疲劳、铸造工艺性能。国内从20世纪80年代开始，对潜艇低噪声螺旋桨用高阻尼铜合金进行研究，仿制了Sonostone Mn－Cu合金，但发现其耐海水腐蚀性能太差，后研制成功2310Mn－Cu合金和Cu－Al－Be合金。上述两种高阻尼合金分别含Mn和含Al很高，其长期耐海水腐蚀性能不强，2310合金制造的螺旋桨经噪声检测，其阻尼性能优良，但需阴极保护而未能实际应用。Cu－Al－Be合金的柔韧性太差，难以满足螺旋桨的塑性要求。

2. 管系用铜合金

海水管系用铜合金具备优良的导热性、耐海水腐蚀性、优良的热成型性能和焊接性能。管材及配件现用主要铜合金的成分、性能如表2.3所列。

① 1英尺＝0.3048米(m)。

表 2.3　管材及配件现用主要铜合金的成分和性能

标准名称	合金牌号	合金元素/%						力学性能		
		Cu	Ni	Fe	Mn	Zn	Al	$R_p0.2$	R_m	$A\%$
GB8890	B10	余量	9.0/11.0	1.0/1.5	0.5/1.0	≤0.3			≥300	≥30
GB5234	B30	余量	29.0/32.0	0.5/1.0	0.5/1.2	≤0.3			≥372	≥30
GB5232	HAl_{77-2}	76.0/79.0		0.03/0.06As		余量	1.8/2.3		≥302	≥45
	T2,TP2	≥99.9							≥205	≥40

由于舰船管系用铜合金管用量大量增加,加上加入 WTO 组织后,外国进口管材明显增加,特别是德国铜管大量涌入,近年来对 BFe10－1－1 管材合金成分有很多研究开发,提高了铁含量,并制定了多种满足舰船管系装备的技术文件及标准。

表 2.4　德国和我国管材及配件现用铜合金的成分与主要性能

企　标	合金牌号	合金元素/%					力学性能		
		Cu	Ni	Fe	Mn	Zn	$R_p0.2$	R_m	$A\%$
Q/725－1087	BFe10－1－1	余量	9.0/11.0	1.5/1.8	0.5/1.0	≤0.2		≥300	≥30
德国 KME	CuNi10Fe	余量	10.0/11.0	1.6/1.8	0.6/1.0	≤0.02		≥300	≥30

从表 2.4 可见,BFe10－1－1 合金中的 Fe 含量 1.5%～1.8% 和德国 KME 公司企标一样,合金中 Fe 量提高使合金的耐海水冲刷腐蚀性能相应提高。

3. 舰船泵、阀用铜合金

泵、阀用铜合金具备优良的耐海水腐蚀性能、耐磨性,良好的力学性能,优良的铸造工艺性能。国内舰船泵、阀用铜合金一直沿用锡青铜、铝青铜和硅黄铜少数几个牌号,力学性能较低,耐冲刷腐蚀性能不足。Ni－Al 青铜综合性能优异却很少推荐在泵、阀上使用,近年来有所发展 Ni－Al 青铜,如表 2.5 所列。

表 2.5　Ni－Al 青铜化学成分

合金牌号	合金元素/%						力学性能		
	Cu	Al	Ni	Fe	Mn	Cr	$R_p0.2$	R_m	$A\%$
ZCuAl9Fe4Ni4Mn2	余量	8.5/10.0	4.0/5.0	4.0/5.0	0.8/2.5		≥245	≥630	≥16
新型 Ni－Al 青铜	余量	5.0/8.0	6.0/8.0	2.5/4.5	1.0/2.0	0.1/0.5	≥240	≥500	≥16

从表中可见，两种 Ni – Al 青铜，由于 Ni 含量提高，含一定的 Cr，使合金的耐腐蚀性提高，其综合性能优于以往的硅黄铜、锡青铜和铝青铜，耐海水腐蚀性能与管材 B10、B30 的耐蚀性更加接近，用于制作海水管系中的泵、阀件，与管件配套性好，不会构成电偶腐蚀。

4. 铜及铜合金在海水中腐蚀的一般情况

铜合金具有良好的力学性能、可成型性、导热性，同时在海洋环境中有着良好的耐蚀性，在海洋环境中得到广泛的应用，铜合金常被用来制造船舶的螺旋桨、消防管道、紧固件、热交换器的管路、冷却系统的其他部件等。

铜合金属于稳定性材料，在海水中不会发生析氢腐蚀。铜在海水中腐蚀的阴极过程是氧去极化。因此，铜及铜合金的腐蚀速度主要由氧的供给速度而定。铜及铜合金表面在海洋环境中能生成一层腐蚀产物薄膜，这层薄膜阻碍了氧向金属表面扩散。铜合金的耐海水腐蚀性能正是取决于这层有保护性的腐蚀产物膜。附着在铜表面的薄膜内层是氧化亚铜，外层是碱式氯化铜、氢氧化铜、碱式碳酸铜等的混合物。铜合金的腐蚀产物膜中还有合金元素的氧化物和盐等。

紫铜、青铜在海洋大气区、飞溅区通常呈均匀腐蚀，在海水中的腐蚀类型为点蚀、缝隙腐蚀。点蚀形貌呈斑状、坑状和溃疡状。黄铜和白铜在海洋环境中除点蚀、缝隙腐蚀外，还发生脱成分腐蚀（黄铜脱锌、白铜脱镍）。高锌黄铜（锌大于 15%）在海洋环境中有脱锌腐蚀倾向，锌含量大于 35% 的黄铜脱锌腐蚀尤其严重。

铜合金在海水中具有抗生物污损的能力。铜合金的抗污损能力与其腐蚀速度、表面腐蚀产物膜的性质等有关。随着暴露时间延长，铜合金的抗污损能力降低。如果采用阴极保护措施使铜合金的腐蚀停止，它会像其他无毒性材料一样出现生物污损。

铜合金在海水中的腐蚀电位较正，稳定腐蚀电位为 –0.21 ~ –0.07V（相对于海水 Ag/AgCl 电极）。与更活泼的材料（如钢、铝）发生电接触，能引起活泼材料的电偶腐蚀。铜合金腐蚀溶下的铜离子能引起它附近的铝合金的腐蚀速度增大。

铜和铜合金在流动海水中都存在一个临界流速，即在低于其临界流速时腐蚀速度较低；当大于或超过其临界流速时，腐蚀速度迅速增加，并发生马蹄状的冲刷腐蚀。因此，通常限定它们服役的最高流速。在海水中，B10 的耐冲刷腐蚀性能比 TUP 好得多。在洁净和污染的海水中，TUP 管的最大允许流速为 1m/s，BFe10 – 1 – 1 管可用于流速为 2.5 ~ 3m/s 的情况下。在热交换器中，TUP 适合的最大海水流速为 1m/s，BFe10 – 1 – 1 则短期内最大允许流速为 8m/s。但在设计和运行中还应充分注意，在低流速（小于 1m/s）下，很轻的泥砂和沉积物都能在管壁上沉积，导致沉积物下腐蚀和管子失效。

2.1.4　不锈钢

1. 不锈钢的应用情况

不锈钢是船用材料中一种重要材料，它在船舶上的使用大体上与玻璃钢出现的时间相同，现在已受到高度重视并且或多或少地作为各种连接件或紧固件的标准材料。不锈钢的吸引力在于它有明亮、光泽无锈的外表，它比很多钢基材料的强度更高。不锈钢的耐腐蚀性主要取决于它的铬含量，大部分不锈钢基本上是铁、铬和镍的合金。当铬的含量超过 12% 时，该合金的耐腐蚀能力显著增加。

不锈钢含镍可改善它的耐酸性，如果有足够的镍含量，不锈钢就能形成一种特殊形式的晶体结构，这种形式的晶体结构又能省去焊接时所需要的预热和焊后热处理。正在发展中的不锈钢含有更多的钼、更多的铬或更多的镍，或者同时含有这 3 种金属。

如果不锈钢被大面积的活性金属包围，例如，钢或铝壳船上的不锈钢舵、螺旋桨或推进轴，实际上可以使不锈钢更可靠地在水下使用。在钢或铝船上的不锈钢部件发生点蚀的危险性比在玻璃钢船体上不锈钢部件发生点蚀的危险性小得多。

不锈钢是优良的舱面材料：它实际上不锈而坚固。两种最普通的船用等级的不锈钢是 304 和 316，而以后者耐蚀性能更好。两种型号的不锈钢在浸入海水时都受点蚀的危害，因此大多不适于在船体水下部分使用，特别是在潮湿的木头和玻璃纤维中的紧固件更不适于采用不锈钢。

如果零件要焊接，就必须用 304L 或 306L 型材料（低碳）或稳定化不锈钢（321 或 347 型），或者在焊接后进行热处理。否则，当焊接件承受负荷时，焊缝腐蚀很可能在某一天突然产生点蚀破坏。内应力腐蚀或腐蚀疲劳也能够突然产生破坏。因此，不要使不锈钢零件处于高度受力状态。

316L(00Cr17Ni12Mo2)是广泛应用的超低碳奥氏体不锈钢。它具有良好的强度、塑性、韧性和冷成型性能及良好的低温性能。由于在 Cr18Ni8 的基础上加入了 2% Mo，使它具有了良好的耐还原性介质和耐点蚀能力。在各种有机酸、无机酸、碱、盐类和海水中均有适宜的耐蚀性。

1Cr18Ni9Ti 是 18－8 型奥氏体不锈钢。我国最早的不锈钢标准中的牌号之一。1Cr18Ni9Ti 的性能与 304(0Cr18Ni9，典型的、应用最广泛的奥氏体不锈钢)相似。由于加入 Ti，此钢具有一定的耐晶间腐蚀能力，在大气、水、水蒸气中，在不同的有机和无机酸中，特别是在氧化性介质中具有较好的耐蚀性。

1Cr18Ni9Ti 早期在我国曾得到大量的生产和广泛的应用。但是,由于含 Ti 钢的种种缺点,加之不锈钢生产工艺的进步,低碳、超低碳及控氮和含氮奥氏体不锈钢的出现,高碳含量(≤0.12 和≤0.08)并含 Ti 的奥氏体不锈钢已逐渐被代替。然而,1Cr18Ni9Ti 仍是目前海军舰艇上常用的不锈钢之一。

HDR(00Cr25Ni6Mo2N)超低碳双相不锈钢,是由 50% 奥氏体和 50% 铁素体双相组成,是奥氏体－铁素体双相不锈钢中最高级的 Cr25 型高合金超级双相不锈钢,既有很高的力学性能,又有良好的可焊性和耐海水磨蚀及腐蚀性能,最适合耐海水腐蚀、海水冲刷腐蚀及在富含氯离子的介质中及某些酸介质中使用。HDR 钢系列可制成管、带、棒、丝等型材及其产品(如海水过滤器各种管件、定型弯头、阀门等),已在舰船、化工装置及核电装置上广泛应用,是近年来开发的一种较为理想的耐海水腐蚀的新型不锈钢材料。舰船常用不锈钢的化学成分如表 2.6 所示。

表 2.6 舰船常用不锈钢的化学成分

钢　种	C	Si	Mn	S	P	Cr	Ni	Mo	其　他
	不大于								
1Cr18Ni9Ti	0.12	1.00	2.00	0.030	0.035	17.00～19.00	8.00～11.00		Ti 5(C% －0.02)～0.08
316L	0.03	1.00	2.00	0.045	0.030	16.00～18.00	10.00～14.00	2.00～3.00	
HDR	0.03	1.0	1.0	0.03	0.035	23.0～26.0	4.5～6.5	1.5～2.5	N 0.14～0.20

2. 不锈钢在海水中的一般腐蚀特性

不锈钢主要是靠表面形成钝化膜而耐蚀的。钝化性能主要来自 Cr,钝化膜的稳定性随铬的含量而增高,添加 Ni 对不锈钢的钝化膜起稳定作用。添加 Mo、N 能显著提高不锈钢的耐点蚀性能。降低碳含量能有效地提高不锈钢的耐海水腐蚀性。

不锈钢在海洋环境中的腐蚀率都较低,但它们容易发生点蚀、缝隙腐蚀等局部腐蚀。不锈钢在海洋环境中的腐蚀因其成分不同或使用的海洋环境不同而相差很大。不锈钢在海洋大气区和飞溅区有较好的耐蚀性。常用的 18－8 型不锈钢长期暴露表面有较浅的点蚀和锈斑。在海水全浸区,不锈钢的使用有一定的局限,18－8 型不锈钢会发生严重的点蚀和缝隙腐蚀。必须通过好的设计,采取阴极保护或选择更耐蚀的不锈钢来解决这一问题。

在海水中,不锈钢的点蚀包括孔蚀、沟槽腐蚀、隧道腐蚀。沟槽腐蚀、隧道腐蚀是由孔蚀或缝隙腐蚀为起点发展形成的。它们沿着重力方向发展。沟槽腐蚀的形貌是明显的蚀沟；隧道腐蚀则是隐伏的，多半不露出表面，在基体内腐蚀，表面留下未受腐蚀的薄膜，除去薄膜即显露出腐蚀沟。

在不锈钢表面上，由于结构原因或异物附着形成的缝隙，能引起缝隙腐蚀。牡蛎、藤壶等海生物的污损也能引起不锈钢的缝隙腐蚀。不锈钢点蚀、缝隙腐蚀发生机理不同，但两者的发展机理类似。在海洋环境中不锈钢的缝隙腐蚀比点蚀更容易发生。

在低流速海水中，18－8 型不锈钢也遭受点蚀破坏。不采取阴极保护措施时，应采用高 Cr、Mo 的不锈钢。在高流速（大于 1.2m/s）的海水中，不锈钢表面能得到氧的充分供应，海生物难以附着、沉积物难以积聚，18－8 型不锈钢，不会产生点蚀。在高流速海水中缝隙内也会产生缝隙腐蚀。

1Cr18Ni9Ti 和 316L 在海水中浸泡容易发生严重的点蚀和缝隙腐蚀。在青岛、厦门和榆林海水中暴露的厚度 2mm 的 1Cr18Ni9Ti，在 1 或 2 年后发生隧道腐蚀，并已穿孔。腐蚀随试验地点的海水温度升高而加重。顾菊芳进行的试验表明，316L 在青岛、舟山、厦门海水中暴露 1 年都发生腐蚀穿孔（试样原始厚度 2mm）。

HDR 在海水中有优良的耐蚀性。HDR 在青岛海域的海水中暴露 22 年的点蚀和缝隙腐蚀深度都小于 0.4mm。与 HDR 同类别的双相不锈钢 0Cr25Ni6Mo3N 在海水中也表现出优良的耐蚀性。在近期的实际使用过程中，海水管路中 HDR 双相不锈钢也发生了与非金属材料接触时的缝隙腐蚀，如双相不锈钢法兰与密封垫片、双相不锈钢管路外表面与斯特劳勃（Strube）接头的橡胶密封圈处，不锈钢的缝隙腐蚀特征明显。

2.2　防腐蚀涂料

2.2.1　防腐蚀涂料种类

涂料保护是防止海水腐蚀和大气腐蚀最简便、最经济的方法。防腐蚀涂料也称防锈涂料，主要成分是成膜物质和防锈颜料，通常以防锈颜料的名称来命名，如铁红防锈漆、锌黄防锈漆等。如果以它们的防锈作用机理区分，大致可以归纳为 4 种类型，即物理作用防锈漆、化学作用防锈漆、电化学作用防锈漆及综合作用防锈涂料。

1. 物理作用防锈漆的防锈机理

物理作用防锈漆与被涂装的金属表面基本上不发生化学或电化学反应，只是起到隔离腐蚀介质的作用。该类型的防锈漆有的是采用化学性稳定的惰性颜料，这些颜料填充性好，能使涂层结构致密，能降低水、氧及离子对漆膜的透过速度，铁红就属于这类颜料；有的是以细微的鳞片状材料作为主要颜料，它们在漆膜中与底材呈平行状排列，彼此搭接和重叠，能够阻挡腐蚀介质和底材的接触，或延长腐蚀介质向底材的渗透途径，达到缓蚀的作用，铝粉就属于这类颜料。

纯物理作用防锈颜料制成的防锈漆，防锈效果是不能令人满意的，单纯的屏蔽作用虽然能减少水和其他介质的透过，但终究不能完全隔离它们与底材的接触，如果没有化学作用防锈颜料和其他添加剂的辅助，生锈是不可避免的。

2. 化学作用防锈漆的防锈机理

化学作用防锈漆是防锈漆的主要品种，它们采用多种化学活性的颜料，依靠化学反应改变表面的性质及反应生成物的特性，达到防锈的目的。按照作用机理的不同，主要有以下几种：

（1）化学防锈颜料与金属表面发生作用，如钝化作用、磷化作用，产生新的表面膜层，例如钝化膜、磷化膜等。这些薄膜的电极电位较原金属为正，使金属表面部分或全部避免了成为阳极的可能性；同时由于薄膜上存在许多微孔便于成膜物质的附着，可以阻止锈蚀在膜下及涂膜破坏的地方向外扩展。当有微量水渗入膜下后，上述作用的发挥，就更能体现出化学作用防锈漆比物理作用防锈漆的优越。属于这种防锈作用的颜料，如铬酸盐防锈颜料、磷酸盐防锈颜料。

（2）化学作用防锈颜料与涂料中某些成分进行化学反应，生成性能稳定的、耐水性好的和渗透性好的化合物（如某些皂化物）。有些生成物具有一定的缓蚀作用，并能增强漆膜的强度，由于反应结果降低了涂料的酸价，也减缓了涂料对底材金属的作用，铅系颜料如红丹、铅酸钙、铅白的防锈机理就是这一种。

（3）有的颜料和助剂，在成膜过程中能形成阻蚀性络合物，提高防锈效果。例如，磷酸锌是一种水合物，具有生成碱式络合物的能力，此络合物可与涂料中的极性基团，如羟基、羧基等，进一步络合，生成交联络合物，可以增强漆膜的耐水性和附着力，也能与 Fe^{2+} 形成配位络合物，阻止锈的生成。

3. 电化学作用防锈漆的防锈机理

根据电化学腐蚀理论，在腐蚀电池中被腐蚀的是电极电位较负的阳极。如果涂覆在金属上的涂层又有比金属更低的电极电位，则当存在电化学腐蚀的条件时，涂层是阳极，金属是阴极而不被腐蚀。当前采用最多的是富锌底漆，它通过胶黏剂把大量锌粉粘附在钢铁表面上，形成导电的保护涂层。为了能形成连续的“锌膜”和保证涂后导电性以便使涂层与底材有效接触，形成畅通的腐蚀电池回路，必须使用纯度较高的锌粉，其用量在干膜中应占干膜重量80%以上。铝材的电极电位比铁低，理论上应该可以作为牺牲阳极使用。铝粉表面腐蚀过程中易形成致密的氧化膜，对涂层的导电性和电位的稳定性都不利，阴极保护效果不明显，但用高纯度的新鲜超细球状铝粉与铬酸盐配合，以磷酸二氢镁为胶黏剂制造的防锈漆，可以达到较理想的保护效果。

4. 综合作用防锈漆的防锈机理

综合作用防锈漆是指涂料中含兼具物理作用、化学作用、电化学作用的防锈颜料，可发挥物理屏蔽阻隔、化学络合缓蚀、电化学保护等综合作用的防锈涂料。综合作用防锈漆的防锈效果很好，可以在苛刻的环境下使用，尤其是当涂层局部破损后仍能起到一定的保护作用。

2.2.2　潜艇防腐蚀涂料生产和应用现状

与国外先进技术和雄厚的研究基础相比，我国在长效防腐蚀涂料应用方面在近30年来也做了大量工作。青岛海洋化工研究院、上海开林造漆厂、厦门双瑞涂料公司、上海海悦涂料有限公司等涂料供应厂商多年来一直为海军舰艇供货，质量比较稳定，技术水平在国内涂料同行中较为领先；以青岛海洋化工研究院、中船725所为代表的涂料研究机构也具有一定的涂料研发水平，曾多次完成舰艇涂料的联合攻关课题研究工作，取得了较为显著的成果，如早期的72－19防污漆解决了当时海军舰艇5年期长效防污的问题。

近十余年来，各地通过合资办厂等方式引进外资和国外先进涂料生产技术，如上海国际、广州佐顿、北京优龙、天津中远关西等合资企业，出现了一定数量能与国外先进水平相当的防腐蚀涂料产品，同时也带动了国内防腐蚀涂料产品性能和档次的提高。但应当清醒地认识到，目前国内市场中防腐蚀涂料中高档产品比例不高，整体水平还落后于欧美等发达国家，具有自主知识产权的高性能涂料产品还比较少。此外，随着长效防腐蚀要求和环保要求的提高，国内涂料厂商在舰船防腐蚀涂料研制开发方面应加快无毒（或低毒）、无污染、省能源、经济、高效、长效的方向发展的步伐。

通过对这些涂料公司研发能力、船舶防腐蚀涂料发展方向和涂料产品技术内涵的调研，可以得出如下的结论：

（1）目前国内针对潜艇的长效防腐蚀涂料产品不多，而国外海军潜艇涂料配套使用情况的获取存在一定难度。

（2）从防腐蚀性能角度而言，国内目前有适合于水面舰艇防护期效可达到10年的涂料产品，但这些涂料产品能否满足潜艇的使用要求有待于试验验证。

（3）国内没有针对于潜艇涂料的性能评价方法，需要系统研究和专项研制。

根据较长时间的调研，主要现役型号潜艇的防腐涂料配套体系目前存在较多问题，难以满足潜艇长效防腐的要求，特别是对装有消声瓦的潜艇，防腐涂料配套体系的有效防腐期应接近或大于 10 年。因涂料防腐蚀涉及非耐压壳体内外表面、耐压壳体外表面、指挥台围壳内外表面、水柜顶板、高压气瓶、柴油机进排气管路、阀件、舾装件等较大范围，已成为潜艇防腐的关键环节。目前，潜艇长效防腐涂料技术研究存在的主要问题有：①没有针对潜艇特殊使用环境和工况条件系统地进行防腐蚀涂料配套设计选型和性能评价方法研究；②涂层整体设计水平有待提高，涂装质量较差；③潜艇配套涂料的防腐能力尚不理想，性能不能满足潜艇发展要求；④开展涂料维修性设计研究不多。

总体设计对潜艇防腐蚀涂料提出了防护期效长、防护性能好、耐海水压力更大、施工和维修工艺简单等新的要求，迫切需要针对潜艇特殊使用环境和工况条件在涂料的失效机理、配套选型设计、评价方法体系和指标体系、评价试验方法、施工和维修工艺等方面开展顶层设计和基础性研究工作，以对潜艇长效防腐蚀涂料的研制、设计、施工和维修等工作环节进行科学、正确地指导和规范，确保涂料在各阶段的质量，从而更好地解决潜艇的长效防腐蚀问题。

2.2.3 国外潜艇防腐蚀涂料应用现状

由于潜艇的特殊战略意义和战术作用，国外海军对涉及潜艇的技术资料和相关报道甚少，获取的渠道也非常有限，因此关于潜艇防腐蚀涂料方面的资料并不系统，但在涂料发展方向和使用维护等问题方面仍具有一定参考价值。

1. 美国海军

美国海军舰艇的防腐蚀涂料技术已发展到一个相对成熟的阶段，通过对美国海军舰船涂料配套表的分析发现，舰艇水线以下防腐蚀涂料以环氧类为主，通过 2 ~ 3 道涂装达到 300μm 以上防护涂层，即可满足 10 年左右的防腐蚀要求。美军舰艇防腐蚀涂料配套的防护期效一般设计为 2、5、7、10 ~ 12 年 4 种，不同防护期效涂料配套中起防腐蚀作用的涂料类型和厚度并无区别，都要求达到 300μm 以上，而起防污作用的涂料涂装道数和总厚度随防护期效增加而增加。由此可见，美军防腐蚀涂料的技术水平较高，并已趋成熟。但对于一些特殊部位的涂料，如防护期效达 15 年的快速固化液舱涂料，也同样是目前美军重点攻关的课题。

从技术角度而言，美国目前已建立起一套相对成熟、完备的涂料上舰规程，舰艇不同部位、不同性能要求的涂料都有与之相对应的军用标准（技术要求和量化指标），以及配套的测试规范和方法。其中，对涂料性能的要求和测试项目相当全面，涉及涂料成分、环保性能（VOC、固体含量）、物理力学性能、防腐蚀性能、施工性能和其他细化的涂料性能。供应商的涂料配套只有按照军方标准通过全面的测试和考核后，方能有资格被舰艇采用。涉及防腐蚀涂料的军用标准如 MIL－P－24647、MIL－P－23236、MIL－P－24441 等。

目前，迫于环境保护的压力以及潜艇内舱环境的特殊要求，美国海军采用无溶剂环氧涂料作为潜艇的压载水舱涂料。而在艇体水线以下、上层建筑等部位采用高固体份环氧防腐蚀涂料配套，体积固体含量（VS）大于73%，并且具有宽表面容忍度优点。典型涂料产品如国际涂料公司的 Intergard264、Intertuf262，亚美隆涂料公司的 Amercoat235 等。

2. 俄罗斯海军

俄罗斯潜艇在防腐蚀涂料技术方面具有如下特点：

（1）透水部位（包括上层建筑、舷间）涂料类型为环氧厚浆型，实艇测量干膜厚度大于1000μm，且涂膜厚度均匀性较好。

（2）通过对随艇保养维护涂料的进一步剖析发现，涂料为双组分，甲组分为环氧树脂或改性环氧树脂，固化剂为聚酰胺类，颜填料为铁红、酞白、云母、硫酸钡等。

（3）涂料性能的试验结果为：漆膜非常柔软，柔韧性较好；涂层耐盐雾腐蚀性能良好。

3. 欧洲国家海军

目前，欧洲涂料技术水平相当发达，国际上多家知名涂料公司的总部均设在欧洲，如英国的国际油漆公司（International Paint），荷兰的西格玛涂料公司（Sigma Coatings），丹麦的海虹涂料公司（Hempel Paints），挪威的佐顿涂料公司（Jotun Paints）等。最具代表性的是英国，作为老牌的海洋帝国，其海洋腐蚀防护技术水平位居世界前列。通过对皇家海军潜艇涂料配套的分析研究发现，英国海军的S级、特拉法尔加级（Trafalgar）、先锋级（Vanguard）潜艇接触海水未铺设消声瓦部位采用的是体积固体含量大于82%的环氧高固体份防腐蚀涂料配套，一般涂装2道，防腐涂层总厚度为300μm左右。该类型涂料配套不仅防腐蚀性能突出，而且对表面处理的容忍性极好，可适应喷砂、高压水和机械工具等不同的表面处理方法，能接受从 Sa2 到 St3 的不同表面处理等级。而英国水面舰艇水线以下部位采用的防腐蚀涂料配套仅限用于潜艇内舱的干、湿部位。英国皇家海军还对潜艇涂料的性能要求和评价方法制定了专门的标准规范，如 Def Stan07－252 和 BR3939。

另外一个比较典型的是德国的 HDW 潜艇制造集团，其建造的209级常规潜艇以出口数量最多、使用国家最多而成为国际上的名牌产品。该集团所建造潜艇的涂料由隶属于 BASF 的 Relius 公司研制。Relius 涂料公司在研发和生产潜艇涂料方面具有悠久的历史，其涂料产品拥有良好的实船业绩。该公司设计的潜艇壳体和上层建筑部位防腐蚀涂料配套的防护期效可达 30 年，其配套的构成为 1 道环氧锌粉涂料(59%，体积固体含量，VS) +3 道纯环氧涂料(68%，VS) +1 道环氧封闭涂料，总干膜厚度为 550μm。在原材料、技术性能方面，德国对潜艇涂料的要求远高于对其他水面舰艇涂料的要求，HDW 集团负责对潜艇涂料的性能评价和认证。据悉，潜艇涂料必须通过压力试验、真空试验等多项全面的测试后方能被潜艇制造商采用。

欧洲和北约(NATO)其他国家海军潜艇防腐蚀涂料配套的情况也基本类似。潜艇防腐蚀涂料主要由以上涂料公司提供，这些涂料产品由 NATO 统一编号，备有库存。值得关注的是，与水面舰艇相比，各国无论在涂料配套的选型和研究方面、还是在相关标准规范的制定方面均对潜艇防腐蚀涂料给予了特殊的重视。

2.2.4 潜艇透水部位防锈涂料种类

表 2.7 所列为潜艇透水部位耐压涂料类型。

表 2.7 潜艇透水部位耐压涂料类型

序号	型　号	涂料名称	涂装道数	总干膜厚度/μm	生产厂家	备　注
1	LW-1	水性无机富锌涂料	3	100	武汉铁华公司	用于耐压和非耐压壳体之间
	H53-85	环氧云铁防锈漆	2	150	常州天安特种涂料公司	
	J52-83	氯化橡胶铁红厚浆型防锈漆	2	250	常州天安特种涂料公司	
2	TH-2	硅酸锌防锈涂料	1	35	江苏冶建防腐材料公司	
	TH-12	封闭漆	1	35		
	TH-22	改性环氧玻璃鳞片底漆	1~2	>150		
	TH-22	改性环氧玻璃鳞片面漆	1~2	>100		
3	H2-1	环氧沥青船底防锈漆	1	150	上海涂料研究所	
	H2-2	环氧沥青船底防锈漆	1	150		
4	725-H44-60	厚浆改性环氧防腐底漆	2	150	中船 725 所	改性环氧类
	725-H44-61	厚浆改性环氧防腐防锈漆	2	150		

2.3　牺牲阳极阴极保护材料

牺牲阳极广泛应用于舰船阴极保护，可采用牺牲阳极保护的区域或部位主要包括浸泡在海水中的船体（含附体）、海水压载舱等海水间浸部位、海水管路系统及冷却设备等。

2.3.1　要求与种类

牺牲阳极材料的性能直接影响阴极保护的效果，用作牺牲阳极的金属或合金材料，应满足以下一些基本要求：

（1）要有较负的稳定工作电位，与被保护金属之间具有合适的电位差。

（2）阳极工作时极化要小，保持较高的电化学活性。

（3）阳极应具有大的发生电容量，并具有高的电流效率。

（4）表面溶解均匀，产物易于脱落。

（5）阳极材料及溶解产物符合环保要求，无毒、无污染。

（6）材料易于获得，易加工成所需形状，价格较便宜。

舰船常用的牺牲阳极材料主要有锌合金、铝合金、铁合金等几类。镁合金阳极电位较负，可以达到 -1.5V(SCE)，主要用于高电阻率的介质中，如淡水等条件下。镁合金阳极在海水中易导致过保护的情形，例如，在某些情况下会造成油漆涂层的阴极剥离，析出氢气，并且在碰撞时易产生火花，因此镁合金阳极不适于在舰船中使用。

2.3.2　锌合金

锌合金是最早用于舰船阴极保护的牺牲阳极材料。普通商业纯锌由于含有较高的杂质，影响其电化学性能，所以很少用作牺牲阳极。只有锌含量大于 99.995%，铁含量小于 0.0014% 的高纯锌才可直接作为牺牲阳极使用。但高纯锌的价格很高，用作牺牲阳极不够经济，所以在实际阴极保护工程中应用并不太多。常用的锌合金阳极主要为 Zn - Al - Cd 三元合金，通过添加少量合金元素铝和镉，可以使晶粒细化，同时消除杂质的不利影响。由于少量的铝和杂质铁、镉、铅之间能形成固溶体，其电位负于铁和铅，因此可以减弱锌合金的自腐蚀作用，并使腐蚀产物变得疏松，易于脱落，溶解得更均匀。同时，由于可以采用对杂质含量要求不是非常高的锌锭来铸造阳极，所以可以降低锌合金牺牲阳极的成本。

高纯锌及三元锌合金牺牲阳极的化学成分如表 2.8 所列，不同标准所规定的三元锌合金牺牲阳极的成分基本相同，稍有差异。锌合金牺牲阳极的电化学性能如表2.9所列。锌合金牺牲阳极在海水中工作电位稳定、电流效率高、溶解性能好，已在舰船阴极保护工程中得到广泛应用。

表2.8 典型锌阳极的化学成分 （单位：质量分数）

标准	阳极种类	化学成分						
		Al	Cd	Fe	Cu	Pb	Si	Zn
ASTM B418	高纯锌	<0.005	<0.003	<0.0014	<0.002	<0.003	—	>99.995
ASTM B418	Zn-Al-Cd	0.10~0.40	0.03~0.10	≤0.005	—	—	—	余量
MIL-A-18001H	Zn-Al-Cd	0.10~0.50	0.025~0.15	≤0.005	≤0.005	≤0.006	≤0125	余量
GB 4950	Zn-Al-Cd	0.3~0.6	0.05~0.12	≤0.005	≤0.005	≤0.006	≤0125	余量

表2.9 锌合金牺牲阳极在海水中的电化学性能

项目	开路电位/V(SCE)	工作电位/V(SCE)	实际电容量/(A·h/kg)	电流效率/%	溶解状况
电化学性能	-1.09~1.05	-1.05~-1.00	≥780	≥95	表面溶解均匀，腐蚀产物易于脱落

尽管锌合金牺牲阳极有良好的电化学性能，保护效果得到大量工程验证，但是其电容量偏低，影响牺牲阳极的使用寿命。随着大电容量的铝合金牺牲阳极的发展，锌合金牺牲阳极在舰船以及海洋工程阴极保护中呈现被铝合金阳极取代的趋势。

2.3.3 铝合金

铝具有比锌高得多的理论电容量。锌的理论电容量为820A·h/kg，而铝的理论电容量达到2980A·h/kg，大约是锌的3.6倍。然而，纯铝表面极易形成钝化膜，所以不能直接做牺牲阳极使用，必须采用合金化方法来破坏表面钝化膜的完整性，促进阳极表面活化，使其具有较负的工作电位和较高的电流效率。

通过大量的研究，人们已开发出各种不同成分和性能的铝合金牺牲阳极材料。早在20世纪六七十年代，美国DOW化学公司开发了Al-Zn-Hg系合金牺牲阳极（Galvalum I型和II型），它们在海水中具有优异的电化学性能，电流效率可达到95%。Zn和Hg的加入促进了铝阳极的活化，不仅使电位降低（向负向偏移），而且具有高的电流效率。但汞会污染环境，熔炼过程中产生汞蒸气对人体有害，随着环保意识的增强，Al-Zn-Hg系合金牺牲阳极已很少使用。

一段时间以来，广泛使用主要为Al-Zn-In系合金牺牲阳极。锌是铝合金牺牲阳极中的主要添加元素，可以促进铝的活化，使铝的电位负移0.1~0.3V，并使腐蚀产物易于脱落。铟是铝阳极中的重要活化元素,添加很少的量就可以达到明显活化的效果。在0.01%~0.04%范围内,铝阳极的性能随铟含量的增加而明显改善,但铟在铝中的固溶度很小,当铟含量大于0.1%时,铟将以新相形式发生偏析,促进铝的自腐蚀,降低阳极的电流效率。锌和铟的同时加入还可以抑制有害杂质元素的不利影响,发挥协同活化作用。以Al-Zn-In合金为基础,通过添加其他元素如硅、锡、镉等,形成四元或五元合金,可以进一步提高铝合金阳极的电化学性能。表2.10和表2.11分别为各种常用的铝合金牺牲阳极的化学成分和电化学性能,这些铝合金牺牲阳极已被列入国家标准。其中,Al-Zn-In-Cd、Al-Zn-In-Sn、Al-Zn-In-Si和Al-Zn-In-Sn-Mg为常规性能的铝合金阳极(A11~A14型),其电流效率达到85%以上,而Al-Zn-In-Mg-Ti为高效率铝合金阳极(A21型),电流效率可达到90%以上。

表2.10 常用铝合金牺牲阳极的化学成分

阳极材料种类	化学成分/%										
	Zn	In	Cd	Sn	Mg	Si	Ti	杂质不大于			Al
								Si	Fe	Cu	
铝-锌-铟-镉 A11	2.5~4.5	0.018~0.050	0.005~0.020	—	—	—	—	0.10	0.15	0.01	余量
铝-锌-铟-锡 A12	2.2~5.2	0.020~0.045	—	0.018~0.035	—	—	—	0.10	0.15	0.01	余量
铝-锌-铟-硅 A13	5.5~7.0	0.025~0.035	—	—	—	0.10~0.15	—	0.10	0.15	0.01	余量
铝-锌-铟-锡-镁 A14	2.5~4.0	0.020~0.050	—	0.025~0.075	0.50~1.00	—	—	0.10	0.15	0.01	余量
铝-锌-铟-镁-钛 A21	4.0~7.0	0.020~0.050	—	—	0.05~1.50	—	0.01~0.08	0.10	0.15	0.01	余量

表2.11 铝合金牺牲阳极在海水中的电化学性能

阳极材料		开路电位/V(SCE)	工作电位/V(SCE)	实际电容量/(A·h/kg)	电流效率/%	溶解状况
常规铝阳极	A11~A14	-1.18~-1.10	-1.12~-1.05	≥2400	≥85	产物溶解脱落,表面溶解均匀
高效铝阳极	A21	-1.18~-1.10	-1.12~-1.05	≥2600	≥90	

铝合金牺牲阳极的原料易得,易于铸造成型,在保护同样结构物时,相比采用锌阳极保护造价更低,而且可以设计成长寿命阳极。铝合金阳极是继锌合金阳极之后得到快速发展和广泛应用的牺牲阳极材料。

铝合金牺牲阳极还处在不断发展之中,通过调节铝合金阳极的成分,开发出了适用于不同工况条件下使用的新型牺牲阳极材料,如适于深海环境的铝合金阳极、适于高强钢保护的低电位铝合金阳极、适于干湿交替环境使用的高活化性能铝合金牺牲阳极等。

2.3.4 铁合金

和锌合金、铝合金牺牲阳极不同，铁合金阳极具有较正的电位，约为-700mV(SCE)，因此不适于保护钢质船体。铁合金牺牲阳极主要用于保护舰船的铜质海水管路和设备或不锈钢构件，由于铁合金阳极和铜或不锈钢之间的电位差较锌合金或铝合金阳极与铜或不锈钢之间的电位差要小很多，因此具有更适宜的驱动电位，可减小阳极的消耗，获得更长的保护寿命。此外，铁合金阳极溶解产生的亚铁离子还有利于铜表面保护膜的形成。对于由钛及钛合金与铜合金或不锈钢等材料混合构成的设备，采用铁合金牺牲阳极保护时还可避免保护电位过负造成钛的氢脆破坏。典型铁合金牺牲阳极的电化学性能如表2.12所列。

表2.12 铁合金牺牲阳极在海水中的电化学性能

项目	开路电位/mV(SCE)	工作电位/mV(SCE)	实际电容量/(A·h/kg)	电流效率/%	溶解状况
电化学性能	-750±25	-650±10	≥930	≥95	表面溶解均匀，腐蚀产物易于脱落

2.4 海洋环境典型参数

2.4.1 我国海域海水温度

中国领海南北跨度很大，跨越温带、亚热带和热带，水温分布差异悬殊，渤海及黄海北部最容易受寒潮活动的侵袭，气温和水温年变幅度大，冬季出现冰冻现象。黄海和东海受沿岸河流水系与外海水系的共同影响，也经常遭受台风活动的影响，另外黑潮主流、黄海暖流、台湾暖流以及黄、东海沿岸流等都对黄、东海的水温变化产生重大的影响。南海主要受冬夏季风的影响，自身形成环流体系，南海又是台风的源地之一，水温的年变幅度不大。

渤海：冬季各水层温度分布基本相同，等温线大体与等深线平行分布。水温自中部向周边递减，东高西低。冬季海水的对流混合可及海底，故水温的垂直分布到处呈均匀状态。沿岸浅滩区域，每年均出现短期的结冰现象。夏季随太阳辐射加强，表层水温可达28℃左右。在黄河口附近，随黄河入海径流增大，冲淡水的高温水舌朝东北方向一直冲到渤海中部，这一带10m以浅的水层，海水显著淡化，10m 以深的水温仍然较低。

黄海：为半封闭的浅海。冬季，各水层温度分布极为相似，黄海暖流自南向北深入本区，等温线呈明显舌状分布，水温自南而北，自中部向近岸逐渐递减。近岸区域，1～2 月份水温最低，约为 1～5℃，中部海区 2～3 月份最低，约为 4～11℃。夏季，表层水温分布均匀，8 月份表层水温最高约为 28℃。山东半岛成山角附近，因强烈垂直混合而成低温区。表层以下各水层最高温度出现的时间，随深度增加而逐渐滞后，10m 以下各水层最高温度出现的时间均推迟到 9 月份以后。20m 以浅各水层温度分布趋势差别较大，但 20m 以深直至海底，各层水温的分布趋势则基本相似。1 月份，黄海和东海交界处平均气温为 6～7℃，由于暖流的影响，一条暖舌由东侧向北伸展，比同纬度西侧的气温偏高 1～3℃。4 月份平均气温升高至 9～12℃，7 月份南北温度差异较小，平均气温为 25℃，10 月份平均气温降为 16～19℃。黄海气温年差从南向北增大，南部为 20℃，北部为 26～27℃。

东海：中、西部为平坦的大陆架，水温状况易受陆地影响，东部深水区为黑潮暖流主干通过之外，温度状况终年受黑潮暖流控制。冬季，海区西部的江浙沿岸温度较低，通常为 10℃，水平梯度较大。东部的黑潮流域则为高温区，水温约为 20℃，等温线的分布基本与黑潮路径一致，在本区的东北部，对马暖流所形成的暖水舌，沿其流轴伸向西北，而来自黄河西岸的冷水舌朝东南方向突入海区中部，并与对马暖流水舌形成交错形势。这一季节的特点是，浅水区及深水区的上层，基本上是垂直均匀的，而深水区的下层，仍保持成层状态。夏季，沿岸水温急剧上升，表层水温可达 28℃。此时除长江口外有一低盐高温水舌伸向东北外，海面温度分布非常均匀。表层以下约至 20m 深处，水温成层分布，但 20m 以深直至海底各水层温度分布的总趋势则基本相同。自海区西北部朝东南方向延伸的冷水舌，其温度随深度增加而递减，20m 层约为 15℃，底层约为 11℃。在此低温水舌的两侧为高温的对马暖流及台湾暖流所包围，在其交汇处等温线出现大弧度的弯曲，而且水平梯度极大。台湾附近海区，是黑潮、东海沿岸流及南海水流交互作用的区域，水温分布较复杂。台湾海峡区与台湾的东面及南面海域，温度的空间分布明显不同，前者水平梯度大，季节变化显著，而后者受黑潮影响较大，温度分布均匀，终年高温。南面海面辽阔，深度大，其水温状况具有明显的热带深海特征，即温度高、年变化小。

南海：地处热带与亚热带，终年气温较高，同时因纬度、季风和海流的共同影响，气温的季节变化有较大差异。南海北部海面紧接亚洲大陆，东北季风时期常受来自北方干冷空气的影响，气温季节变化明显，冬、夏季风时期温差很大，北部沿岸尤为突出，年振幅可达 10℃以上。南海南部的近赤道地区，受大陆影响小。

东北季风时期气温季节变化小，终年气温相差不大，年振幅仅为2～3℃，常年高温、高湿；南北气温差异不大，尤其6～8月份基本处于均温状态，各月平均气温大多在28～29℃之间。冬季，海区北部最低水温仍在16℃以上。在海盆深水区，表层水温仍高达26℃左右，而南部大陆架地区更高可达28℃以上。夏季，南海表层水温均在28℃以上，且分布非常均匀，只是在海南岛东部、粤东以及粤南沿岸等区域，存在着几个范围不大的低温区。夏季大部分海区的海水层化现象显著，并出现厚度较大的温跃层。巴士海峡是南海与太平洋水交换的主要通道，这里表层水温的季节变化比同一纬度上的大陆架区小得多。在东北季节季风期间，太平洋表层水和次表层水一起经过巴士海峡下层流入南海。在西南季风期间情况则相反。南海的深海盆区，水温的空间分布与太平洋水极为相似，海盆区200m以浅，温度呈季节性变化，垂直梯度较大，200～1000m水层，温度随深度的增加而均匀递减，再往下则为南海深层水，温度较均匀，水温约为4℃左右。南海深层最低水温约为2℃，出现在3000m深处。

2.4.2 我国海域海水盐度

海水的盐度变化与环境腐蚀性有直接的关系。盐度分布与变化主要取决于入海河川径流的多寡、蒸发与降水量之差，环流的强弱和水团的消长。沿岸海区多为江河径流形成的低盐水系所控制，外海则主要是来自太平洋的高盐水系。通常，近岸区域，尤其是河口附近海区，直接受陆地径流影响盐度变化剧烈、梯度大。而外海区的盐度变化，主要受蒸发、降水、环流以及水团消长的影响，变化缓慢，梯度小。中国近海全区盐度的变化总趋势是表层低、下层高；盐度自近岸向外海渐趋增大，具有明显的季节性。下半年降水量增大，沿岸水势力旺盛，表层盐度普遍降低，最低盐度多出现在江河洪水期后的1～2个月(7～9月份)；而冬半年沿岸水范围缩小，加之蒸发剧烈，表层盐度普遍增大，最高盐度多出现于江河枯水期之后，即冬末至春末。

渤海：盐度年平均值约为30‰。本区盐度的分布与变化，主要取决于渤海沿岸水的消长。不受黄海水团控制，盐度约31‰。近岸区尤其是河口附近，终年为低盐区，盐度仅26‰左右。冬季，各水层盐度分布基本相同，等盐线大致与海岸平行。夏季，随降水及河川径流的增大，表层盐度降低，8月份不到30‰，而河口区通常大于24‰。

黄海：盐度平均值约为32‰。黄海暖流流经的东南部，盐度通常大于32‰。鸭绿江口附近盐度最低，一般小于28‰。冬季，随黄海暖流势力加强，高盐水舌一直伸入黄海北部，水平梯度较大。夏季，随鸭绿江径流增大，黄海沿岸水的范围扩大，北部近岸出现低盐区，而中部和南部仍受黄海暖流影响，盐度较高，表层约为31‰。

东海:盐度分布较渤海、黄海盐度要高,平均约为33‰。其中黑潮流域盐度更高,通常高于34‰,而江浙沿岸水盐度较低,通常低于30‰。冬季,等盐线略呈西南－东北走向。东北部为对马暖流及其分支——黄海暖流所形成的高盐区(>33‰),而其西北部为苏北沿岸水所形成的低盐区(<31‰)。夏季,正值长江汛期,只有5‰左右,因而河口区盐度水平梯度极大,有时同一经度的盐度差竟高达10‰。冲淡水舌水平扩散的范围虽广,但仅浮置于10m以浅的水层,所以它对于东海北部及黄海南部的表层盐度的分布影响较大。表层以下各层的盐度分布,与表层差别很大,在10m以深已不见长江冲淡水舌的踪迹,而20m层以深则出现一个由西北向东南延伸的深层低盐水舌,它的延伸范围随深度增加而逐渐缩小,再往深处则有一个盐度大于33‰的高盐水舌截面,此即台湾暖流的前锋。

南海:盐度高于渤海、黄海和东海,平均值约34‰。近岸区域多在低盐的沿岸水控制之下。外海区域,尤其是南海海盆区域,主要受太平洋高盐水控制。盐度终年较高而且分布均匀,变化较小,变幅通常小于1‰。南海盐度的季节性变化非常明显,但近岸区与海盆区又有所不同。近岸区的盐度垂直分布主要取决于江河冲淡程度,夏季成层分布较明显,而冬季盐度自上而下几乎呈均匀分布。深水区的情况则完全不同,这里盐度的垂直分布与环流的关系极为密切。冬季,太平洋表层水和高盐的亚热带次表层水,随季风漂流经巴士海峡一起进入南海,并沿南海西部向南扩展,形成了200m以浅的高盐水层,表层盐度约34‰。

2.4.3 全球海域海水温度和盐度

1. 盐度

(1) 海洋中盐度的最高与最低值多出现在一些大洋边缘的海盆中,如红海北部高达42800mg/L;波斯湾和地中海在39000mg/L以上。

(2) 波斯湾表层海水盐度为35000～45000mg/L,平均值为40000mg/L。整个地中海海域平均盐度偏高,约为38000mg/L,夏季东地中海海域可达40000mg/L。

2. 温度

(1) 波斯湾海域由于季节性曝晒差异以及附近高地的冷风作用,导致表层水温(16～35℃)和盐度(36000～43000mg/L)普遍偏高。

(2) 红海北部海域年平均温度为21～28℃,盐度为42000mg/L;红海南部海域年平均温度为26～32℃,盐度为37000mg/L。

(3) 卡奇湾东部海域盐度为40000mg/L,西部海域为35000mg/L。整个卡奇湾海域年平均温度为24～30℃。

世界典型海域最高表层水温如下：

(1) 北半球冬季海水最高表层水温出现在热带地区，尤其是太平洋和印度洋，例如热带西太平洋暖池。夏季海水最高表层水温出现在赤道印度洋(28～30℃)，同时热带西太平洋暖池水温相比冬季略有升高。

(2) 加勒比海和大西洋海域的美属维京群岛的圣托马斯/圣约翰岛礁群海水表层水温可达25～35℃。

(3) 加勒比海地区开曼群岛在5～8月份表层水温超过30℃。

(4) 亚丁湾在每年七八月间，该海域表层水温可达到36℃。

世界海域表层海水年平均盐度如图2.1所示，表层海水年平均温度如图2.2所示。世界典型海域表层海水主要成分如表2.13所列。

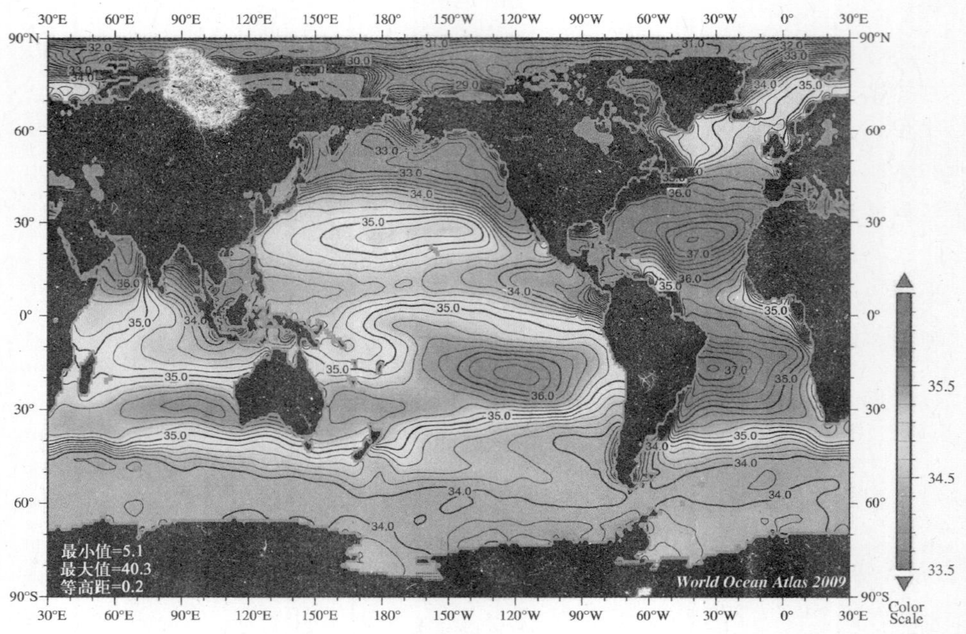

图2.1 世界海域表层海水年平均盐度

表2.13 主要海域海水的主要成分 (单位:mg/L)

组　成	一般海水	地中海东部	阿拉伯海湾、科威特	红海吉达港
Cl^-	18980	21200	23000	22219
Na^+	10556	11800	15850	14255
SO_4^{2-}	2649	2950	3200	3078

（续）

组　　成	一 般 海 水	地中海东部	阿拉伯海湾、科威特	红海吉达港
Mg^{2+}	1262	1403	1765	742
Ca^{2+}	400	423	500	225
K^{+}	380	463	460	210
HCO_3^-	140	—	142	146
Sr^{2+}	13	—	—	—
Br^-	65	155	80	72
H_3BO_3	26	72	—	—
F^-	1	—	—	—
SiO_3^{2-}	1	—	1.5	—
I^-	<1	2	—	—
其他	1	—	—	—
TDS	34483	38600	45000	41000
说明："—"表示未报告				

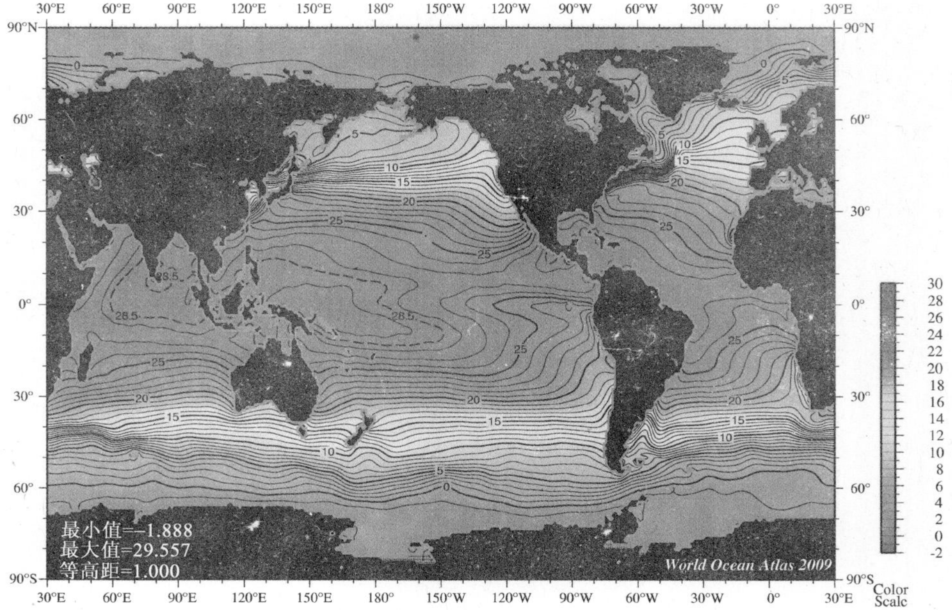

图 2.2　世界海域表层海水年平均温度

典型海域的海水含盐量约在30000～45000mg/L范围内，钙离子量约225～500mg/L，镁离子量约742～1765mg/L，钾离子量约210～463mg/L，硼酸含量约26～72mg/L(相当于硼含量为4.55～12.6mg/L)。

根据以上各种数据分析，将世界各海域表层海水温度在0～36℃、盐度≤45000mg/L作为腐蚀环境研究的输入是合适的。

3. 海水参数与海洋深度的关系

为了研究清楚对潜艇腐蚀过程的影响因素及其腐蚀机理，首先应理清潜艇腐蚀环境三维网络中的影响因素及相互之间的关系。目前，由于我国深海腐蚀试验研究刚刚起步，尚缺少这方面的数据。图2.3所示的美国对太平洋深海的数据测量结果可以反映出以上各腐蚀影响因素随海水深度变化的基本规律。由图2.3可见，在0～600m深度范围内，随海水深度增加，氧含量逐渐减少，海水温度逐渐降低，pH值逐渐减小，盐度逐渐增大。但从变化幅度分析，pH值、盐度随海水深度变化不大，对金属腐蚀行为的影响可忽略。而海水溶解氧含量、温度的变化比较明显，应重点予以关注。

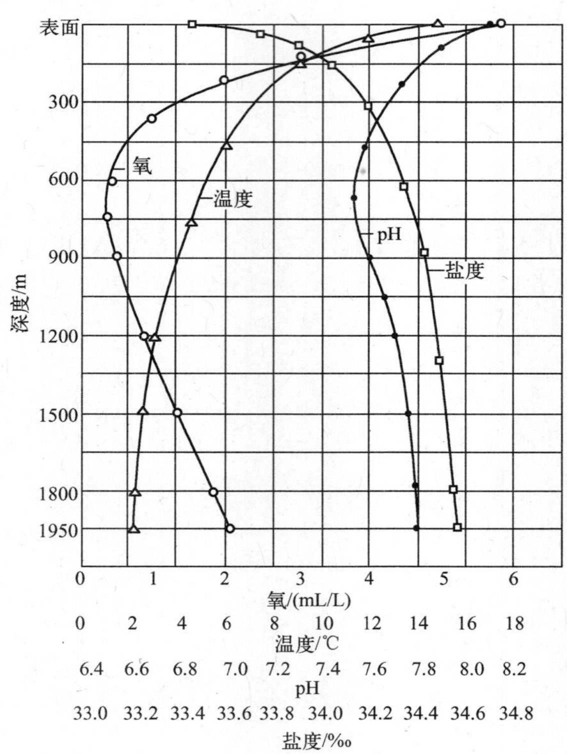

图2.3 美国西海岸太平洋海水含盐量、含氧量、温度和pH值随海水深度的变化

2.5　潜艇结构外部腐蚀环境及其影响分析

2.5.1　腐蚀环境

讨论腐蚀，首先要讨论腐蚀环境。腐蚀环境就是金属构件所处的对其腐蚀行为产生影响的各种条件的总和。

腐蚀环境主要包括：

（1）介质类型：如气相、液相、土壤等。气相分海洋大气、工业大气；液相分淡水、海水；土壤分碱性土壤、酸性土壤。

（2）介质温度。

（3）液体介质的成分、含盐量、pH值、溶解氧、Cl^-等。

（4）介质是气体的话，还有湿度的问题。

（5）介质的流速、压力等。

（6）介质中有无杂散电流。

（7）金属构件与介质的接触方式及规律。

（8）金属构件周围是否有高电位金属，是否与异种金属相连接。

（9）金属构件的工况条件，本身的温度、应力及变化状态。

（10）金属构件的表面状态；有无保护层及阴极保护，海生物附着状况等。

在讨论腐蚀环境问题时，人们的目的主要是分析环境对腐蚀的影响。针对对象不同，腐蚀环境所涉及的范围及影响因素的类别也会有所不同。例如：

（1）海区的腐蚀环境。在探讨不同海区对舰艇腐蚀的影响时，往往从大的气候及水域的环境条件来考虑对腐蚀的影响。如南太平洋的三高（高温、高盐、高湿）环境对舰艇腐蚀的影响要远高于我国北海海区，有时，同类舰艇在南海发生的腐蚀问题在北海却不会发生。

（2）舰艇不同部位区域的腐蚀环境。有时腐蚀环境可能涉及较小的范围，如某舰的某个舱室、某个区域，如潜艇的上层建筑区域，其腐蚀环境要比其他区域恶劣得多，其特点是干湿交替、温度高、空间小、不易保养、异种金属之间的影响较明显、阴极保护的电场分布不均匀等。

（3）某个装置或构件的腐蚀环境。有时在讨论某个具体的装置或者构件的腐蚀问题时，需要非常仔细地考察它的腐蚀环境，包括环境的温度、湿度，工作介质或所处环境介质的类型、温度，是否流动，是否受周围高电位金属的影响，另外其工况条件也应归于腐蚀环境的考察之列。

一般说来，考察腐蚀的范围越小，对腐蚀环境的考察也就越细微、深入、全面和具体。潜艇的腐蚀环境特点，其共性是：均处于海洋环境，腐蚀介质是海水或海洋大气；局部构件表面，如双层壳体内部金属材料和结构复杂，阴极保护状态、保护电位范围与一般水面船舶不一样；因经常下潜、上浮，干湿交替次数较多，并有可能形成局部高盐度、高湿度。而对腐蚀影响较大的温度因素，则因所处海区和海洋深度不一样，差别较大而且经常变化。

2.5.2 潜艇腐蚀环境

潜艇停泊状态排水量和吃水变化不大，航行状态分为水面航行状态和水下航行状态。水面航行状态与一般的水面舰船航行状态相同，水下航行状态根据下潜深度不同，分为潜势状态、潜望状态、通气管航行状态、全潜状态。由于潜势状态、潜望状态、通气管航行状态运行时间较短，我们研究腐蚀时重点研究停泊 + 水面航行状态和全潜状态两种情况。

透水部位，指的是可能连续接触海水的艇体结构和附件。其腐蚀环境如表2.14 所列。

表2.14 潜艇透水部位腐蚀环境

序号	部位	环境条件
1	水线以下全浸耐压壳体外表面	始终受到海水的腐蚀，随着停航或下潜深度的变化，海水参数相应改变。在停泊、水面航行或潜势、潜望、通气管航行等水下航行状态时，海水通常为氧饱和，海生物污损、与海水相对流速、水温、污染等可能起到重要作用；随着下潜深度的增加，氧含量降低，水温逐渐接近0℃，pH 值比表层低。基本环境条件为压力交变、不同海域的海水，压力变化范围为一个大气压至潜艇的下潜深度压力即 0.1 ~ 3MPa(300m 潜深)，相对于海水速度变化范围约为 0 ~ 20 节，受海生物影响较大
2	水线区外壳外表面	停泊和水面航行时，潮湿、充分充气的表面，海水飞溅，有海生物污损；水下航行时受到不同压力的海水的腐蚀。基本环境条件为压力交变、不同海域的海水，压力变化范围为一个大气压至潜艇的下潜深度压力即 0.1 ~ 3MPa(300m 潜深)，相对于海水速度变化范围约为 0 ~ 20 节，受海水飞溅影响较大
3	上层建筑区域 + 指挥台围壳的非耐压壳体内表面、耐压壳体外表面	水下航行时受到不同压力的海水的腐蚀，情况同 1；水面航行时，潮湿、充分充气的表面，海水飞溅；停泊时非耐压壳体内表面与耐压壳体外表面形成相对封闭的空间，由于水分急速蒸发，涂层表面盐度远远超过最大海水盐度 40‰，停泊时，潮湿、充分充气的表面，水面航行海水飞溅；在这个区域的船体结构局部还要受到柴油机排气管的高温腐蚀及接触海水以后的温度骤降。基本环境条件为压力交变、不同海域的海水，压力变化范围为 0.1 ~ 3MPa(300m 潜深)，相对于海水速度变化范围为 0 ~ 20 节，干湿交替，表面有害沉积物较多

潜艇服役于海洋环境中，典型的腐蚀环境为海水浸泡、海水干湿交替和海洋大气，通常的腐蚀影响因素，如海水溶解氧含量、盐度、温度、pH 值等都会对潜艇

的腐蚀过程产生影响。然而，与其他水面舰艇不同之处在于，潜艇经常工作于不同深度的深海腐蚀环境中，随着海水深度变化带来海水压力的变化，而海水压力与腐蚀性介质在涂层中的渗透速度和渗透量直接相关，对涂层的力学性能、老化性能也可能产生影响。另外，以上这些腐蚀因素随着海水深度的变化均会发生变化。如果把海洋环境中对舰艇的腐蚀影响因素绘制成图像，那么水面舰艇的腐蚀影响因素构成的仅仅是二维的图像（通常认为海水深度在 0 ~ 20m 之内为浅海区，腐蚀影响因素不会随海水深度发生显著变化）。而潜艇的腐蚀影响因素构成的却是三维图像，显然这些影响因素的综合作用将会对潜艇的腐蚀过程产生非常复杂的影响，同时增加了艇体结构涂料的腐蚀失效机理研究的困难。

2.5.3　环境条件对腐蚀的影响初步分析

潜艇服役于海洋环境中，典型的腐蚀环境为海水浸泡、海水干湿交替和海洋大气，通常的腐蚀影响因素，如海水溶解氧含量、盐度、温度、pH 值等都会对潜艇的腐蚀过程产生影响。然而，与其他水面舰艇不同之处在于，潜艇经常工作于不同深度的深海腐蚀环境中，随着海水深度变化带来海水压力的变化，而海水压力与腐蚀性介质在涂层中的渗透速度和渗透量直接相关，对涂层的力学性能、老化性能也可能产生影响。另外，以上这些腐蚀因素随着海水深度的变化均会发生变化。

1. 海水

1）盐度

海水中含盐量直接影响到水的电导率和含氧量，因此，必然对腐蚀产生影响。随着水中的含盐量的增加，水的电导率增加而含氧量降低，所以在某一含氧量处将存在一个腐蚀速率的最大值。水中含盐量对腐蚀速率的关系如图 2.4 所示。实际上由于海水的复杂性，海水含盐量对腐蚀速率的影响与氯化钠浓度对腐蚀速率的影响规律并不完全一致。如在江河入海处，虽然海水被稀释，却可能有较高的腐蚀性。其原因是，大洋海水通常被碳酸盐饱和，钢表面沉积一层碳酸盐保护层。而在稀释海水中，不能形成碳酸盐保护层，同时海水被污染后，腐蚀性增强。

2）pH 值

海水的 pH 为 7.5 ~ 8.6，表层海水因植物光合作用，pH 值略高些，通常为 8.1 ~ 8.3，海水的 pH 主要与海水中 CO_3^{2-}、HCO_3^- 和游离 CO_2 含量有关。游离 CO_2 含量越多，CO_3^{2-} 含量越少，pH 越低。海水温度、盐度升高，或者大气中 CO_2 分压降低，pH 增加。海生植物光合作用，放出氧而消耗 CO_2，pH 降低。在 700m 左右深处，pH 最低，达到 7.5 左右。

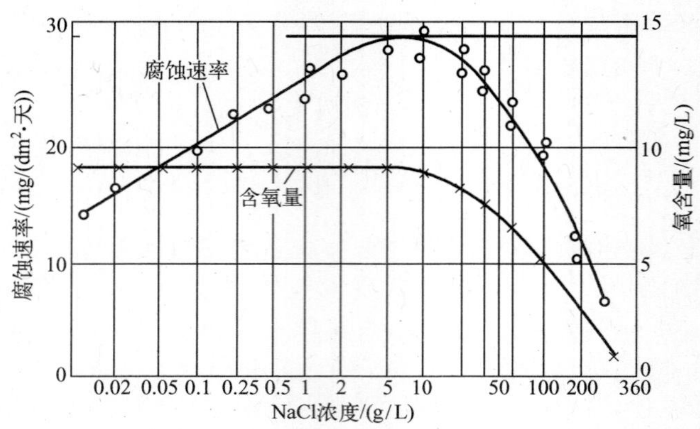

图 2.4 钢的腐蚀速度与含盐量的关系

一般来说,海水 pH 升高,有利于抑制海水对钢铁的腐蚀。但如果海水 pH 的变化幅度不大,则不会对钢铁腐蚀行为产生明显影响。海水的 pH 主要影响钙质水垢沉积,从而影响到海水的腐蚀性。pH 升高容易形成钙沉积层,海水腐蚀性减弱。

3) 海水温度

海水的温度随时间、空间上的差异会在一个比较大的范围内变化。从两极高纬度海域到赤道低纬度海域,表层海水温度可由 0℃ 增加到 35℃。海水深度增加,水温下降,海底的水温接近 0℃。

温度对腐蚀的影响比较复杂。海水温度升高,氧的扩散速率加快,海水电导率增加,这将促进腐蚀过程。另一方面,海水温度升高,海水中氧的溶解度降低,同时促进保护性钙质水垢形成,又会减缓钢在海水中的腐蚀。

海水冲刷腐蚀也与温度有关。海水的冲刷腐蚀速率随温度升高而增加,不耐蚀的低碳钢和铸铁的增加幅度最大。

对于在海水中的钝化金属,温度升高,钝化膜的稳定性下降,点蚀和缝隙腐蚀倾向增加。不锈钢的应力腐蚀敏感性也增加。温度升高,海生物活性增强,海生物附着量增多,对钝性金属容易诱发局部腐蚀。一般来说,铜、铁和它们的合金在炎热的环境或季节里海水腐蚀速度要快些。

4) 含氧量

由于大多数金属在海水中的腐蚀属于氧的区际化腐蚀,因此海水中溶氧量是影响海水腐蚀的重要因素。在恒温海水中,随溶解氧浓度的增加,腐蚀速率增加。氧在海水中的溶解度随海水的盐度、温度、深度等环境的变化有较大差异。由于海水的盐度变化不大,因此海水中氧的溶解度主要受海水温度的影响。温度由0℃增加到30℃，氧的溶解度几乎减半。

5）流速

海水流速会改变供氧条件。对在海水中不能钝化的金属，如碳钢、低合金钢等，存在一个临界流速，超过此流速时，腐蚀速率明显增大，碳钢的腐蚀速度随流速的变化如图2.5所示。但对于在海水中能钝化的金属则不然，有一定的流速能促进钛、镍合金和高铬不锈钢的钝化和耐蚀性，因此对于这些金属在一定范围内提高流速是有利的。

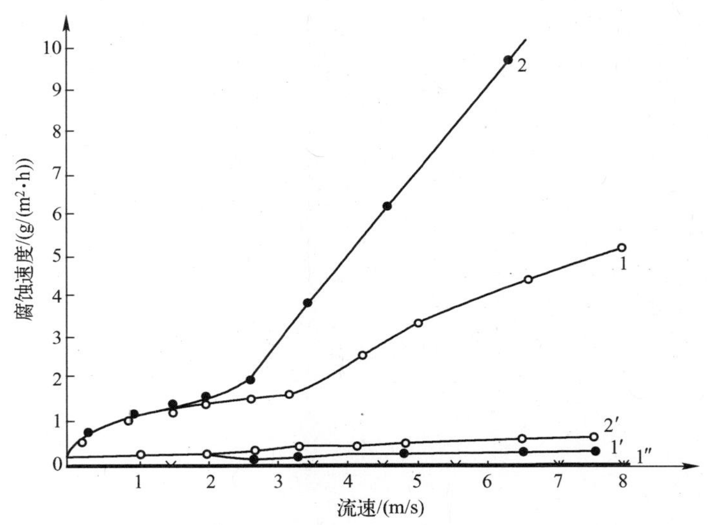

图2.5　碳钢在3% NaCl溶液单相流和双相流（加泥砂）中的冲刷腐蚀情况

1,1′—单相流中，未除氧和充氮除氧时的情况；

2,2′—双相流中，未除氧和充氮除氧时的情况；

1″—施加阴极电流后的情况，$E=-950\text{mV}$（SCE）。

6）海生物

海水中有多种动植物和微生物生长，其中与腐蚀关系最大的是栖居在金属表面的各种附着生物。在我国沿海常见附着生物有藤壶、牡蛎、苔藓虫、水螅、红螺等。生物的附着与污损一方面会影响舰艇的结构效能，增加阻力，降低流速；另一方面则对金属的腐蚀产生影响。海洋生物的附着通常会造成以下几种腐蚀破坏情况：①海洋生物附着的局部区域，将形成氧浓差电池等局部腐蚀。例如藤壶的壳层与金属表面形成缝隙，产生缝隙腐蚀。②海洋生物的生命活动，局部地改变了海水介质成分。例如藻类植物附着后，其光合作用可增加局部海水的氧浓度，加速了腐蚀。③生物呼吸排出的CO_2以及生物遗体分解形成的H_2S，对腐蚀也有加速作用。海洋生物有对金属表面保护涂层的穿透剥离等破坏作用。不同金属和合金在海水中被海洋生物沾污的程度有所不同，受海洋生物影响最严重的是铝合金、钢铁材料及镍基合金。

就碳钢、低合金钢而言，海水溶解氧含量、温度对其腐蚀产生不同的影响，有的加速腐蚀，有的减缓腐蚀，综合作用的结果就看哪个因素起主导作用。根据美国太平洋海区深海测试364～763天的腐蚀试验数据，在深海环境中溶解氧、水温均对碳钢、低合金钢的腐蚀有减小的作用，如表2.15所列。

表2.15 海水深度与碳钢、低合金钢的平均腐蚀速度

深度/m	盐度/‰	温度/℃	pH	溶解氧/(mL/L)	流速/节	腐蚀速度/(mm/年)
2067	34.60	2.2	7.7	1.6	0.03	0.060
723	34.36	5.0	7.5	0.4	0.06	0.032
15	33.51	12～19	8.1	3.9～6.6	变化	0.117

2. 海洋大气

大气中的主要成分变化不大，但是随着地域、季节、时间等条件的变化，海洋大气中的含盐量、水汽含量还是有一定的变化。大气中氧、水蒸气、氯离子以及二氧化碳参与腐蚀过程。影响大气腐蚀的主要因素有湿度、温度、有害物质成分等。

1）湿度

当金属表面处在比其温度高的空气中，空气中含有水蒸气将以液体凝结在金属表面上，即结露现象。结露又与空气中的湿度有关，湿度大容易结露，金属表面形成的电解液膜存在的时间也越长，腐蚀速度也相应增加。钢铁的临界湿度约为50%～70%，超过临界湿度时，钢的表面形成完整的水膜，使电化学腐蚀过程可以顺利进行。

2）温度

结露与温度有关。在临界湿度附近能否结露与气温变化有关。一般平均气温高的地区，大气腐蚀速度较大。气温剧烈变化，如昼夜之间温差大，当夜间温度下降时金属表面低于周围温度，大气中水蒸气结露在金属表面上，就加速了腐蚀。

3）有害杂质成分

海面上的Cl^-浓度、沿海工业废气排出的硫化物、氮化物、CO、CO_2等随着海域的不同也不尽相同。这些有害杂质成分对金属大气腐蚀影响较大，起到加速腐蚀的作用。

大气腐蚀是金属表面存在电解液薄层，是液膜下的腐蚀，液膜层的厚度影响大气腐蚀进行的速度。按照电解液膜层的存在状况不同，大气腐蚀又分为干大气腐蚀、潮大气腐蚀、湿大气腐蚀。可以定性地用图2.6来表示大气腐蚀速度与

金属表面上膜层厚度之间的关系。

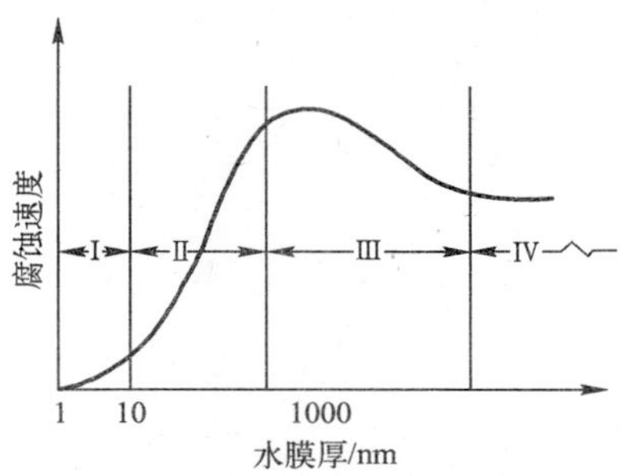

图 2.6　大气腐蚀速度与金属表面水膜厚度的关系

在实际海洋大气腐蚀情况下，由于环境条件的变化，各种腐蚀形式可以相互转化。例如，最初处于干大气腐蚀类型下的金属，当周围大气湿度增大或生成了具有吸水性腐蚀产物时，就会开始按照潮大气腐蚀形式进行腐蚀；若雨水直接落在金属表面或潜艇从水下上浮以后，潮大气腐蚀又转变为湿大气腐蚀。当雨后或上浮以后金属表面可见水膜被蒸发干燥了，就又会按照潮大气腐蚀形式进行腐蚀。通常情况下，我们主要考虑潮和湿大气腐蚀这两种腐蚀形式。

大气腐蚀初期的腐蚀机理与在金属表面形成锈层后的腐蚀机理是不相同的。一般来说，当金属表面形成连续电解液薄膜层时，就开始了电化学腐蚀过程。Evana 认为大气腐蚀的铁锈层处在湿润条件下，可以作为强烈的氧化剂而作用；当锈层干燥时，也即外部气体相对湿度下降时，锈层和底部基体金属的局部电池成为开路，在大气中氧的作用下锈层重新氧化成为 Fe^{3+} 的氧化物。可见在干湿交替的条件下，带有锈层的钢能加速腐蚀的进行。

3. 表面沉积物和固体颗粒

对于舰艇结构用钢来说，在金属表面经过海水的蒸发将有不同含量沉积物，空气中也有一定受污染的固体尘粒，这些物质在金属表面形成一定厚度的表面沉积物。沉积物中主要成分有 NaCl 颗粒、二氧化硫、硫化氢、锈层等。

沉积物对金属的腐蚀影响分为 3 种情况：

(1) 沉积物本身具有腐蚀性，如 NaCl 颗粒，能溶入金属表面水膜，提高电导率，起促进腐蚀作用。

(2) 沉积物本身无腐蚀作用，但是能吸附腐蚀性介质，如碳粒能吸收 SO_2 及水汽，冷凝后生成腐蚀性的酸性溶液。

(3) 沉积物既非腐蚀性，又不吸附腐蚀性物质，如砂粒等在金属表面能形成缝隙而凝聚水分，形成氧浓差电池的局部腐蚀条件。

第3章　结构金属材料腐蚀特性

3.1　概述

潜艇结构的腐蚀问题,其中因对各种金属材料的腐蚀性能欠缺了解而发生的材料选择不当或配套不合理造成的腐蚀占了相当大的比重。要在潜艇的设计建造阶段充分考虑腐蚀防护的要求,就必须首先了解艇上与海水接触的各种金属构件材料的腐蚀性能。本章通过对结构金属材料的腐蚀性能、电偶腐蚀等试验研究的开展,得出常用金属材料的各项腐蚀性能参数,为腐蚀防护设计提供基础参考数据,尽可能在设计及选材阶段排除腐蚀隐患,提高潜艇的腐蚀防护能力。

3.2　试验内容和方法

3.2.1　试验材料

试验材料有钢、不锈钢、铜合金、钛合金4个类别,共18种,其化学成分如表3.1、表3.2所列,表3.1中略去907A、945、921A、980成分。

表3.1　试验结构钢和不锈钢的化学成分　　(单位:质量分数)

材料牌号	C	Mn	Si	S	P	Cr	Ni	Mo	其他
20	0.17~0.24	0.35~0.65	0.17~0.37	≤0.035	≤0.035	≤0.25	≤0.25	—	—
45	0.42~0.50	0.50~0.80	0.17~0.37	≤0.035	≤0.035	≤0.25	≤0.25	—	—
ZG25	0.14	0.78	0.30	0.017	0.018	0.16	0.14	0.01	—
ZG607	0.15	0.53	0.30	0.009	0.009	1.13	2.86	0.23	V0.063 -
1Cr18Ni9Ti	0.12	2.00	1.00	0.030	0.035	17~19	8~11	—	Ti5(C-0.02)~0.08
316L	0.03	2.00	1.00	0.045	0.030	16~18	10~14	2~3	—
HDR	≤0.03	≤2.0	≤1.0	≤0.03	≤0.035	24~26	4.5~7.5	2.0~3.0	—

表3.2　试验铜合金和TA5合金的化学成分　（单位:质量分数）

合金	Cu	Zn	Sn	Si	Mn	P	Pb	Fe	Al	其他
TUP	99.5	—	—	—	—	0.01~0.04	—	—	—	≤0.05
B10	余量	≤0.3	—	—	0.5~1.0	—	—	1.0~1.5	—	Ni9.0~11.0
HSi80-3	79~81	余量	—	2.5~4.5	—	—	—	—	—	—
QSn5-5-5	余量	4~6	4~6	—	—	—	4~6	—	—	—
QAl9-2	余量	—	—	—	1.5~2.5	—	—	—	8~10	—
QAl8Mn13-Ni4Fe3	余量	—	—	—	11.5~14	—	—	2.5~4	7~8.5	Ni1.8~2.5
TA5	Ti余量			<0.05				0.05	3.73	C 0.083

3.2.2　室内海水全浸腐蚀试验

试验方法参照GB/T 7901-1999金属材料实验室均匀腐蚀全浸试验方法。

试验材料如表3.1和表3.2中14种加上907A、945、921A、980钢共18种材料。试验材料为板材，侧面刨光。钢的主试验面磨光，粗糙度 Ra 为3.2μm；铜合金主试验面600号砂纸打磨；不锈钢、TA5主试验面保持原扎制表面。

试样尺寸为50mm×30mm×(2~4)mm。在试样一端焊接绝缘导线，焊接处用环氧树脂涂封。试样用丙酮去除净油污。测量试样尺寸，精确至0.01mm，称量试样质量，精确至1mg。

试验介质为取自青岛小麦岛的天然海水，盐度31.5，pH 8.2，室温，静止。

试样悬挂于3000mL烧杯中，加入2500mL海水，将试样浸没。试样尽量放在烧杯中间，同一容器中的试样间距大于1cm。每7天更换一次溶液。

试验时间为60天和180天。部分材料试验时间为35天。每周期3个平行样。试验期间测量试样的腐蚀电位。

试验结束后，取出试样，观察记录试样的腐蚀产物。按GB/T 16545《金属和合金的腐蚀 腐蚀试样上腐蚀产物的清除》清除腐蚀产物。称取质量，计算腐蚀速率。

3.2.3 腐蚀电位测量

进行海水浸泡的试样,同时用于自腐蚀电位测量。用 UT56 型万用表测量电极电位,以饱和甘汞电极作参比电极。

试验开始,1、4、8、24h 测量试样的腐蚀电位,以后每天测量一次。

以 3 个平行样的腐蚀电位平均值作为材料的腐蚀电位,绘出腐蚀电位—时间曲线。浸泡 1h 的腐蚀电位作为初始电位;一般来说,金属材料的海水腐蚀电位在浸泡初期变化较大,一段时间后,电位趋于相对稳定,这一时间称为电位稳定时间;趋于稳定后各测量点腐蚀电位的平均值作为稳定电位。

3.2.4 周期浸润腐蚀试验

试验材料为上述 18 种材料除 B10、QAl9 - 2 外的 16 种。试样表面状态同海水全浸试验,见表 3.2。试样尺寸为 60mm × 40mm × (2 ~ 4) mm,3 个平行试样。

试验材料为板材,侧面刨光。钢的主试验面磨光,粗糙度 *Ra* 为 3.2μm;铜合金主试验面 600 号砂纸打磨;不锈钢、TA5 主试验面保持原扎制表面。

试验设备为哈尔滨理化仪器厂生产的 LF - 65 周期轮浸腐蚀试验箱(图 3.1)。

图 3.1 周期轮浸腐蚀试验箱

试验介质为取自青岛小麦岛海域的天然海水,盐度 31.5,pH8.2。试验箱温度 40 ± 2℃,湿度(70 ± 5)% RH。周期 60min,浸泡 12min,干燥 48min。试验槽注满溶液(15L),每 48h 更换 3L。

试验时间为 10 天、20 天、30 天。

试验后的试样处理同3.2.2节。

3.2.5　极化曲线测量

试验材料为上述所列的18种。

试样尺寸为10mm×10mm。导线焊接在非试验面上，用环氧树脂将非试验面部分和导线涂覆镶嵌。将用800号砂纸打磨试验面，蒸馏水冲洗，丙酮去油。每种材料3个平行样。

用2273电化学综合测量系统(图3.2)测量极化曲线。介质为天然海水，盐度31.5，pH 8.2，温度25℃，静止。浸泡30min后，开始测量。根据不同材料，从自然电位负移500~1000mV作为极化曲线测量的起点，向正极化进行阴极-阳极极化。动电位扫描，速度20mV/min。饱和甘汞电极作参比电极，铂电极作辅助电极。

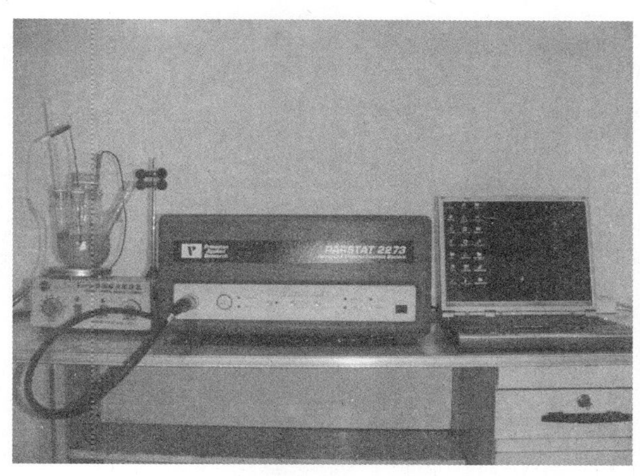

图3.2　2273电化学综合测试系统

3.2.6　海水中的电偶腐蚀试验

试验参照GB/T 15748 船用金属材料电偶腐蚀试验方法。

试验材料为板材，侧面刨光。钢的主试验面磨光，粗糙度 *Ra* 为3.2μm；铜合金主试验面600号砂纸打磨；不锈钢、TA5主试验面保持原扎制表面。

2种金属材料的偶对有TA5—45钢、TA5—907A、TA5—921B、TA5—TUP、HDR—45钢、HDR—921B、HSi80-3—20、QAl9-2—20钢等，共8种。TA5—45钢、TA5—907A、TA5—921B偶合，TA5的试样尺寸为50mm×30mm×2mm。其他偶对的阴极(TA5、HDR、HSi80-3、QAl9-2)试样尺寸为30mm×15mm×

(2～4)mm。通过改变阳极尺寸来改变阴/阳极面积比。设计面积比分别为1∶1、1∶3、1∶5和1∶10。

各偶对的平行样为3个,未偶合的参比样3个。称量试样质量,精确至1mg。测量试样尺寸,精确至0.01mm,阴极/阳极面积比按试样的实际表面积确定。

试验介质为取自青岛小麦岛海域的天然海水,盐度31.5,pH8.2,静止。试验温度为35℃,用恒温水浴控制。

每一偶对的两个组元并排垂直放置入烧杯中,两者距离为30mm。添加试验溶液至试样涂封区。对比试样在同样条件下进行未偶合状态下的腐蚀试验。

用FC-4B电偶腐蚀仪测量电偶电流,用UT56型万用表测量电极电位,以饱和甘汞电极作参比电极。

试验1、4、8和24h,测量偶对的电偶电流、偶合电位和开路电位,同时测量对比试样的腐蚀电位。以后每日上、下午各测量一次电流和电位。

试验时间15天。试验期间,通过添加蒸馏水保持试验容器中液面高度。

试验结束后,按GB16545的规定清除腐蚀产物,并除尽涂封层,烘干试样,称量试样质量。计算阳极平均电偶腐蚀率,观察腐蚀形貌。

绘制电偶电流密度—时间曲线、偶合电位—时间曲线、开路电位—时间曲线。

依据测得的阳极电偶电流密度,用下式计算阳极平均电偶腐蚀率。

$$v_g = 3.27 \times 10^{-3} i_{ga} N/\rho \tag{3.1}$$

式中:v_g为阳极电偶腐蚀率(mm/年);i_{ga}为阳极电偶电流密度(μA/cm²);N为阳极物质的化学当量;ρ为材料密度(g/cm³)。

钢为阳极,按Fe^{2+}溶解计算,TUP为阳极,按Cu^{+}溶解计算。

3.2.7 电绝缘效果试验

绝缘材料为聚四氟乙烯和非石棉夹膜四氟,试样片状,尺寸60mm×30mm×(2～4)mm。配对的金属材料为TA5与B10,板材,试样尺寸为75mm×30mm×3mm。

TA5、B10试样表面钻孔,两试样间加绝缘片,用电绝缘螺栓夹紧、固定,形成一组试样(图3.3),平行样3组。

试样浸在3L的海水中。海水取自青岛小麦岛,盐度31.5,pH8.2。室温,静止。TA5、B10试样的腐蚀电位的测量方法同3.2.3节。每天测量一次。另用不加绝缘片的B10作对比样,同时试验。试验时间30天。试验后的试样处理同3.2.2节。

(a) TUP紫铜与45钢绝缘试样组

(b) 钛合金与B10绝缘试样组

图 3.3　电绝缘试验装置

3.3　结果和讨论

3.3.1　在室内静止海水的腐蚀行为

17 种船用材料在实验室静止海水中的浸泡结果如表 3.3、表 3.4 所列，腐蚀形貌如图 3.4 所示。以下按材料类别讨论它们的腐蚀行为。

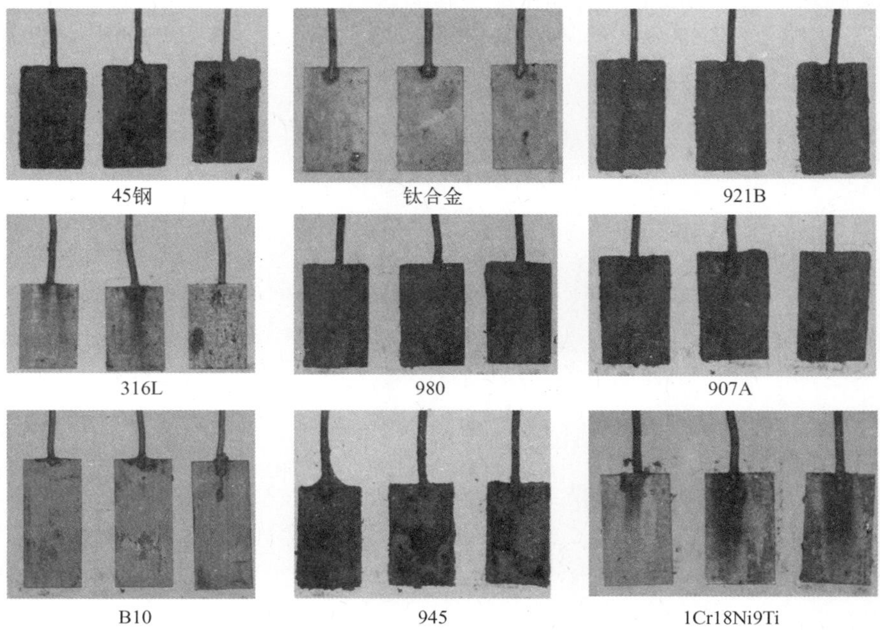

图 3.4　各种材料在实验室静止海水中浸泡试验 180 天的腐蚀形貌

1. 钢

试验的8种钢在静止海水中有相同的腐蚀行为。在海水中浸泡1h，即可看到试验钢表面出现淡绿色的小锈点；1天后，在试样表面分布很淡的绿锈、淡绿色锈点，并出现黄色的锈点；5天后试片表面形成薄的黄色到橘红色锈。随着时间的延长，锈层不断加厚，颜色变为褐色或棕色。

在海水中，钢铁的腐蚀过程通常为：Fe失去电子以Fe^{2+}溶解；Fe^{2+}与OH^-形成$Fe(OH)_2$；$Fe(OH)_2$被进一步氧化，生成的Fe_3O_4（黑色）；在氧化膜的外表面，接近溶解氧的$Fe(OH)_2$、Fe_3O_4被氧化成Fe_2O_3或$Fe(OH)_3$（从橘红到棕色）。普通的铁锈大多是由含水的氧化铁组成。在含水的Fe_2O_3和内层FeO之间是一层黑色中间体。铁锈通常由3层不同氧化态的铁的氧化物组成。

在海水中，钢表面形成的锈层疏松，对腐蚀的保护作用较小。因此，钢在海水中有较高的腐蚀率，见表3.3、表3.4。从锈层形貌看不出钢的腐蚀差别，去除锈层，呈全面不均匀腐蚀。在海水中，钢的腐蚀在整个表面发生。由于组织结构、表面状态的不同、合金元素富集等都能使腐蚀的表面出现宏观的阳极区和阴极区，从而引起钢的腐蚀不均匀，在腐蚀的表面出现浅斑、点状坑或溃疡坑。

20、45、907A、921B、945、980钢在海水中浸泡60天的腐蚀率在0.16～0.11mm/年之间。它们的腐蚀率随暴露时间延长而下降，暴露180天的腐蚀率为0.11～0.067mm/年。ZG25、ZG607在静止海水中浸泡35天的腐蚀率为0.19mm/年和0.15mm/年。

表3.3 材料在静止海水中的腐蚀试验结果

材料	腐蚀率/(mm/年)		腐蚀产物(180天)	腐蚀类型(180天)
	60d	180d		
20	0.16	0.11	褐色，覆盖整个表面，疏松	全面不均匀腐蚀
45	0.16	0.10	褐色，覆盖整个表面，疏松	全面不均匀腐蚀
907A	0.12	0.070	亮褐色，覆盖整个表面，疏松	全面不均匀腐蚀
945	0.13	0.094	亮褐色和深棕色，覆盖整个表面，疏松	全面不均匀腐蚀
980	0.11	0.080	亮褐色，覆盖整个表面，疏松	全面不均匀腐蚀
921B	0.11	0.067	亮褐色，覆盖整个表面，疏松，内层黑绿色	全面不均匀腐蚀
1Cr18Ni9Ti	0.0094	0.0032	棕色锈点，大片锈迹①	点蚀、缝隙腐蚀①
316L	0.0038	0.0011	棕色锈点，大片锈迹①	点蚀、缝隙腐蚀①
B10	0.0091	0.0032	薄的淡绿色，局部疏松铜绿色，覆盖整个表面	全面不均匀腐蚀
TA5	0	0	无	无

① 在涂封焊点的环氧树脂下的腐蚀，在其下方沉积大片锈迹

表 3.4　材料在静止海水中浸泡 35 天的腐蚀结果

材料	腐蚀率/(mm/年)	腐蚀产物	腐蚀类型
ZG25	0.19	黄色到褐色,覆盖整个表面,疏松,内层黑绿色	全面不均匀腐蚀
ZG607	0.15	深棕色,覆盖整个表面,疏松,内层黑绿色	全面不均匀腐蚀
HDR	0.0016	无	无局部腐蚀
HSi80 - 3	0.0169	薄的铜绿,均匀覆盖整个表面	均匀腐蚀
QSn5 - 5 - 5	0.0158	浅绿色,均匀覆盖整个表面	均匀腐蚀
QAl9 - 2	0.0244	浅绿色,局部有白色锈点	脱铝腐蚀
QAl 8Mn13Ni4Fe3	0.0074	浅绿色,覆盖整个表面	均匀腐蚀

结果显示,含 Ni、Cr、Mo 等的 907A、921B、945、980 的腐蚀率比 20、45 钢低,如图 3.5 所示。暴露 180 天,921B 的腐蚀率是 20 钢的 61%,907A、945 和 980 的腐蚀率分别是 20 钢的 64%、73% 和 85%。浸泡 35 天,ZG607 的腐蚀率也比 ZG25 低。这表明添加合金元素 Ni、Cr、Mo 能提高钢在海水全浸条件下的耐蚀性。Cr、Mo 对提高钢的耐海水腐蚀性有显著效果;Ni 对提高钢在海水中的耐蚀性也有效,但其效果不如 Cr。

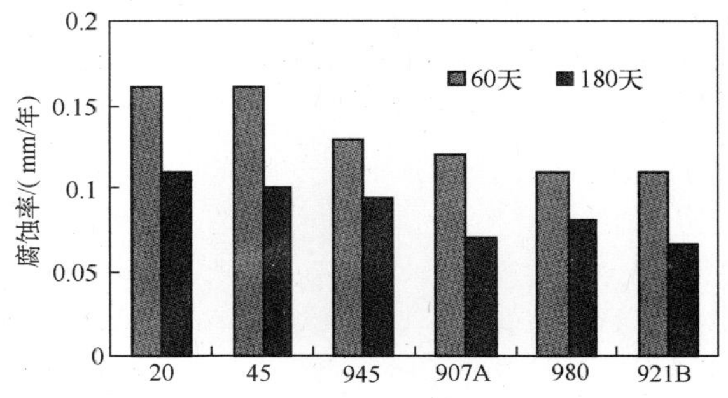

图 3.5　钢在静止海水中的腐蚀率比较

2. 不锈钢

1Cr18Ni9Ti 和 316L 在静止海水中浸泡 30 天,在涂封焊点的环氧树脂下产生缝隙,在其附近和下方有黄褐锈。40 天表面出现锈点,表明它们发生了点蚀。1Cr18Ni9Ti 的点蚀和缝隙腐蚀比 316L 严重。HDR 在静止海水中浸泡 35 天,没发生局部腐蚀。

普通不锈钢在海水中容易发生点蚀、缝隙腐蚀等局部腐蚀。在不锈钢表面上,由于结垢原因或异物附着形成的缝隙,能引起缝隙腐蚀。缝隙腐蚀比点蚀更容易发生。试验结果也表明这一点。

1Cr18Ni9Ti、316L 在静止海水中浸泡 180 天的腐蚀率为 0.0032mm/年和 0.0011mm/年。316L 的腐蚀率低于 1Cr18Ni9Ti。腐蚀率意味着均匀减薄,而不锈钢在海水中是因局部腐蚀遭到破坏,大部分表面不腐蚀。不锈钢在海水中的腐蚀率几乎没有实际意义。不锈钢的腐蚀率只是反映了局部腐蚀造成的失重的大小。

不锈钢的耐海水腐蚀性主要依赖 Cr、Mo 和 N 含量。通常用不锈钢的 PRE(耐点蚀当量)表示或预测它的耐海水点蚀能力。奥氏体:PRE = Cr(%) + 3.3Mo(%) + 30N(%),双相不锈钢:PRE = Cr(%) + 3.3Mo(%) + 16N(%)。1Cr18Ni9Ti、316L 和 HDR 的 PRE 分别为 18、25 和 36,表明 HDR 的在海水中的耐点蚀性能好于 316L,316L 好于 1Cr18Ni9Ti。在海水中,1Cr18Ni9Ti、316L 会发生严重的点蚀和缝隙腐蚀,使用受到一定的局限,必须通过好的设计,或采取阴极保护来解决这一问题。

HDR 是我国自主研发的双相不锈钢,成分与美国 UNS32550 相似,研究表明,HDR 在海水中有良好的耐点蚀和缝隙腐蚀性能。

3. 铜合金

HSi80 - 3、QSn5 - 5 - 5、QAl9 - 2、QAl8Mn13Ni4Fe3 和 B10 在静止海水中浸泡 35 天后,由于各种铜合金锈层的组成不同,锈层有不同的颜色。铜合金的锈层具有较好的保护性,正是依赖这层有保护性的腐蚀产物膜,铜合金在海水中有较低的腐蚀率。

在静止海水中浸泡 35 天,HSi80 - 3 和 QSn5 - 5 - 5 发生均匀腐蚀,腐蚀率为 0.0158mm/年和 0.019mm/年。

QAl9 - 2 浸泡 35 天,表面有白色的锈点,表明它发生脱铝腐蚀,腐蚀率 0.0244mm/年。比 HSi80 - 3、QSn5 - 5 - 5、QAl9 - 2、QAl8Mn13Ni4Fe3 的腐蚀率高。

QAl8Mn13Ni4Fe3 在静止海水中浸泡 35 天,表面形成的腐蚀产物膜均匀致密,没有脱成分(铝、锰)腐蚀现象。它的腐蚀率较低,为 0.0074mm/年。

浸泡 180 天,B10 的腐蚀类型为全面不均匀腐蚀,腐蚀率 0.0032mm/年。

4. TA5

TA5 在静止海水中浸泡 180 天没有腐蚀迹象,没有测出失重。

在海水中,钛及合金是最耐蚀的金属材料之一。在常温下,钛及合金在海水中完全没有点蚀和缝隙腐蚀。腐蚀试验表明,工业纯钛在 130℃ 以上的海水中会发生点蚀,而 Ti - 0.15Pd 合金要到 170℃ 以上才出现点蚀。当海水温度达到 121℃ 以上时,工业纯钛才会产生缝隙腐蚀。Ti - 0.2Pd 合金在海水温度达到

149℃以上时,才出现缝隙腐蚀。

3.3.2 腐蚀电位及与腐蚀行为的关系

试验材料在静止海水中的腐蚀电位特征值如表3.5所列。表中材料的顺序是按稳定电位排列的,即稳定电位序。

金属的海水腐蚀电位是研究它在海水中腐蚀与防护的基本参数之一。腐蚀电位变化反映了它的腐蚀状态的信息。一般来说,在海水中金属表面的氧化膜或钝化膜遭到腐蚀破坏,它的腐蚀电位向负移动;腐蚀产物层或钝化膜增厚,耐蚀性增强,金属的腐蚀电位向正移动。

表3.5 金属材料在海水中的腐蚀电位特征值

材料（稳定电位序）	试验时间/天	初始(1h)电位/V(SCE)	1天的腐蚀电位/V(SCE)	稳定腐蚀电位/V(SCE)	电位稳定时间/天	稳定电位波动范围/V(SCE)
20	176	-0.705	-0.764	-0.721	100	-0.716 ~ -0.729
ZG25	127	-0.695	-0.754	-0.717	90	-0.711 ~ -0.722
45	176	-0.703	-0.765	-0.716	100	-0.712 ~ -0.723
907A	176	-0.699	-0.738	-0.680	100	-0.672 ~ -0.686
945	176	-0.695	-0.761	-0.679	130	-0.674 ~ -0.684
ZG607	127	-0.673	-0.719	-0.679	90	-0.673 ~ -0.681
921B	176	-0.628	-0.694	-0.661	60	-0.651 ~ -0.671
980	176	-0.654	-0.705	-0.657	100	-0.651 ~ -0.668
QAl9-2	35	-0.262	-0.254	-0.268	22	-0.265 ~ -0.272
QAl8Mn13Ni4Fe3	35	-0.395	-0.315	-0.266	18	-0.260 ~ -0.270
HSi80-3	35	-0.236	-0.221	-0.239	25	-0.234 ~ -0.242
QSn5-5-5	35	-0.230	-0.213	-0.195	22	-0.190 ~ -0.197
316L	176	-0.209	-0.145	-0.151	90	-0.146 ~ -0.159
B10	35	-0.192	-0.133	-0.127	22	-0.124 ~ -0.130
1Cr18Ni9Ti	176	-0.144	-0.142	-0.107	120	-0.091 ~ -0.123
TA5	176	-0.085	-0.065	0.079	110	0.057 ~ 0.105
HDR	127	-0.274	-0.083	0.150	60	0.134 ~ 0.165

1. 钢

试验的8种钢在静止海水中浸泡的腐蚀电位—时间曲线形状相同,即腐蚀电位随时间的变化趋势相同,如图3.6、图3.7所示。

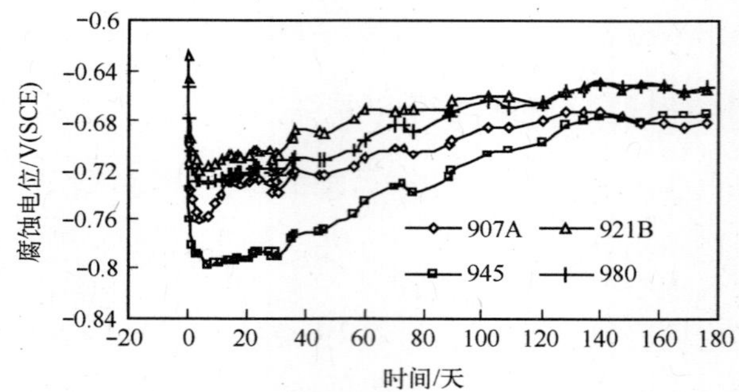

图 3.6　钢在海水中的腐蚀电位—时间曲线(一)

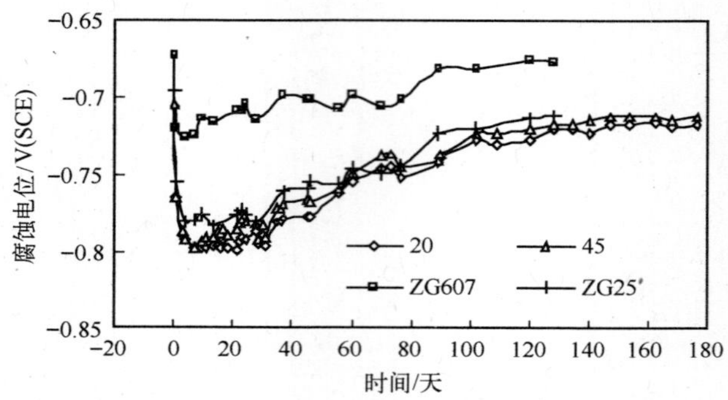

图 3.7　钢在海水中的腐蚀电位—时间曲线(二)

开始暴露时,腐蚀电位随时间向负方向变化,浸泡 1 天,腐蚀电位负移 40 ~ 70mV。这表明,试验的钢表面有氧化膜,浸泡后,随着钢表面的氧化膜被腐蚀破坏,腐蚀电位负移。随着腐蚀产物在表面沉积、增厚,腐蚀电位开始向正方向变化,在浸泡一段时间(60 ~ 130 天)后,腐蚀电位又达到稳定。

试验的 8 种钢的初始电位最大相差 70mV,稳定电位最大相差 77mV。921B、980 的腐蚀电位较正,20、45 钢的腐蚀电位较负,表明添加合金元素 Cr、Mo、Ni 能使钢的腐蚀电位正移。

在金属海水腐蚀电位序中,钢的腐蚀电位较负。在海水中钢与铜合金、不锈钢、镍基合金、钛合金等接触,钢会发生较重或严重的电偶腐蚀。与镁、铝、锌等接触,钢作为电偶的阴极而受到保护。

不同的钢之间接触也产生电偶腐蚀。当电位差较大、阴/阳极面积比也较大时,能产生严重的电偶腐蚀。

2. 不锈钢

1Cr18Ni9Ti、316L 不锈钢浸入海水后,腐蚀电位向正变化,如图 3.8 所示。

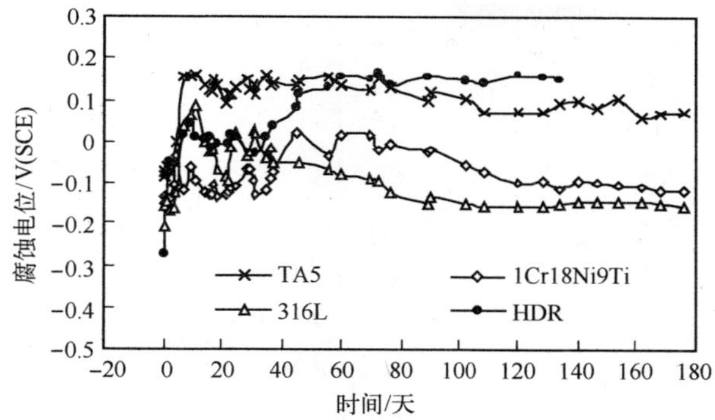

图3.8　不锈钢、钛在海水中的腐蚀电位—时间曲线

这是因为不锈钢开始浸入海水中，表面的钝化膜随着腐蚀增厚，引起电位随时间向正变化。1～45天，316L、1Cr18Ni9Ti的腐蚀电位波动较大，表明它们的腐蚀状态变化较大，原因是某些点或缝隙内的钝化膜发生破坏，但遭到破坏的钝化膜又得到修补。这一过程会引起电位的较大波动。45天后，它们的腐蚀电位随时间向负移动，说明它们的点蚀和缝隙腐蚀进入发展阶段。1Cr18Ni9Ti、316L的腐蚀电位在120天和90天达到稳定，稳定电位分别为-0.107V和-0.151V(SCE)。

HDR浸入海水后，腐蚀电位向正变化。1～30天，腐蚀电位有较小的波动。30天后HDR的腐蚀电位向正变化，60天达到稳定，稳定电位为+0.15V(SCE)。HDR的腐蚀电位没有向负变化的趋势，表明在电位测量期间HDR没发生局部腐蚀。

3. 铜合金

在海水中5种铜合金开始时的腐蚀电位向正变化，如图3.9所示。分别在

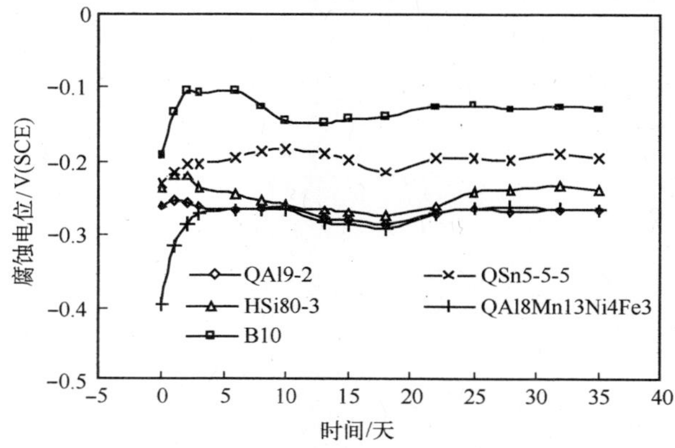

图3.9　铜合金在海水中的腐蚀电位—时间曲线

2～10天后达到最正腐蚀电位。其中，QAl8Mn13Ni4Fe3 和 B10 的腐蚀电位正移较大，分别正移130mV和90mV。这是由于它们表面的腐蚀产物膜均匀致密，有较好的保护性，它们的腐蚀率也较低。HSi80－3、QSn5－5－5、QAl9－2 的腐蚀电位正移较小。浸泡的5种铜合金在达到最正腐蚀电位后，腐蚀电位向负波动，在20天左右达到稳定，稳定电位的波动较小。B10 的稳定腐蚀电位较正，为－0.127V(SCE)，QAl8Mn13Ni4Fe3 和 QAl9－2 的稳定腐蚀电位较负，为－0.266V 和－0.228 V(SCE)。

4. 钛合金 TA5

TA5 在海水中开始时的腐蚀电位较快地向正变化，7天后腐蚀电位在较大范围波动。不易确定电位稳定时间。大约在110天它的电位达到稳定，如图3.8所示。它的稳定电位较正，为＋0.079V(SCE)。

综上所述，耐蚀的钝态金属材料，如TA5、HDR，在静止海水中的腐蚀电位随时间变化较大、电位稳定时间较长。耐蚀差的钝态金属材料，如1Cr18Ni9Ti、316L，由于点蚀和缝隙腐蚀的孕育、发生，腐蚀状态变化大，这一过程中腐蚀电位的波动大，电位稳定时间较长。

在海水中，铜合金表面生成致密有保护性腐蚀产物，它的腐蚀电位稳定时间较短，稳定电位波动较小。

钢浸入海水后，随着在空气中形成的氧化膜被破坏，自腐蚀电位向负移，同时锈层在表面沉积。锈层疏松、保护性差。随着表面锈层不断增厚，腐蚀电位向正方向变化。达到稳定腐蚀电位的时间较长，稳定电位波动较小。

3.3.3 海水周浸条件下的腐蚀

海水周浸试验结果见表3.6和图3.10。海水周浸试验模拟的是干/浸交替的海水环境。各金属材料显示了不同的腐蚀行为，其腐蚀行为与它们在海水全浸条件下不同。

表3.6 材料在海水周浸(干/浸比:48min/12min)条件下的腐蚀结果

材料	腐蚀率/(mm/年)			腐蚀形貌
	10天	20天	30天	
20	2.45	1.95	1.37	全面不均匀腐蚀
45	2.69	2.11	1.32	全面不均匀腐蚀
907A	—	2.23	2.00	全面不均匀腐蚀
921B	0.97	1.02	0.95	全面不均匀腐蚀
945	2.10	1.84	1.28	全面不均匀腐蚀

（续）

材　料	腐蚀率/(mm/年)			腐蚀形貌
	10 天	20 天	30 天	
980	0.65	0.59	0.44	全面不均匀腐蚀
ZG25	—	2.02	1.76	全面不均匀腐蚀
ZG607	—	1.04	0.99	全面不均匀腐蚀
1Cr18Ni9Ti	0.0023	0.0011	0.0010	轻微缝隙腐蚀①
316L	0.0052	0.0022	0.0014	轻微缝隙腐蚀①
HDR	0.0027	0.0012	0.0005	无局部腐蚀
TUP	0.071	0.041	0.041	均匀腐蚀
HSi80－3	0.014	0.0073	0.0068	均匀腐蚀
QSn5－5－5	0.017	0.011	0.011	均匀腐蚀
QAl8Mn13Ni4Fe3	0.032	0.0077	0.0069	均匀腐蚀
TA5	0	0	0	无腐蚀

① 在涂封焊点的环氧树脂下的腐蚀，以及在固定试样的塑料下的腐蚀

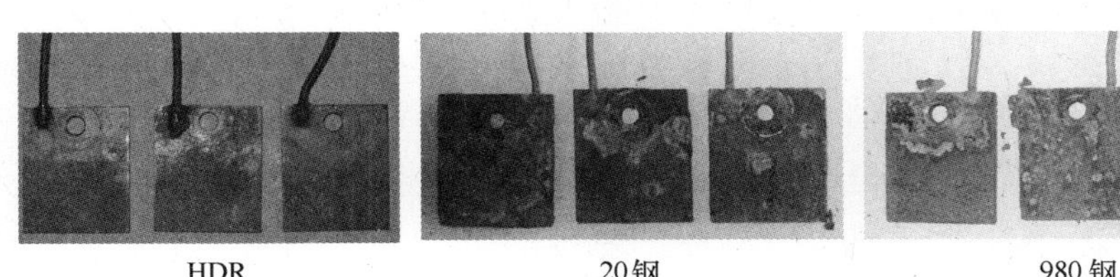

HDR　　20 钢　　980 钢

图 3.10　各材料海水周浸 30 天后的腐蚀形貌

1. 钢

钢在海水周浸条件下腐蚀，表面形成黄色锈层。碳钢的锈层较厚，980、921B、ZG607 的相对较薄。钢的腐蚀类型为全面不均匀腐蚀。

试验的 8 种钢的腐蚀率差别较大，腐蚀率变化趋势也不同。图 3.11 绘出了它们在海水周浸条件下的侵蚀深度—时间曲线。侵蚀深度＝腐蚀率×时间。由侵蚀深度—时间曲线可得出各暴露时间的腐蚀率（瞬时腐蚀率），腐蚀率的大小等于侵蚀深度—时间曲线的斜率。

根据钢在海水周浸条件下的侵蚀深度—时间曲线，可以将 8 种钢的腐蚀情况分为 3 类：

（1）初始腐蚀率低，腐蚀率随时间减小，980 属于这一类。在海水周浸条件下它的耐蚀性最好。

（2）初始腐蚀率高，腐蚀率随时间减小。20、45、ZG25、907A 和 945 属于这一类。经长时间试验它们有较低的腐蚀率。

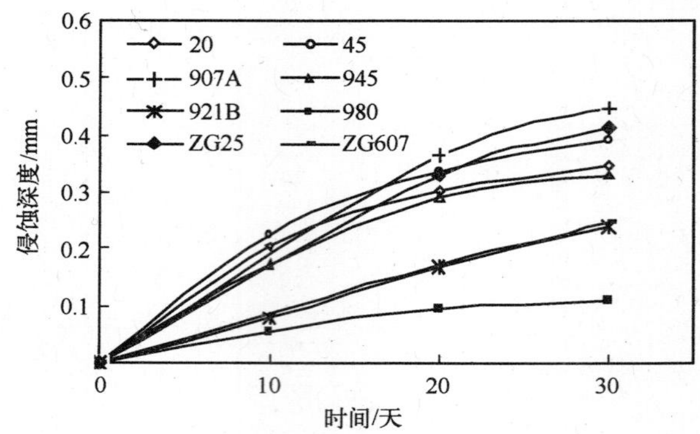

图 3.11 钢在海水周浸条件下的侵蚀深度—时间曲线

(3) 初始腐蚀率较低,腐蚀率基本不随时间变化,921B 和 ZG607 属于这一类。它们短期的腐蚀率较低,经长时间试验,它们的腐蚀率可能大于碳钢。为掌握钢在海水周浸条件下的腐蚀行为,应做进一步的、更长时间的试验。

分析合金元素的影响,可以得出,Ni 能提高钢在海水周浸条件下的耐蚀性,Ni 含量越高,钢在海水周浸条件下的耐蚀性能越好。

2. 不锈钢

1Cr18Ni9Ti、316L 在海水周浸条件下试验 30 天,表面没发生点蚀,在涂封焊点的环氧树脂下和在固定试样的塑料下发生轻微的缝隙腐蚀。

在海水周浸条件下,不锈钢表面干湿交替,供氧充分,有利于被破坏的钝化膜修复和再钝化,点蚀不易发生。而缝隙能储存水分和盐分,缝隙内的水蒸发慢,可长期存在。因此,缝隙腐蚀容易发生。

在海水周浸条件下的 HDR 耐蚀性好于 1Cr18Ni9Ti、316L,试验 30 天没发生点蚀和缝隙腐蚀。

在海水周浸条件下试验 30 天,1Cr18Ni9Ti、316L 和 HDR 的腐蚀率都很低,为 0.0005 ~ 0.0014mm/年,这在应用中是没有实际意义的差别。

3. 铜合金和 TA5

在海水周浸条件下,TUP、HSi80 – 3、QSn5 – 5 – 5 和 QAl8Mn13Ni4Fe3 表面都形成致密的有保护性的腐蚀产物膜,腐蚀类型为均匀腐蚀,腐蚀率低。

在海水周浸条件下试验 10 ~ 20 天,TUP、HSi80 – 3、QSn5 – 5 – 5 和 QAl8Mn13Ni4Fe3 的腐蚀率随时间降低,20 ~ 30 天,腐蚀率基本不变,如图 3.12 所示。

TUP 的腐蚀率比 HSi80 – 3、QSn5 – 5 – 5 和 QAl8Mn13Ni4Fe3 高得多。试验 30 天,TUP 的腐蚀率为 0.041mm/年,是 HSi80 – 3 和 QAl8Mn13Ni4Fe3 的 6 倍,

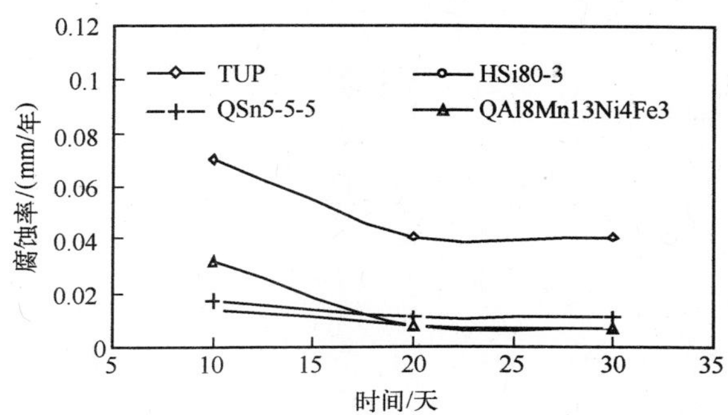

图3.12 铜合金海水周浸条件下的侵蚀深度—时间曲线

QSn5-5-5的3.7倍。这表明HSi80-3、QSn5-5-5和QAl8Mn13Ni4Fe3的合金元素大幅度提高了在海水周浸条件下的耐蚀性。

TA5在周浸条件下试验30天,未观察到腐蚀,没有失重。

3.3.4 在海水中的极化曲线

1. 钢

试验的8种钢(20、45、907A、921B、945、980、ZG25、ZG607)的极化曲线形状、特征基本相同,阳极呈活性溶解特征,溶解阻力小;阴极有氧扩散控制区和析氢反应活化极化控制区,如图3.13、图3.14所示。试验钢的腐蚀速度由阴极氧扩散控制。表3.7给出了试验钢在海水中的极化特征和参数,它们的自腐蚀电位最大相差70mV。可以看出,Cr、Ni含量较高的钢在海水中的自腐蚀电位较正。试验钢的阴极氧扩散极限电流密度基本相等(0.13~0.15mA/cm^2),即它们的腐蚀速度基本相等。

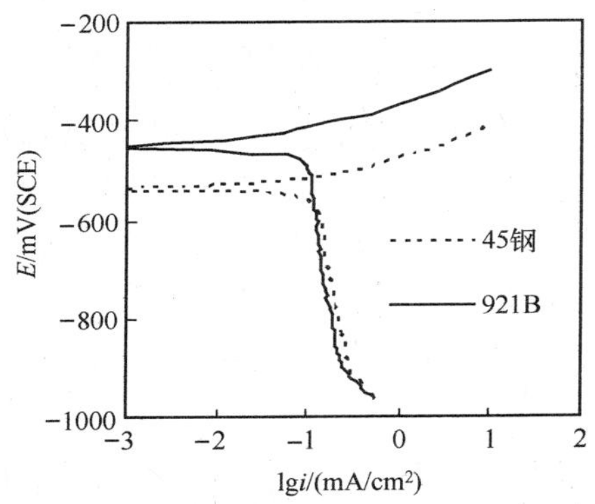

图3.13 钢在海水中的极化曲线(一)

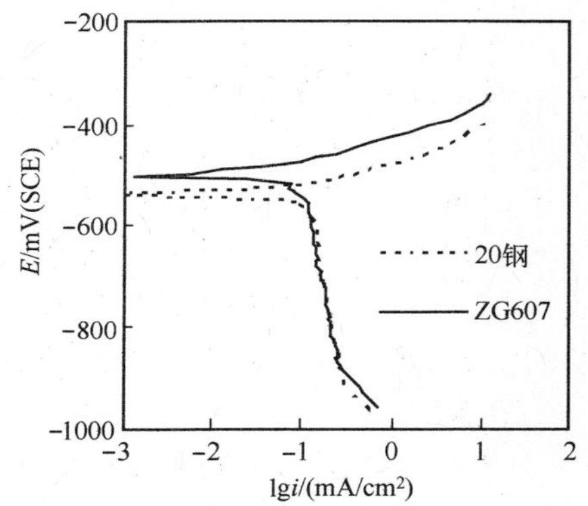

图3.14 钢在海水中的极化曲线(二)

表 3.7 金属材料在海水中的极化特征和参数

材　料	自腐蚀电位 /mV(SCE)	阴极氧扩散极限电流密度 /(mA/cm²)	点蚀电位 E_{b100} /mV(SCE)	阳极极化特征	阴极极化特征
20	-548	0.14		活化溶解	氧扩散控制-析氢反应活化控制
45	-546	0.14			
907A	-554	14			
945	-528	0.14			
921B	-506	0.13			
980	-481	0.15			
ZG25	-555	0.13			
ZG607	-513	0.13			
1Cr18Ni9Ti	-250	—	+220	钝化-活化	氧还原活化控制，氧还原超电压较高
316L	-128	—	+290		
HDR	-160	—	+1050		
TUP	-275	0.34		活化-钝化过渡区、钝化区及过钝化区	氧还原活化控制-氧扩散控制
HSi80-3	-283	0.35			
QAl9-2	-285	0.33			
QSn5-5-5	-229	0.32			
QAl8Mn13-Ni4Fe3	-359	0.33			
B10	-192	0.27			
TA5	-175	0.093	—	钝化	氧还原活化控制-氧扩散控制，氧还原超电压高，氢超电压很高

试验的8种钢(20、45、907A、921B、945、980、ZG25、ZG607)的合金成分及含量有较大差别，但它们的极化行为基本相同。这表明加入少量(百分之几)的Cr、Ni、Mo等元素不会改变钢在海水中开始浸泡(没有锈层)时的极化行为。钢在海水中的耐蚀性取决于它表面形成的锈层的结构和性质。碳钢在海水中形成的锈层疏松、多孔，保护性差。在海水中耐蚀性较好的钢，其有效合金元素在锈层内富集，形成的锈层较均匀、致密，具有一定保护性。

2. 不锈钢

1Cr18Ni9Ti、316L和HDR不锈钢在海水中的阳极极化曲线均呈钝化-活化特征，如图3.15所示。它们的阴极反应由氧还原活化控制，氧还原超电压较高。

它们的点蚀电位相差较大。1Cr18Ni9Ti、316L 的点蚀电位 E_{b100} 分别为 +220mV 和 +290mV(SCE),HDR 的点蚀电位 E_{b100} 要高得多,为 +1050mV(SCE)。表明 HDR 在海水中的耐蚀性比 1Cr18Ni9Ti、316L 大幅度提高。

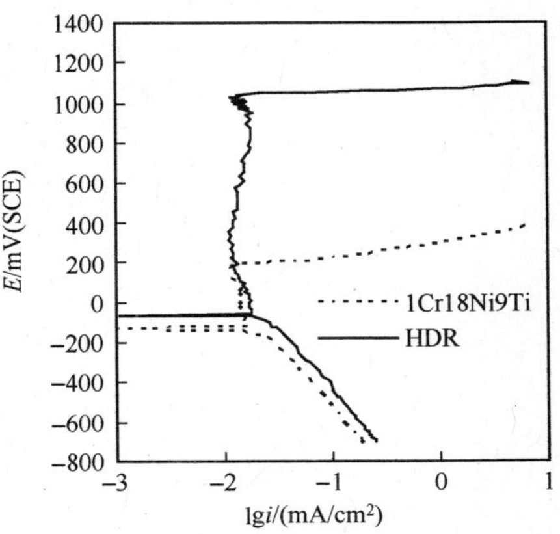

图3.15　不锈钢在海水中的极化曲线

3. 铜及合金

图3.16、图3.17 所示为铜及合金在海水中的极化曲线。铜及合金在海水中有相同的极化特征。阳极极化曲线具有活化溶解区、钝化过渡区、钝化区及过钝化区,活化区极化阻力小。阴极极化曲线有氧还原活化极化控制区和氧扩散控制区,腐蚀速度由阴极氧还原活化极化控制。试验的6种铜合金的氧扩散极限电流密度除B10略小为 $0.27mA/cm^2$ 外,其他都接近,为 $0.32 \sim 0.35mA/cm^2$。与不锈钢的阴极极化相比,铜及合金的极化电流密度大,由此可知,在海水中与钢接触,它引起的电腐蚀比不锈钢严重。

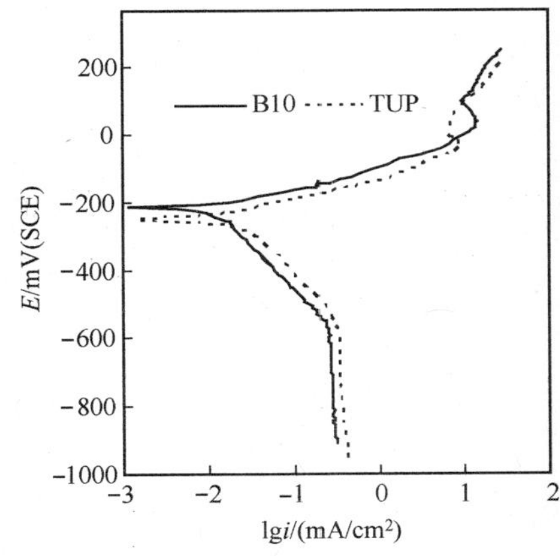

图3.16　铜合金在海水中的极化曲线(一)

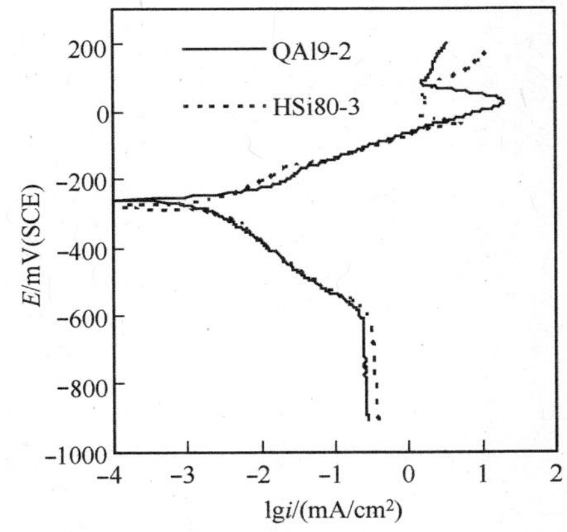

图3.17　铜合金在海水中的极化曲线(二)

4. TA5

TA5 的阴极极化曲线为氧还原活化控制－氧扩散控制,如图3.18 所示。氧还原超电压高,氢超电压很高。在 TA5 表面进行的氧还原反应阻力大。由此可知,在海水中与钢接触,引起的电偶腐蚀比铜合金、不锈钢轻。

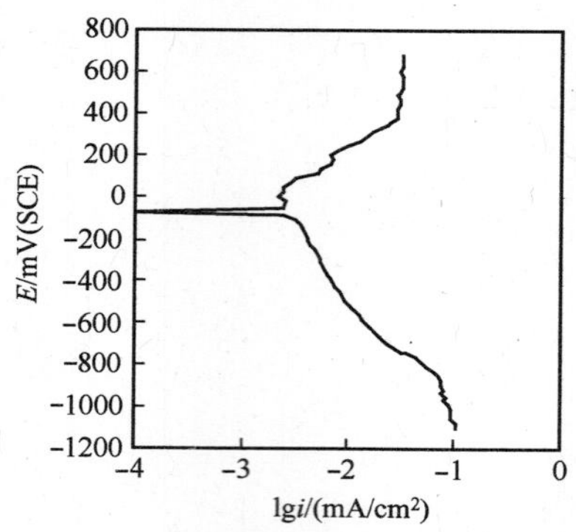

图 3.18 TA5 在海水中的极化曲线

3.3.5 室内静止海水中的电偶腐蚀

1. 钛 - 钢的电偶

在海水中 TA5 与钢偶合,组成腐蚀原电池。TA5 是阴极,钢是阳极。在偶合过程中,钢加速溶解(腐蚀)。

3 种 TA5 - 钢偶对的阳极电流密度(电偶电流密度)随时间的变化趋势相同。电流密度随时间呈下降趋势,但电流密度变化有波动。开始浸泡时电流密度随时间下降较快,24h 后,电流密度变化较小。以不同面积比偶合的 3 种 TA5 - 钢的部分时间或时间段的阳极电偶电流密度值如表 3.8 所列。图 3.19、图 3.20 是 TA5 分别与 45 钢、921B 以不同面积比偶合时的阳极电偶电流密度—时间曲线。TA5 与 45 钢以 1:1.2 偶合,浸泡 1h 的阳极电偶电流密度为 11.1$\mu A/cm^2$,24h 的电偶电流密度为 6.2$\mu A/cm^2$,48h 后的平均电偶电流密度为 6.3$\mu A/cm^2$。TA5 与 921B 以 1:1.2 偶合,浸泡 1h、24h 和 48h 后平均的电偶电流密度分别为 6.7$\mu A/cm^2$、4.8$\mu A/cm^2$ 和 4.3$\mu A/cm^2$。

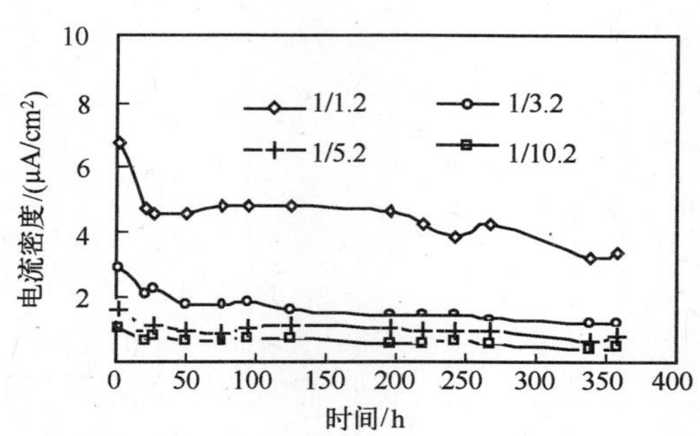

图 3.19 TA5 - 45 钢在海水中不同面积比偶合的阳极电流密度随时间的变化

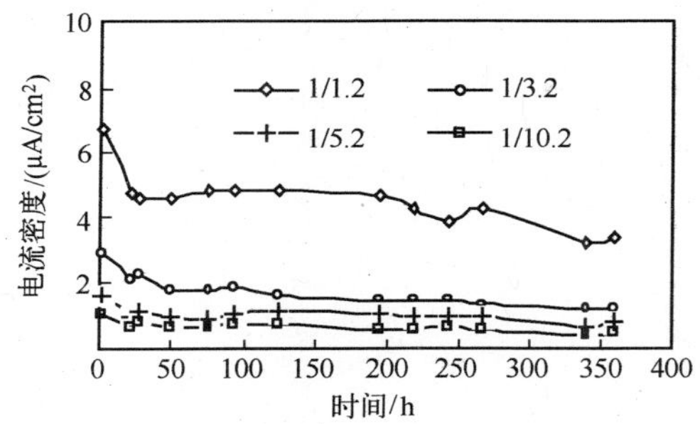

图3.20　TA5－921B在海水中不同面积比偶合的阳极电流密度随时间的变化

表3.8　TA5－钢在海水中的电偶腐蚀数据

组　　元	面积比	阳极电流密度/($\mu A/cm^2$)			阴极电流密度/($\mu A/cm^2$)		
		1h	24h	48h后平均值	48h后平均值	48～100h	300～360h
TA5－45钢[①]	1:1.2	11.1	6.2	6.3	7.5	6.9	7.3
	1:3.2	4.3	2.9	2.8	8.9	9.1	8.4
	1:5.2	3.0	1.8	1.3	6.7	6.8	5.9
	1:10.2	1.1	0.66	0.72	7.3	7.4	6.9
TA5－907A[①]	1:1.2	8.2	6.2	6.5	7.8	8.1	7.3
	1:3.2	4.1	2.7	2.5	8.0	8.8	7.1[②]
	1:5.2	2.8	1.6	1.5	7.9	8.7	7.5[②]
	1:10.2	1.5	0.84	0.79	8.1	8.8	7.8[②]
TA5－921B[①]	1:1.2	6.7	4.8	4.3	5.1	5.7	4.0[②]
	1:3.2	2.9	2.1	1.5	5.0	5.9	3.9
	1:5.2	1.7	1.0	0.96	5.0	5.1	4.1
	1:10.2	1.0	0.68	0.62	6.3	7.0	4.8

① TA5的表面积为33.2cm^2。
② 240～300h的平均电流密度

3种TA5－钢偶对的阳极电流密度随着阳极/阴极面积比的增大而减小。TA5与907A以1:1.2偶合，浸泡24h的电偶电流密度为6.2$\mu A/cm^2$，48h后的平均电偶电流密度为6.5$\mu A/cm^2$；以1:10.2偶合，24h和48h后平均的电偶电流密度分别为0.84$\mu A/cm^2$和0.79$\mu A/cm^2$。图3.21所示为浸泡48h后的平均阳极电流密度与阳极/阴极面积比的关系曲线。由曲线可以看出，TA5－钢偶对的阳极电流密度与阳极/阴极面积比近似于反比关系，也就是说，TA5－钢偶对的阳极电流密度与阴极/阳极面积比近似于线性(正比)关系,如图 3.22 所示。

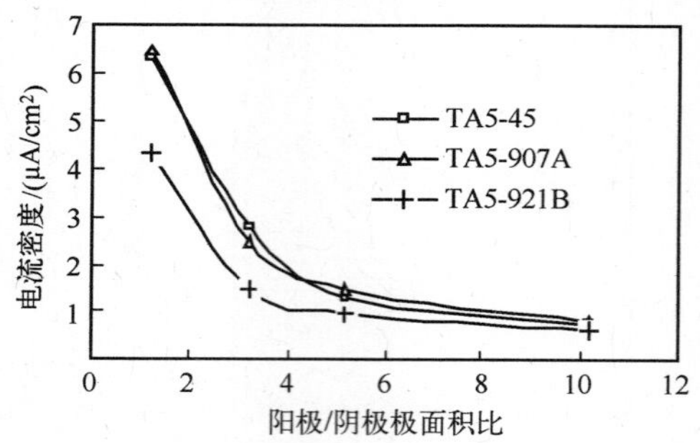

图 3.21 TA5-钢偶合在海水中 48h 后的平均电偶电流密度随阳极/阴极面积比的变化

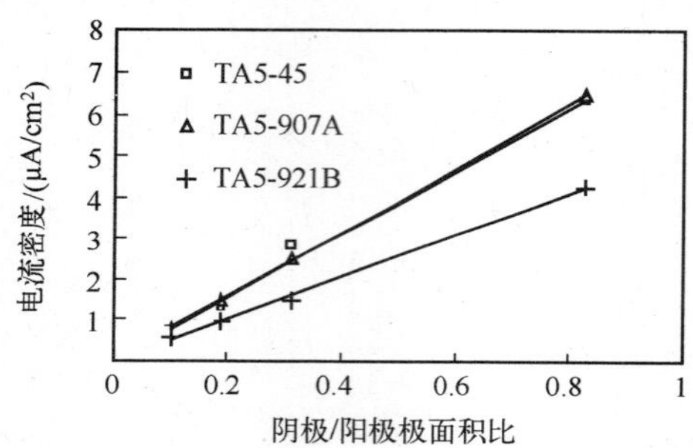

图 3.22 TA5-钢偶合在海水中 48h 后的平均电偶电流密度随阴极/阳极面积比变化

在电偶腐蚀过程中,阴极电流密度乘以阴极表面积等于阳极电流密度乘以阳极表面积,阴极电流密度和阳极电流密度是可换算的。表 3.8 给出了以不同面积比偶合的 3 种 TA5-钢的部分时间段的阴极电偶电流密度值。

4 种 TA5-钢偶对的阴极电流密度随时间的变化趋势与它们的阳极电流密度的变化情形相同,开始浸泡时电流密度随时间下降较快,24h 后,电流密度变化较小,如图 3.23、图 3.24 所示。

由表 3.8 中的阴极电流密度数据及图 3.23、图 3.24 可以看出,TA5-钢偶对的阴极电流密度随着阳极/阴极面积比的增大变化不大,总体来看,阳极/阴极面积比从 1 到 10,阴极电流密度略有增大。TA5 与 907A 以 1:1.2 和 1:10.2 偶合,浸泡 48h 后平均的阴极电偶电流密度分别为 7.3$\mu A/cm^2$ 和 7.8$\mu A/cm^2$。TA5 与 921B 以 1:1.2 和 1:10.2 偶合,浸泡 48h 后平均的阴极电偶电流密度分别为 4.0$\mu A/cm^2$ 和 4.8$\mu A/cm^2$。

图 3.25、图 3.26 是 TA5 与 921B 钢、45 钢在不同面积比下的偶合电位。结果显示,开始浸泡时的偶合电位很快负移,这是由于浸入海水后,钢表面的氧化

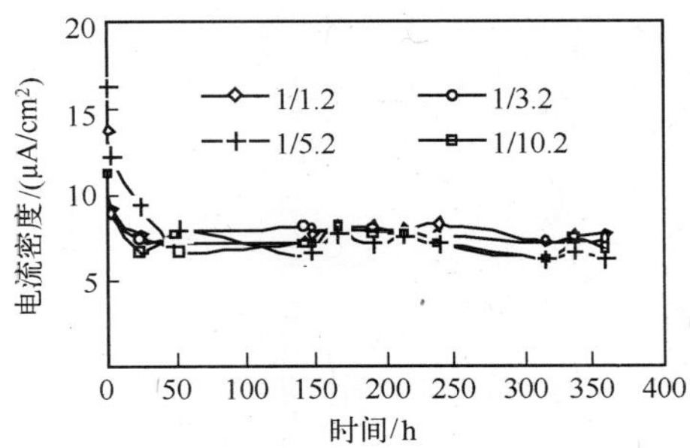

图 3.23　TA5－45 钢在海水中不同面积比偶合的阴极电流密度随时间的变化

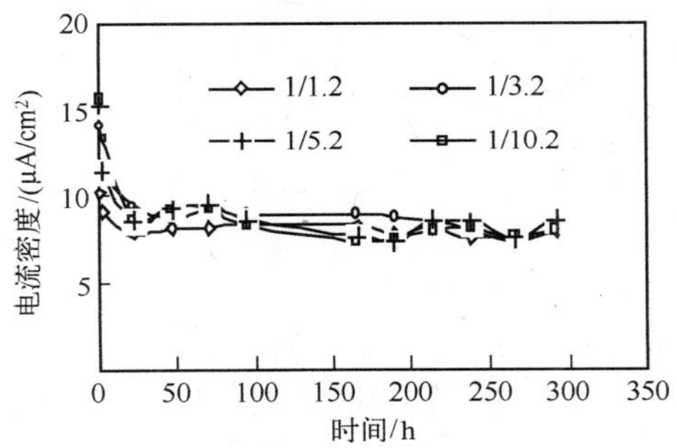

图 3.24　TA5－907A 在海水中不同面积比偶合的阴极电流密度随时间的变化

膜被腐蚀破坏，使自腐蚀电位负移，也导致偶对的偶合电位负移。结果还显示，TA5－钢的偶合电位随阳极/阴极面积比的增加向负移。

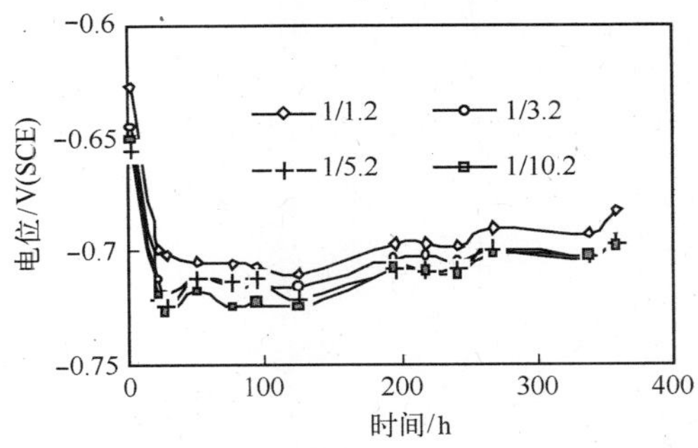

图 3.25　TA5－921B 在海水中不同面积比下的偶合电位

TA5 的开路电位离偶合电位较远，45 钢的开路电位离偶合电位较近，如图 3.27、图 3.28 所示。TA5 与 907A 和 921B 的偶合电位、开路电位也是如此。这表明 TA5 与钢偶合，TA5 的阴极极化值比钢的阳极极化值大得多。从它们的自腐

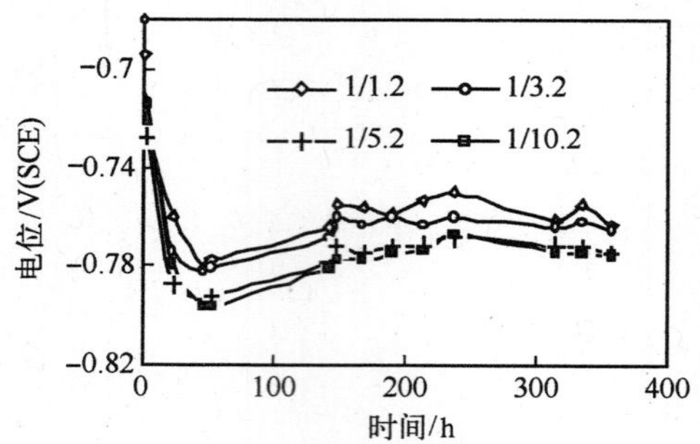

图 3.26 TA5－45 钢在海水中不同面积比下的偶合电位

蚀电位会看得更清楚。结果表明，TA5 的稳定自腐蚀电位为＋0.079V(SCE)，45 钢、907A 和 921B 的稳定自腐蚀电位为－0.66～－0.72V(SCE)。由此可知，TA5－钢偶对的阳极电偶腐蚀速度由 TA5 的阴极极化控制。

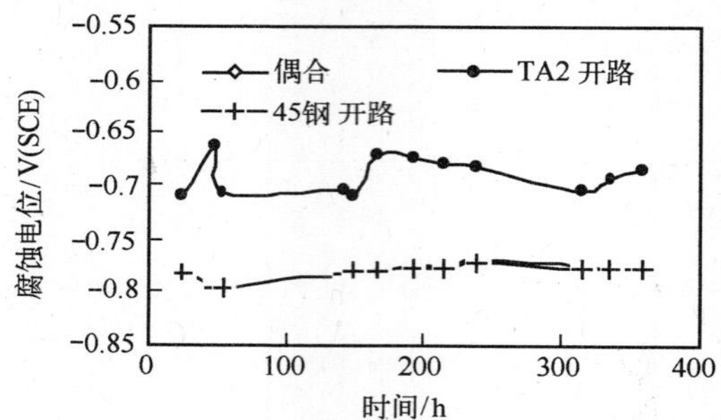

图 3.27 TA5－45 钢在海水中的偶合电位及开路电位，面积比 1/1.2

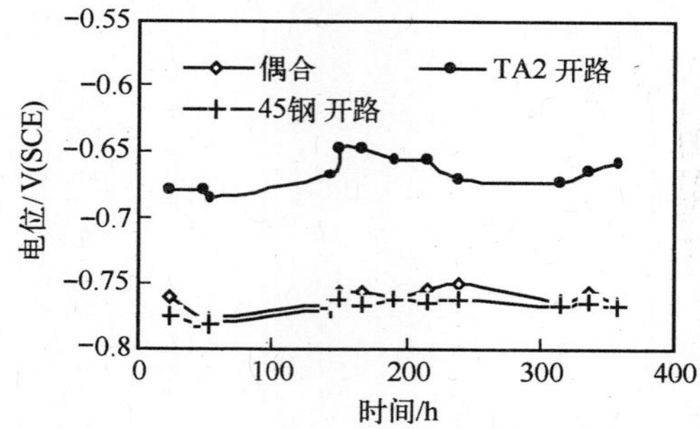

图 3.28 TA5－45 钢在海水中的偶合电位及开路电位，面积比 1/10.2

TA5 与钢在海水中的电偶电流密度、偶合电位随面积比的变化可用极化示意图说明，如图 3.29 所示。

由有关金属材料的极化特性可知，在静止海水中，45 钢、907A 和 921B 阳极极化阻力小，极化率低。而 TA5 具有较大的氧还原超电压，阴极极化率高。在海水中，TA5 与钢在海水中接触（偶合），TA5 从自腐蚀电位向负极化，钢从自腐蚀电位向正极化，极化到同一电位，即偶合电位 E_g，TA5 的电位极化值比钢的极化值大得多。这时的偶合电流强度为 I_g，阳极电偶电流密度 i_{ga}，阴极电偶电流密度 i_{gc}。

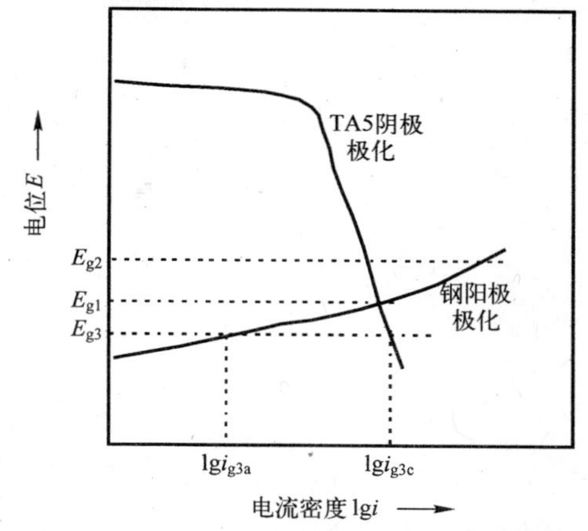

图 3.29　TA5 与钢在海水中偶合的极化示意图

根据阴极、阳极面积比的大小，将 TA5 与钢的偶合的极化分 3 种情况：①阴极、阳极面积比等于 1，$i_{ga} = i_{gc}$；偶合电位是图 3.29 中的 TA5 阴极极化曲线与钢阳极极化曲线交点的电位，即图中的 E_{g1}；②阴极/阳极面积比大于 1，$i_{ga} > i_{gc}$；偶合电位比极化曲线交点的电位正，如图中的 E_{g2}；③阳极/阴极面积小于 1，$i_{ga} < i_{gc}$；偶合电位比极化曲线交点的电位负，如图中的 E_{g3}，它对应的阳极电偶电流密度 i_{g3a}，阴极电偶电流密度 i_{g3c}。

在本试验中，TA5 与钢偶合的阳极/阴极面积比大于 1。随着阳极/阴极面积比的增大，偶合电位 E_g 负移，阳极电偶电流密度 i_{ga} 减小，阴极电偶电流密度 i_{gc} 增大，阳极电偶电流密度 i_{ga} 减小的幅度大，阴极电偶电流密度 i_{gc} 增大的幅度小。

比较 TA5 分别与 45 钢、907A 和 921B 组成的 3 种偶对在相同面积比下的电偶电流密度，发现在相同面积比下，TA5 与 45 钢、907A 的电偶电流密度基本相等，TA5 与 921B 的电偶电流密度比 TA5 与 45 钢、907A 的电偶电流密度小，这是由于 921B 的自腐蚀电位比 45 钢、907A 正。在相同面积比下，921B 与 TA5 的偶合电位也比 45 钢、907A 与 TA5 正，使得阴极电流密度和阳极电流密度都减小。

表 3.9 所列为 TA5 与钢偶合的由阳极电流密度计算的电偶腐蚀率和由失重计算的电偶腐蚀率。结果显示，由阳极电流密度计算的平均电偶腐蚀率和由失重计算的平均电偶腐蚀率相差不大。

TA5 以不同的面积比与 45 钢、907A 和 921B 分别偶合，在海水中浸泡 360h，TA5 没有腐蚀迹象，3 种钢的形貌呈全面不均匀腐蚀。

表 3.9 TA5－钢在海水中的电偶腐蚀率和腐蚀形貌

组　元	面积比	由阳极电流密度计算的电偶腐蚀率/(mm/年)		由失重计算的平均电偶腐蚀率/(mm/年)	腐蚀形貌	
		1h	平均		TA5	钢
TA5－45 钢	1∶1.2	0.13	0.074	0.079	无腐蚀	全面不均匀腐蚀
	1∶3.2	0.050	0.033	0.036		
	1∶5.2	0.035	0.016	0.018		
	1∶10.2	0.013	0.0084	0.0095		
TA5－907A	1∶1.2	0.096	0.076	0.071	无腐蚀	全面不均匀腐蚀
	1∶3.2	0.048	0.031	0.045		
	1∶5.2	0.033	0.018	0.020		
	1∶10.2	0.018	0.0097	0.012		
TA5－921B	1∶1.2	0.078	0.50	0.061	无腐蚀	全面不均匀腐蚀
	1∶3.2	0.034	0.19	0.035		
	1∶5.2	0.020	0.011	0.019		
	1∶10.2	0.012	0.0074	0.0057		

2. HDR－钢

在海水中 HDR 不锈钢与钢偶合，HDR 是电偶的阴极，钢是阳极。在海水中，HDR－45 钢、HDR－921B 的阳极电流密度随时间的变化趋势相同，如图 3.30、图 3.31 所示。电流密度随时间呈下降趋势。开始浸泡时电流密度下降较快，24h 后，电流密度变化缓慢。以不同面积比偶合的 2 种 HDR－钢的部分时间或时间段的阳极电偶电流密度值如表 3.10 所列。HDR 与 45 钢以 1∶1.2 偶合，浸泡 1h 的阳极电偶电流密度为 26.5μA/cm^2，24h 的电偶电流密度为 12μA/cm^2，48 h 后的平均电偶电流密度为 10.2μA/cm^2。

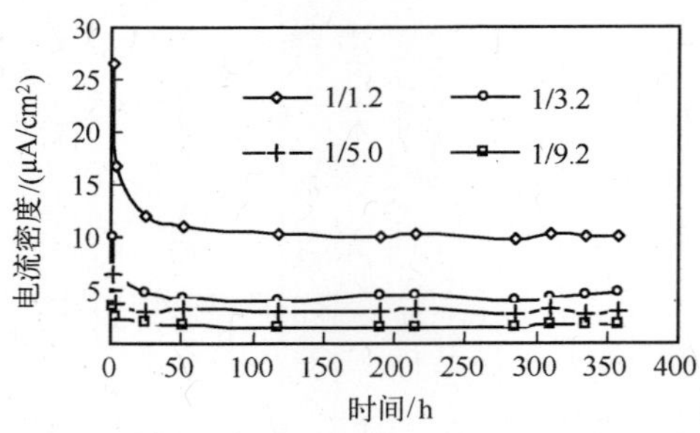

图 3.30 HDR－45 钢在海水中不同面积比偶合的阳极电流密度随时间的变化

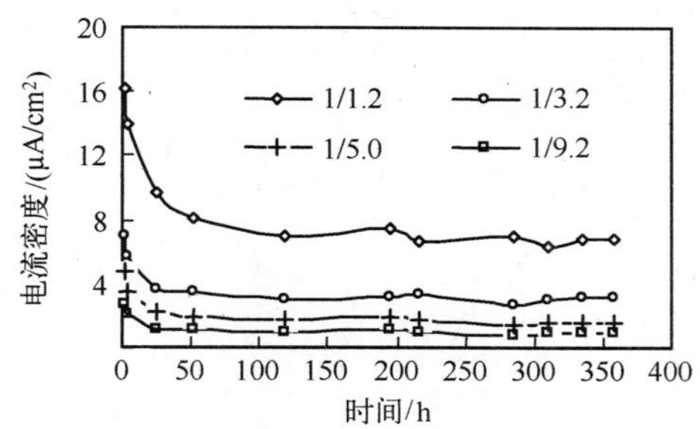

图3.31 HDR－921B不同面积比偶合的阳极电流密度随时间的变化

表3.10 HDR－钢在海水中的电偶腐蚀数据

组　元	面积比	阳极电流密度/($\mu A/cm^2$)			阴极电流密度/($\mu A/cm^2$)		
		1h	24h	48h后平均值	48h后平均值	48～100h	300～360h
HDR－45钢①	1:1.2	26.5	12.0	10.2	12.2	12.8	12.2
	1:3.2	9.9	4.7	4.3	13.9	13.4	15.5
	1:5.0	6.5	3.1	3.0	15.0	15.5	15.0
	1:9.2	3.4	2.1	1.6	14.4	14.1	15.3
HDR－921B①	1:1.2	16.2	9.6	7.0	8.4	9.0	8.0
	1:3.2	7.1	3.7	3.1	10.0	10.3	10.0
	1:5.0	4.8	2.3	1.7	8.4	9.2	7.9
	1:9.2	2.7	1.2	0.98	9.0	9.4	8.9

① HDR的表面积为11.7cm^2

2种HDR－钢偶对的阳极电流密度随着阳极/阴极面积比的增大而减小。HDR与921B以1:1.2的面积比偶合，浸泡48h后的平均电偶电流密度为7.0$\mu A/cm^2$，以1:9.2偶合，48h后的平均电偶电流密度为0.98$\mu A/cm^2$。图3.32是HDR－钢偶对在海水中浸泡48h后的平均阳极电流密度与阳极/阴极面积比的关系曲线。由曲线看出，HDR－钢偶对的阳极电流密度与阳极/阴极面积比近似于反比关系。

2种HDR－钢偶对的阴极电流密度随时间的变化趋势与它们的阳极电流密度相同，如图3.33、图3.34所示。以不同面积比偶合的2种HDR－钢的部分时间段的阴极电偶电流密度值见表3.11。HDR－钢偶对的阴极电流密度有随着阳极/阴极面积比的增大而增大的趋势。HDR与45钢以1:1.2的面积比偶合，浸泡48h后平均的阴极电偶电流密度为12.8$\mu A/cm^2$，以1:9.2的面积比偶合，48h后平均的阴极电偶电流密度为14.4$\mu A/cm^2$。

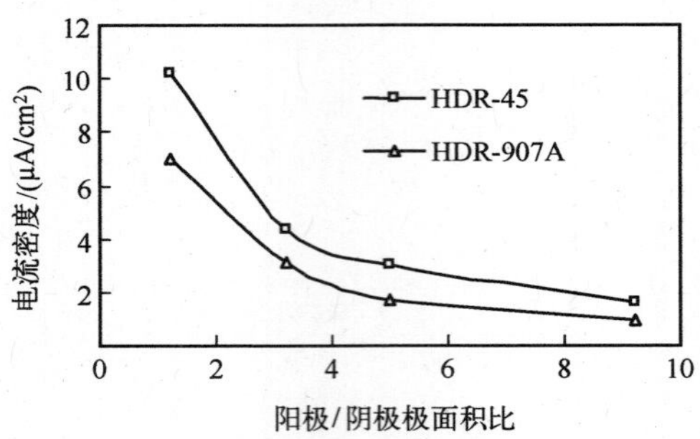

图 3.32 HDR－钢偶合在海水中 48h 后平均电偶电流密度随阳极/阴极面积比的变化

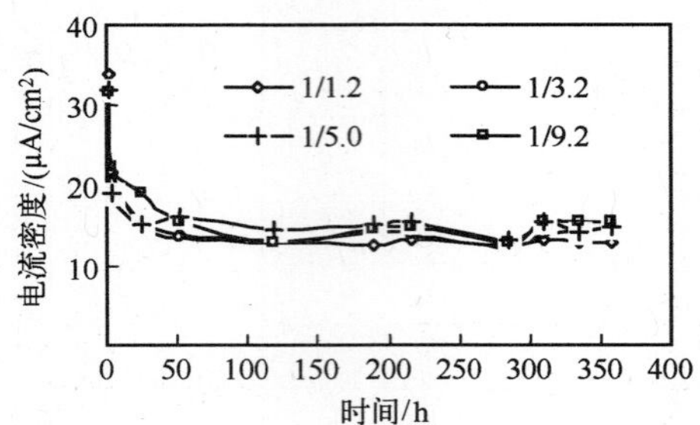

图 3.33 HDR－45 钢在海水中不同面积比偶合的阴极电流密度随时间的变化

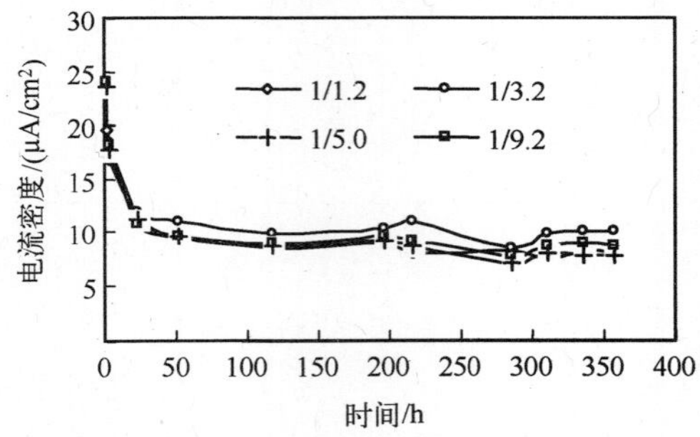

图 3.34 HDR－921B 不同面积比偶合的阴极电流密度随时间的变化

图 3.35、图 3.36 是 HDR 与 45 钢的偶合电位和开路电位。HDR 的开路电位离偶合电位较远，45 钢的开路电位离偶合电位近。HDR 与和 921B 的偶合电位、开路电位也是如此。这表明 HDR 与钢偶合，电偶腐蚀速度由 HDR 阴极极化控制。

图 3.37、图 3.38 是 HDR 与 45 钢、921B 在不同面积比下的偶合电位。可以看出，偶合电位随阳极/阴极面积比的增加向负移。

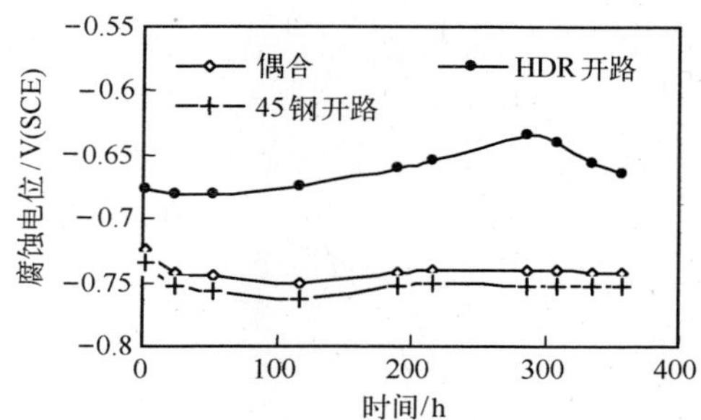

图3.35　HDR－45钢偶合在海水中的偶合电位及开路电位，面积比1/1.2

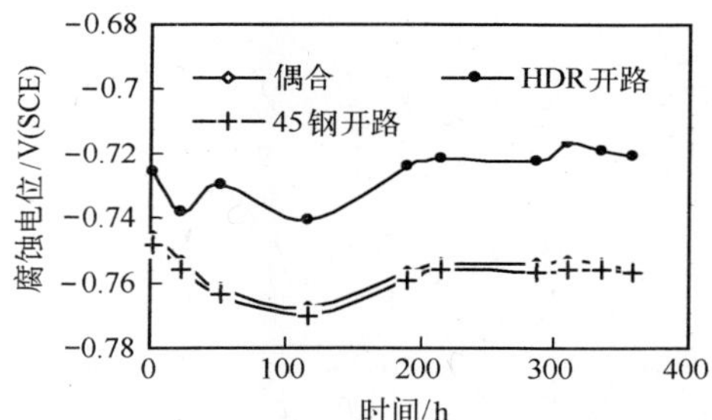

图3.36　HDR－45钢偶合在海水中的偶合电位及开路电位，面积比1/19.2

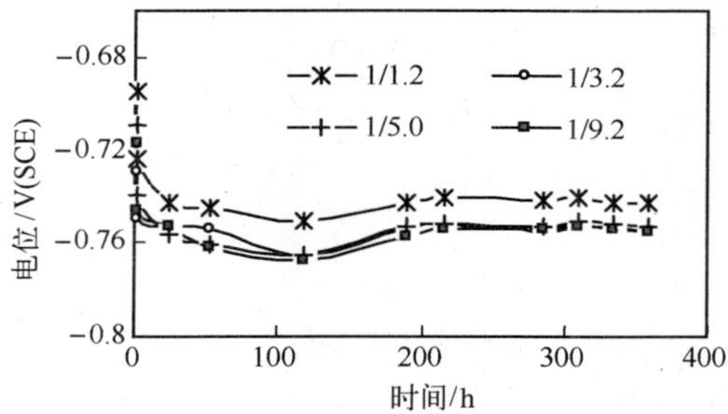

图3.37　HDR－45钢在海水中不同面积比的偶合电位—时间曲线

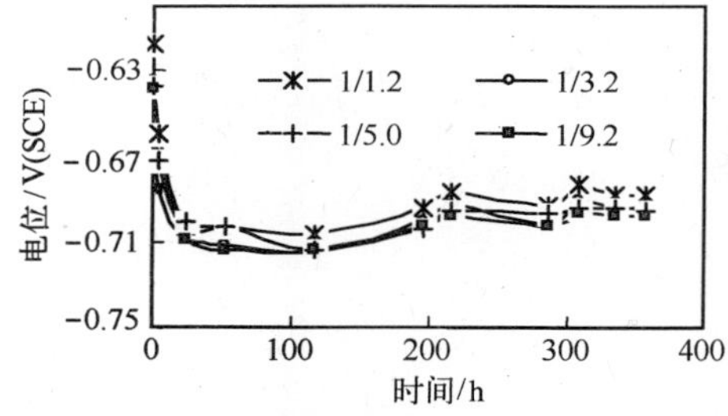

图3.38　HDR－921B在海水中不同面积比的偶合电位—时间曲线

HDR与钢在海水中的电偶电流密度、偶合电位随面积比的变化的说明，请看前述关于TA5－钢偶合的相关讨论。不同的是HDR的氧还原超电压比TA5小，HDR－钢偶合的电流密度比TA5－钢偶合要大，这在后面还要讨论。

HDR与921B的电偶电流密度比HDR与45钢的电偶电流密度小。

表3.11的结果显示，由阳极电流密度计算的平均电偶腐蚀率和由失重计算的平均电偶腐蚀率相差不大。

表3.11 HDR－钢在海水中的电偶腐蚀率和腐蚀形貌

组元	面积比	由阳极电流密度计算的电偶腐蚀率/(mm/年)		由失重计算的平均电偶腐蚀率/(mm/年)	腐蚀形貌	
		1h	平均		HDR	钢
HDR－45钢	1:1.2	0.31	0.12	0.108	无腐蚀	全面不均匀腐蚀
	1:3.2	0.12	0.051	0.055		
	1:5.0	0.076	0.035	0.034		
	1:9.2	0.040	0.019	0.015		
HDR－921B	1:1.2	0.19	0.085	0.086	无腐蚀	全面不均匀腐蚀
	1:3.2	0.083	0.037	0.057		
	1:5.0	0.056	0.021	0.032		
	1:9.2	0.032	0.012	0.012		

HDR以不同的面积比与45钢、921B分别偶合，在海水中浸泡360h，HDR没有腐蚀迹象，2种钢的形貌呈全面不均匀腐蚀。

3. 铜合金－20钢

在海水中铜合金与20钢偶合，铜合金是电偶的阴极，钢是阳极。HSi_{80-3}－20钢、QAl_{9-2}－20钢以不同面积比偶合的腐蚀形貌如图3.39所示，腐蚀结果见表3.12、表3.13及图3.40～图3.47。HSi_{80-3}－20钢、QAl_{9-2}－20钢的电偶电

(a) 面积比1:3

(b) 面积比1:5

图3.39 铝青铜与20钢不同面积比电偶腐蚀形貌(右侧为参比样)

流密度、偶合电位随时间的变化、随阳极/阴极面积比的变化规律与 TA5 - 钢、HDR - 钢相同。它们的电偶腐蚀行为与 TA5 - 钢、HDR - 钢相似，因此不再赘述。

表 3.12 铜合金 -20 钢在海水中的电偶腐蚀数据

组元	面积比	阳极电流密度/($\mu A/cm^2$)			阴极电流密度/($\mu A/cm^2$)		
		1h	24h	48h 后平均值	24h 后平均值	48 ~ 100h	300 ~ 360h
HSi_{80-3} -20 钢①	1:1.3	20.2	11.8	10.6	13.8	13.3	13.4
	1:3.2	7.9	4.8	4.5	14.4	15.5	13.5
	1:5.1	4.5	3.0	2.7	13.6	12.4	13.3
	1:9.2	3.2	2.2	1.8	16.4	16.6	163
QAl_{9-2} -20 钢①	1:1.3	15.4	10.3	11.0	14.4	14.4	13.4
	1:3.2	6.7	4.6	4.3	13.6	13.3	12.8
	1:5.1	4.4	2.8	2.7	14.1	13.6	13.7
	1:9.2	2.6	1.63	1.7	16.0	15.2	14.7

① HSi_{80-3}、QAl9 -2 的表面积为 12.5cm^2

表 3.13 铜合金 - 钢在海水中的电偶腐蚀率和腐蚀形貌

组元	面积比	由阳极电流密度计算的电偶腐蚀率/(mm/年)		由失重计算的平均电偶腐蚀率/(mm/年)	腐蚀形貌	
		1h	平均		铜合金	钢
HSi_{80-3} -20 钢	1:1.3	0.24	0.13	0.12	无腐蚀	全面不均匀腐蚀
	1:3.2	0.092	0.053	0.045		
	1:5.1	0.053	0.032	0.037		
	1:9.2	0.037	0.021	0.021		
QAl_{9-2} -20 钢	1:1.3	0.18	0.13	0.15	无腐蚀	全面不均匀腐蚀
	1:3.2	0.078	0.050	0.056		
	1:5.1	0.051	0.032	0.044		
	1:9.2	0.030	0.020	0.022		

比较 TA5、HDR 及 HSi_{80-3}、QAl_{9-2}与 45 或 20 钢在海水中偶合的电偶腐蚀数据，可以看出，以相同的阴极/阳极面积比偶合，HSi_{80-3}、QAl_{9-2}与 20 钢的电偶电流密度大于 HDR、TA5 与 45 钢的电流密度，HDR -45 钢的电偶电流密度大于 TA5 -45 钢的电流密度，如图 3.48、图 3.49 所示。就是说，在静止海水中，与钢以相同的面积比偶合，HSi_{80-3}或 QAl_{9-2}引起的电偶腐蚀比 HDR 重；HDR 引起的

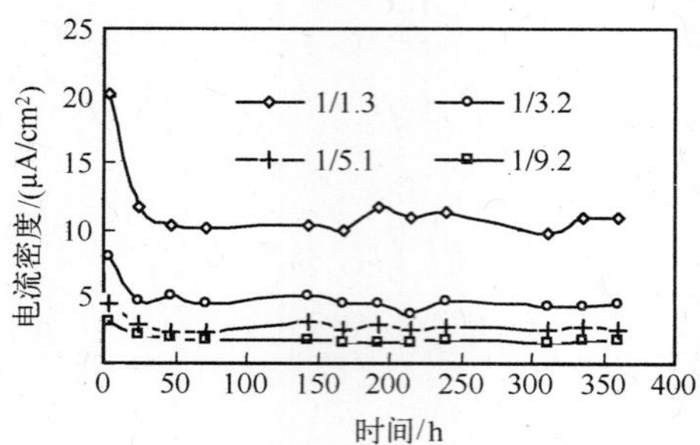

图 3.40 HSi_{80-3} -20 钢不同面积比偶合的阳极电流密度随时间的变化

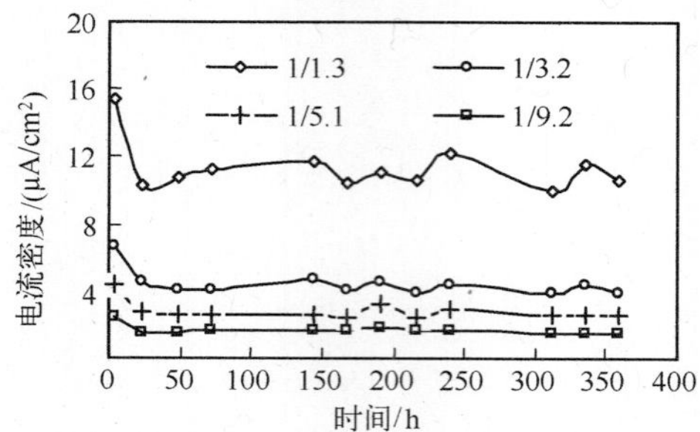

图 3.41 QAl_{9-2} -20 钢不同面积比偶合的阳极电流密度随时间的变化

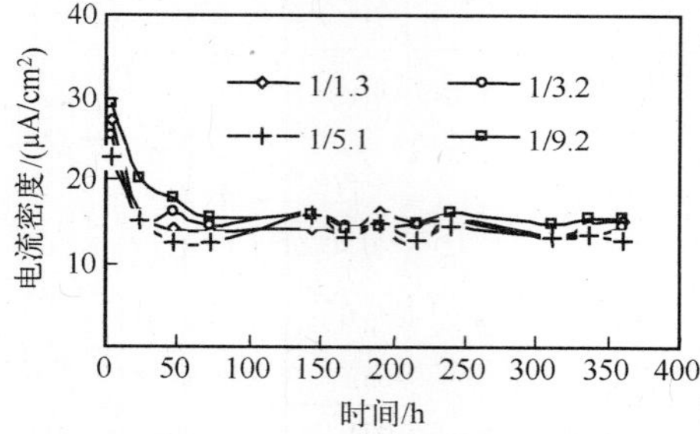

图 3.42 HSi_{80-3} -20 钢在海水中不同面积比偶合阴极电流密度—时间曲线

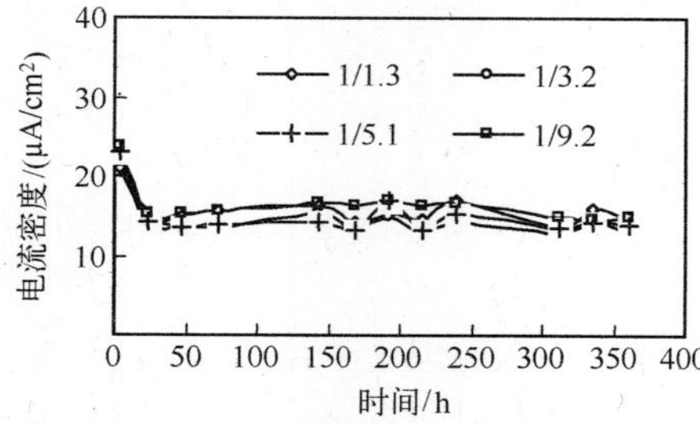

图 3.43 QAl_{9-2} -20 钢在海水中不同面积比偶合阴极电流密度—时间曲线

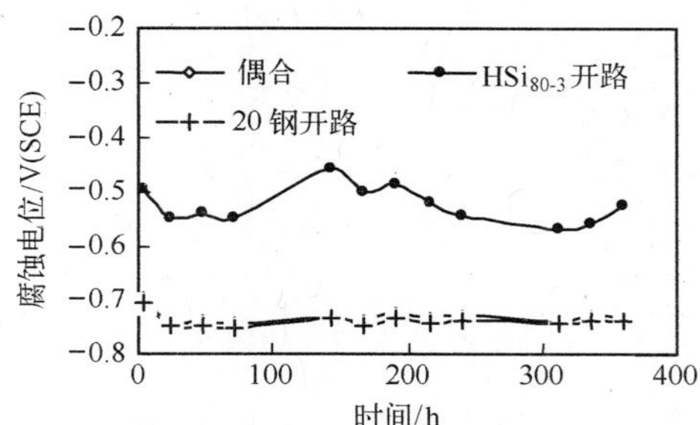

图 3.44　HSi_{80-3} -20 钢在海水中的偶合电位及开路电位,面积比 1/1.3

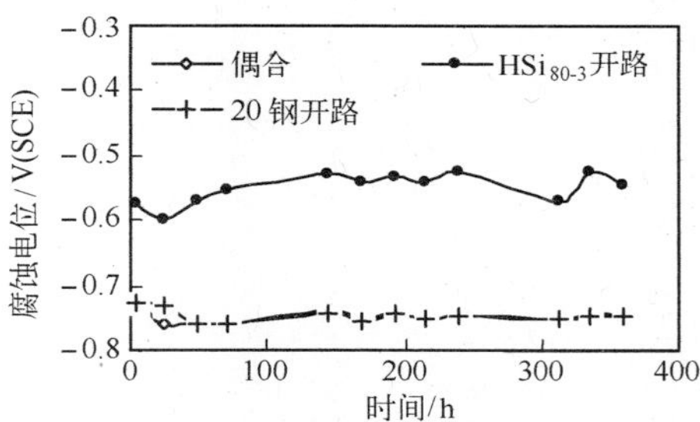

图 3.45　HSi_{80-3} -20 钢在海水中的偶合电位及开路电位,面积比 1/9.2

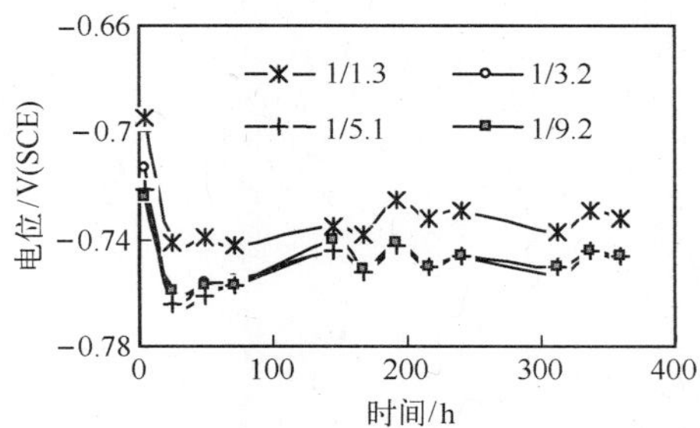

图 3.46　HSi_{80-3} -20 钢在海水中不同面积比的偶合电位—时间曲线

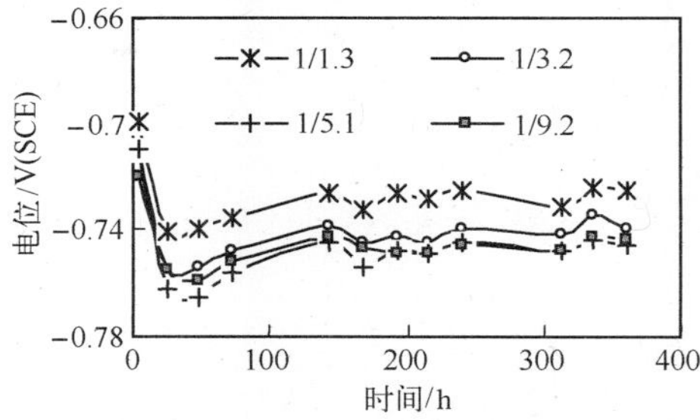

图 3.47　QAl_{9-2} -20 钢在海水中不同面积比的偶合电位—时间曲线

电偶腐蚀比 TA5 重。HSi_{80-3}、QAl_{9-2}与 20 钢以 1∶1.3 的阴极/阳极面积比偶合试验 48h 后，平均阳极电流密度为 10.6$\mu A/cm^2$ 和 11$\mu A/cm^2$，在相同条件下 HDR－45 钢、TA5－45 钢的平均阳极电流密度分别为 10.2$\mu A/cm^2$ 和 6.3$\mu A/cm^2$。以相同的阴极/阳极面积比偶合，HSi_{80-3}、QAl_{9-2}与 20 钢的偶合电位比 HDR、TA5 与 45 钢的正，如图 3.50 所示。这与它们在海水中的极化特性密切相关。以下借助 TA5、HDR 和 HSi_{80-3}的阴极极化和钢的阳极极化示意图(图 3.51)来说明。

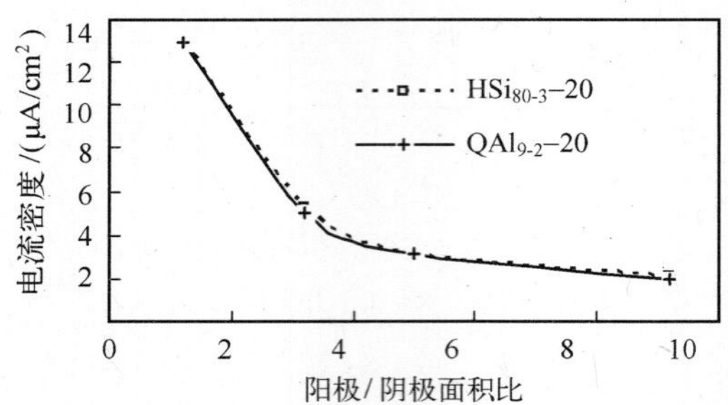

图 3.48　铜－钢偶合在海水中 48h 后平均电偶电流密度随阳极/阴极面积比的变化

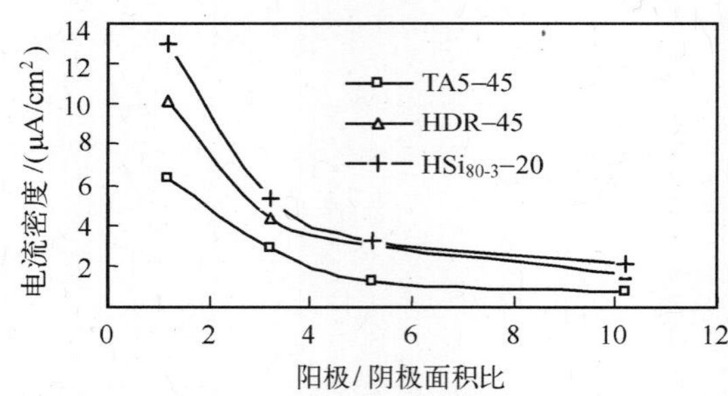

图 3.49　不同材料－钢在海水中 48h 后平均电偶电流密度随阳极/阴极面积比变化

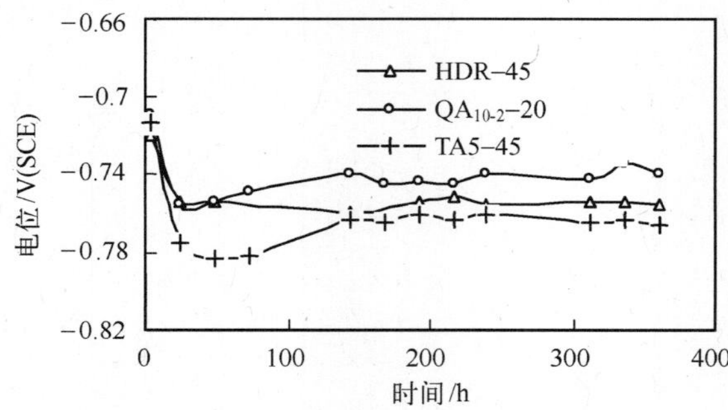

图 3.50　不同材料与钢在海水中的偶合电位—时间曲线，面积比 1/3.2

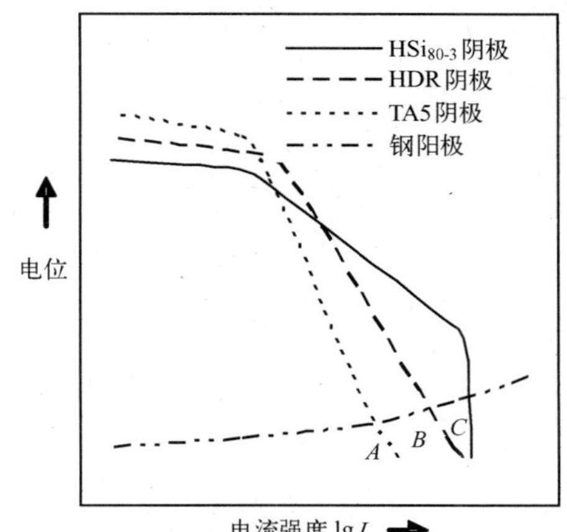

图3.51 铜、不锈钢和钛与钢偶合的极化示意图

在海水中,钢的腐蚀电位较负,阳极极化阻力小。TA5、HDR和HSi_{80-3}都有较正的电位。钛具有较高的氧还原超电压。不锈钢的氧还原超电压比钛低。铜在海水中的阴极极化曲线分为氧还原活化控制段和氧扩散控制段。在钢的腐蚀电位附近,HSi_{80-3}的氧扩散极限电流比同电位下TA5、HDR的极化电流大,如图3.51所示。TA5、HDR和HSi_{80-3}的阴极极化曲线表示了相同表面积的电位—电流强度曲线。一定面积的钢分别与TA5、HDR和HSi_{80-3}偶合后,TA5、HDR和HSi_{80-3}从自腐蚀电位向负极化,钢从自腐蚀电位向正极化,钢的极化曲线与分别与TA5、HDR和HSi_{80-3}的阴极极化曲线相交,交点A、B和C对应的电位、电流强度值,分别是TA5-钢、HDR-钢和HSi_{80-3}-钢的偶合电位和电偶电流强度。显然,电偶电流的大小顺序为HSi_{80-3}-钢、HDR-钢和TA5-钢,偶合电位正负顺序为HSi_{80-3}-钢、HDR-钢和TA5-钢。

4. TA5-TUP

在海水中TA5与TUP偶合,TA5是电偶的阴极,TUP是阳极。图3.52是TA5与TUP以不同面积比偶合时的阳极电偶电流密度—时间曲线。开始浸泡时电流密度随时间上升,在48~72h,达到最大值,之后,电流密度呈下降趋势。其部分时间或时间段的阳极电偶电流密度值见表3.14。TA5与TUP以1∶1.1偶合,浸泡1h的阳极电偶电流密度为0.11μA/cm²,72h的电偶电流密度为0.25μA/cm²,48h后的平均电偶电流密度为0.21μA/cm²。

表3.14 TA5-TUP在海水中的电偶腐蚀数据

TA5/TUP 面积比[①]	阳极电流密度/(μA/cm²)			阴极电流密度/(μA/cm²)		
	1h	48h	48h后平均值	48h后平均值	48~100h	240~300h
1∶1.1	0.11	0.20	0.21	0.23	0.27	0.21

（续）

TA5/TUP 面积比①	阳极电流密度/($\mu A/cm^2$)			阴极电流密度/($\mu A/cm^2$)		
	1h	48h	48h 后平均值	48h 后平均值	48 ~ 100h	240 ~ 300h
1:3.1	0.041	0.082	0.085	0.26	0.30	0.22
1:5.0	0.022	0.053	0.048	0.24	0.27	0.21
1:9.5	0.015	0.030	0.027	0.25	0.31	0.22
① TA5 的表面积为 $10.8cm^2$						

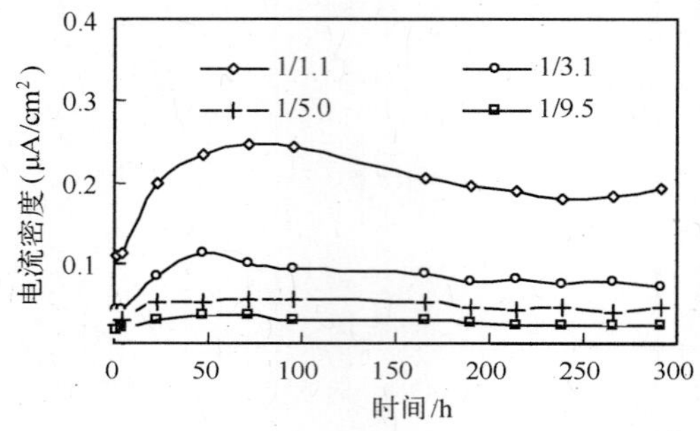

图 3.52 TA5－TUP 在海水中不同面积比偶合的阳极电流密度随时间的变化

TA5－TUP 偶对的阳极电流密度随着阳极/阴极面积比的增大而减小。TA5 与 TUP 以 1:9.5 偶合,48h 后的平均电偶电流密度为 $0.027\mu A/cm^2$。

TA5－TUP 偶对的阴极电流密度随时间的变化趋势与它们的阳极电流密度的变化情形相同,如图 3.53 所示。TA5－TUP 偶对的阴极电流密度随着阳极/阴极面积比的增大变化不大,表明电偶腐蚀速度由 TA5 的阴极氧还原反应速度控制。

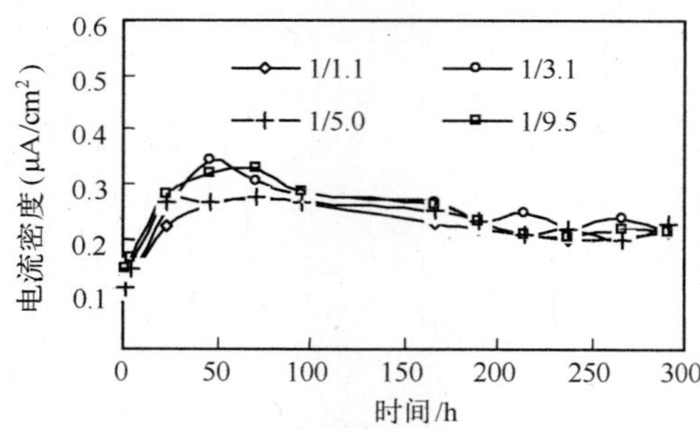

图 3.53 TA5－TUP 不同面积比的阴极偶合电流密度随时间的变化

图 3.54 是浸泡 48h 后的平均阳极电流密度与阳极/阴极面积比的关系曲线。由曲线看出,TA5－TUP 偶对的阳极电流密度与阳极/阴极面积比近似反比

关系,即阳极电流密度与阴极/阳极面积比近似线性关系,如图 3. 55 所示。

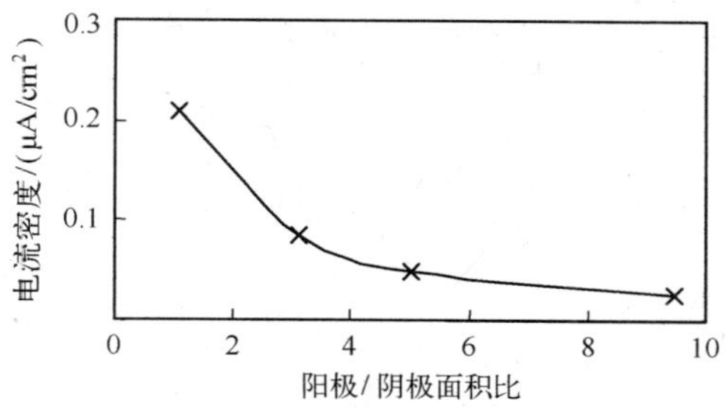

图 3. 54　TA5 - TUP 偶合在海水中 48h 后平均电偶电流密度随阳极/阴极面积比的变化(一)

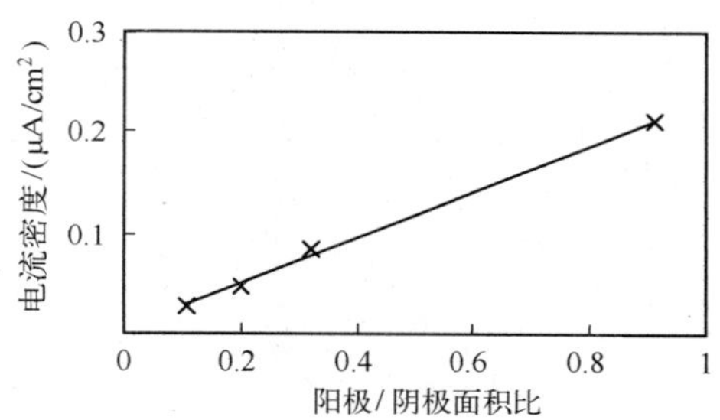

图 3. 55　TA5 - TUP 偶合在海水中 48h 后平均电偶电流密度随阴极/阳极面积比的变化(二)

在海水中,TA5 - TUP 开始浸泡时的偶合电位有小的负移,24 ~ 160h 偶合电位基本稳定,之后,电位有较大的上升,如图 3. 56、图 3. 57 所示。由图 3. 58 可以看出,160h 后偶合电位的上升主要是由 TA5 的自腐蚀电位正移引起的。图 3. 58 还显示,浸泡开始后,TA5 与 TUP 的自腐蚀电位差增大,因此使电偶电流密度增大。随时间的延长,两者的自腐蚀电位差进一步增大,而电偶电流密度没有增大,反而减小,这是由于随着腐蚀的进行,TUP 表面形成了致密的有保护性的腐蚀产物膜,对电偶腐蚀产生了阻碍作用。

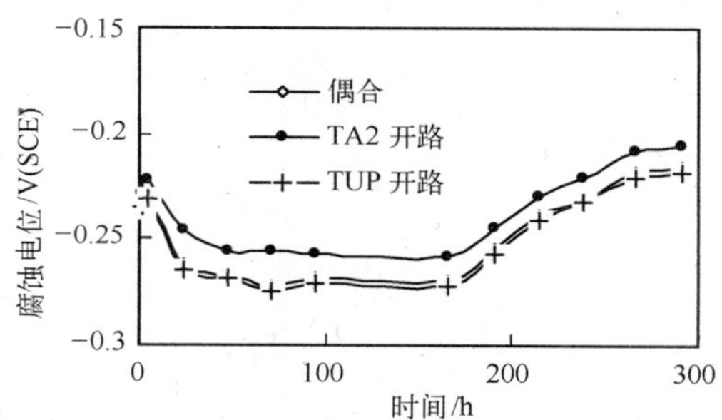

图 3. 56　TA5 - TUP 偶合在海水中的偶合电位及开路电位,面积比 1/1. 1

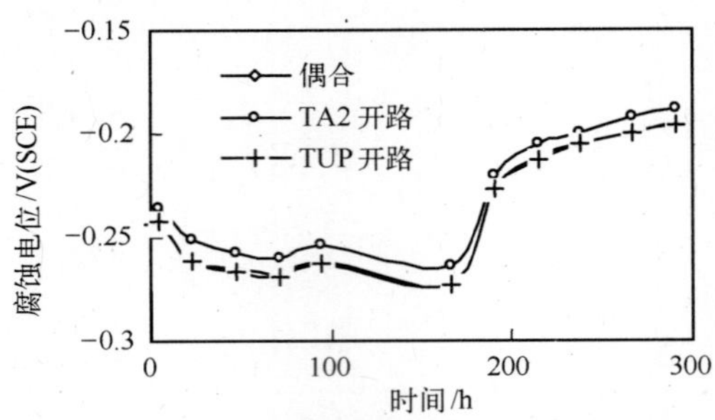

图 3.57　TA5 - TUP 偶合在海水中的偶合电位及开路电位,面积比 1/9.5

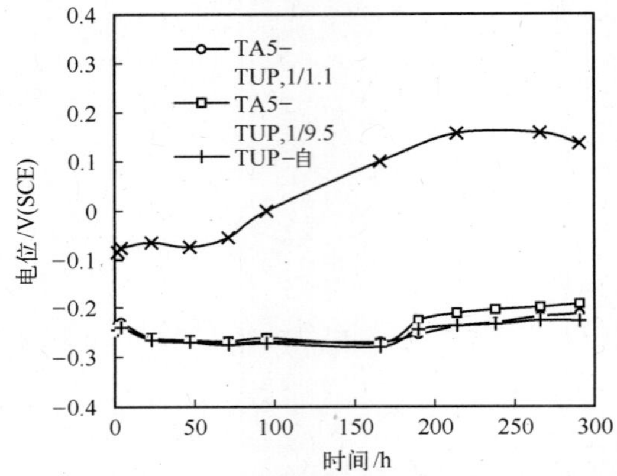

图 3.58　TA5 - TUP 在海水中不同面积比的偶合电位和自腐蚀电位

TA5 与 TUP 偶合在海水中浸泡 360h,TA5 无腐蚀,TUP 发生均匀腐蚀,其平均电偶腐蚀率很低,比 TA5 与钢偶合轻得多,如表 3.15 所列。TA5 与 TUP 以 1:1.1 偶合,试验期间的平均电偶腐蚀率(由测量的电流密度计算)为 0.0049mm/年。在面积比为 1:9.5 时,平均电偶腐蚀率为 0.00063mm/年。结果显示,由失重计算的平均电偶腐蚀率比用电流密度计算的高。这可能是由于腐蚀失重较小,经酸洗,去除环氧树脂、焊锡,称重,再与参比样的失重比较计算带来了较大的误差。

表 3.15　在海水中电偶腐蚀率和腐蚀形貌

TA5/TUP 面积比	由测量的电流密度计算的电偶腐蚀率①/(mm/年)		由失重计算的平均电偶腐蚀率/(mm/年)	腐蚀形貌	
	1h	平均		TA5	TUP
1:1.1	0.0013	0.0049	0.0058	无腐蚀	均匀腐蚀
1:3.1	0.00048	0.0020	0.0033		
1:5.0	0.00026	0.0011	0.0025		
1:9.5	0.00018	0.00063	0.0012		

① 阳极电流按 Cu^{+} 溶解计算

3.3.6　电绝缘效果

聚四氟乙烯和石棉非夹膜四氟电绝缘效果测量结果如图3.59、图3.60所示。

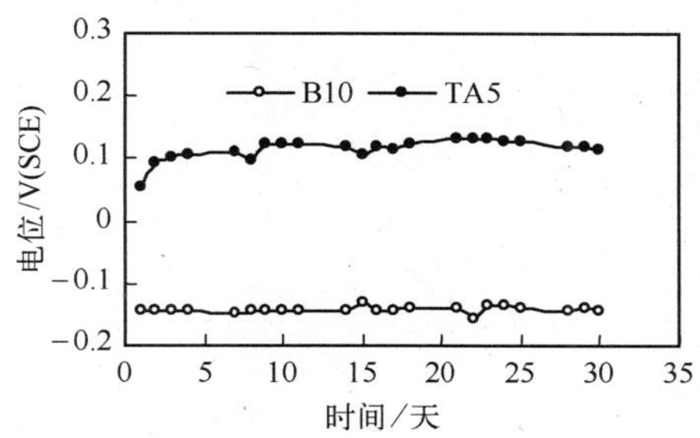

图3.59　在海水中加聚四氟乙烯片的B10、TA5的腐蚀电位变化

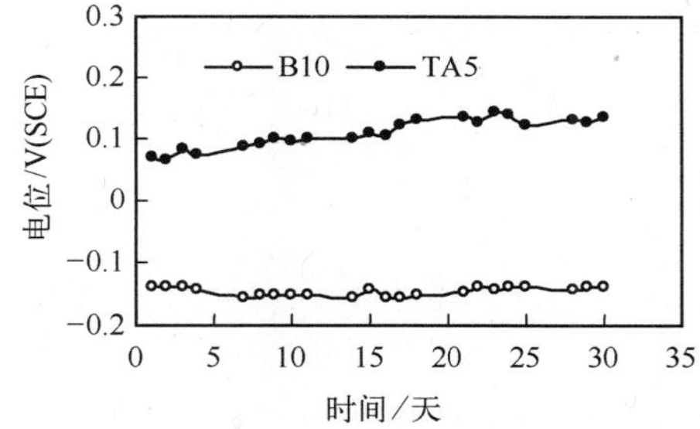

图3.60　在海水中加石棉非夹膜四氟片的B10、TA5的腐蚀电位变化

在海水中，B10、TA5间加聚四氟乙烯、石棉非夹膜四氟片后，测得的B10、TA5的腐蚀电位变化趋势与不加绝缘片（图3.61）、分开浸泡的相同，电位值基

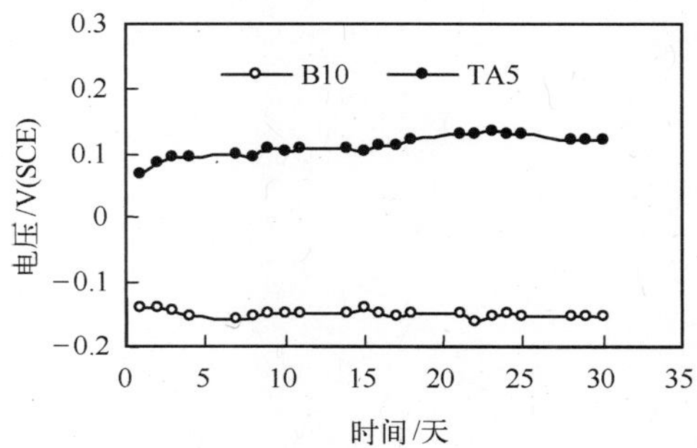

图3.61　在海水中不加绝缘片、分开的B10、TA5的腐蚀电位

本相等。没有极化(电接触)迹象,在 3 种条件下 B10、TA5 的电位差都接近,在 0. 19 ~0. 28V 之间,如图 3. 62 所示。从腐蚀率结果看,加绝缘片试样与对比样的 B10 试样的腐蚀程度基本相同,TA5 均无腐蚀。

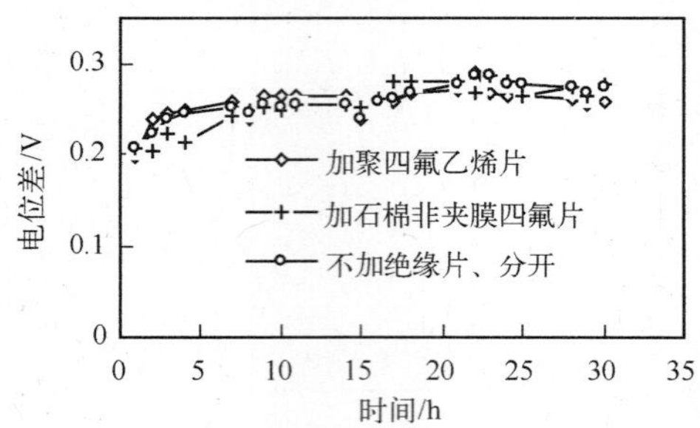

图 3. 62　在海水中各组装条件下 TA5 与 B10 的电位差

结果表明,试验期间,聚四氟乙烯和石棉非夹膜四氟片在海水中的绝缘效果好,能有效防止 B10 与 TA5 间的电偶腐蚀。

3. 4　主要结论

3. 4. 1　系列金属材料在静止海水中的腐蚀性能

在静止海水中浸泡 180 天,8 种钢(20、45、907A、921B、945、980、ZG25、ZG607)有相同的腐蚀行为,呈全面不均匀腐蚀,腐蚀率随暴露时间延长而下降。907A、921B、945、980 的耐蚀性好于 20、45 钢,ZG607Cr 好于 ZG25。Mo 对提高钢耐海水腐蚀性有显著效果;Ni 对提高钢在海水中的耐蚀性也有效,但其效果不如 Cr。1Cr18Ni9Ti、316L 容易发生点蚀、缝隙腐蚀。1Cr18Ni9Ti 的点蚀和缝隙腐蚀比 316L 严重。缝隙腐蚀比点蚀更容易发生。HDR 在海水中有良好的耐点蚀和缝隙腐蚀性能。

18 种金属材料在静止海水中的稳定电位序自负至正顺序为:20 钢,ZG25 钢,45 钢,907A 钢,945 钢,ZG607 钢,921A 钢,980 钢,TUP 铜,QAl9 -2 铜合金,QAl8Mn13Ni4Fe3 铜合金,HSi80 -3 铜合金,QSn5 -5 -5 铜合金,316L 不锈钢,B10 铜合金,1Cr18Ni9Ti 不锈钢,TA5 钛合金,HDR 双相不锈钢。

试验的 8 种钢浸入海水后,随着在空气中形成的氧化膜破坏,腐蚀电位向负移。随着表面锈层不断沉积、增厚,腐蚀电位向正方向变化。它们达到稳定腐蚀电位的时间较长,稳定电位波动较小。试验的 8 种钢的初始电位最大相差 70mV,稳定电位最大相差 77mV。921B、980 的腐蚀电位较正,20、45 钢的腐蚀电位较负。添加合金元素 Cr、Mo、Ni 能使钢的腐蚀电位正移。

在静止海水中浸泡，HSi80 - 3 和 QSn5 - 5 - 5、QAl8Mn13Ni4Fe3 发生均匀腐蚀，QAl 9 - 2 发生脱铝腐蚀。它们都有低的腐蚀率，其中，QAl 9 - 2 的腐蚀率较高，QAl8Mn13Ni4Fe3 的腐蚀率较低。HSi80 - 3、QSn5 - 5 - 5、QAl9 - 2、QAl8Mn13Ni4Fe3 和 B10 的腐蚀电位稳定时间较短，稳定电位波动较小。

TA5、HDR 在静止海水中的腐蚀电位随时间变化较大、电位稳定时间较长。1Cr18Ni9Ti、316L 在静止海水中的腐蚀电位的波动大，电位稳定时间也较长。

3.4.2　系列金属材料在海水周期浸润条件下的腐蚀性能

8 种钢在海水周浸条件下试验 30 天，腐蚀速率远大于在静止海水中的腐蚀速率。980 的初始腐蚀率低，腐蚀率随时间减小。它的耐蚀性最好。20、45、ZG25、907A 和 945 的初始腐蚀率较高，腐蚀率随时间减小。921B 和 ZG607 的初始腐蚀率较低，腐蚀率基本不随时间变化。

Ni 能提高钢在海水周浸条件下的耐蚀性，Ni 含量越高，钢在海水周浸条件下的耐蚀性越好。

在海水周浸条件下试验 30 天，TUP、HSi80 - 3、QSn5 - 5 - 5 和 QAl8Mn13Ni4Fe3 的腐蚀类型为均匀腐蚀，腐蚀率低。HSi80 - 3、QSn5 - 5 - 5 和 QAl8Mn13Ni4Fe3 的耐蚀性比 TUP 大幅度提高。

3.4.3　7 种偶对在静止海水中的电偶腐蚀行为

在静止海水中，TA5 - 45 钢、TA5 - 907A、TA5 - 921B、HDR - 45 钢、HDR - 921B、HSi_{80-3} - 20、QAl_{9-2} - 20 钢等 7 种偶对，以 1∶1 ~ 1∶10 的阴极/阳极面积比偶合，阳极电流密度随时间呈下降趋势。它们的阳极电流密度随阳极/阴极面积比增加而减小，与阳极/阴极面积比近似于反比关系。它们的电偶腐蚀速度由阴极极化控制。

在静止海水中，与钢以相同的面积比偶合，HSi_{80-3} 或 QAl_{9-2} 引起的电偶腐蚀比 HDR 重；HDR 引起的电偶腐蚀比 TA5 重。

在静止海水中，TA5 与 TUP 以 1∶1 ~ 1∶10 的面积比偶合，开始浸泡时电流密度随时间上升，在 48 ~ 72h，达到最大值，之后，电流密度呈下降趋势。TA5 - TUP 偶对的阳极电流密度与阳极/阴极面积比近似于反比关系。TA5 与 TUP 以 1∶1 ~ 1∶10 的面积比偶合，在海水中浸泡 360h，其平均电偶腐蚀率很低。

在海水中浸泡 30 天，聚四氟乙烯和石棉非夹膜四氟的绝缘效果好，能有效防止 B10 与 TA5 间的电偶腐蚀。

第 4 章　涂料在压力海水中的失效行为

4.1　概述

随着陆地和浅海能源矿产资源枯竭问题的日益加剧，世界各国新的资源开发战略放在了水深超过 300m 的深海中。我国《国家中长期科技发展规划纲要》把海洋与航天一起，列为超前部署的全国五大重点战略领域之一。海岸工程、深海采矿、水下工程以及深海空间站的建设和深海潜艇装备成为争夺资源开发优势和维护国防安全的基本保障。

深海工程领域需要大量的新型材料和防腐蚀涂层的保护。防腐蚀涂料的失效破坏往往成为深海技术和装备发展过程中的制约因素，直接导致深海装备在服役过程中安全性下降，甚至造成严重的人员伤亡和经济损失。潜艇受到静水压力的作用，加速了涂层的破坏过程。但是由于对涂层在海水静水压力下的失效机理的本质了解不透彻，无法寻求有效途径提高涂层的耐海洋交变环境的性能。

本章利用吸水率、附着力测试以及电化学阻抗谱研究了静水压力对环氧树脂涂层防腐蚀性能的影响规律。

潜艇等水下作业的设备会经历压力交变的工作环境，交变压力会影响水下作业设备表面防腐蚀涂层的保护效果，因而模拟海水交变压力环境研究防腐蚀涂层在交变压力作用下防护性能的变化规律就显得很有科学意义。

4.2　试验方法

4.2.1　试验样品制备

试片为 50mm × 24mm × 2mm 的 Q235 低碳钢，试片涂覆涂料前用 400#水砂纸打磨，经丙酮除油，乙醇除水后放入干燥箱中待用。

涂料为 Intershield 808 环氧防锈漆，涂料均由 A、B 两种组分按一定比例混合均匀熟化后，采用浸渍挂涂方法将涂料涂覆在试片上，分别在室温干燥 15h，在60℃干燥箱中固化24h。涂层厚度为(320 ±20)μm,测试面积为$23cm^2$。

吸水率测试的样品为涂层自由膜,固化条件与电化学阻抗谱测试涂层的相同。

附着力测试涂层试片在涂覆涂料前用150#水砂纸打磨,固化条件与电化学阻抗谱测试涂层的相同。

4.2.2　试验装置与环境

通过自行设计的试验装置模拟深海环境,采用高纯度氮气在模拟装置中加压,调节至所需的静水压力。深海环境模拟测试装置结构如图4.1所示。

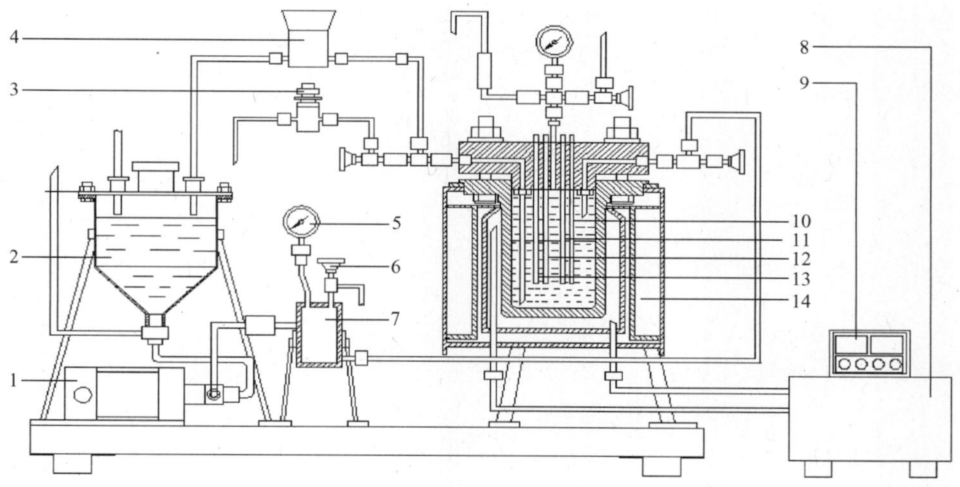

图4.1　深海环境模拟测试装置示意图

1—气液增压泵;2—加料缸;3—微调阀;4—背压调节器;5—压力表;6—阀;7—增压缓冲缸;8—低温恒温槽;9—温度控制器;10—热电阻;11—参比电极;12—辅助电极;13—工作电极;14— 反应釜。

压力变化条件为常压/3.5MPa或常压/6.3MPa压力交变,24h为一个循环周期,其中前12h为常压,后12h为高压(3.5MPa或6.3MPa),共进行10个循环。

每一个循环过程中先在常压下浸泡12h,然后采用液体增压泵将测试溶液加压至所需静水压力,并保持12h,为一次循环。然后泄压至常压,继续浸泡12h,然后加压至所需静水压力,并保持12h,为下一个循环。

4.2.3　电化学阻抗谱测量

EIS测量采用经典的三电极体系,对电极为铂电极(20mm×20mm),参比电极为固态参比电极($E=0.1967$V(SHE))。测试频率范围为$10^5\sim10^{-2}$Hz,正弦波扰动信号的振幅为100mV、50mV和20mV,由于涂层较厚,在浸泡初期涂层的阻抗很大,为了提高测量的信噪比,避免腐蚀电位漂移带来的误差,刚开始浸泡到48h之间采用100mV的振幅,之后随着涂层电阻的减小而逐渐减小振幅到20mV。腐蚀介质为3.5% NaCl溶液,静水压力选择常压和3.5MPa。EIS实验数据用ZSimpWin软件拟合。EIS测量在Zaner电化学工作站上进行。

4.2.4 吸水率测试

为了研究静水压力对涂层吸水性能的影响,在静水压力条件下对涂层进行浸泡试验,浸泡试验开始前及每次循环结束后,取出涂层自由膜,利用电子天平称重,并记录试验数据,根据式4.1计算吸水率。采用5个试样进行平行试验,以确保试验数据的准确性。

$$\text{吸水率(质量分数)}=\frac{W_t-W_0}{W_0}\times100 \tag{4.1}$$

式中:W_0,W_t分别为涂层自由膜原重与浸泡t小时后的重量。

4.2.5 附着力测试

附着力测试试片在涂覆涂料前用150#水砂纸打磨,然后经丙酮除油,乙醇除水后放入干燥箱中待用。采用涂刷方法将涂料涂覆在试片上,分别在室温干燥15h后,在60℃干燥箱中固化24h。

使用PosiTest附着力检测仪测定不同循环周期下试片上涂层的附着力。为了提高数据的可靠性,对3个平行试样进行测试,结果取平均值。

4.2.6 DSC与TG测试

DSC分析采用TA Q200差示扫描量热仪,氮气气氛,升温速率:20℃/min,温度范围:50~280℃。

TG分析采用TA Q50热重分析仪,氮气气氛,升温速率:20℃/min,温度范围:25~800℃。

4.3 静水压力条件下环氧树脂涂层失效机理

4.3.1 静水压力对涂层吸水率的影响

图4.2所示为环氧防锈漆涂层在常压条件下的吸水率与浸泡时间关系曲

线。涂层的吸水率变化特征可分为明显的两个阶段。在第一阶段(0 ~ 84h),涂层吸水率急剧增大,84h 时涂层吸水率达到最大,约为 0.727%;在第二阶段(84 ~ 480h),吸水率随着浸泡时间延长而逐渐降低。这可能是因为环氧防锈涂层在浸泡后期发生了小分子有机物的分解或溶剂的挥发,而涂层的吸水量在此阶段已趋向于动态平衡,因此反映在吸水率上是随浸泡时间延长涂层吸水率逐渐降低的变化趋势。浸泡时间继续延长,涂层内小分子有机物的不断分解及有机溶剂的持续挥发,使得涂层重量不断降低,416h 后,由图可以看出,涂层失水率逐渐变为负值,这是由于涂层的分解量大于涂层的吸水量所致。

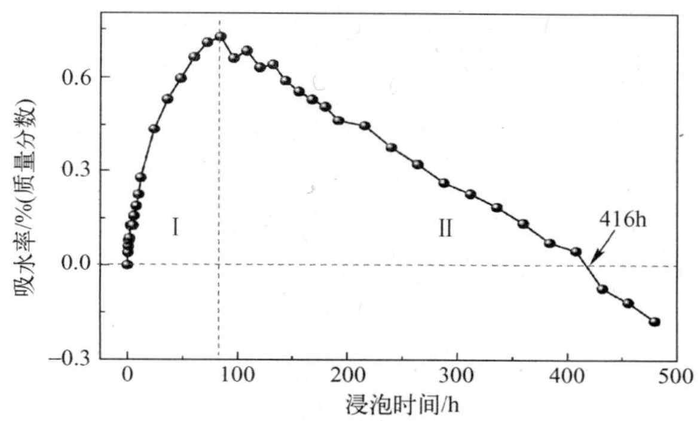

图 4.2　环氧防锈漆在常压 3.5% NaCl 中吸水率的变化

图 4.3 所示为环氧防锈漆涂层在 3.5MPa 静水压力条件下吸水率与浸泡时间关系曲线。可见,整个浸泡时间内,涂层吸水率都随时间延长而逐渐增大,浸泡前 12h 内,涂层吸水率迅速增大,这是因为浸泡初期涂层内外具有较

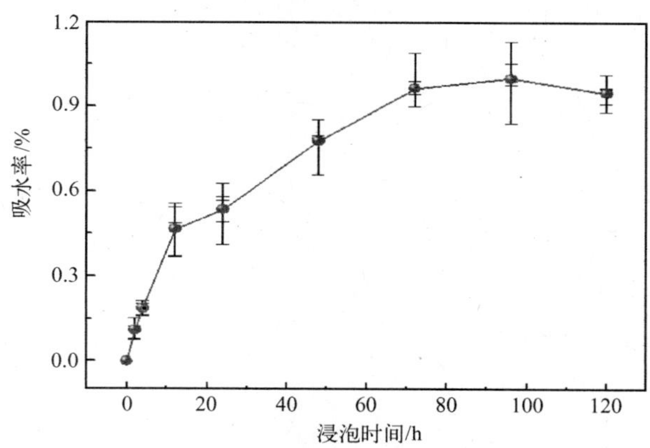

图 4.3　环氧防锈漆在 3.5MPa 压力 3.5% NaCl 中吸水率与浸泡时间关系曲线

大的压力差,使得水等腐蚀介质能以较快的速度深入到涂层内部,导致涂层吸水率增大速度较快。浸泡时间延长,涂层内外压力差减小,因此水等腐蚀介质渗入到涂层内的速率降低,涂层的吸水率增大速度也就相应地减小。在整个浸泡时间内涂层都表现为 Fick 扩散阶段,而未达到扩散平衡阶段,同样与浸泡时间较短有关。

4.3.2 静水压力对涂层附着力的影响

图 4.4 为 3.5MPa 静水压力条件下涂层附着力测试结果。可见,静水压力条件下,涂层附着力都随浸泡时间延长而逐渐降低。经过 120h 浸泡后,静水压力条件下涂层附着力降低了约 0.20MPa。上述结果表明,静水压力条件下,涂层与金属基体间的附着力随着浸泡时间延长而逐渐降低。

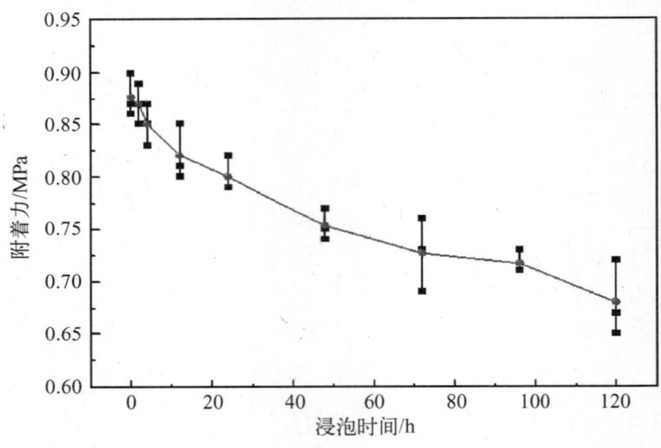

图 4.4 环氧防锈漆在 3.5MPa 的 3.5% NaCl 中附着力变化

4.3.3 常压下涂料的电化学阻抗谱分析

图 4.5 为环氧防锈涂层在常压下不同浸泡时间的奈奎斯特图。刚浸泡时,涂层表现为有一个时间常数,其等效电路如图 4.6(a)所示。随着浸泡时间的延长,容抗弧的半径逐渐减小,说明随着电解质溶液向涂层中的不断渗透,涂层电阻逐渐减小。浸泡到 48h 后电解质溶液渗透到达涂层/金属界面,界面处电化学反应开始发生,等效电路示于图 4.6(b)。

4.3.4 3.5MPa 压力下的电化学阻抗谱分析

图 4.7 为涂层在 3.5MPa 下不同浸泡时间的奈奎斯特图。与常压下浸泡不

同,浸泡仅 6h 就出现两个时间常数,且随着浸泡时间的延长,容抗弧的半径逐渐减小,表明涂层的防护性能逐渐变差,等效电路如图 4.8 所示。

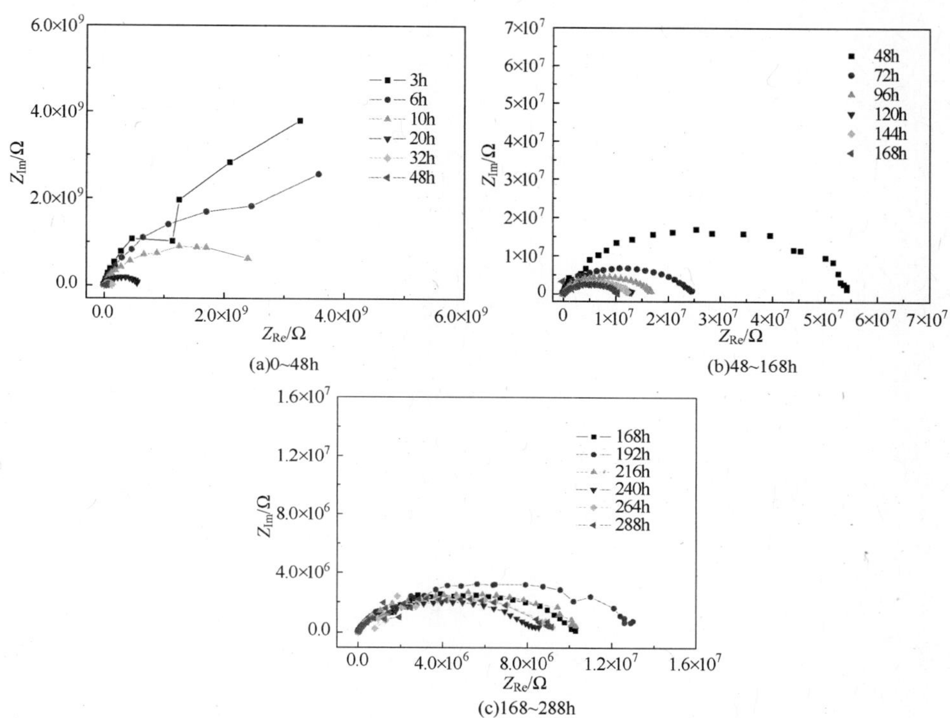

图 4.5　常压下涂层在 3.5% NaCl 中不同时间段的奈奎斯特图

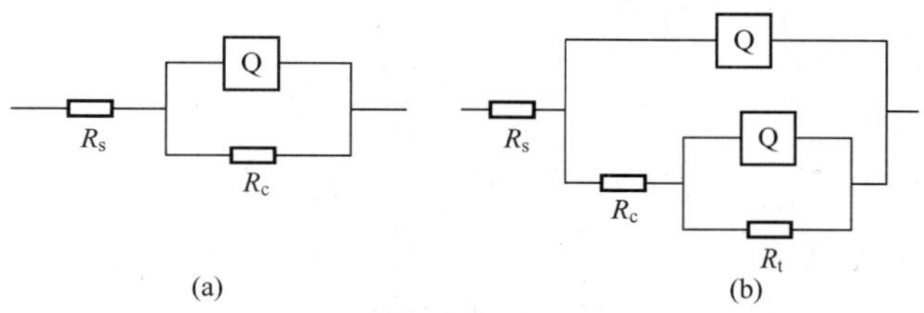

图 4.6　环氧防锈涂层常压下的等效电路

4.3.5　静水压力对涂层性能的影响规律

1. 静水压力对涂层电容的影响

图 4.9 所示为涂层电容 C_c 随浸泡时间的变化图。从图中可以看出,随着浸泡时间的延长,涂层电容均逐渐增大,常压下 C_c 值在浸泡起始阶段迅速增大,以

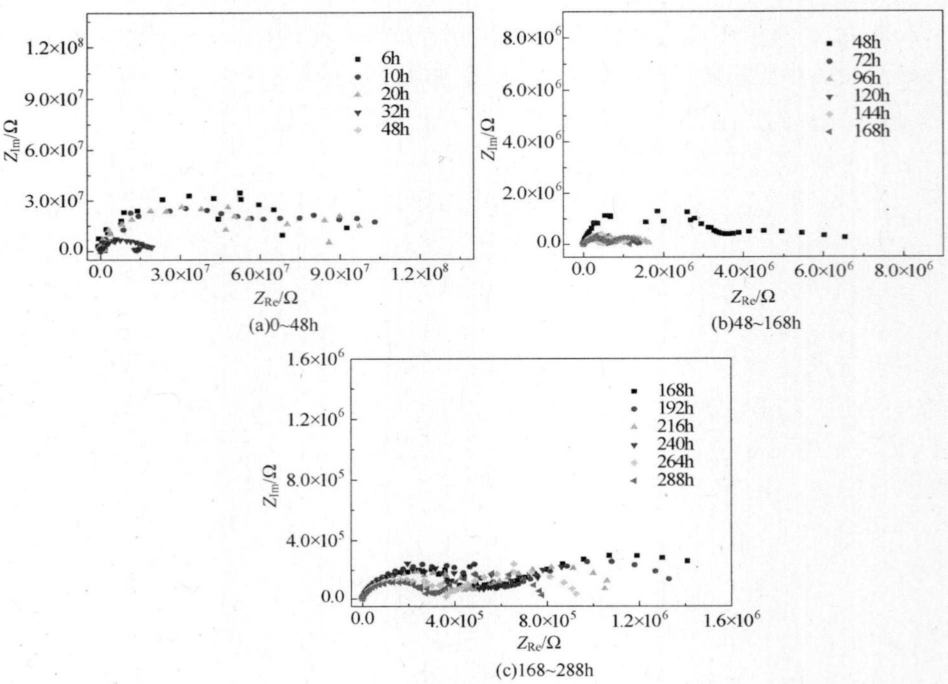

图 4.7 3.5MPa 条件下涂层在 3.5% NaCl 中不同时间段的奈奎斯特图

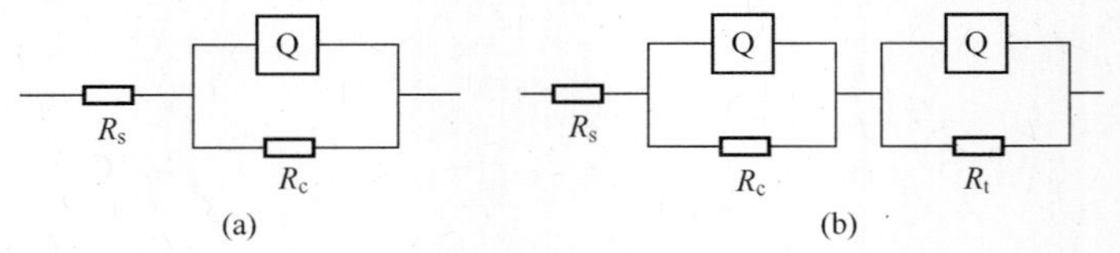

图 4.8 环氧防锈涂层 3.5MPa 下的等效电路

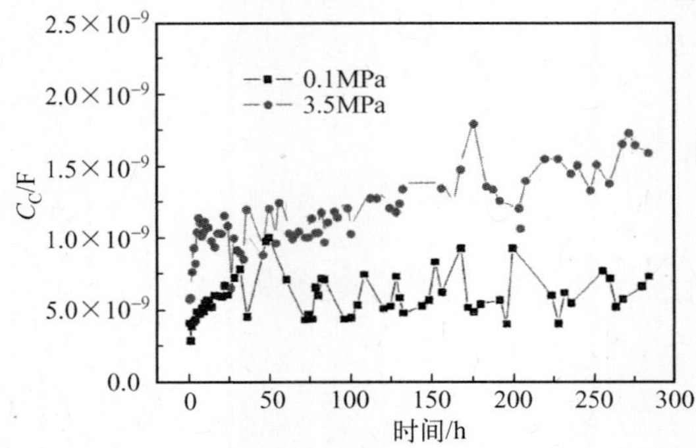

图 4.9 涂层电容随浸泡时间的变化图

后在 5×10^{-10}F 附近波动，而 3.5MPa 压力下 C_c 呈逐渐增大的趋势，而且在整个浸泡时间内均比常压下的涂层电容值高，说明 3.5MPa 的静水压力加快了涂层的吸水过程，使涂层吸水率增大。

2. 静水压力对涂层电阻的影响

不同静水压力下涂层电阻 R_c 随浸泡时间的变化如图 4.10 所示，常压下和 3.5MPa 下浸泡初期，由于电解质溶液通过涂层内的微孔或缺陷向涂层内渗透，R_c 逐渐减小，但常压下涂层电阻 R_c 均大于 3.5MPa 下的 R_c 值，说明常压下涂层对金属基体的保护作用要优于在 3.5MPa 下的保护作用。58h 之后，常压下的涂层电阻 R_c 迅速减小 2 个数量级，以后又有小幅增大，但与 3.5MPa 下的浸泡相同时间的涂层电阻值相差不多。这说明无论是常压还是 3.5MPa 的静水压力下，此时电解质已经渗透至涂层/金属界面，涂层下金属发生腐蚀，涂层的防护性能明显变差。

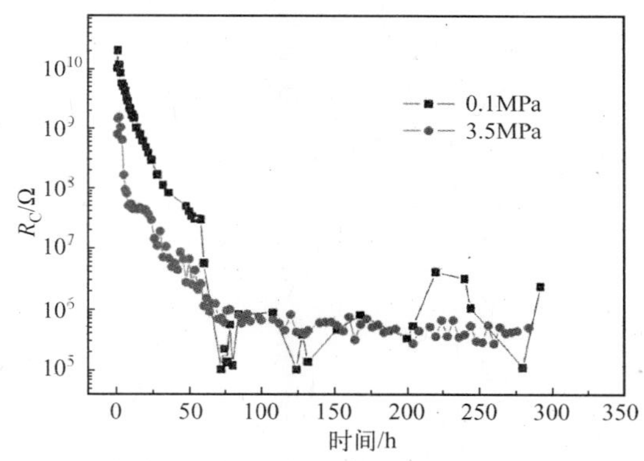

图 4.10　涂层电阻随浸泡时间的变化图

3. 静水压力对双电层电容 C_{dl} 和电荷转移电阻 R_t 的影响

图 4.11、图 4.12 所示为涂层/金属界面电化学反应双电层电容 C_{dl} 和电荷转移电阻 R_t 随时间的变化图。从图中可以看出，在常压下浸泡至 48h，电解质溶液渗透到达金属基体，开始出现金属基体/溶液电化学反应界面，以后 C_{dl} 值逐渐增大，R_t 值逐渐减小，但二者变化均缓慢。而在 3.5MPa 下浸泡至 6h 就出现了第二个时间常数，表明电解质溶液渗透到达金属基体，在 62h 时，C_{dl} 迅速增大了两个数量级，而 R_t 迅速减小，这说明随着涂层吸水量的不断增多，通过涂层微孔或缺陷扩散至涂层/金属界面的水和氧气的量不断增加，导致涂层剥离面积迅速增大，使金属腐蚀反应速率增大。之后，C_{dl} 值和 R_t 值的变化均缓慢。但在整个浸泡阶段 3.5MPa 静水压力下体系的双电层电容 C_{dl} 要大于常压下的

值，而电荷转移电阻 R_t 值要小于常压下的值，这说明在静水压力下涂层/金属界面的电化学反应界面形成得更快，电化学反应发生得更早，涂层下金属更易发生腐蚀。

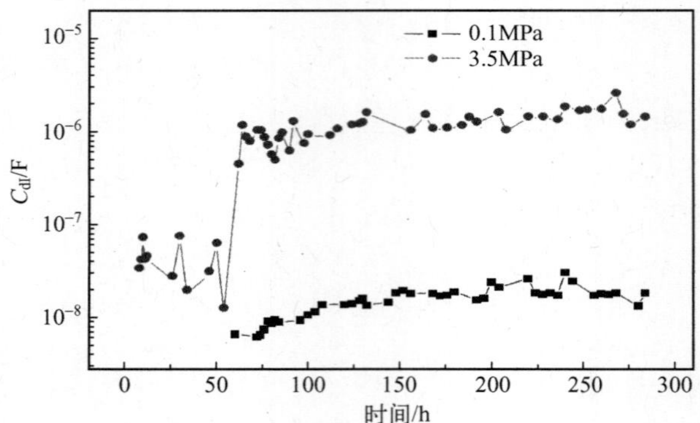

图 4.11　电容 C_{dl} 随浸泡时间的变化图

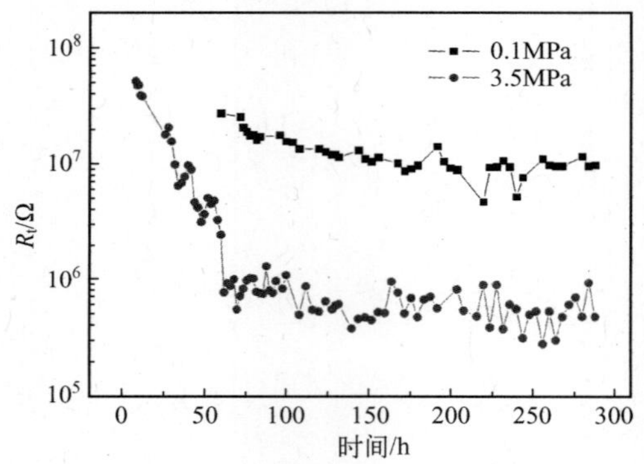

图 4.12　电荷转移电阻 R_t 随浸泡时间的变化图

4. 静水压力对特征频率的影响

图 4.13 所示为常压和 3.5MPa 下涂层的特征频率 f_b 随浸泡时间的变化。由图 4.13 可以看出，常压和 3.5MPa 下涂层的特征频率 f_b 均随浸泡时间的延长而增大，但 3.5MPa 下特征频率 f_b 均要高于常压下的值，这说明，在静水压力下涂层更易剥离，且剥离面积也要比常压下的大。

5. 静水压力对涂层玻璃化转变温度的影响

为了研究在静水压力作用下溶液渗透对环氧基涂料交联结构的影响，利用差示扫描量热法（DSC）和热重分析法（TG）研究环氧涂层未浸泡在 NaCl 溶液中、常压下浸泡 288h 和 3.5MPa 下浸泡 288h 的变化。

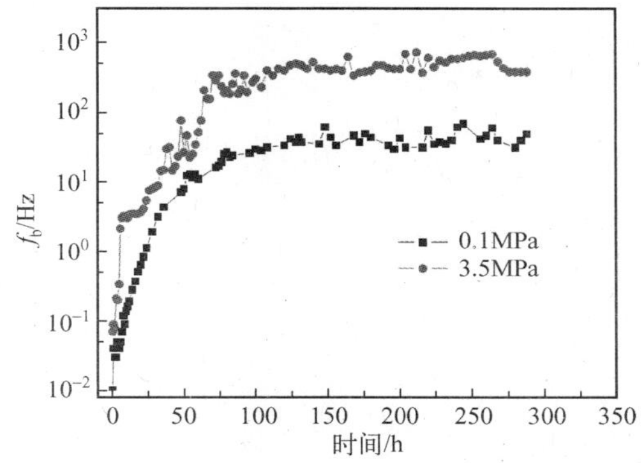

图 4.13　涂层特征频率随浸泡时间的变化图

DSC 是应用最广泛的热分析技术之一。DSC 是测量材料在线性升降温或恒温条件下由于物理变化（相变、熔融、结晶等）或化学反应（氧化、分解、脱水等）而导致的热焓变化（吸热过程、放热过程）或比热容变化，以此推断材料相关的物理结构/化学变化，如熔融、结晶、玻璃化转变、相变、液晶转变、固化、氧化、分解等变化。热重分析（TG）则是测量上述过程中材料发生的重量变化与温度的关系。

图 4.14 所示为未浸泡的涂层以及分别在常压下和 3.5MPa 下浸泡 288h 的涂层的 DSC 测试结果。从图中可以看出，在 50～95℃ 三种涂层均出现吸热过程，可能对应着涂层表面或浅层吸附的水的逸出过程。在 100～140℃ 区间内三种涂层均出现了玻璃化转变过程，对应着环氧涂层内树脂分子链段的运动自由度的转变行为。值得注意的是，在 3.5MPa 下浸泡的涂层在 130～137℃ 出现了一个吸热峰，对应着结合水的逸出过程。由于静水压力使得水渗透到涂层材料的内部，与树脂分子链段上的极性基团间形成某些特殊相互作用，例如形成了氢键等。只有加热到一定程度（130～137℃，高于环氧涂层的玻璃化转变温度），才能破坏氢键，发生结合水的逸出现象，对应于 DSC 曲线上的 130℃ 附近的吸热峰。而常压浸泡时，由于压力较小，渗透到涂层中的水未能与其中的极性分子链段形成氢键，因而在温度高于 130℃ 时，并未观察到任何吸热或放热的转变过程。

图 4.15 所示为未浸泡的涂层以及分别在常压下和 3.5MPa 下浸泡 288h 的涂层的热失重（TG）测试结果。从图中可以看出，在 50～100℃ 三种体系均出现较快的失重，可能是涂层表面或浅层吸附的水的逸出导致的重量变化。未浸泡的涂层和常压下浸泡的涂层大约有 4% 的失重率，而 3.5MPa 下的失重率要小一些，只有 2%，这可能是由于渗入涂层的水在静水压力的作用下与环氧树脂分子

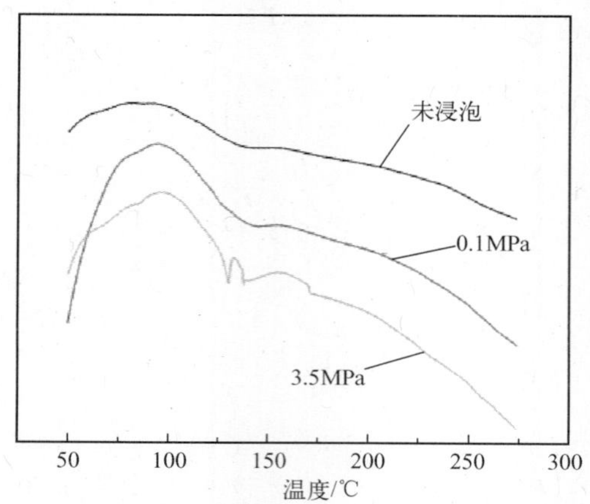

图 4.14 未浸泡涂层和分别在常压和 3.5MPa 静水压力下浸泡 288h 后的涂层的 DSC 测试结果

上的某些极性基团形成了氢键,成为"结合水",不易逸出,导致失重率小。继续加热,未浸泡的涂层在 230～380℃有较快的失重,失重率达到 24%。而在常压下浸泡的涂层的较快失重区间在 260～410℃,在 3.5MPa 下浸泡的涂层的较快失重区间在 270～410℃,且两种涂层的失重率均达到 30%。这可能是由于加热过程中环氧涂层分子链段的运动性加快,使涂层对溶剂或水等小分子物质的束缚减弱,因而小分子物质逸出导致失重加大,但 3.5MPa 下小分子由于与环氧分子链段上的极性基团形成的氢键导致逸出的速度要慢些。继续加热,未浸泡的涂层还有一个迅速失重的过程,在 800℃时失重率到达 46%,而浸泡的两个涂层的失重均缓慢,且在 800℃时失重率为 44%。

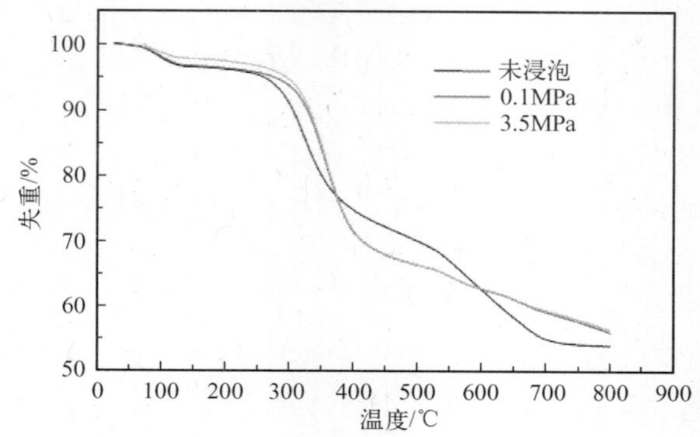

图 4.15 未浸泡涂层和分别在常压和 3.5MPa 静水压力下浸泡 288h 后涂层的热重分析测试结果

由以上的热分析结果结合 EIS 的拟合数据分析可以推测,常压浸泡和 3.5MPa 静水压力下浸泡均使得水逐渐渗透进入涂层内部的微小孔洞内,因而涂层电容随着浸泡时间的延长而增大,涂层电阻随着浸泡时间的延长而降低。但是由于 3.5MPa 静水压力的作用,使得渗透到涂层中的水还可以进入环氧的分子链段,并与其中的极性基团形成氢键或弱的化学键合,形成了"结合水",这就导致水在涂层中的渗透过程更快,涂层吸水率增大,因而 3.5MPa 下涂层电容更大,涂层电阻更小,溶液的保护作用减低,涂层保护性能恶化。而且由于吸水率增大,也使得涂层的剥离率增大,因而使涂层下金属基体的腐蚀速率加快。

4.3.6　静水压力浸泡试验后的涂层形貌照片

常压浸泡和 3.5MPa 静水压力下浸泡试验后的涂层界面形貌照片如图 4.16 ~ 图 4.18 所示。从界面照片可以看出与未浸泡时相比,在常压和 3.5MPa 静水压力下浸泡后涂层略有溶胀,但并不很明显。同时常压浸泡后和静水压力浸泡后涂层的溶胀相差并不多。这可能与浸泡试验时间较短有关。

(a) 低倍区

(b) 高倍区

图 4.16　未浸泡涂层界面照片

4.3.7　小结

利用 EIS 研究了环氧防锈漆在静水压力影响下的失效行为,并对常压和 3.5MPa 下浸泡了 288h 的环氧防锈涂层进行了热分析,得出如下结论:

(1) 在静水压力作用下,渗透到涂层中的水可以进入环氧的分子链段,并与其形成氢键或弱的化学键合,形成了"结合水",加速了涂层性能的恶化。

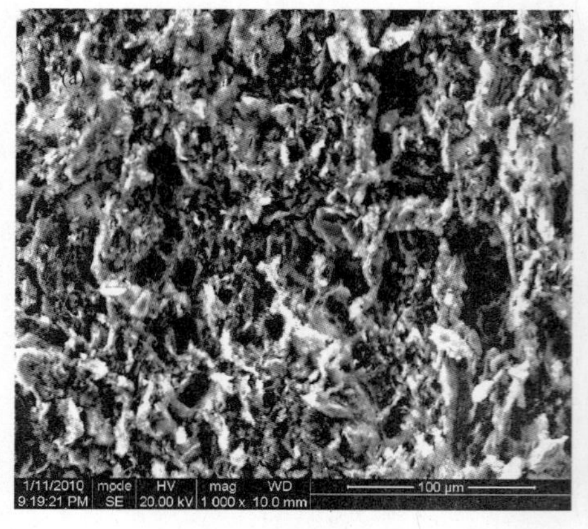

(a) 低倍区

(b) 高倍区

图 4. 17 常压浸泡 120h 涂层界面照片

(a) 低倍区

(b) 高倍区

图 4. 18 3. 5MPa 浸泡 120h 涂层界面照片

(2) 静水压力使 3. 5% NaCl 溶液向涂层内的扩散过程变快,涂层电阻减小,涂层的保护作用降低。

(3) 在静水压力下涂层/金属界面的电化学反应界面形成得更快,电化学反应发生得更早,静水压力使涂层/金属界面的腐蚀反应更易进行。

(4) 在静水压力下涂层更易剥离,且剥离面积也要比常压下的大。

(5) 静水压力加速了涂层的失效,使涂层的防护性能变差。

4.4　交变压力海水对涂层失效行为的影响

4.4.1　交变压力对涂层吸水率的影响

图 4.19(a)与(b)分别给出了环氧防锈漆涂层在常压/3.5MPa、常压/6.3MPa 交变压力条件下吸水率与浸泡时间关系曲线。可见,两种交变压力条件下,在整个浸泡周期内(240h),涂层的吸水率变化特征都可分为两个阶段。在第一阶段,涂层在两种交变压力条件下吸水率变化规律相似,浸泡初期吸水率急

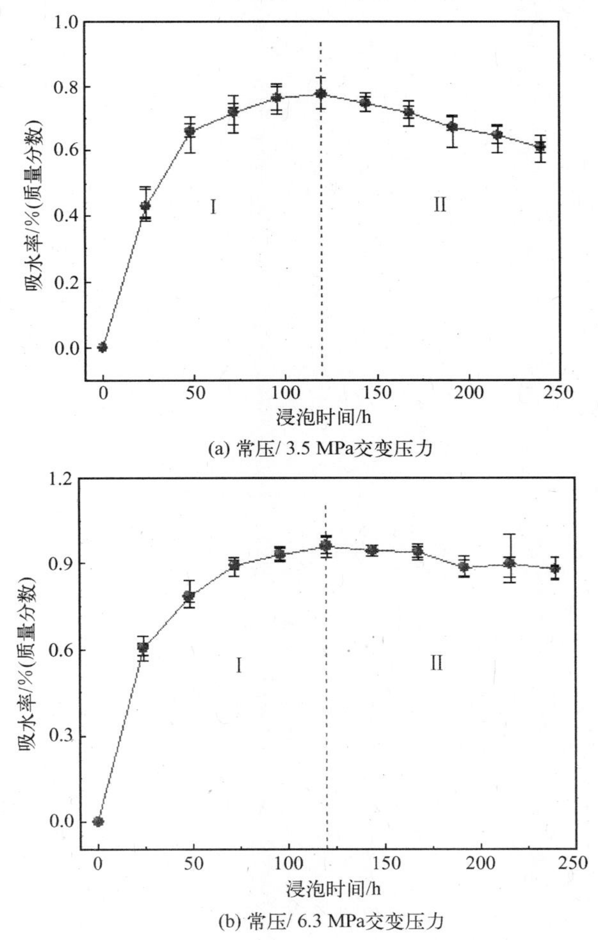

(a) 常压/ 3.5 MPa交变压力

(b) 常压/ 6.3 MPa交变压力

图 4.19　环氧防锈漆在 3.5% NaCl 中吸水率与浸泡时间关系曲线

剧增大，此后随着浸泡时间延长，吸水率增加速率逐渐降低，120h 时涂层吸水率都达到最大值，分别为 0.775%、0.961%。在第二阶段，环氧防锈漆涂层吸水率变化规律为吸水率随着浸泡时间延长而逐渐降低，而后者的吸水率几乎维持在某一个水平值。这可能是因为环氧防锈漆涂层在浸泡后期发生了有机物的分解，而涂层的吸水量在此阶段已趋向于动态平衡，结果表现为吸水率随浸泡时间延长而逐渐降低。而在两种交变压力条件下，吸水率的降低程度明显不同，较高压力循环条件下吸水率降低程度较小。尽管涂层在浸泡后期都发生了有机物的分解，但在更高压力条件下水等腐蚀性介质更容易渗入到涂层内部，使得涂层吸水量增加程度加大，两种因素综合的结果是吸水率在常压/6.3MPa 压力循环条件下降低程度较小。

图 4.20 所示为两种压力条件下涂层吸水率变化的比较结果。可以看出，浸泡时间相同时，涂层在常压/6.3MPa 交变压力条件下的吸水率明显高于常压/3.5MPa 交变压力条件下的结果，且随着浸泡时间延长，这种差别越来越明显，主要是因为水在更高压力条件下更容易进入到涂层内部。

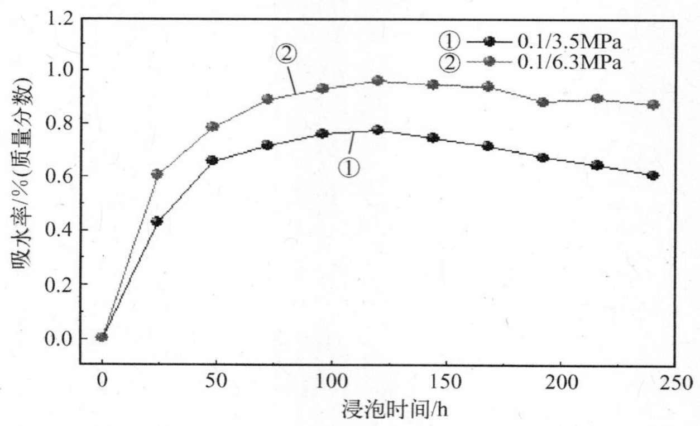

图 4.20 两种交变压力条件下涂层吸水率变化规律比较

4.4.2 交变压力对涂层附着力的影响

图 4.21(a)、(b)分别为常压/3.5MPa、常压/6.3MPa 两种交变压力条件下涂层附着力测试结果。可见，两种交变压力条件下，涂层附着力都随浸泡时间延长而逐渐降低。图 4.22 给出了两种压力条件下涂层附着力变化规律比较结果，可以看出，两条曲线区别较小，相比较而言，在前 168h 浸泡时间内，常压/6.3MPa 交变压力条件下涂层附着力减小的程度较小，但 168h 后，涂层附着力降低程度显著增大，经过 10 个压力循环后，涂层附着力降低了约 0.24MPa，略高于

常压/3.5MPa交变压力条件下涂层附着力的降低结果(约0.22MPa)。上述结果表明,交变压力条件下,涂层与金属基体间的附着力随着浸泡时间延长而逐渐降低,但压力增大时附着力变化并不明显。

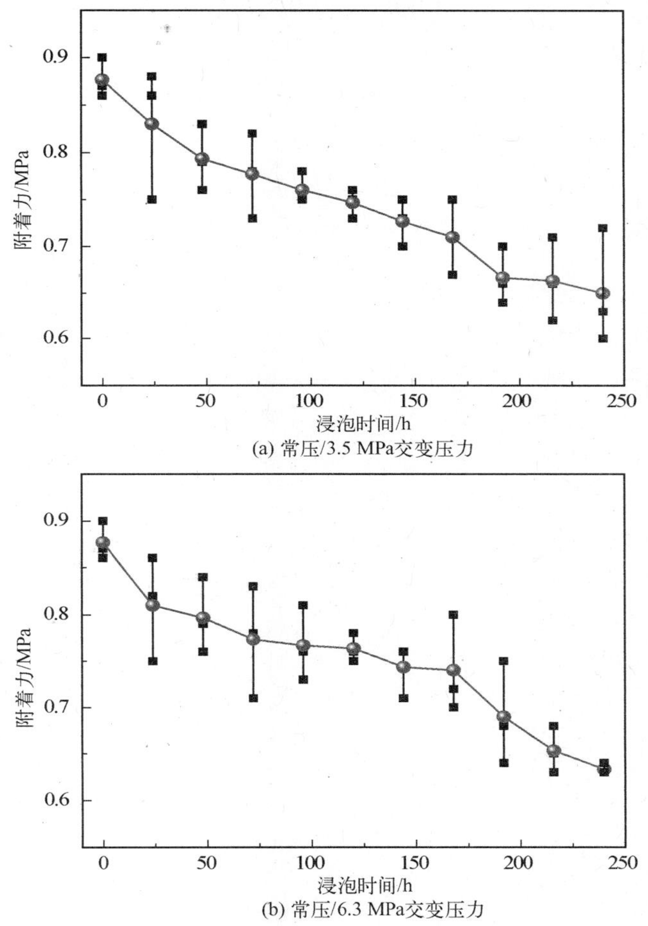

图4.21　环氧防锈漆在3.5% NaCl中附着力与浸泡时间关系曲线

4.4.3　常压/3.5MPa交变压力下电化学阻抗谱

图4.23所示为环氧防锈涂层在常压/3.5MPa交变压力条件下不同浸泡时间的EIS测定结果,其中前28小时浸泡时间内EIS用Bode图(图4.23(a)、(b)、(c))给出,随后浸泡时间的EIS均用奈奎斯特图(图4.23(d)~(e))表

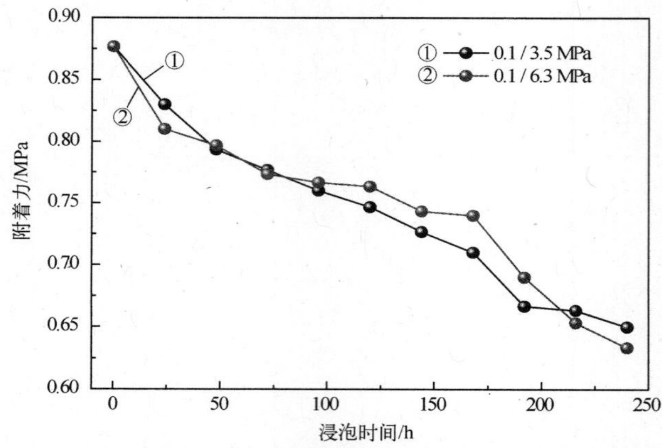

图 4.22 两种交变压力条件下涂层附着力变化规律比较

示。由图 4.23(a)、(b)、(c)可以看出,在浸泡初期的阻抗谱图中,相位角在很宽的范围内接近 -90°,说明此时的有机涂层相当于一个电阻值很大、电容值很小的隔绝层。此时阻抗谱图可用图 4.24(a)所示的等效电路进行拟合。在浸泡初期,随着电解质溶液向有机涂层的渗透,涂层电容会随着浸泡时间延长而增大,涂层电阻则随浸泡时间延长而减小。在 Bode 图中表现为 lg|Z|对 lg f 曲线朝低频方向移动,相位角曲线下降。

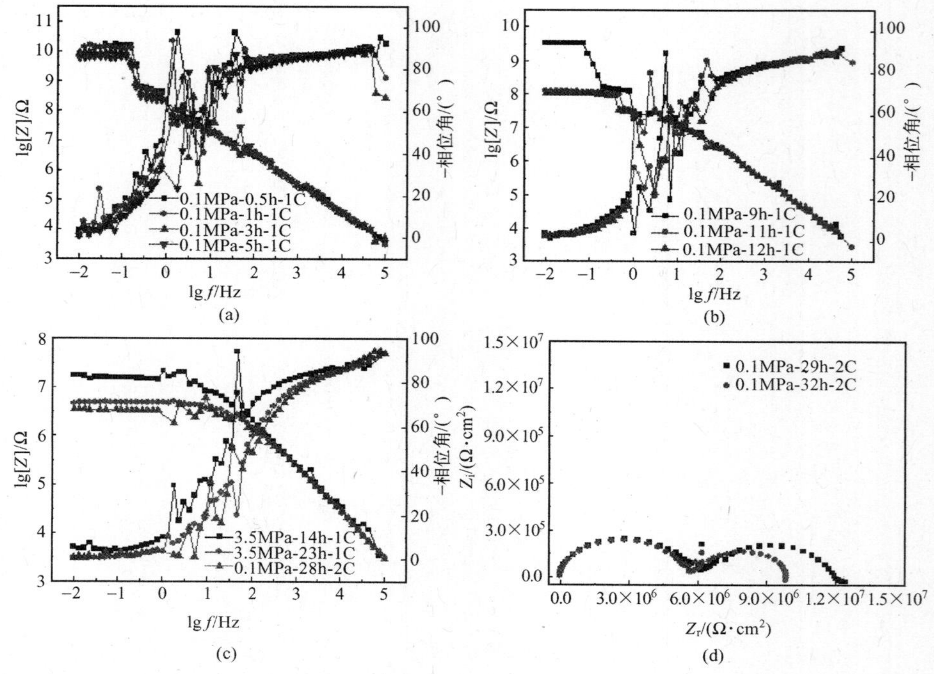

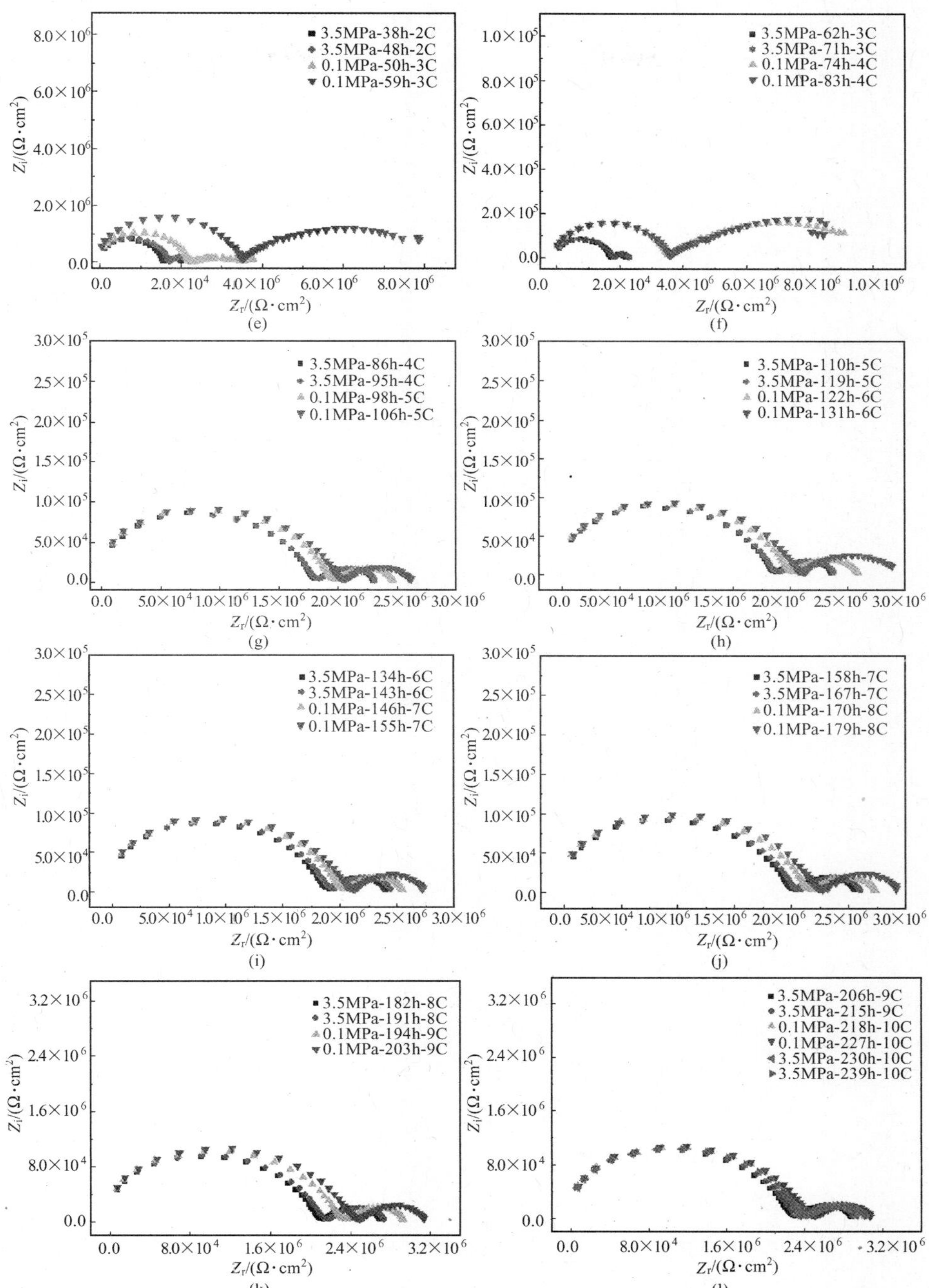

图 4.23 常压/3.5MPa 交变压力下环氧防锈涂层在 3.5% NaCl 不同浸泡时间 EIS 图

浸泡时间为29h(第2个循环周期常压下)时,如图4.23(d)所示,可见阻抗谱图表现出了明显的两个时间常数,由高频端与低频端的两个容抗弧构成,表明此时电解质溶液已渗透到达涂层/基底金属界面而引起了基底金属的电化学反应,但阻抗值较高,约在10^6数量级,说明涂层仍具有一定的防护性能,此时可用图4.24(b)所示等效电路进行分析;加压后(图4.23(e)),谱图特征未发生变化,仍表现为两个时间常数,阻抗值明显降低,约降低了1个数量级,说明高压下涂层防护性能明显下降,这是因为此时电解质溶液更容易通过涂层微孔等缺陷渗入到涂层/基底金属界面而促进了金属的电化学腐蚀,但此条件下随浸泡时间延长阻抗值变化较小。卸压后(第3个循环周期常压下,图4.23(e)),谱图同样表现为两个时间常数,而阻抗值明显增大。在随后的浸泡时间内,阻抗谱图都表现为两个时间常数,阻抗值表现为周期性的变化规律,即高压下体系具有较低的阻抗值,而常压下体系阻抗值又明显增大,这表明高压下电解质溶液更容易渗入到涂层/基底金属界面而有效地促进了界面处的电化学反应。各循环周期内的EIS谱图可用图4.24(b)中的等效电路进行分析。

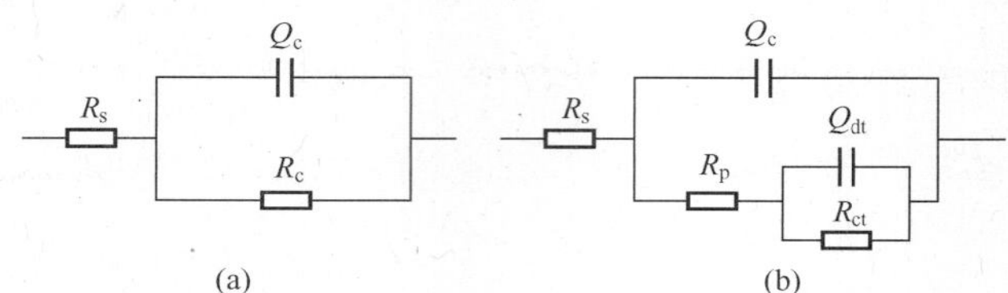

图4.24 常压/3.5MPa交变压力下环氧防锈涂层在3.5% NaCl中不同浸泡时间的等效电路

4.4.4 常压/6.3MPa交变压力下电化学阻抗谱

图4.25所示为环氧防锈涂层在常压/6.3MPa交变压力条件下不同浸泡时间的EIS图,其中第1个循环周期内常压下的12h内的EIS用Bode图表示(图4.25(a)、(b)),随后的浸泡时间阻抗谱图均用奈奎斯特图表示。可见,在常压下的前12h浸泡时间内(图4.25(a)、(b)),lg|Z|与lg$f$关系近似为一条斜线,且阻抗模值很大,在10^9数量级以上,相位角在很宽范围内接近-90°,说明此时环氧防锈涂层具有良好的防护性能,可有效地阻止或延缓电解质溶液渗入到涂层内,此时阻抗谱对应的物理模型则可由图4.26(a)中的等效电路给出。加压后(图4.25(c)),随着电解质溶液渗透到涂层/基底金属界面并在界面区形成腐蚀反应微电池,测得的阻抗谱表现出了明显的两个时间常数,同时阻抗模值显著降低,与加压前相比,降低了4个数量级,且在整个加压时间内阻抗特征与阻

抗值都未发生明显变化，此时的等效电路如图4.26(b)所示。在第2个循环周期内，常压下涂层体系阻抗特征发生了明显的变化，呈现出3个时间常数特征，其中高频端容抗弧来自涂层电容C_c及涂层表面微孔电阻R_p的贡献，低频容抗弧$(Q_{dl}-R_{ct})$可归因于涂层/基底金属界面金属的电化学腐蚀过程，而中频容抗弧(Q_1-R_1)可能与涂层中的颜料、填料等添加物的阻挡作用相关。此时阻抗谱可由图4.26(c)中等效电路进行分析。此外，与第1个循环周期内加压后的阻抗值相比，此时阻抗值明显增大，可能是常压下电解质溶液渗入到涂层内部及到达界面的速度较高压下慢的缘故。

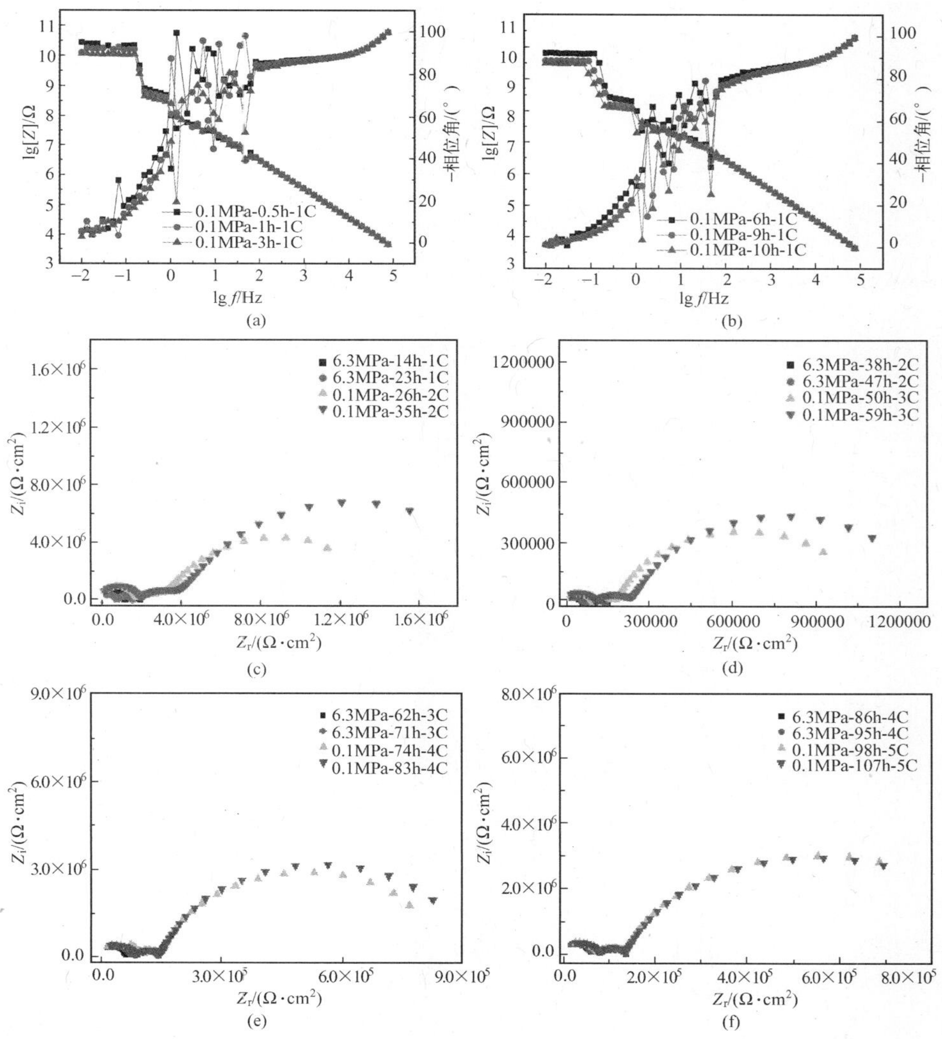

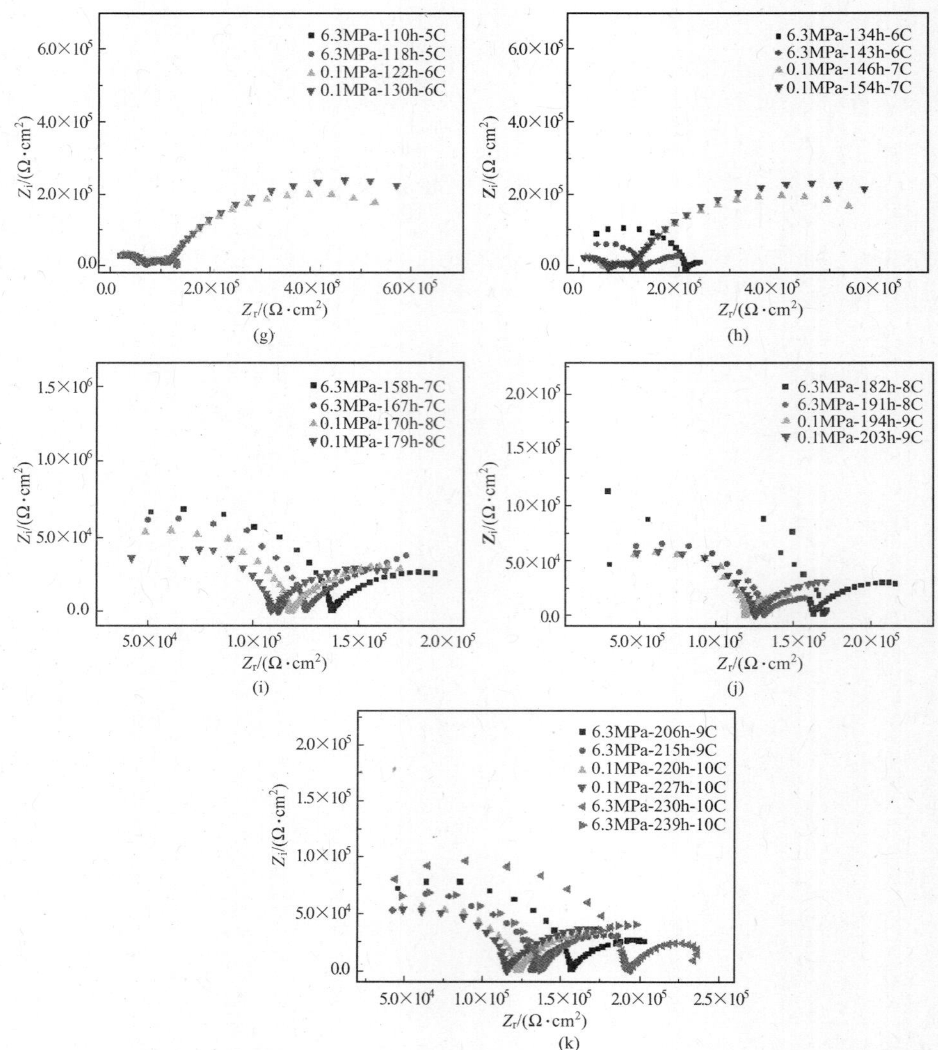

图 4.25 常压/6.3MPa 交变压力下环氧防锈涂层在 3.5% NaCl 中不同浸泡时间的 EIS 图

在 25~156h 浸泡时间内，涂层体系 EIS 谱图都表现为 3 个时间常数，且常压下阻抗模值明显高于高压下的结果，见图 4.25(d)~(k)，此段时间内 EIS 结果同样可用图 4.26(c)中的等效电路进行分析。循环周期继续延长，从 157h 开始到浸泡结束后的整个时间段，EIS 中频容抗弧消失，阻抗谱仅表现出两个时间常数特征，可能是因为涂层中的颜料、填料等添加物随浸泡时间延长而逐渐分解使得其阻挡作用减弱，导致电解质溶液可以很容易地渗入涂层/基底金属界面而发生电化学腐蚀反应，此时等效电路对应于图 4.26(b)。此外，还可以看出，浸泡后期，体系阻抗值较小，在 $2\times10^5\Omega.\ cm^2$左右波动。

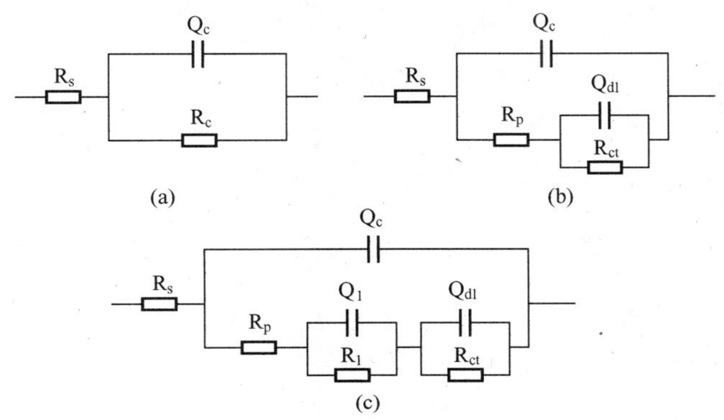

图 4.26　常压/6.3MPa 交变压力下环氧防锈涂层在 3.5% NaCl 中不同浸泡时间的等效电路

4.4.5　EIS 数据分析

1. 交变压力对涂层电容的影响

图 4.27 所示为涂层在常压/3.5MPa 与常压/6.3MPa 交变压力条件下涂层电容随浸泡时间的变化曲线。可以看出，两种交变压力条件下涂层电容随浸泡时间变化趋势都可以分为两个阶段：浸泡初始阶段(0～24h)，涂层电容随浸泡时间延长而迅速增大，说明电解质溶液通过涂层微孔等缺陷渗入到涂层内部的速度较快；24h 后，两种交变压力条件下涂层电容都在相对较高的水平以不同的变化规律波动。常压/3.5MPa 交变压力条件下，在第 2 个循环周期内，常压下的涂层电容明显大于高压下的结果，此后的第 3 个循环周期内，常压下涂层电容又有所减小，而加压后涂层电容增大，第 4 个循环周期内涂层电容变化规律与第 3 个周期内相同。第 4 个循环后，涂层电容随浸泡时间变化较小，这说明涂层中的电解质溶液基本上已达到饱和，C_c不再因为电解质溶液渗透造成涂层介电常数的变化而明显变化。常压/6.3MPa 交变压力条件下，第 1 个循环结束后，涂层电容呈现规律性的周期性变化，在第 2～5 个循环周期内，高压下涂层电容高于常压下的结果；而在最后的 5 个循环周期内，常压下涂层电容相对更高。

比较两种交变压力条件下的涂层电容可见，在整个浸泡时间内，常压/6.3MPa 的电容明显高于另一种交变压力下的结果，由此说明较高交变压力更有利于电解质溶液向涂层内的渗透，从而加速了涂层的失效过程。

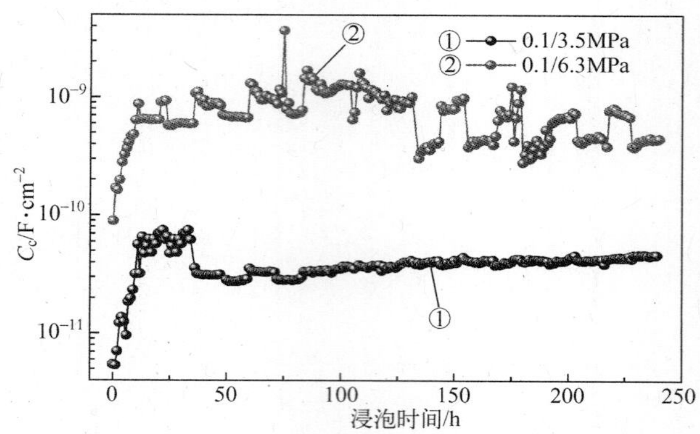

图 4.27　两种交变压力条件下涂层电容随浸泡时间的变化曲线

2. 交变压力对涂层电阻的影响

图 4.28 所示为两种交变压力条件下涂层电阻与浸泡时间的关系曲线。在浸泡初期的前 36h 内，常压/3.5MPa 交变压力条件下，涂层电阻呈阶梯式下降规律，但电阻值较高，在 10^6 数量级以上；36h 后，即第 2 个循环周期内加压后，涂层电阻显著降低，与加压前相比降低了近 2 个数量级，这同样表明压力有效地促进了电解质溶液向涂层内的渗透，恶化了涂层的防护性能。随后的各循环周期内，涂层电阻与上述涂层电容表现出了相同的周期性变化规律，即：常压下涂层电阻大于高压下的结果，相同压力下的浸泡时间内，涂层电阻变化较小。总体上看，84h 后，涂层电阻变化相对较小，且基本上维持在 $2.0\times10^5\Omega\cdot cm^2$ 左右，环氧防锈涂层仍具有一定的保护作用，可见该涂层在常压/3.5MPa 交变压力条件下具有较好的持久防护性能。

考察常压/6.3MPa 交变压力条件下涂层电阻变化规律可见，开始浸泡的 12h 内，涂层电阻随浸泡时间延长而逐渐降低，加压后，涂层电阻急剧减小，与加压前相比，降低了近 6 个数量级，电解质溶液迅速向涂层内部渗透并很快到达涂层/基底金属界面，涂层防护性能严重丧失。在此后的各循环周期内，涂层电阻在一个很小值范围内（$5.0\times10^3\sim1.0\times10^4\Omega\cdot cm^2$）呈周期性地波动，相比较高压下涂层电阻更低，这与高压下侵蚀性物质如水等更容易进入涂层内部有关。

比较两种交变压力条件下涂层电阻结果可知，常压/3.5MPa 交变压力条件下涂层电阻比常压/6.3MPa 下的结果大 1～2 个数量级，涂层具有更好的持久防护性能，这表明升高交变压力可有效地促进涂层的吸水率，从而加速涂层的失效过程。

3. 交变压力对双电层电容及电荷转移电阻的影响

图 4.29（a）、（b）所示为涂层/基底金属界面电化学反应双电层电容 C_{dl} 及转

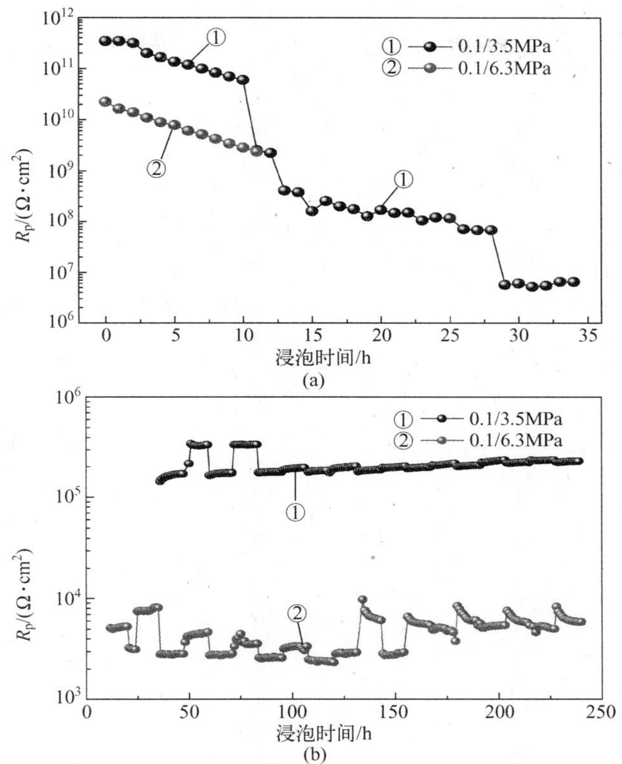

图 4.28　两种交变压力条件下涂层电阻与浸泡时间的关系

移电阻 R_{ct}随时间的变化。可以看出，常压/3.5MPa 交变压力下浸泡 29h，界面电化学腐蚀反应开始形成，36h 后（第 2 个循环周期加压后），双电层电容迅速增大，对应的电荷转移电阻急剧减小，这说明高压下电解质溶液迅速通过微孔扩散到了涂层/基底金属界面导致界面电化学腐蚀反应迅速加快。第 3、4 个循环周期内，双电层电容与电荷转移电阻都呈现相同的周期性变化规律，即：高压下，双电层电容迅速增大，对应的电荷转移电阻急剧减小；常压下的结果相反。循环周期继续延长，双电层电容与电荷转移电阻都变化较小，在一个较小范围内波动。常压/6.3MPa 交变压力条件下，界面电化学腐蚀反应在浸泡 12h 后就开始形成，C_{dl}与 R_{ct}呈现周期性变化规律，12～132h 内，C_{dl}在很小的范围内呈周期性波动，而对应的电荷转移电阻却在很大范围内周期性波动，见图 4.30；133～168h，双电层电容存在一个较大的周期性波动，此后维持在一个较高的电容值，对应的电荷转移电阻周期性波动幅度逐渐减小，且电阻值在一个较小范围内变化。

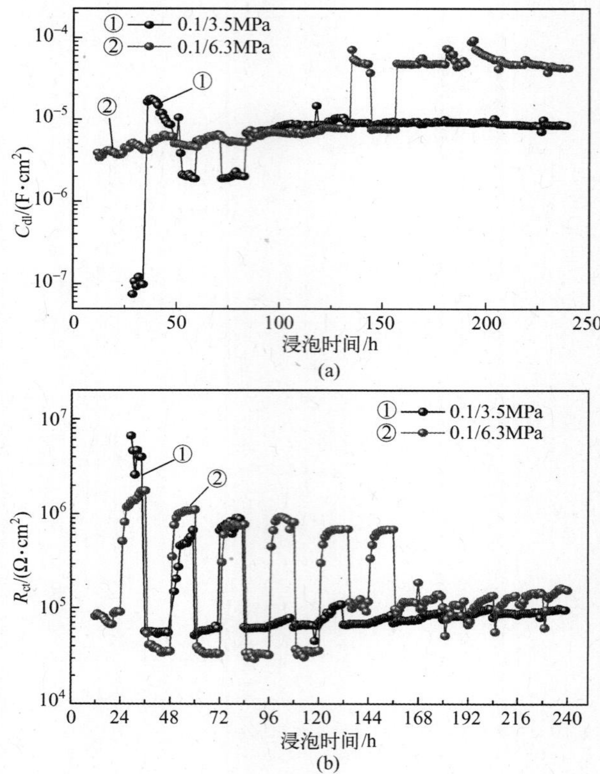

图 4.29 双电层电容 C_{dl}(a)和电荷转移电阻 R_{ct}(b)随浸泡时间变化曲线

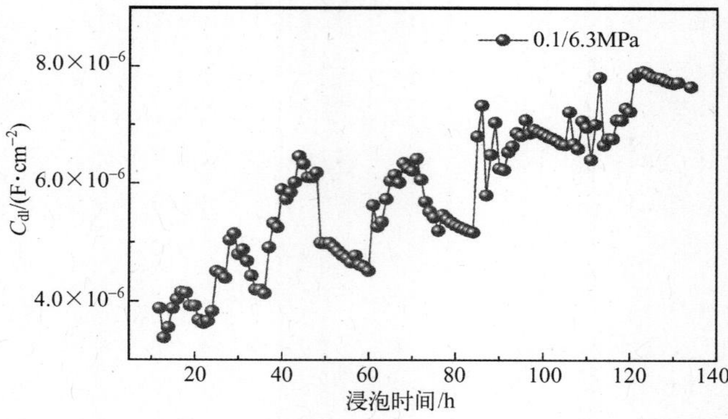

图 4.30 常压/6.3MPa 交变压力下双电层电容 C_{dl}随浸泡时间变化局部放大图

4.4.6　交变压力试验后的涂层形貌照片

常压/3.5MPa 交变压力、常压/6.3MPa 交变压力下浸泡试验后的涂层界面形貌照片如图4.31～图4.33所示。从界面照片可以看出两种交变压力试验后涂层略有溶胀，但并不很明显。同时两种交变压力实验后涂层的溶胀相差并不多。这可能与浸泡试验时间较短有关。

(a)×1000　(b)×5000

图4.31　未浸泡涂层界面照片

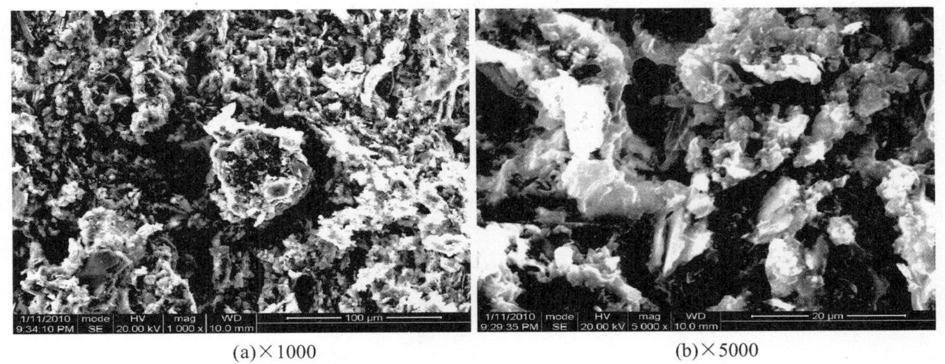

(a)×1000　(b)×5000

图4.32　常压/3.5MPa 浸泡10个循环后的涂层界面照片

4.4.7　交变压力对涂层热性能的影响

图4.34所示为环氧防锈涂层浸泡前以及在两种交变压力下浸泡240h后的DSC测试结果。可以看出，在50～75℃温度范围内，3种条件下涂层均出现明显的吸热过程，可能对应着涂层表面或浅层吸附的水的逸出过程。

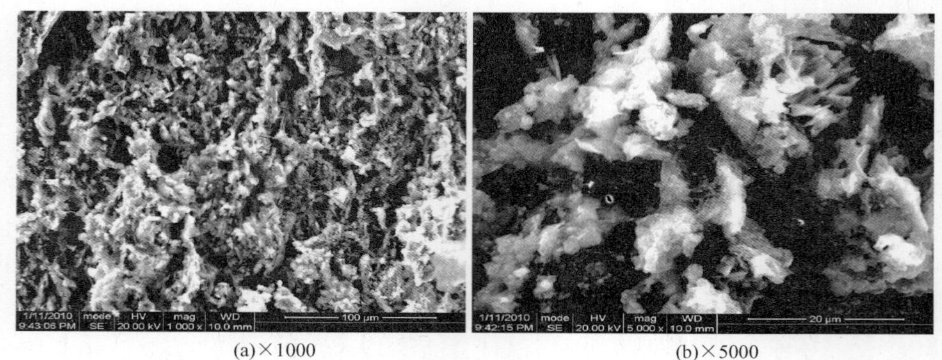

(a)×1000　　(b)×5000

图 4.33　常压/6.3MPa 浸泡 10 个循环后涂层界面照片

表 4.1列出了上述 3 种条件下涂层的玻璃化转变温度(T_g)，可见，涂层未浸泡时，T_g为 124.93℃，明显低于常压/3.5MPa 交变压力下浸泡 240h 后的结果(166.15℃)；当压力条件变为常压/6.3MPa 时，T_g 又有所升高，达到 177.87℃。由此可见，交变压力对环氧防锈涂层玻璃化转变温度影响显著，T_g 随交变压力增大而升高。

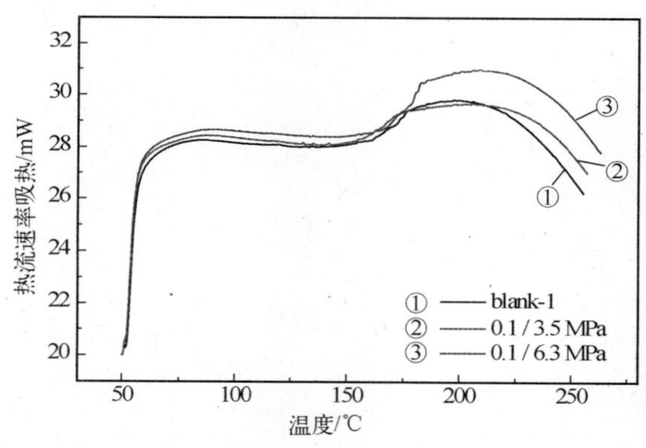

图 4.34　未浸泡涂层与两种交变压力条件下浸泡 240h 后涂层的 DSC 测试结果

表 4.1　DSC 分析结果

实验条件	未　浸　泡	0.1/3.5MPa,240h	0.1/6.3MPa,240h
T_g/℃	124.93	166.15	177.87

图 4.35 所示为环氧防锈涂层浸泡前以及在两种交变压力条件下浸泡 240h 后的 TG 测试结果。可以看出，在 50～335℃范围内，随着温度升高，三种体系下涂层都表现为较低的失重速率，各条件下涂层失重速率几乎一致，温度升高到

335℃,各体系涂层失重率约为10%,这个过程可能是因为涂层内吸附的水的逸出而引起的变化;继续加热,3种涂层失重速率急剧增加。温度升高到400℃时,涂层失重率高达35%,这可归结于两方面的原因:一是加热过程中伴随着涂层内吸附的水分逸出;二是加热过程中环氧涂层分子链段运动速率加快,使涂层对溶剂或水等小分子物质的束缚能力减弱,因而小分子物质容易分解并逸出而使得涂层失重率显著增大,但交变压力条件下可能由于小分子与环氧分子链段上极性基团形成的氢键使得小分子逸出速率有所减慢。温度继续升高,各涂层以较小的失重速率失重至升温结束,两种交变压力条件下浸泡的涂层的失重率在47%左右,而未浸泡的涂层失重率相对较低,约为45%。

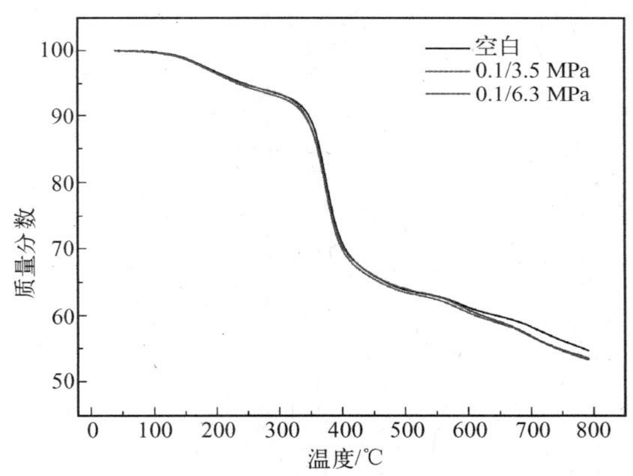

图4.35　未浸泡涂层与两种交变压力条件下浸泡240h后的TG测试结果

4.4.8　小结

利用EIS研究了环氧防锈漆在交变压力影响下的失效行为,并对涂层在两种交变压力条件下的吸水率、附着力进行了测试,同时对两种交变压力条件下浸泡240h后的环氧防锈涂层进行了热分析,结果表明:

(1) 交变压力作用下,涂层的阻抗行为表现出了周期性的变化规律。

(2) 交变压力条件下,高压作用时涂层的阻挡作用明显下降,更有利于电解质溶液向涂层内部的渗透,从而恶化了涂层的防护性能。

(3) 较高交变压力使3.5% NaCl溶液向涂层内的扩散过程加快,涂层电阻减小,涂层的保护作用降低。

(4) 较高交变压力下,电解质溶液更容易渗入到涂层/基底金属界面,从而促进了界面电化学腐蚀反应的进行。

(5) 较高交变压力条件下,由于高压条件下更有利于电解质溶液渗入到涂层内部,因而涂层具有更高的吸水率。

（6）涂层的附着力随浸泡时间延长而逐渐降低,涂层粘着性能变差,交变压力增大,环氧防锈涂层的粘着性能变化较小。

（7）交变压力对环氧防锈涂层的玻璃化转变温度随交变压力增大而有所升高,交变压力对两种涂层的热失重行为影响都很小。

第5章　潜艇耐压涂料发展方向和要求

根据腐蚀调研结构分析认为，防腐蚀涂料快速破损、寿命短、防护效果差是引起腐蚀的主要成因。迫切需要针对潜艇特殊环境条件，在涂层分子结构与性能的相关性、涂层失效机理与综合性能评价技术等方面开展研究工作。

海水是一种腐蚀性很强的电解质，海水中含有的大量 Cl^- 会对金属材料造成严重腐蚀。在各种金属防腐蚀的方法中，在金属表面涂覆有机涂层是目前应用最广泛的手段之一。涂层金属的腐蚀与有机涂层的性能密切相关，因此研究涂层的失效机理具有重要意义。目前，对涂层失效行为的研究仅仅局限于在大气环境中和在常压作用下腐蚀介质中的浸泡，一般采用盐雾试验、加速老化试验等定性地评价涂层的防腐性能。近年来，电化学阻抗技术也被广泛地用来评价涂层/金属体系的性能。然而，对于一定压力作用下涂层的失效机理和寿命评估尚无相关的参考文献。大量研究结果表明，在常压下通过电化学测试技术和现代仪器分析技术研究涂层失效机理是可靠、可行的。因此，在海水压力条件下，应用该方法对涂层的失效行为进行研究，在理论上、技术上应该也是可行的。

5.1　概述

无机富锌涂料作为长效重防腐蚀涂料配套的底漆在海洋大气环境下得到广泛应用，并显示出良好的防护效果，因此在20世纪90年代至21世纪初的10多年里，一定数量的潜艇采用了无机富锌涂料。但是这些装备的透水部位涂层破损严重，造成艇体也腐蚀严重，这说明该配套体系在连续海水浸泡并且基材在有一定流速的海水环境中失效较快，而其失效机制尚不十分清楚。富锌涂料能作为潜艇等特殊环境下的防腐蚀涂料设计选用吗？因此，对富锌配套体系的失效形式、失效机理进行研究，有利于找到腐蚀失效的控制因素，制定出有明确针对性的防护措施，为防腐蚀优化决策及涂层判废标准的建立提供坚实的基础，也为新型防护涂料体系的开发研制提供必要的理论依据。

前面已经证明，海水压力对涂层失效有显著影响，到底什么样的涂料类型适合于潜艇结构防腐呢？很长时间以来，海洋工程设计者青睐于富锌涂料的长效防腐蚀性能，特别在我们周围有不少总体设计者在没有搞清楚潜艇涂料选型设计要求之前，盲目将结构防腐蚀的重点寄希望于无机富锌涂料，无机富锌涂料适合于潜艇压力交变、干湿交替环境吗？环氧类涂料又如何呢？带着这些疑问，我们研究了 5 种环氧类、12 种富锌涂料的失效机制，研究结果以期能对大家研究压力海水环境条件下的防腐蚀涂料特性有所启示。

5.2 富锌涂料在常压海水中的失效机制

5.2.1 试验体系

试验中涂层样品为厂家所提供的涂层样品，涂层体系如表 5.1 所列。

表 5.1 试验中涂层样品详表

<table>
<tr><th>配 套</th><th>涂料名称</th><th>涂装道数</th><th>总干膜厚度/μm</th><th>涂料生产厂家</th><th>备 注</th></tr>
<tr><td>J1</td><td>水性无机富锌涂料</td><td>3</td><td>100</td><td>甲厂家</td><td>试验对比涂料</td></tr>
<tr><td rowspan="3">J2
J1 配套</td><td>水性无机富锌涂料</td><td>3</td><td>100</td><td rowspan="3">甲厂家</td><td rowspan="3">实际应用中完整涂料配套 1</td></tr>
<tr><td>环氧云铁防锈漆（封闭层 + 防锈层）</td><td>2</td><td>150</td></tr>
<tr><td>氯化橡胶铁红厚浆型防锈漆</td><td>3</td><td>250</td></tr>
<tr><td rowspan="4">J3
J1 配套</td><td>水性无机富锌涂料</td><td>3</td><td>100</td><td rowspan="4">甲厂家</td><td rowspan="4">实际应用中完整涂料配套 2</td></tr>
<tr><td>环氧云铁防锈漆（封闭层 + 防锈层）</td><td>2</td><td>75</td></tr>
<tr><td>环氧煤沥青厚浆型防锈漆</td><td>1</td><td>125</td></tr>
<tr><td>氯化橡胶沥青防锈漆</td><td>1</td><td>120</td></tr>
<tr><td>J4</td><td>水性无机富锌防腐涂料</td><td>3</td><td>100</td><td>乙厂家</td><td>试验对比涂料</td></tr>
<tr><td rowspan="3">J5
J4 配套</td><td>水性无机富锌防腐涂料</td><td>3</td><td>100</td><td rowspan="3">乙厂家</td><td rowspan="3">实际应用中完整涂料配套</td></tr>
<tr><td>环氧云铁防锈漆</td><td>2</td><td>100</td></tr>
<tr><td>环氧铁红防锈漆</td><td>2</td><td>80</td></tr>
<tr><td>J6</td><td>环氧富锌防锈漆</td><td>2</td><td>70</td><td>丙厂家</td><td>试验对比涂料</td></tr>
<tr><td rowspan="3">J7
J6 配套</td><td>环氧富锌防锈漆</td><td>2</td><td>70</td><td rowspan="3">丙厂家</td><td rowspan="3">实际应用中完整涂料配套</td></tr>
<tr><td>环氧云铁防锈漆</td><td>2</td><td>100</td></tr>
<tr><td>氯化橡胶面漆</td><td>2</td><td>80</td></tr>
</table>

（续）

配　套	涂 料 名 称	涂装道数	总干膜厚度/μm	涂料生产厂家	备　注
J8	环氧富锌底漆	3	80	乙厂家	试验对比涂料
J9 J8 配套	环氧富锌底漆	3	80	乙厂家	实际应用中完整涂料配套
	环氧云铁防锈漆	2	100		
	氯化橡胶面漆	2	80		
J10	溶剂型无机富锌防锈漆	3	70	丙厂家	试验对比涂料
J11 J10 配套	溶剂型无机富锌防锈漆	3	70	丙厂家	实际应用中完整涂料配套
	环氧封闭涂料	1	30		
	环氧云铁防锈漆	2	100		
J12	水性无机富锌防腐涂料			甲厂家	试验对比涂料

5.2.2　研究内容与试验方案

（1）富锌涂料及其配套体系的防腐蚀作用机理研究，系统考察阴极保护作用及物理屏蔽阻挡等具体保护作用，并定性分析和判断这些作用的相对大小。

（2）富锌涂料及其配套体系在海水腐蚀环境下失效微观机制研究，包括：面漆与底漆的失效顺序以及二者可能存在的相互影响及协同作用机制；体系中表面与截面的腐蚀形貌和各层腐蚀产物的成分变化、界面处特征元素的迁移以及环境中腐蚀性介质的渗透对失效过程的影响；电化学特征参数（保护电位、涂层电阻、涂层电容等）的变化与失效过程的对应关系；环境因素（盐雾与静态浸泡，流动与静止，剥离与未剥离等）对失效过程的影响及程度。

对各涂层体系进行静态海水环境腐蚀试验、耐盐雾环境腐蚀试验、耐阴极剥离性能试验以及测量不同涂层体系在模拟海水中的电化学交流阻抗谱，研究涂层体系的耐蚀性能；通过扫描电子显微镜的分析，获取涂层体系截面与失效相关的特征信息；利用涂层附着力进行测定，确定不同涂层体系与基体之间，涂层体系底漆、中间漆和面漆之间附着力的大小，从而进一步分析涂层附着力对涂层失效的影响；在上述试验内容基础上，得出各体系的防腐机理与失效的微观机制，对配套体系失效过程与环境因素之间的关系展开深入的探讨，得出影响失效的特征性关键因素，并给出失效模型，如图 5.1 所示。

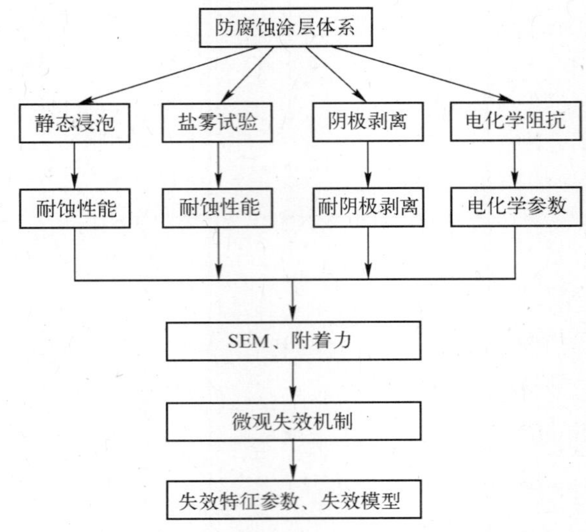

图 5.1　富锌涂层失效试验流程图

5.2.3　试验方法

1. 静态浸泡试验

试验中样品为 150mm × 70mm 涂层样品(板)及其涂层配套体系,对样品进行封边处理。静态浸泡试验按照国标 GB10834—89《船舶漆耐盐水性的测定 盐水和热盐水浸泡法》进行,试验温度保持在(23 ± 2)℃,盐水蒸馏水配制的 3% NaCl 水溶液。涂层样品名称、厚度等相关信息见表 5.1。

2. 盐雾试验

试验中样品为 150mm × 70mm 涂层样品(板)及其涂层配套体系,对样品进行封边处理。盐雾试验按照国标 GB/T1771—1991《色漆和清漆耐中性盐雾性能的测定》进行,盐雾箱内温度为(40 ± 2)℃,周期喷雾,盐水为 5% 的 NaCl 水溶液。涂层样品名称、厚度等相关信息见表 5.1。

3. 阴极剥离试验

样品(板)为厂家提供的 250mm × 150mm 涂层样品及其涂层配套体系,样品进行封边处理,涂层样品名称、厚度等相关信息见表 5.1。阴极剥离试验按照国标 GB/T7790—1996《防锈漆耐阴极剥离性试验方法》规定进行。

4. 电化学阻抗测试

电化学交流阻抗谱测定采用美国 EG&G PAR 公司的 273 恒电位仪和 M5210 锁相放大器组成的 M398 系统进行测量。测试频率范围为 $10^{-2} \sim 10^{5}$Hz,正弦交流波信号的振幅为 15mV。测试采用三电极体系,以铂电极为辅助电极,饱和甘汞电极(SCE)为参比电极,厂家提供的 50mm × 50mm 的涂层样品为工作电极,暴露于溶液中实际工作面积为 9. 6cm^2,涂层厚度为(100 ± 10) μm,腐蚀介质为 3. 5% 的 NaCl 水溶液。

5. 涂层附着力测试

试验中分别以无机富锌涂层典型样品 J1 及其配套体系和有机富锌涂层 J6 及其配套体系作为试验样品。根据 GB5210—85 涂层附着力的测定法拉开法进行涂层附着力的测定。拉伸速度为 10mm/min;试验柱的直径为 20mm,高度为 30mm;胶黏剂选用的是沈阳市科协粘接应用技术研究所生产的 α - 氰基聚丙烯酸乙酯为主体的快固胶黏剂。通过对无机富锌涂层 J1 及其配套体系与有机富锌涂层 J6 及其配套体系的附着力拉伸试验的对比,进一步说明无机富锌与有机富锌涂层防护性能的好坏。

5. 2. 4　试验结果与分析

1. 静态浸泡试验结果

表 5. 2 所列为静态浸泡试验的试验结果。通过静态浸泡试验结果可以清晰看到,J12 无机富锌涂层在静态浸泡试验中性能最差,其他单独一种涂层的 J1、J4、J10 三种无机富锌涂层在浸泡试验中都出现了锈点,但它们配套体系 J3、J5、J11 在浸泡 270 天后并未出现明显的锈蚀,这说明无机富锌配套体系的防腐蚀性能明显比单独一种无机富锌涂料的防腐蚀性能好。由试验结果还可看出,环氧富锌涂层即使是涂装单独的一种富锌涂层,其防腐蚀性能也要远远好于无机富锌涂层。环氧富锌配套体系的耐腐蚀性能更佳。

表 5. 2　静态浸泡试验结果

体系	状　态	试 件 图	试 验 现 象
J1	浸泡前		在浸泡 30 天时,涂层表面生成了大量白色絮状腐蚀产物,当浸泡 270 天时涂层表面被白色絮状腐蚀产物包围并出现锈点
	浸泡 270 天		

（续）

<table>
<tr><th>体系</th><th>状　态</th><th>试 件 图</th><th>试 验 现 象</th></tr>
<tr><td rowspan="2">J2</td><td>浸泡前</td><td></td><td rowspan="2">浸泡 30 天时，涂层表面的裂纹处出现白色絮状腐蚀产物</td></tr>
<tr><td>浸泡 270 天</td><td></td></tr>
<tr><td rowspan="2">J3</td><td>浸泡前</td><td></td><td rowspan="2">在浸泡 270 天后仍保持较好的涂层光泽，表面未出现腐蚀痕迹</td></tr>
<tr><td>浸泡 270 天</td><td></td></tr>
<tr><td rowspan="2">J4</td><td>浸泡前</td><td></td><td rowspan="2">在浸泡 30 天时，涂层表面生成了大量白色絮状腐蚀产物，当浸泡 270 天时涂层表面的白色絮状腐蚀产物明显减少，并出现锈点</td></tr>
<tr><td>浸泡 270 天</td><td></td></tr>
</table>

（续）

体系	状　态	试　件　图	试 验 现 象
J5	浸泡前		浸泡 270 天后仍保持较好的涂层光泽，表面未出现腐蚀痕迹
	浸泡 270 天		
J6	浸泡前		在浸泡 270 天后，涂层表面出现锈点
	浸泡 270 天		
J7	浸泡前		在浸泡 270 天后仍保持较好的涂层光泽，表面未出现腐蚀痕迹
	浸泡 270 天		

（续）

<table>
<tr><th>体系</th><th>状　态</th><th>试 件 图</th><th>试 验 现 象</th></tr>
<tr><td rowspan="2">J8</td><td>浸泡前</td><td></td><td rowspan="2">浸泡 270 天涂层表面出现明显的锈点,局部出现麻状细小鼓泡</td></tr>
<tr><td>浸泡 270 天</td><td></td></tr>
<tr><td rowspan="2">J9</td><td>浸泡前</td><td></td><td rowspan="2">在浸泡 270 天后仍保持较好的涂层光泽,表面未出现腐蚀痕迹</td></tr>
<tr><td>浸泡 270 天</td><td></td></tr>
<tr><td rowspan="2">J10</td><td>浸泡前</td><td></td><td rowspan="2">浸泡 270 天涂层表面局部出现锈点</td></tr>
<tr><td>浸泡 270 天</td><td></td></tr>
</table>

（续）

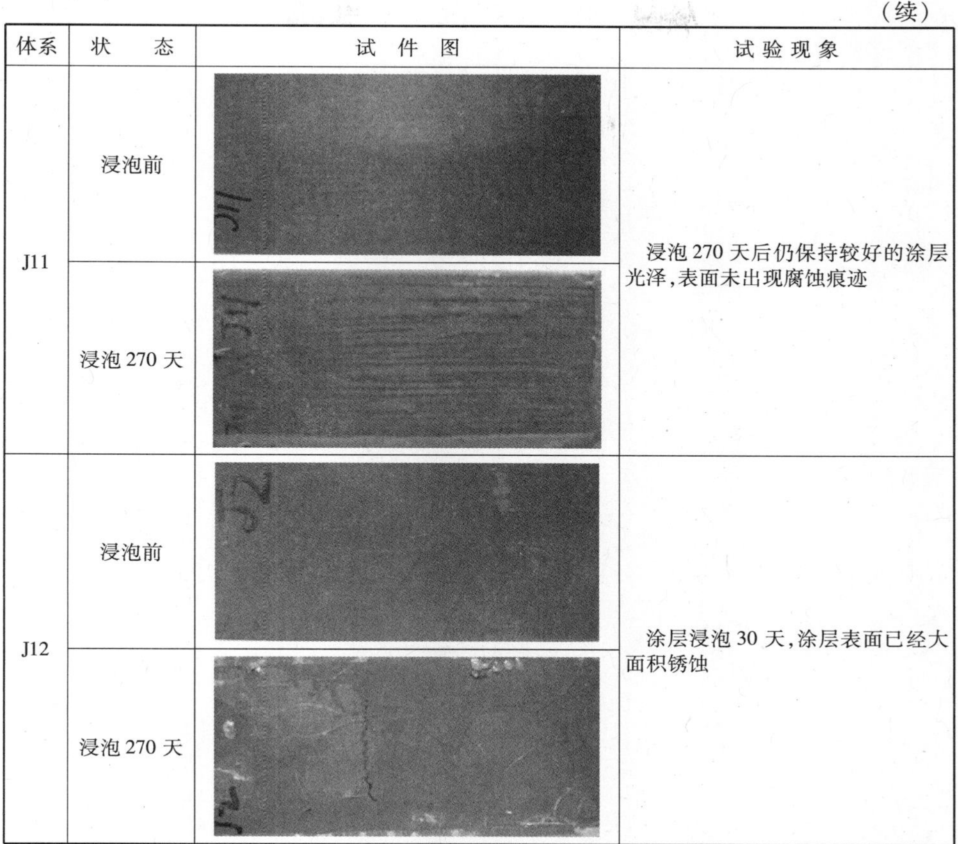

体系	状　态	试　件　图	试 验 现 象
J11	浸泡前		浸泡 270 天后仍保持较好的涂层光泽，表面未出现腐蚀痕迹
	浸泡 270 天		
J12	浸泡前		涂层浸泡 30 天，涂层表面已经大面积锈蚀
	浸泡 270 天		

2. 盐雾试验结果

表 5.3 所列为盐雾试验的结果，盐雾试验的时间见表中试验现象说明中的实际试验时间。通过盐雾试验的结果可以清晰看到，J1、J4、J10 和 J12 四种无机富锌涂层在盐雾试验中所表现出的耐腐蚀性能要比 J6 和 J8 两种无机富锌涂层差。从它们配套体系的盐雾试验看，J2 涂层在 7 天盐雾试验后即出现较明显的腐蚀痕迹；J3 和 J11 两种无机防腐蚀涂层在盐雾试验 530 天后也分别出现不同程度的鼓泡；而几种有机富锌涂层在盐雾试验 530 天后，表面无腐蚀痕迹，并保持了良好的表面光泽，这说明无机富锌涂料及其配套体系的防腐蚀性能明显比有机富锌涂料及其配套体系的防腐蚀性能差。尤其以 J7、J9 的耐盐雾性能最佳。

另外，从盐雾试验的宏观照片上也可以清楚地发现，在相同的试验时间中，无机富锌涂层表面所生成的腐蚀产物要明显多于有机富锌涂层，说明单一无机富锌涂层中的锌粉更容易与侵蚀性介质发生反应，而且腐蚀产物比较容易传输到涂层表面。这也可以进一步说明,无机富锌涂层的防护作用主要表现为通过大量锌粉反应时所表现出的阴极保护作用,而有机富锌涂层所表现出的防护性能不仅仅是阴极保护作用,同时也表现出有机涂层的屏蔽防护作用。

表 5.3 盐雾试验结果

体系	状态	试件图	试验现象
J1	试验前		在经过 7 天的盐雾暴露后,涂层表面开始出现红褐色锈点,同时涂层上出现白色絮状腐蚀产物。当盐雾试验进行到 110 天和 210 天后,涂层表面出现大面积锈蚀痕迹,并逐渐扩大,白色絮状腐蚀产物布满涂层表面
	试验后		
J2	试验前		在盐雾试验进行 17 天后,涂层表面出现明显的鼓泡,并且在裂纹处出现白色腐蚀产物。盐雾试验进行到 110 天和 210 天后,涂层表面的裂纹处开始出现红褐色锈迹,且裂纹处白色絮状腐蚀产物增多
	试验后		
J3	试验前		在盐雾试验进行 530 天时,涂层表面出现明显鼓泡,但涂层表面仍然保持较好的光泽,未出现裂纹和锈点
	试验后		

（续）

体系	状　态	试　件　图	试 验 现 象
J4	试验前		在盐雾试验进行 210 天时，涂层表面出现明显白色絮状腐蚀产物
	试验后	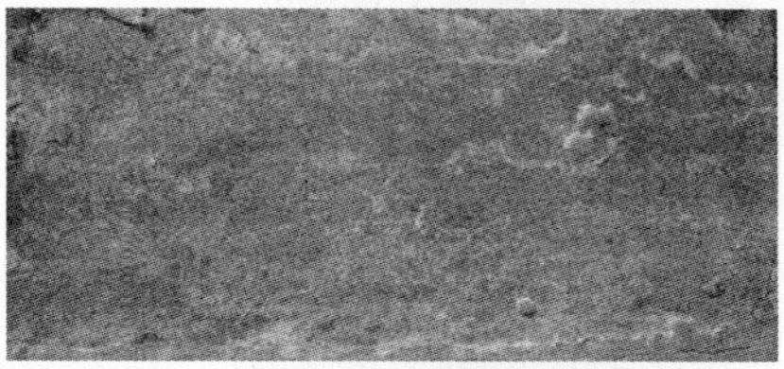	
J5	试验前		在盐雾试验进行 530 天时，涂层表面仍然无鼓泡或明显腐蚀痕迹
	试验后		
J6	试验前		在盐雾试验进行 210 天时，涂层表面出现锈蚀痕迹
	试验后		

（续）

体系	状　态	试 件 图	试 验 现 象
J7	试验前		在盐雾试验进行530天后，涂层表面仍然保持良好的表面光泽，无腐蚀痕迹
	试验后		
J8	试验前		在盐雾试验进行210天后，涂层表面有较多白色腐蚀产物，涂层表面出现锈点
	试验后	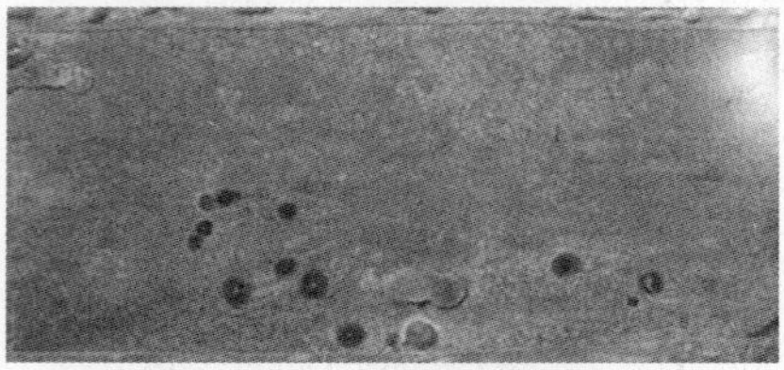	
J9	试验前		在盐雾试验进行530天后，涂层表面无腐蚀痕迹
	试验后		

（续）

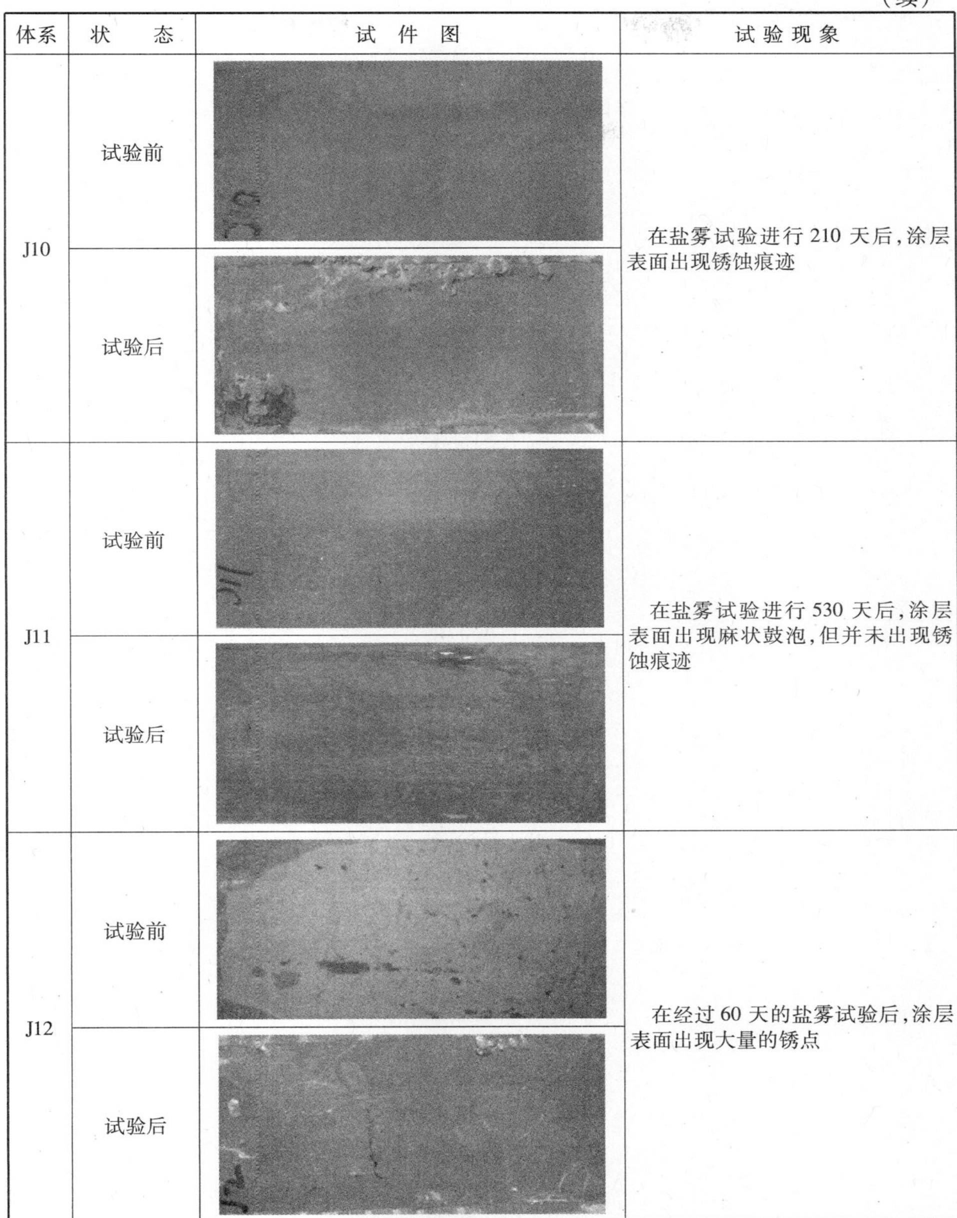

体系	状　态	试　件　图	试 验 现 象
J10	试验前		在盐雾试验进行 210 天后，涂层表面出现锈蚀痕迹
	试验后		
J11	试验前		在盐雾试验进行 530 天后，涂层表面出现麻状鼓泡，但并未出现锈蚀痕迹
	试验后		
J12	试验前		在经过 60 天的盐雾试验后，涂层表面出现大量的锈点
	试验后		

3. 阴极剥离试验结果

表 5.4 所列为阴极剥离试验结果。由试验结果可见，无机富锌涂层的耐阴极剥离的能力均较差，但有机富锌涂层的耐阴极剥离的能力要优于无机富锌涂

层,在几种试验体系中,尤其以 J9 的耐阴极剥离性能最佳。

表 5.4 阴极剥离试验结果

体系	状　态	试 件 图	试 验 现 象
J1	试验前		涂层样品在试验一天后,涂层就严重剥离,涂层的抗阴极剥离性能差
	试验后		
J2	试验前		涂层在 30 天的阴极剥离试验中都不同程度发生明显的剥离
	试验后	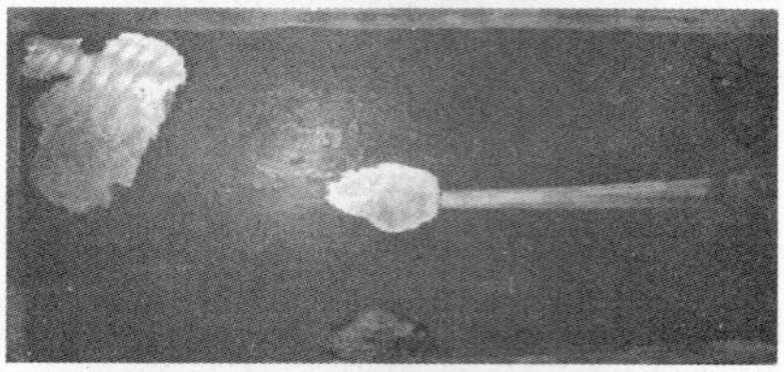	
J3	试验前		涂层在 30 天的阴极剥离试验中都不同程度发生明显的剥离
	试验后	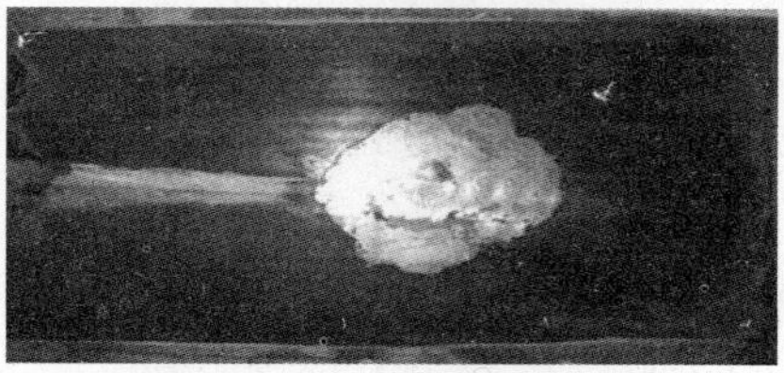	

（续）

体系	状　　态	试　件　图	试验现象
J4	浸泡前		涂层样品在试验一天后，涂层就严重剥离，涂层的抗阴极剥离性能差
	试验后		
J5	试验前		涂层在30天的阴极剥离试验中都不同程度发生明显的剥离
	试验后	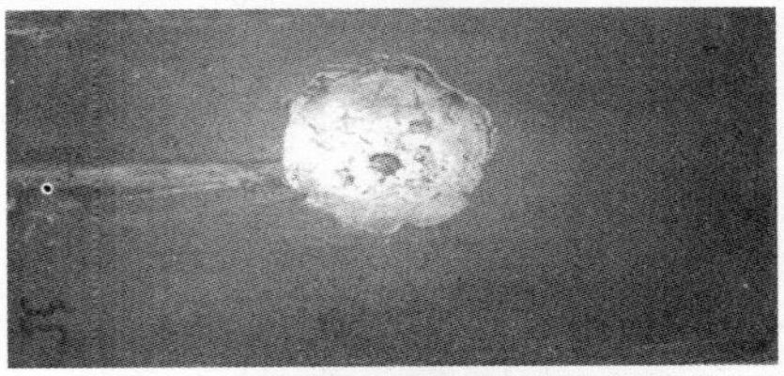	
J6	试验前		有机富锌涂层阴极剥离试验4天后也有较明显的剥离
	试验后	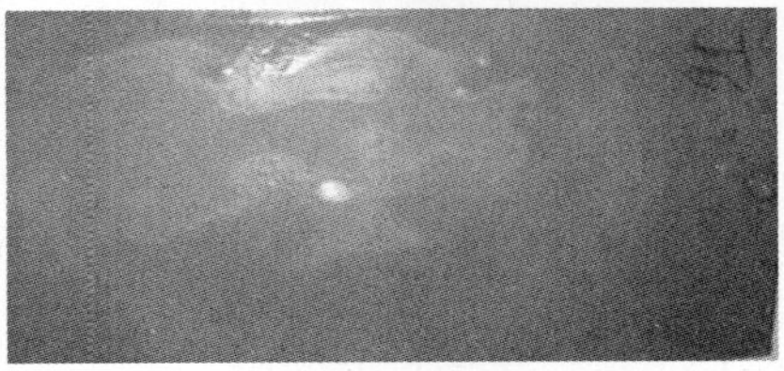	

（续）

体系	状　　态	试　件　图	试 验 现 象
J7	试验前		涂层在 30 天的阴极剥离试验中仅在中心破坏区附近发生轻微的剥离
	试验后	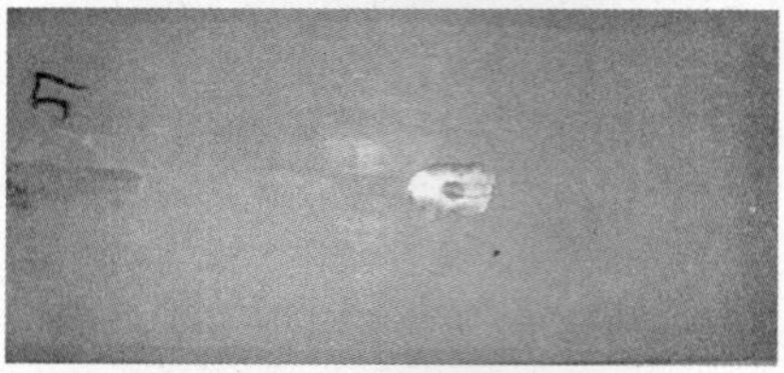	
J8	试验前		有机富锌涂层阴极剥离试验 4 天后也有较明显的剥离
	试验后	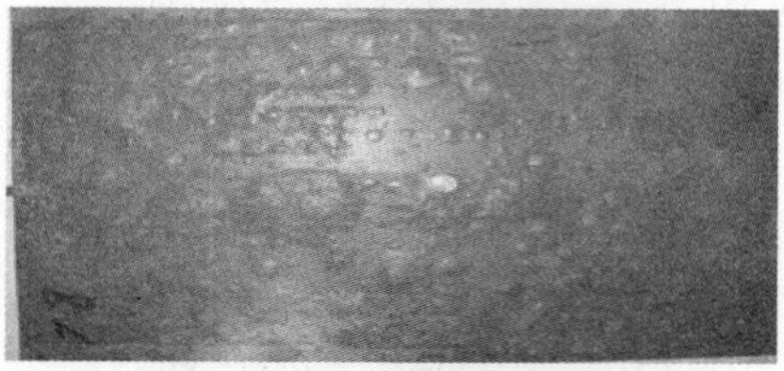	
J9	试验前		涂层经过 30 天的阴极剥离试验后无明显的剥离痕迹
	试验后		

（续）

体系	状　态	试 件 图	试验现象
J10	试验前		涂层样品在试验一天后，涂层就严重剥离，涂层的抗阴极剥离性能差
	试验后		
J11	试验前		涂层在 30 天的阴极剥离试验中都不同程度发生明显的剥离
	试验后		
J12	试验前	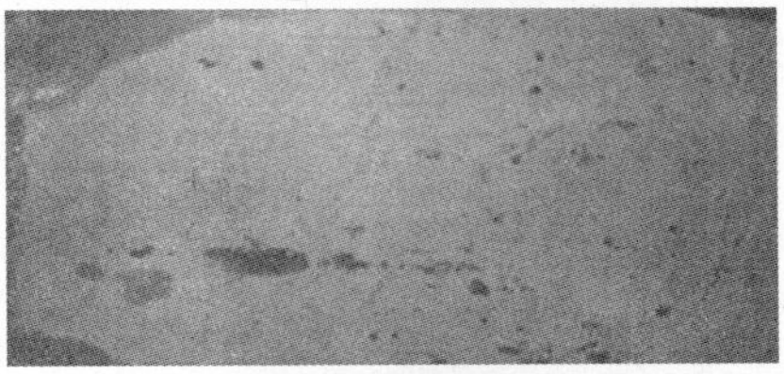	涂层样品在试验一天后，涂层就严重剥离，涂层的抗阴极剥离性能差
	试验后	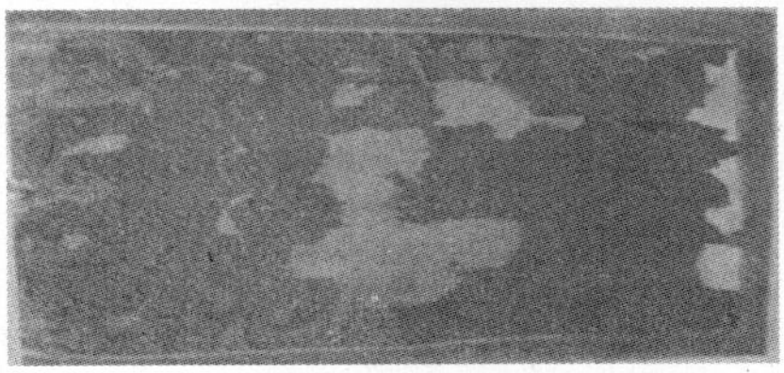	

4. 单一富锌涂层自腐蚀电位分析

图 5.2 所示为单一富锌涂层的自腐蚀电位随时间演化的曲线。其中 J1 水性无机富锌涂层在刚开始浸泡时，自腐蚀电位就出现较负的电位值。这表明水、NaCl 等侵蚀性介质已经进入富锌涂层，Zn 粉开始腐蚀（同时发挥牺牲阳极的作用）。由于无机富锌涂层对水的屏蔽阻挡能力较差，因此，水、NaCl 等侵蚀性组分很快到达基体，基体金属 Fe 被润湿后，开路电位逐渐正移。自腐蚀电位在 1000 ~ 1500h 处于相对比较稳定的数值，此时主要表现为 Zn 的阴极保护作用。在 1500 ~ 2500h 处自腐蚀电位变得更负，这是由于随着浸泡时间的延长，大量的锌粉开始反应，使 Zn 的阴极保护作用进一步增强。当浸泡 2500h 后，自腐蚀电位达最负值后转而向正向移动，说明 J1 涂层的阴极保护作用逐渐丧失。在浸泡 3000h 左右其自腐蚀电位达到 -0.86V，并进一步变正，说明其阴极保护作用消失，并逐渐接近 Fe 的自腐蚀电位值。

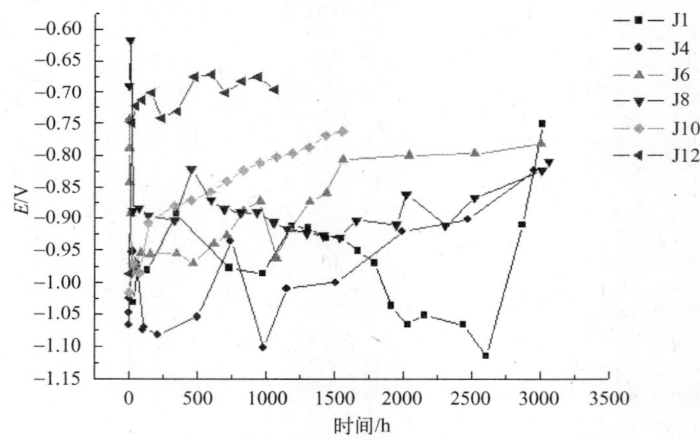

图 5.2 单一富锌涂层的自腐蚀电位随时间演化的曲线

J4 水性无机涂层在浸泡开始自腐蚀电位基本保持在 -1.00V 以下，当浸泡超过 1500h 后，自腐蚀电位开始逐渐升高，在 2900h 左右其自腐蚀电位到达 -0.86V，说明其阴极保护作用消失。

J10 溶剂型无机富锌防锈漆涂层在浸泡 330h 后，自腐蚀电位即到达 -0.86V，之后电位平稳升高，并逐渐趋于稳定接近 Fe 的自腐蚀电位值。

J6 环氧富锌防锈漆在浸泡开始电位较正。此时，水介质等侵蚀性溶液由于涂层表面的阻挡作用而不能进入到涂层内部，说明有机富锌涂层在浸泡初始阶段对侵蚀性水溶液具有屏蔽阻挡作用。大约在浸泡 10h 后，溶液穿过涂层表层进入涂层内部，此时电位达到 -0.86V 以下，涂层的屏蔽阻挡作用减小，表现出阴极保护作用。在这之后一直浸泡到 1300h 后，自腐蚀电位再次到达 -0.86V，并逐渐增大至 -0.80V 左右，之后电位保持在相对稳定的电位区间变动。

J8 环氧富锌底漆的自腐蚀电位变化与 J6 电位的变化相似，开始阶段主要表现为涂层的屏蔽阻挡作用，浸泡 10h 左右以后同样表现为阴极保护作用，浸泡 2000h 后超过 -0.86V，其阴极保护作用消失。

J12 涂层在浸泡开始时，自腐蚀电位为 -0.987V，之后电位迅速升高达到 -0.75V左右，在随后的 1061h 的浸泡时间内，自腐蚀电位一直保持在 -0.70V 左右。这说明 J12 涂层在浸泡开始由于涂层本身的屏蔽作用，其自腐蚀电位较负，但溶液很快进入涂层内部，在这个过程中自腐蚀电位始终保持在相对较正的 -0.70V 左右，并没有表现出涂层的阴极保护作用。

5. 无机富锌涂层阻抗谱及腐蚀产物分析

图 5.3 所示为 J1 涂层在 3.5% NaCl 溶液中不同浸泡时间的奈奎斯特图。从图中可以看出，J1 无机富锌涂层在与介质接触后呈现两个时间常数，高频区表现为涂层电阻，而低频区则表现为锌粉与溶液接触发生的腐蚀电化学反应。随着浸泡时间的延长，锌粉对应的电化学腐蚀反应的容抗弧半径逐渐增大，说明随着锌粉反应生成的腐蚀产物阻塞了侵蚀性介质的传输通道，进而抑制了锌粉腐蚀反应。但在浸泡 40 天左右，涂层电阻有所降低，这说明生成的腐蚀产物虽然在一定时间内堵塞了涂层表面的孔隙，抑制了腐蚀反应的进行，但其本身稳定性差造成阻抗的降低。随着浸泡时间的进一步增加（如达到 120 天以后），低频区对应的容抗弧逐渐增大并最终变成与实轴夹角为 45°的一条直线，呈现出明显的 Warburg 阻抗的特征，表明涂层中锌粉的腐蚀反应由电化学控制转变为腐蚀介质或腐蚀产物扩散的传质过程控制。

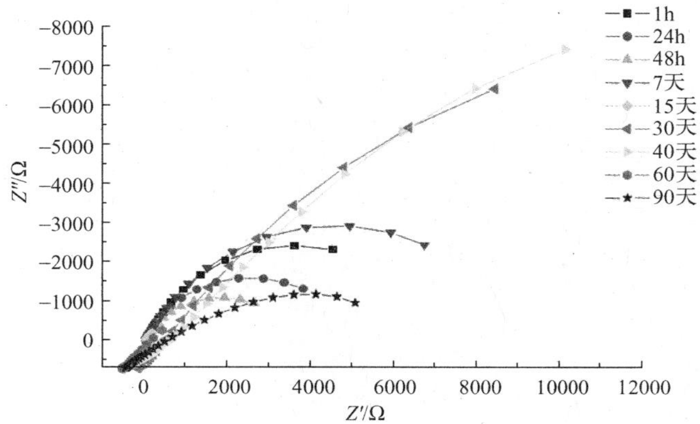

图 5.3　J1 涂层在 3.5% NaCl 溶液中不同浸泡时间的奈奎斯特图

图 5.4 所示为 J1 涂层不同浸泡时间的截面电子显微镜照片。从这些电镜照片可以看出，浸泡一段时间后，涂层的厚度有所增加，说明腐蚀产物填充在涂层内部（因此导致膨胀），并且有腐蚀产物在涂层与基体界面形成。

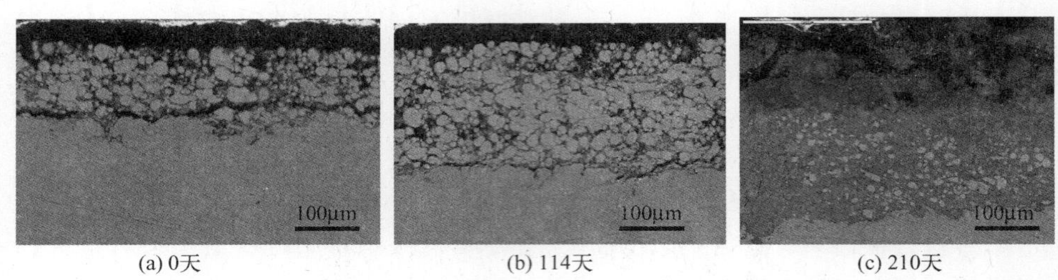

图 5.4 J1 涂层浸泡不同时间的截面电子显微镜照片

图 5.5 所示为 J1 涂层浸泡前后的 EDAX 分析。可以看出浸泡前涂层主要成分为 O、Zn 和 Si 元素。浸泡后涂层中新出现了 Cl 及 Fe 元素，显然这来自腐蚀介质和基体金属的腐蚀。

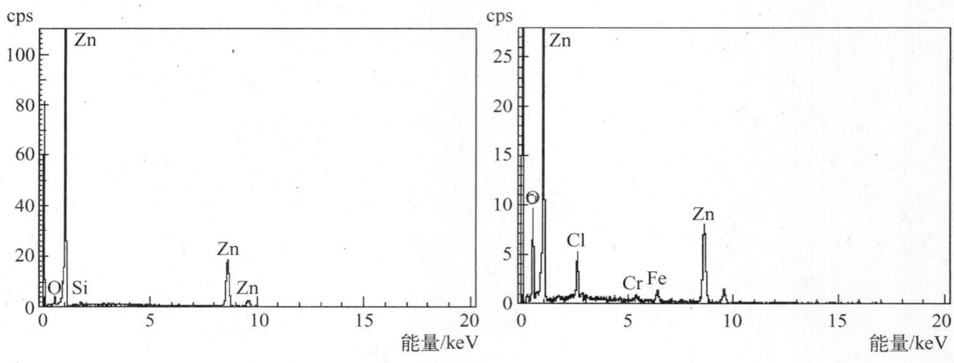

图 5.5 J1 涂层的 EDAX 分析

从以上的分析可知，无机富锌涂层的腐蚀失效机制如下：

浸泡开始阶段，侵蚀性溶液迅速进入涂层并与锌粉发生反应，此时涂层的保护作用主要表现为阴极保护的作用；随着浸泡时间的增加，锌粉的腐蚀产物堵塞介质进入通道，此时涂层腐蚀产物的屏蔽作用进一步对基体起到保护作用；在浸泡后期，涂层的腐蚀过程完全由腐蚀介质或腐蚀产物扩散的传质过程控制。

6. 有机富锌涂层阻抗谱及腐蚀产物分析

图 5.6 所示为 J6 涂层在 3.5% NaCl 溶液中不同浸泡时间的奈奎斯特图。从图 5.6 可以看出，在浸泡开始阶段，涂层阻抗谱为单一的容抗弧，这说明在此时涂层相当于一个未受损的防护屏蔽，在金属基体与溶液之间形成了有效的绝

缘屏蔽层，保护了基体不受侵蚀性介质的影响。随着浸泡时间增加，阻抗谱低频端开始出现第二个时间常数(图 5.6(b))，同时高频区容抗弧半径逐渐减小。低频区容抗弧半径逐渐增大，表明涂层阻抗值增大，说明侵蚀性介质已经进入涂层内部与金属锌粉发生反应，同时腐蚀产物的形成阻碍了溶液的进入。在浸泡 4 天后，涂层阻抗谱低频区出现扩散特征，涂层阻抗随着浸泡时间的延长逐渐减小，但均高于 J1 体系的阻抗值。

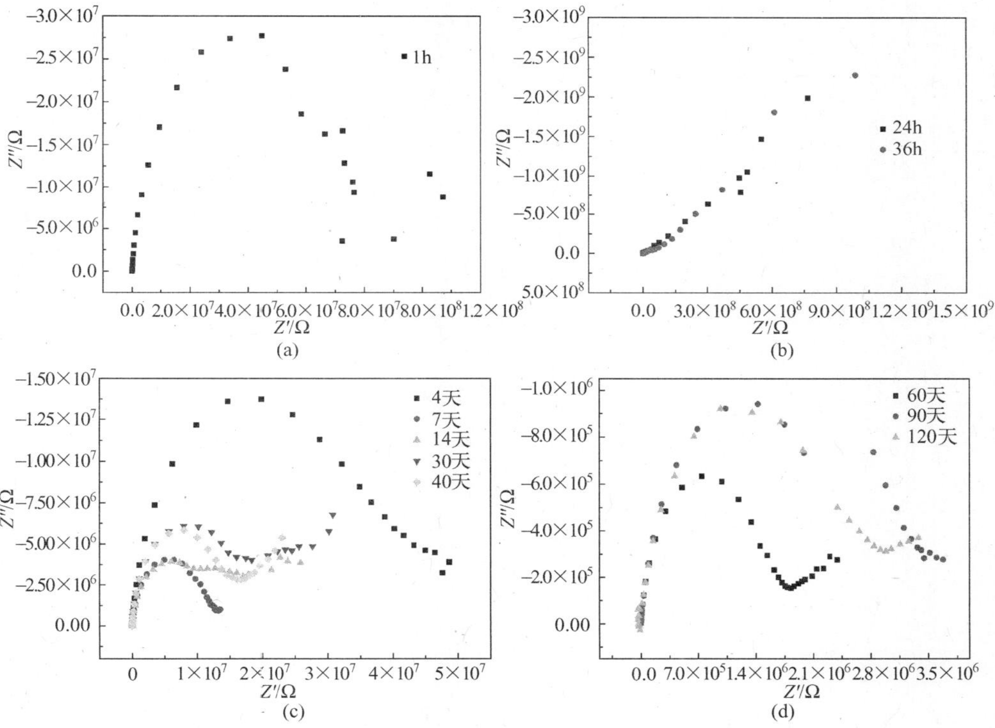

图 5.6　J6 涂层在 3.5% NaCl 溶液中不同浸泡时间的奈奎斯特图

图 5.7 所示为 J6 涂层不同浸泡时间的截面电子显微镜照片。从电子显微镜照片上可以看到，涂层浸泡 40 天时，涂层表层明显出现腐蚀产物层，涂层内靠近表层部分的锌粉已经腐蚀，锌粒表面生成了絮状的腐蚀产物。涂层浸泡 120 天时，涂层厚度明显增大，涂层内锌粉均已发生腐蚀。

有机富锌涂层的腐蚀失效机制如下：

浸泡开始阶段，有机富锌涂层具有对腐蚀性介质的阻挡作用，随着浸泡时间的延长，侵蚀性溶液进入涂层并与锌粉发生反应，涂层表现为阴极保护的作用；随着浸泡时间的进一步增加，锌粉的腐蚀产物堵塞介质进入通道，此时腐蚀产物

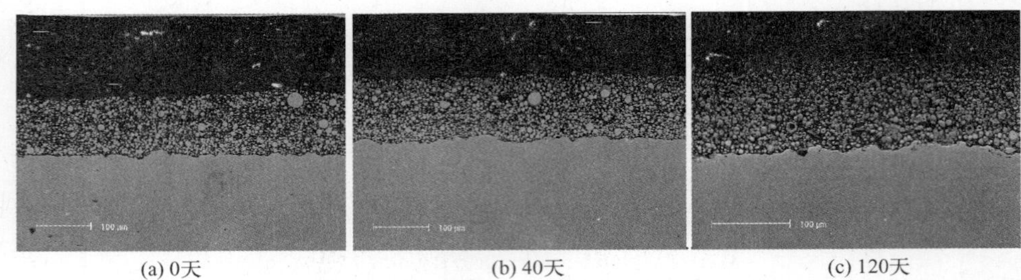

(a) 0天　(b) 40天　(c) 120天

图 5.7　J6 涂层浸泡不同时间的截面电镜照片

的屏蔽作用对基体起到保护作用。有机富锌涂层还具有无机富锌涂料不具有的在浸泡早期对侵蚀性介质的阻挡作用,因而,在试验条件下,有机富锌涂层的防腐蚀性能要优于无机富锌涂层。

7. 涂层附着力

表 5.5 所列为 J1 涂层附着力试验的结果,表 5.6 所列为 J1 涂层涂刷封闭层后附着力的测试结果。

表 5.5　J1 涂层附着力试验结果

试样标签	最大负载时的拉伸应力/MPa	最大负载/N
1	1.62	509
2	1.25	393
3	0.70	220
4	1.16	363
5	1.55	487
平均值	1.26	

表 5.6　J1 涂层涂刷封闭漆后附着力测试结果

试样标签	最大负载时的拉伸应力/MPa	最大负载/N
1	5.72	1796
2	4.53	1422
3	2.93	921
4	9.90	3109
5	6.37	2002
平均值	5.89	

图 5.8 所示为胶黏剂与 J1 涂层之间拉开的照片。从照片上可以看出,在测试 J1 涂层附着力时,主要表现为涂层表面与胶黏剂之间的断裂;而在测试 J1 封

闭漆的附着力时，表现为封闭层与J1涂层之间的断裂(图5.9)，这说明J1涂层与α-氰基聚丙烯酸乙酯为主体的胶黏剂的结合力要远大于其与封闭层之间的结合力，这就导致在拉伸应力增加到一定值时，J1涂层首先与封闭层剥离，说明J1涂层与封闭漆之间附着力差，即J1涂层与其配套封闭漆之间的配套性较差。

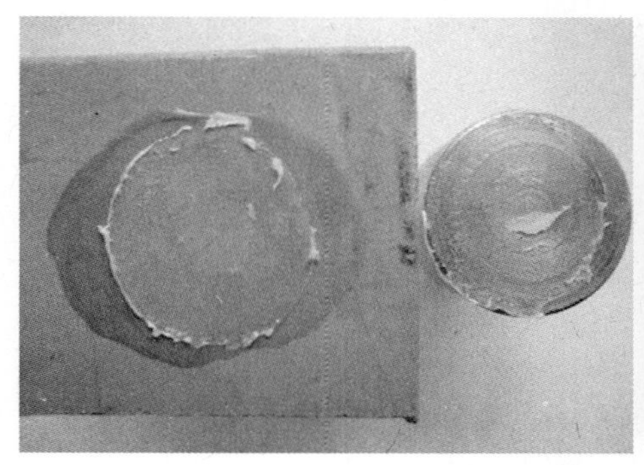

图5.8 胶黏剂与J1涂层之间的拉开照片

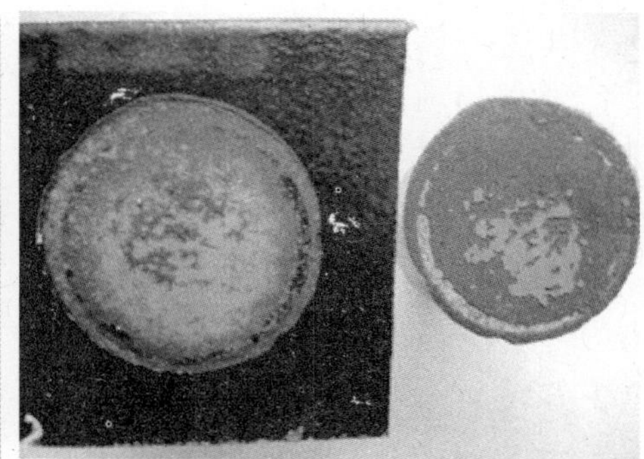

图5.9 封闭层与J1涂层之间的拉开照片

表5.7所列为J6涂层附着力试验的结果，表5.8所列为J6配套体系涂层附着力的测试结果。

表5.7 J6涂层附着力测试结果

试样标签	最大负载时的拉伸应力/MPa	最大负载/N
1	3.53	1110
2	3.59	1130
3	5.03	1580
4	3.88	1220
5	5.31	1670
平均值	4.27	

表5.8 J6配套体系涂层附着力测试结果

试样标签	最大负载时的拉伸应力/MPa	最大负载/N
1	7.28	2290
2	6.97	2190
3	9.57	3010
4	8.27	2600
5	9.76	3070
平均值	8.37	

图 5.10 和图 5.11 分别为 J6 涂层及其配套体系的拉开照片。从照片上可以看出，在测试 J6 涂层附着力时，主要表现为涂层表层的断裂；而在测试 J6 配套体系的附着力时，表现为面漆与中间漆之间的断裂。

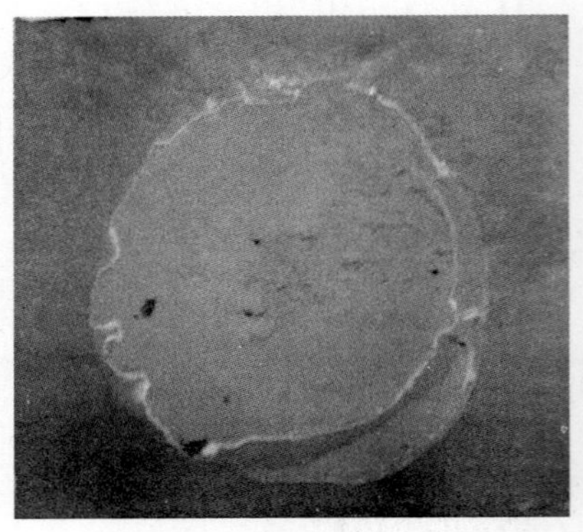

图 5.10 J6 涂层表层拉开照片

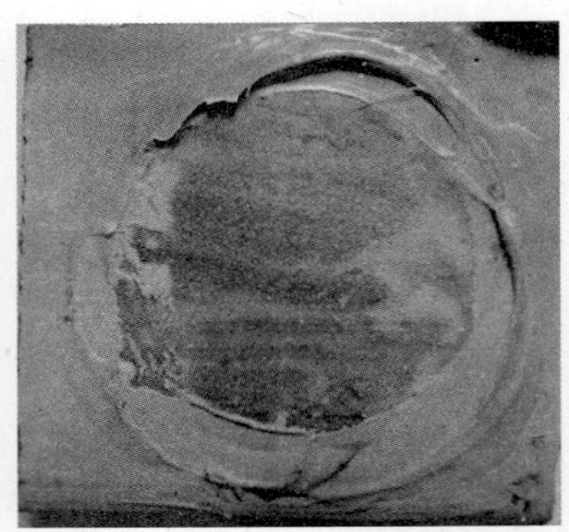

图 5.11 J6 配套体系面漆与中间漆之间的拉开照片

从 J1 与 J6 涂层的附着力试验数据可以看出，J6 涂层及其配套体系的附着力明显高于 J1 涂层及其配套体系的附着力。这进一步证明，在一定的腐蚀环境中，有机涂层及其配套体系与无机富锌涂层及其配套体系相比，由于其涂层之间良好的附着力，更有利于保证其防护性能的发挥；而无机富锌涂层配套体系就很可能由于其涂层配套体系之间附着力的缺陷，而导致其防护性能的过早失效。

5.2.5 小结

（1）无机富锌涂层对基体的保护作用主要为浸泡初期的阴极保护作用以及腐蚀产物在涂层表面和内部沉积产生的封闭阻挡作用。随着浸泡时间的延长，涂层中锌粉的腐蚀反应由腐蚀介质或腐蚀产物扩散的传质过程控制。但上述两种作用在数月内将耗竭殆尽。同时，无机富锌涂层与封闭漆之间由于树脂主体官能团分子极性的差异，分子间作用成分较少，使得总体结合强度较小，尤其当侵蚀性介质进入涂层后将导致封闭层的加速剥离以及体系的失效。因此，无机富锌涂层与所选封闭漆的配套体系不是一种十分合理的体系。

（2）有机富锌涂层对基体的保护作用不仅仅是阴极保护作用，其本身的屏蔽作用也对整体的防护作用产生较明显和直接的贡献。同时，有机富锌涂层与其配套有机涂层之间的结合性能由于分子极性相近也要远好于无机富锌涂层。基于此，有机富锌配套体系的整体防护性能优于无机富锌配套体系。

（3）无机与有机富锌涂层配套体系的耐盐雾性能差异较小，但阴极剥离试验以及海水中的腐蚀防护性能差别较明显。在盐雾环境条件下,由于传输通道中液相介质不均匀甚至不连续,锌粉腐蚀产物向涂层表面传输的能力较在海水介质条件下差,而无机富锌更为强烈的牺牲阳极作用,导致更大量的锌的腐蚀产物在传输通道中的"滞留"。这种作用实际上使得无机富锌与有机富锌体系的屏蔽阻挡作用趋于一致,因而它们之间的防护行为较接近。但在连续介质的试验条件下,则没有上述作用,所以腐蚀防护行为的差异较大。

(4) 基于无机富锌涂层与有机富锌涂层配套体系的阻抗谱,就整个涂层体系的阻抗,有机富锌涂层配套体系的防腐蚀性能要远好于无机富锌涂层配套体系。

5.3　环氧涂层分子链结构对涂层性能的影响研究

下面采用液压高压釜模拟深海环境,结合质量法、电化学阻抗谱技术以及附着力测试等手段分别对一种低黏度环氧涂料、两种较高黏度环氧涂料以及两种固态环氧涂料在模拟深海环境中的失效行为进行研究。

5.3.1　试验方法

1. 试验材料及样品制备

试片为 $\phi 20 \times 10$mm 的 Q235 低碳钢,在一端焊接导线后用环氧树脂封装后放入干燥箱中备用。试片涂覆涂料前喷砂处理使表面粗糙度达到 *Sa*2.5,经丙酮除油,乙醇除水后涂覆涂料。

用于吸水率测试的试样是预先刷涂在硅胶板上,按相应的固化条件制备涂层样品,然后裁剪成相同的形状进行吸水率测试。

用于附着力测试的试样是预先涂覆在 150mm × 75mm × 2mm 的 Q235 低碳钢上,按相应的固化条件制备涂层样品,然后进行附着力测试。

电化学阻抗谱测试用基体材料为直径为 2cm 的圆柱形 Q235 钢,工作面积为 3.14cm^2。对于每种涂料,制备 3 种不同厚度的涂层/碳钢试样,常压与高压下测试用试样涂层厚度为$(80 \pm 5)\mu m$,测试面积均为 3.14cm^2。

采用的涂层体系如下:

(1) 涂层体系的选择为双酚 A 环氧树脂 E44,用聚酰胺 651 作为固化剂,二者混匀 0.5h 后,刷涂在样品表面,在室温干燥 15h,在 60℃ 干燥箱中固化 24h 后可以进行后续测试。

(2) 选用 F－51 溶剂型酚醛环氧树脂,固化剂选用 651 型低分子聚酰胺树脂。采用刷涂法将环氧涂料涂覆到碳钢表面,在室温与 60℃ 干燥箱中分别固化

24h。涂层厚度为(195 ± 10) μm。

(3) 采用静电粉末喷涂法将 E12 环氧粉末涂料喷涂到碳钢表面,固化剂为双氰胺。二者制成粉末后利用静电喷涂技术喷涂在样品表面,在干燥箱中 200℃固化 8min 后取出可以进行后续测试。涂层厚度为(170 ± 10) μm。

(4) 采用静电粉末喷涂法将 FM-15 环氧粉末涂料喷涂到碳钢表面,固化剂为双氰胺。二者制成粉末后利用静电喷涂技术喷涂在样品表面,在干燥箱中 200℃固化 8min 后取出可以进行后续测试。

(5) 涂料选用 615A 型无溶剂环氧树脂,固化剂选用 651 型低分子聚酰胺树脂。采用刷涂法将 615A 环氧涂料涂覆到碳钢表面,在室温与 60℃干燥箱中分别固化 24h。涂层厚度为(280 ± 10) μm。

(6) 涂料选用 NP170 双酚 F 型环氧树脂,固化剂选用 651 型低分子聚酰胺树脂。采用刷涂法将 NP170 环氧涂料涂覆到碳钢表面,在室温与 60℃干燥箱中分别固化 24h。涂层厚度为(210 ± 10) μm。

2. 试验环境

试验以 3.5%(质量分数) NaCl 水溶液作为腐蚀介质,试验温度为室温。静水压力分别为 3.5MPa 或 6.3MPa 进行吸水率、附着力、EIS 的测试。

3. 试验装置

通过自行设计的试验装置模拟深海环境,采用气液增压法在模拟装置中加压,调节至所需的静水压力。

4. 测试方法

1) 电化学阻抗谱测量

电化学阻抗谱(EIS)测量在荷兰 Eco Chemie 公司生产的 AutoLab PGSTAT302 型电化学工作站上进行(图 5.12)。EIS 测量采用经典三电极体系,对电极为铂电极(20mm × 20mm),参比电极为固态参比电极($E = 0.1967\text{V}_{\text{SHE}}$)。测试频率范围为 $10^5 \sim 10^{-2}$ Hz,正弦波扰动信号的振幅为 100mV、50mV 和 20mV。由于涂层较厚,在浸泡初期涂层的阻抗很大,为了提高测量的信噪比,避免腐蚀电位漂移带来的误差,刚开始浸泡到 48h 之间采用 100mV 的振幅,之后随着涂层电阻的减小而逐渐减小振幅到 20mV。EIS 试验数据用 ZSimpWin 软件拟合。

2) 吸水率测试

利用电子天平(Sartorius CP225D)(图 5.13)测定不同浸泡时间下涂层的重量,根据式(5.1)计算吸水率,即

$$\text{吸水率}(\%) = \frac{W_t - W_0}{W_0} \times 100 \tag{5.1}$$

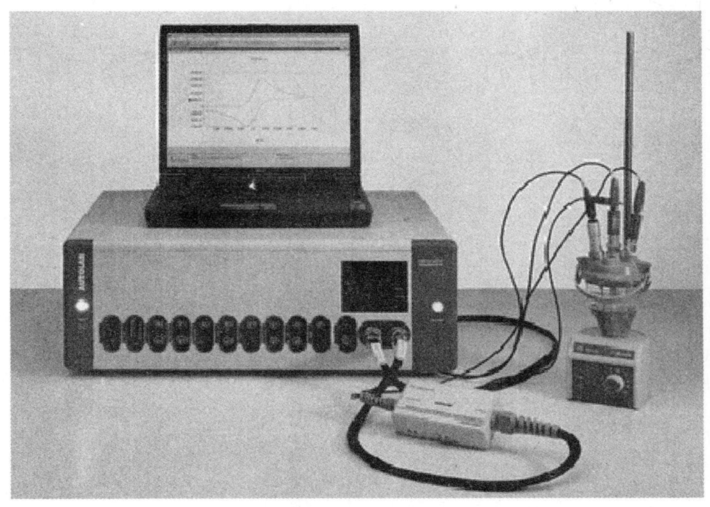

图 5.12　电化学测试装置

式中：W_0，W_t分别为涂层试样原重与浸泡 t 小时后的重量。为了确保试验数据的准确性，采用 5 个试样进行平行试验。

3）附着力测试

使用 PosiTest 附着力检测仪（图 5.14）测定不同循环周期下马口铁试片上涂层的附着力。为了提高数据的可靠性，对 3 个平行试样进行测试，结果取平均值。

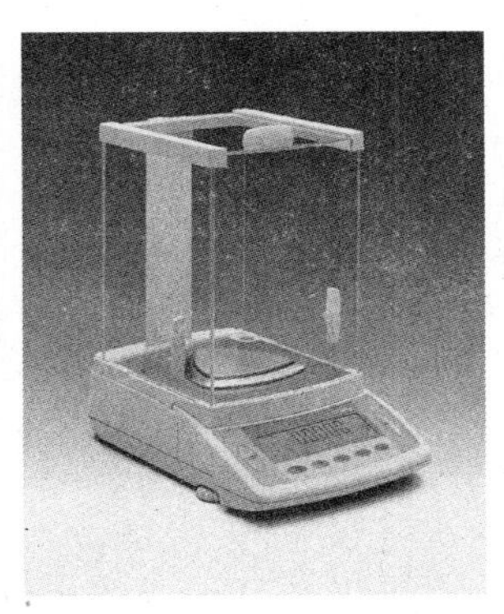

图 5.13　分析天平

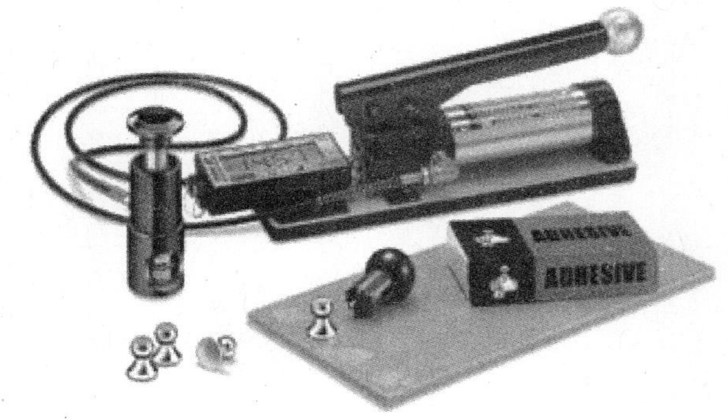

图 5.14　拉拔式附着力检测仪

4）交联密度测试

称取一定量（M_1）固化完全的涂层自由膜，用滤纸包好放入提取管内；量取约 100mL 丙酮加入到 150mL 蒸馏瓶中，装好索氏提取器及加热装置；打开循环冷却水,加热至丙酮沸腾,48h 取出涂层自由膜,烘干并用电子天平称重,得到的涂膜重量占原涂膜重量的百分含量即为所研究涂膜的交联密度。

5)腐蚀区面积比计算方法

利用数码相机对不同浸泡时间涂层试样的腐蚀形貌进行观察,并通过图像处理软件 Adobe Photoshop CS3 对图片进行处理与分析来考察静水压力对涂层试样腐蚀形貌的影响规律。由于数码图片是由成千上万个像素组成,而这种最小的图形的单元(像素)通常是单个的染色点,因此通过计算不同浸泡时间下涂层试样腐蚀形貌照片上腐蚀区的像素便可以求得腐蚀区所占的比例。具体方法是:首先利用索套工具选择整个涂层试样有效面积(金属面积),根据直方图显示区的信息得到整个涂层/金属试样的总像素 P_{total};然后利用索套工具逐一将涂层试样上的宏观腐蚀区圈出并记录相对应的像素大小 P_{corr};最后利用式(5.2)求得涂层试样腐蚀区面积比 $S_{corr}(\%)$。

$$S_{corr}(\%) = \frac{P_{corr}}{P_{total}} \times 100\% \tag{5.2}$$

5.3.2 涂层交联度变化

用丙酮作为溶剂,采用索氏提取器法进行涂层交联度测试。用丙酮抽提 48h 后,各涂层的交联度如下:

(1) E44 环氧涂层 92.1%。

(2) F-51 溶剂型酚醛环氧树脂涂层 92.4%。

(3) E12 环氧涂层 100%。

(4) FM15 环氧涂层 100%。

(5) 615A 环氧涂层 96.7%。

(6) NP170 环氧涂层 90.4%。

5.3.3 静水压力对水在涂层中的传输机制的影响

水在涂层中的渗透与传输是引起涂层破坏的关键因素。由于水渗透到达涂层与金属之间的界面,不但引起涂层下金属的腐蚀,还会在渗透到金属界面后侧向扩散,引起涂层附着力的丧失,从而使得涂层最终失去对金属的保护作用。因而,研究静水压力对水在涂层中的传输机制就具有重要的科学意义。

从以上针对几种涂层的研究发现,不论是静水压力还是常压下,涂层的吸水率曲线的变化趋势相同,可分为两个阶段:涂层吸水率随时间延长而快速增大阶段以及吸水达到饱和阶段。同时,静水压力并未影响水在涂层中的传输机制,不论是常压还是 3.5MPa 或 6.3MPa 静水压力下,水在涂层中的扩散均符合理想的

Fick 第一扩散定律，即涂层吸水率与浸泡时间的 1/2 次方成正比。

同时，在不同静水压力下涂层的饱和吸水率也存在着不同，如表 5.9 所列。从表中可以看出，对于粉末涂料，例如 E12 涂层、FM15 涂层，静水压力对自由膜吸水率的影响很小，但对于液态的涂料，如 E44 涂层、F51 涂层、615A 涂层，不同静水压力下涂层的吸水率不同，在高静水压力下涂层的吸水率要比常压下的吸水率高。

表 5.9　不同静水压力下自由膜涂层的饱和吸水率

饱和吸水率/%							
涂层		E44	F51	E12	FM15	615A	NP170
静水压力/MPa	0.1	1.1	6.7	1.8	1.4	1.8	1.3
	3.5	1.5	7.5	1.8	1.4	2.1	1.4
	6.3	2.5	8.6	1.8	1.4	2.1	1.6

5.3.4　静水压力对涂层附着力的影响

越来越多的研究表明，涂层的湿附着力是决定涂层失效的重要因素之一。涂层的失效，往往是由于涂层与金属基体界面的附着力降低，甚至完全丧失，才导致涂层的大面积剥落，从而最终导致涂层的失效。关于涂层湿附着力的研究是涂料研究的热点之一，涂层在干的状态下的附着力是涂层一项重要的力学性能。

研究结果表明，不论是高静水压力条件下还是常压条件下，涂层附着力随着浸泡时间的延长呈现下降趋势。E44 涂层、615A 涂层的附着力在干态时仅仅达到 10MPa 左右，随浸泡时间的延长，几种涂层的湿态附着力均丧失得更多，达到 2～3MPa 左右。但 E12、FM15 两种粉末涂料的干态附着力达到 20MPa 以上，在浸泡过程中虽有降低，但仍然保持得较好，如图 5.15 所示。同时，在高静水压力条件下，不论是液态涂料，如 E44 涂层、F51 涂层、615A 涂层，还是粉末涂料，如 E12 涂层、FM15 涂层，附着力的降低均要比常压条件下要快，如图 5.16、图 5.17 所示。

从图 5.16 中可以看出，在浸泡初期(小于 50h)时，E44 涂层的附着力在常压时从 9.5MPa 下降到 6.5MPa，而在 3.5MPa 或 6.3MPa 静水压力下，从 9.5MPa 下降到 4Mpa 左右，在高静水压力下降速度要远高于在常压下的下降速度，这说明高的静水压力加速了涂层附着力的下降。而图 5.17 中，E12 涂层的附着力下降的规律与 E44 略有不同：虽然在高静水压力下降速度要高于在常压下的下降速度，但 3.5MPa 时涂层附着力下降的速度与常压时相差不大，而 6.3MPa 下的

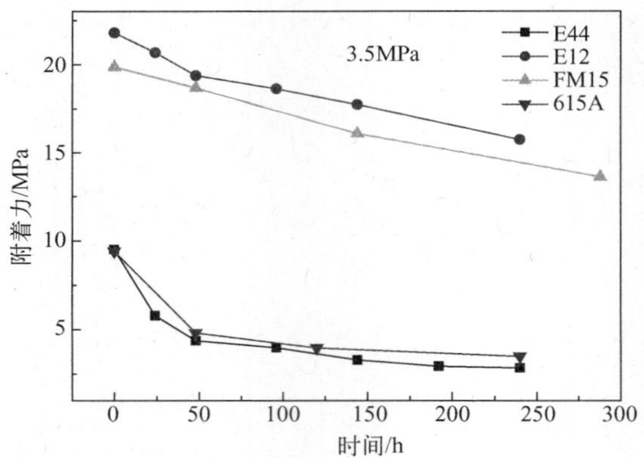

图 5.15 几种涂层在 3.5MPa 静水压力下附着力与浸泡时间关系曲线

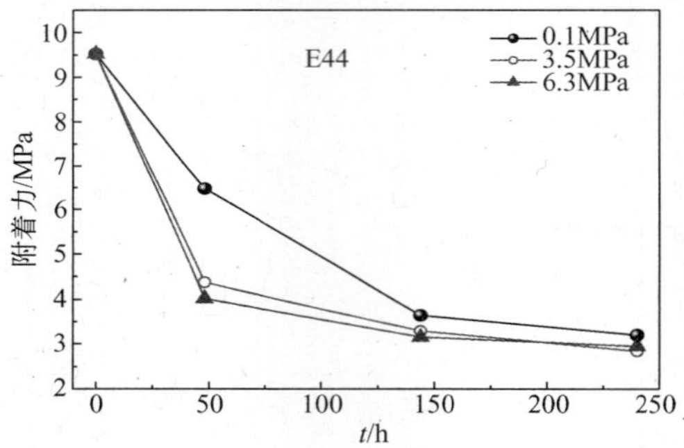

图 5.16 E44 涂层在不同静水压力下附着力与浸泡时间关系曲线

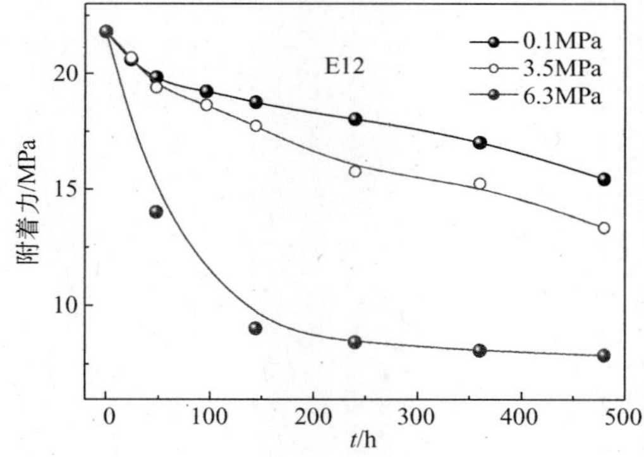

图 5.17 E12 涂层在不同静水压力下附着力与浸泡时间关系曲线

速度要远高于 3.5MPa 的。这说明涂层附着力在溶液中下降的规律不仅与浸泡时间有关,还与涂层本身的性能有关。

5.3.5　静水压力对涂层失效行为的影响

我们试图从电化学阻抗谱、静水压力对涂层阻挡行为的影响、静水压力对涂层下金属腐蚀行为的影响、腐蚀形貌等几个方面来分析不同的涂层在静水压力条件下失效规律。由于篇幅的关系,仅仅分析、表述一个耐蚀性差的涂层(E44)和一个好的涂层(E12)的变化规律。

1. E44 环氧涂层

先看电化学阻抗谱。图 5.18 所示为常压下 E44 环氧涂层在 3.5%(质量分数)的 NaCl 溶液中浸泡不同时间的 EIS 测试结果。可见,刚浸泡时,阻抗模值在 $10^8\Omega\cdot cm^2$数量级,随着浸泡时间延长,阻抗模值逐渐减小到 $3.98\times10^6\Omega\cdot cm^2$,相应的相位角曲线逐渐降低,表现为两个时间常数特征。

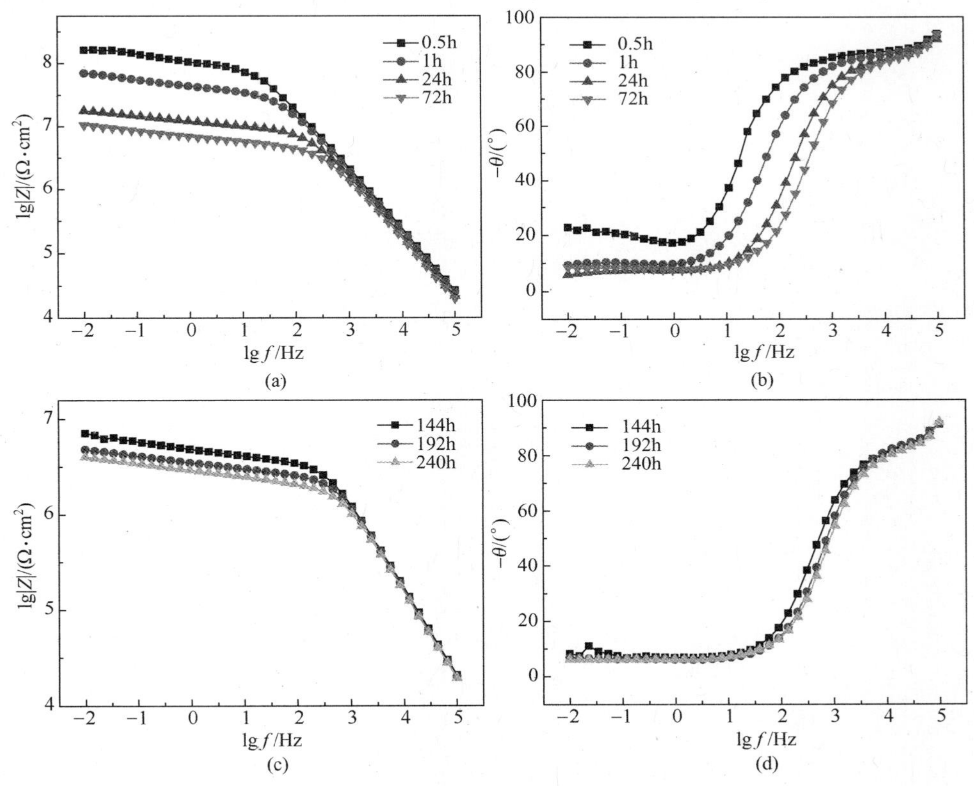

图 5.18　常压下 E44 环氧涂层不同浸泡时间的 EIS 结果

图 5.19 所示为 3.5MPa 压力下 E44 环氧涂层在 3.5%(质量分数)的 NaCl

溶液中浸泡不同时间的 EIS 测试结果。可以看出，加压前(0.5h 时)涂层阻抗模值约为 $3.98\times10^{8}\Omega\cdot cm^{2}$，涂层具有较好的阻挡作用，但对应的相位角曲线与常压一样呈现两个时间常数特征。加压后，阻抗模值急剧降低到 $10^{6}\Omega\cdot cm^{2}$ 数量级，涂层阻挡作用明显降低。随着浸泡时间延长，阻抗模值在 $10^{5}\sim10^{6}\Omega\cdot cm^{2}$ 数量级范围内波动，对应的相位角曲线均表现为两个时间常数。

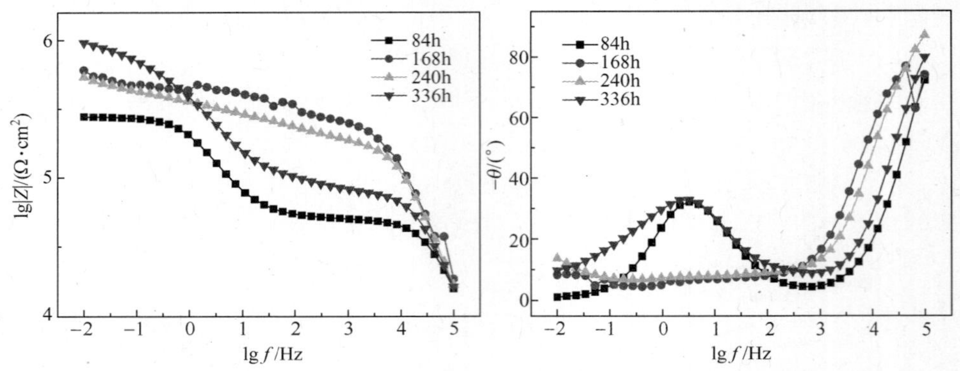

图 5.19　E44 涂层在 3.5MPa 静水压力下不同浸泡时间的 EIS 结果

图 5.20 所示为 6.3MPa 压力下 E44 涂层/碳钢试样不同浸泡时间的 EIS 结果。可见，常压时(0.5h)，涂层阻抗模值高达 $10^{10}\Omega\cdot cm^{2}$ 数量级，相应的相位角曲线在很宽的频率范围内在 −90°附近，此时涂层具有良好的阻挡作用；加压 1h 后，涂层阻抗模值急剧减小到 $10^{7}\Omega\cdot cm^{2}$ 数量级，相位角曲线下降并呈现至少两个时间常数特征，说明高静水压力作用下水等腐蚀介质很快透过涂层达到涂层/金属界面引起了腐蚀反应；浸泡 4h 时，阻抗模值再次急剧减小，与未加压相比，降低了 5 个数量级，此时涂层阻挡作用丧失；浸泡时间延长，涂层试样阻抗模值维持在 $10^{5}\Omega\cdot cm^{2}$ 数量级未发生大的变化。

图 5.21 所示为常压、3.5MPa 以及 6.3MPa 静水压力下 E44 涂层的涂层孔隙电阻、涂层电容与浸泡时间关系曲线。可见，0 ~ 240h 内，常压下涂层孔隙电阻随浸泡时间延长从 $10^{8}\Omega\cdot cm^{2}$ 数量级逐渐减小到 $10^{6}\Omega\cdot cm^{2}$ 数量级，相应的涂层电容在一个很小的范围内($1.0\times10^{-10}\sim2.0\times10^{-10}F\cdot cm^{-2}$)呈现增大的趋势，水等腐蚀介质逐渐渗入到涂层内部导致涂层孔隙电阻涂层电容发生变化，涂层阻挡作用降低。3.5MPa 下加压前涂层孔隙电阻在 $10^{7}\Omega\cdot cm^{2}$ 数量级，加压后，涂层孔隙电阻减小了 3 个数量级，对应的涂层电容急剧增大，这是因为高压下，涂层内外水压力差较大，水等腐蚀介质迅速向涂层内渗透，引起电阻与电容大幅度变化。然而随着浸泡时间延长，涂层孔隙电阻呈现增大的变化趋势，浸泡 240h 后，增大到 $10^{5}\Omega\cdot cm^{2}$ 数量级，可能是因为涂层/金属界面生成的腐蚀产物

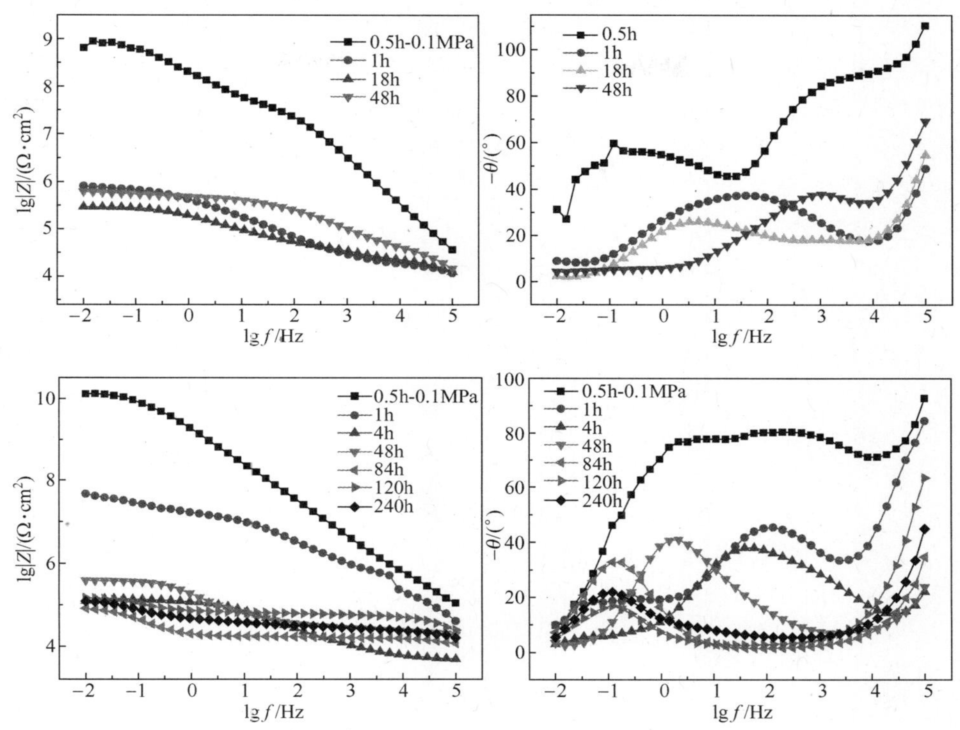

图5.20　E44涂层在6.3MPa静水压力下下不同浸泡时间的EIS结果

起到了一定的阻挡作用。6.3MPa下的结果与3.5MPa的结果类似。比较3种压力下的结果可见,高压下涂层孔隙电阻明显小于常压下的结果,压力越大这种差异越明显;6.3MPa压力下涂层电容增大程度远大于另外两种压力下的结果,这表明高压作用下涂层的抗渗透能力下降,水等腐蚀介质很容易渗入到涂层内,这与涂层吸水率测试结果相符。

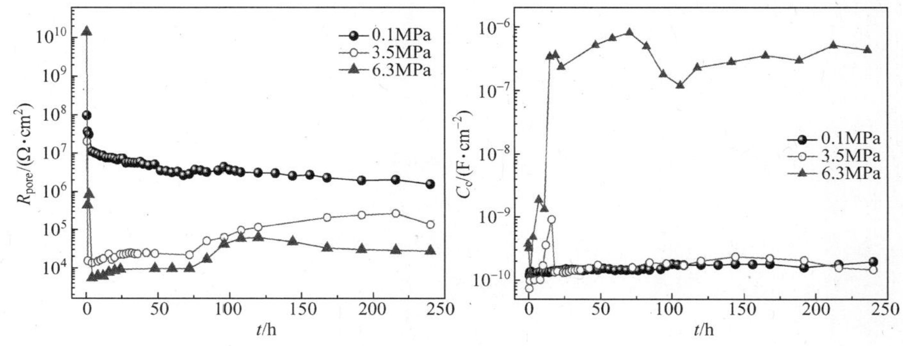

图5.21　3种压力下涂层孔隙电阻、涂层电容与浸泡时间关系曲线

再看看静水压力对涂层下金属腐蚀行为的影响。图 5.22 给出了 3 种压力下电荷转移电阻、双电层电容随浸泡时间的变化规律。3 种压力下涂层试样在刚浸泡时涂层/金属界面就发生了电化学腐蚀反应。浸泡 240h 内，常压下电荷转移电阻随浸泡时间延长呈现明显减小的趋势，对应的双电层电容逐渐增大，意味着涂层/金属界面腐蚀反应加剧，腐蚀面积逐渐增大。3.5MPa 静水压力下，加压后的电荷转移电阻从 $7.0\times10^{9}\Omega\cdot cm^{2}$ 迅速降低到 $10^{6}\Omega\cdot cm^{2}$ 数量级，并在浸泡 24h 内呈现逐渐减小的趋势，涂层/金属界面腐蚀反应加剧；浸泡时间继续延长，电荷转移电阻有所增大，之后维持在 $2.0\times10^{5}\Omega\cdot cm^{2}$ 左右，而相应的双电层电容存在一个很大的波动。6.3MPa 压力下，加压后电荷转移电阻在很短时间内降低到一个很低的值，此后随浸泡时间延长而维持在一个较低的值，双电层电容变化规律正好相反。相同浸泡时间内，两种高静水压力条件下涂层体系的电荷转移电阻较常压下的结果小 2 个数量级，且 6.3MPa 下双电层电容较常压下的结果大得多，可见高压下涂层/金属界面更容易发生严重的电化学腐蚀反应，一方面高压下涂层的抗渗透能力变差，水等腐蚀介质很容易通过涂层而渗入到涂层/金属界面，因而有利于氧的传输，腐蚀反应容易发生；另一方面水等腐蚀介质在压力作用下更容易沿界面向周围扩散，最终促进了界面腐蚀反应。

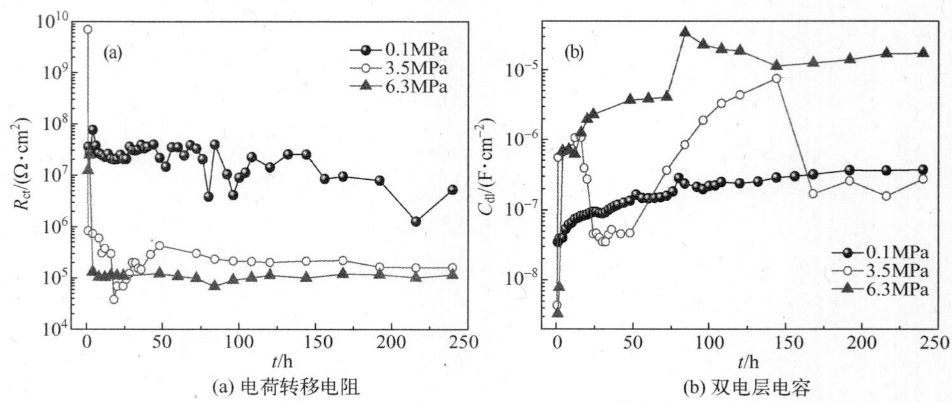

(a) 电荷转移电阻　　(b) 双电层电容

图 5.22　3 种静水压力下涂层/金属体系电荷转移电阻、双电层电容与浸泡时间关系曲线

最后看腐蚀形貌。图 5.23、图 5.24 分别所示为常压与 3.5MPa 静水压力下 E44 涂层试样不同浸泡时间表面宏观形貌。可见，两种压力下涂层试样表面腐蚀点随浸泡时间延长而逐渐增多，腐蚀面积逐渐增大。为了更好地了解压力对涂层试样表面腐蚀的影响，图 5.25 给出了两种压力下涂层试样腐蚀面积所占比重与浸泡时间关系曲线。可见，腐蚀面积比重与浸泡时间近似线性关系，但高压下的斜率明显大于常压下的结果，这意味着高压下腐蚀面积扩展速度更快，水等

腐蚀介质在压力作用下容易向沿界面扩散而引起更大面积的腐蚀反应,与电荷转移电阻所表达的信息一致。

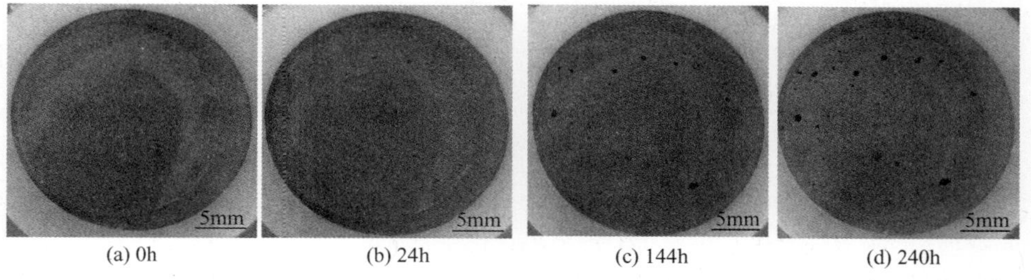

图 5.23　常压下 E44 环氧涂层试样不同浸泡时间表面腐蚀形貌

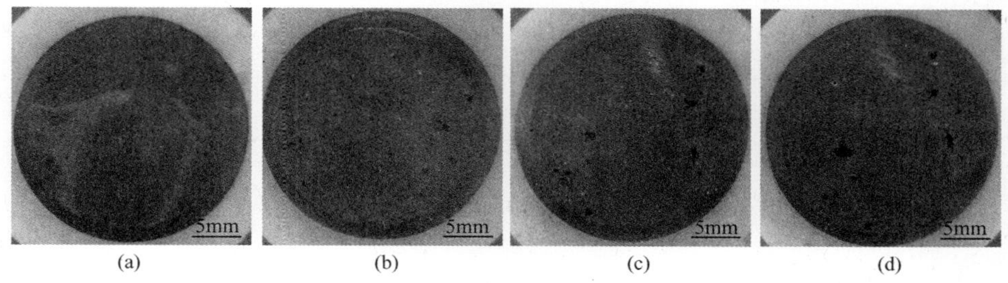

图 5.24　3.5MPa 下 E44 环氧涂层试样不同浸泡时间表面腐蚀形貌

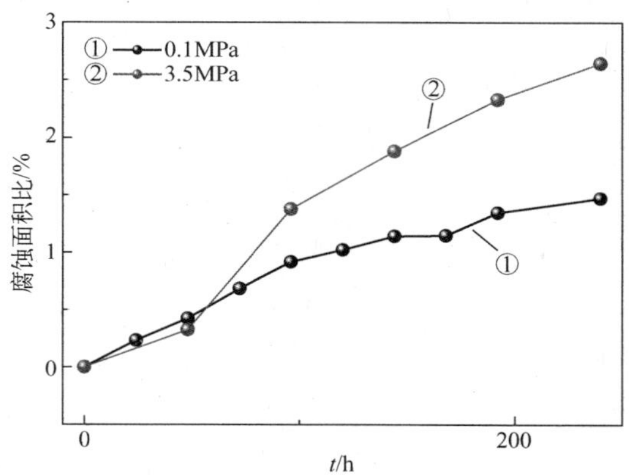

图 5.25　常压与 3.5MPa 压力下环氧涂层试样表面腐蚀面积比与浸泡时间关系曲线

2. E12 涂层

图 5.26 ~ 图 5.28 分别为涂层在常压、3.5MPa 以及 6.3MPa 静水压力下不同浸泡时间的 EIS 结果。可见,常压与 3.5MPa 压力下,各阻抗模值都在 $10^{11}\Omega\cdot cm^2$ 数量级以上,且相对于频率呈一条斜线,相位角在很宽的频率范围内接近 -90°,此时涂层相当于一个电阻值很大、电容值很小的隔绝层,具有很好的阻挡性能。

6.3MPa 下，加压后，阻抗模值有所降低，但在整个浸泡时间内，阻抗模值都在 $10^{10}\Omega\cdot cm^2$ 数量级以上，各阻抗谱都呈现一个时间常数特征，涂层对水等腐蚀介质具有良好的阻挡作用。这些说明，E12 涂层具有优良的耐静水压力的作用。

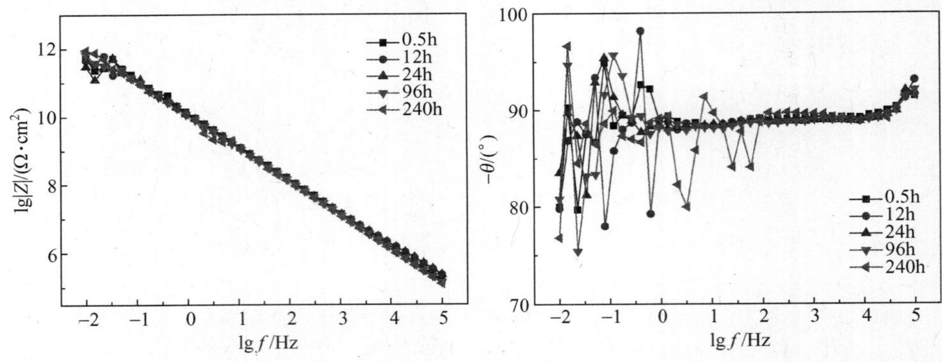

图 5.26 常压下 E12 涂层在 3.5%（质量分数）NaCl 溶液中不同浸泡时间的 EIS

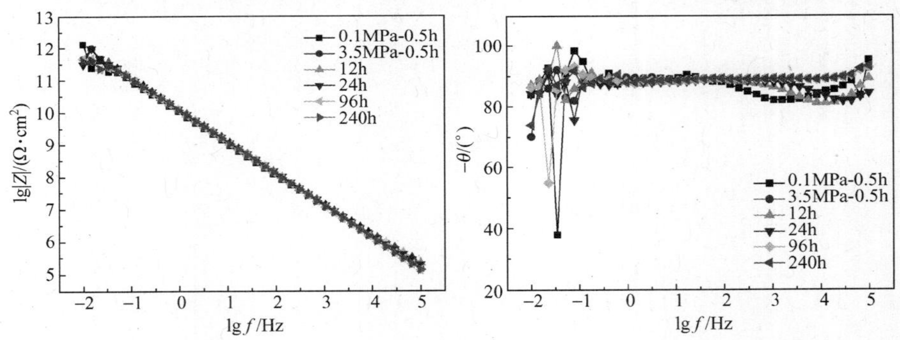

图 5.27 3.5MPa 下 E12 涂层在 3.5%（质量分数）NaCl 溶液中不同浸泡时间的 EIS

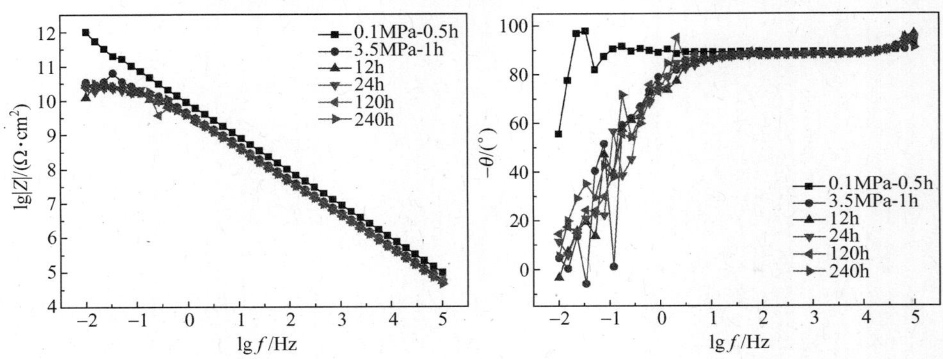

图 5.28 6.3MPa 压力下 E12 涂层在 3.5%（质量分数） NaCl 溶液中不同浸泡时间的 EIS

图5.29～图5.31分别所示为常压、3.5MPa以及6.3MPa静水压力下涂层试样浸泡不同时间的表面宏观形貌。可以看出,3种压力条件下,与未浸泡相比,浸泡240h后,各试样均为发生变化,金属基体均未发现腐蚀点,这印证了上述EIS的结果,该涂层具有良好的耐高压性能,能有效地阻碍水等腐蚀介质向涂层/金属界面的传输。

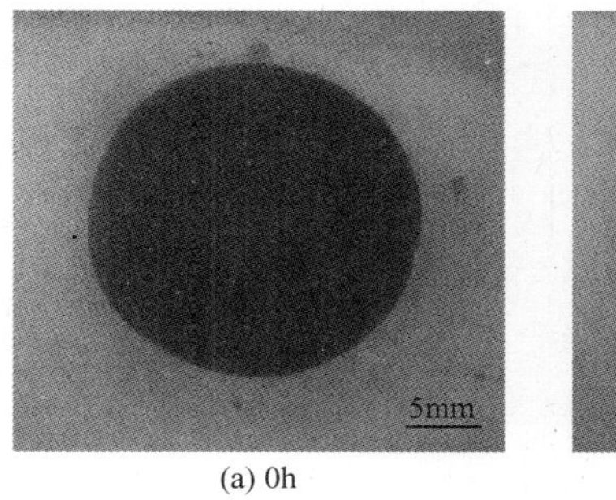

(a) 0h

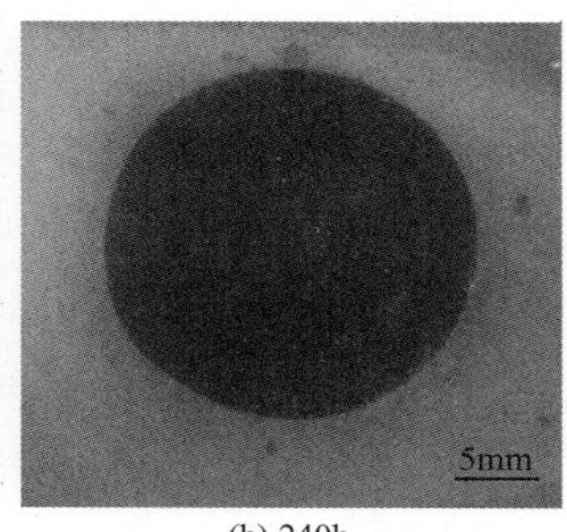

(b) 240h

图5.29　常压下E12涂层试样表面在不同浸泡时间的宏观形貌

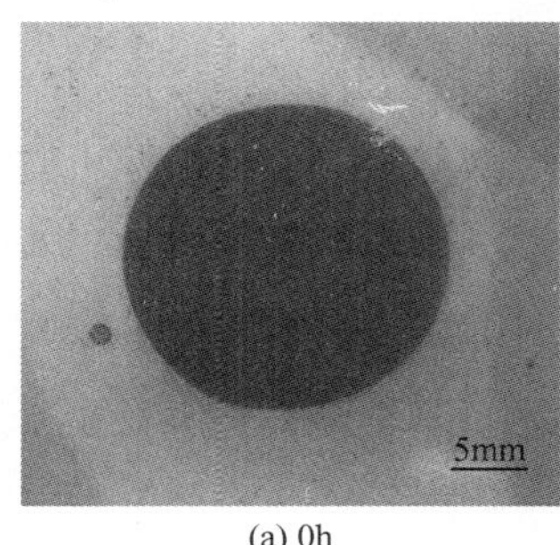

(a) 0h

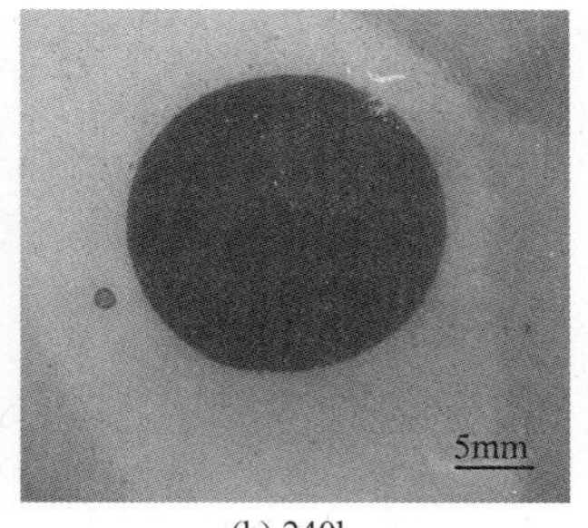

(b) 240h

图5.30　3.5MPa压力下E12涂层试样表面在不同浸泡时间的宏观形貌

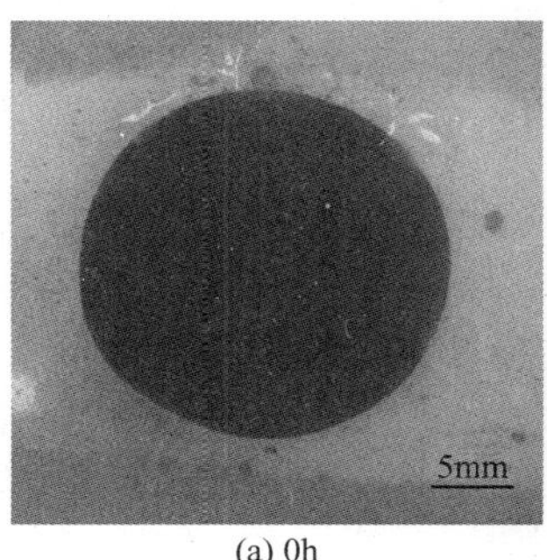

(a) 0h

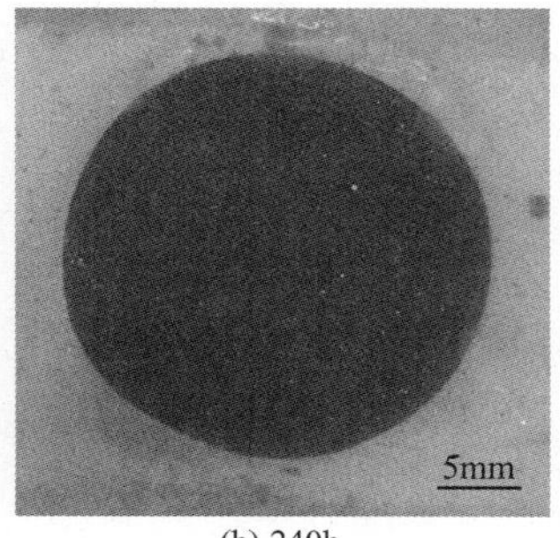

(b) 240h

图5.31　6.3MPa压力下E12涂层试样表面在不同浸泡时间的宏观形貌

3. 小结

防腐涂层对金属基体的保护作用是防腐涂层最重要的一项功能，因而评价防腐涂层的耐蚀性能是涂层评价的重要指标。利用电化学阻抗谱(EIS)评价涂层耐蚀性能是一种无损原位的方法。

从试验结果可以看出，E44、FM15、F51、NP170 四种涂层在常压和高静水压力下均出现了随浸泡时间延长出现第二个时间常数的现象，也就是说，随着浸泡时间的延长，涂层下的金属出现了腐蚀现象，而且涂层的耐蚀性能在高静水压力下失效很快。但 E12 以及 615A 涂层在常压和高静水压力下整个浸泡期间并未出现第二个时间常数，这就说明 E12 涂层、615A 涂层在整个浸泡期间涂层下金属基体并未出现腐蚀，即 E12 涂层、615A 涂层可以耐高静水压力的海水环境的腐蚀。但二者也存在差别，在试验期间，不论是常压还是 3.5MPa 静水压力或 6.3MPa 静水压力下，E12 涂层 EIS 曲线均为一条斜率为 -1 的直线，E12 涂层一直保持纯电容行为，涂层未见任何耐蚀性能下降的信号出现；而 615A 涂层虽然在高静水压力下也能够保持很好的耐蚀性能，但随着静水压力的增大，涂层的耐蚀性能呈现下降的趋势，目测 615A 涂层试样上出现发暗的区域的现象，但 EIS 数据并未出现腐蚀的信号。这说明 615A 涂层与 E12 涂层相比，涂层的耐蚀性能没有 E12 涂层的耐蚀性能优异。

5.3.6 分子链结构对涂层耐蚀性能的影响

在试验中选取了双酚 A 型的环氧树脂 E44、E12、615A，双酚 F 型的环氧树脂 NP170，酚醛环氧树脂 FM -15、F -51。为了更好地比较环氧树脂分子链结构对涂层性能的影响，E12、FM -15 树脂选择使用了相同的固化剂——双氰胺，而其他 4 种涂层均使用 651 聚酰胺作为固化剂使用。

利用抽提法所测得的交联密度结果(48h 抽提结果)如图 5.32 所示。从图中可以看出，E12 涂层、FM -15 涂层由于均在 200℃ 固化，因而它们的交联密度均达到了 100%，而其他几种涂层均为常温固化，它们的交联密度要低于前两种涂层，均在 90% 左右。

涂层低频阻抗模值可以近似代表涂层的耐蚀性能，图 5.33 所示为几种涂层在常压和 3.5MPa 以及 6.3MPa 下浸泡 240h 后的低频阻抗模值。由图 5.33 所示为可以看出，随着静水压力的增大，涂层的低频阻抗模值下降，说明随着静水压力的增多涂层的保护作用下降。从图中还可以看出，每种涂层的低频阻抗模值的大小差别很大，常压浸泡 240h 后，低频阻抗模值最高的为 E12 涂层，达到 $7.9\times10^{11}\Omega\cdot cm^2$，最低为 F51，仅仅为 $4\times10^{5}\Omega\cdot cm^2$，二者相差达到 $10^{6}\Omega\cdot cm^2$ 之多。FM -15 涂层和 615A 涂层的低频阻抗模值仅次于 E12 涂层，分别达到了

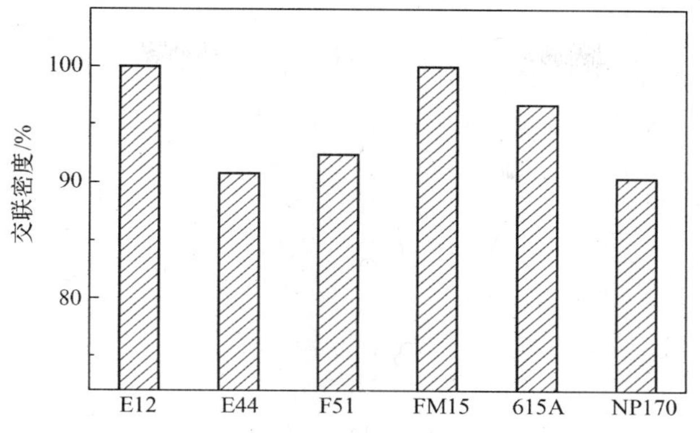

图5.32　几种涂层的交联密度测试结果

$1.5\times10^{10}\Omega\cdot cm^2$和$6.3\times10^{10}\Omega\cdot cm^2$。E44涂层的低频阻抗模值为$4\times10^{6}\Omega\cdot cm^2$。NP170涂层的低频阻抗模值为$1.6\times10^{7}\Omega\cdot cm^2$。这说明不同结构的环氧树脂对涂层耐蚀性能的影响很大，常压下耐蚀性能优良的涂层在高压下也能够保持高的耐蚀性能。

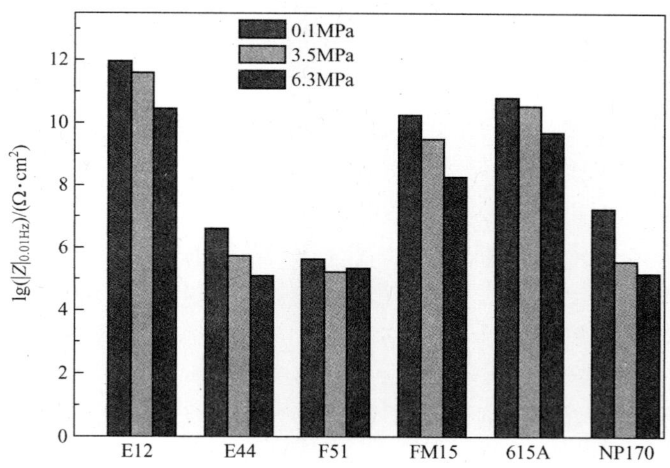

图5.33　几种涂层在常压及高静水压力下的低频阻抗模值结果

同样为双酚A型环氧树脂，E12涂层的耐蚀性能要远高于E44涂层，二者在分子链结构上差别较小，但二者的交联密度有一些差别，分别为100%和90.8%；二者的涂层附着力差别很大，分别为21.8MPa和9.5MPa。

同样为酚醛环氧树脂，FM－15涂层的耐蚀性能也要远高于F51涂层，二者在分子链结构上差别较小，但二者的交联密度有一些差别，分别为100%和

94.4%；二者的涂层附着力差别很大，分别为19.8MPa和2～3MPa。

具有优异耐蚀性能的615A涂层的交联密度为96.7%，涂层附着力为9.5MPa，与E44和NP170涂层的值接近。

从以上的分析可以看出，涂层附着力对涂层耐蚀性能的影响较大，若具有高的涂层附着力，则一定有优良的耐蚀性能（如E12、FM－15）；同时若涂层的交联密度高，则涂层的耐蚀性能也高（如E12、FM－15、615A）。

5.4 涂层失效防护技术研究发展探讨

5.4.1 关于潜艇结构耐压涂层失效影响因素

根据以上章节的分析，潜艇透水部位涂层失效的因素有环境因素、材料因素、施工因素、使用因素等方面。这些原因可能是单方面作用的结果，也可能是多种因素作用的结果，而在实际的使用过程中，更多的可能是多种因素作用的结果。对于环境因素，海水的盐度、温度、pH值、氧含量、海生物、硫化物等有害成分对涂层破损以及涂层破损后造成的基材腐蚀都有可能做出贡献；海洋大气的温度、湿度以及有害杂质成分对于处于水线以上的艇体涂层破损和基材腐蚀有较大的影响。

材料因素分为两个方面：一是基材的涂装性能，如与涂层结合性能等。二是涂层本身的综合性能，如耐Cl^-渗透、耐压、干湿交替环境条件下的稳定性等。

施工因素有表面处理等级、湿度、温度等。

使用因素有海水压力的大小和变化梯度、在高压力下工作的强度、与海水的相对速度、干湿交替的频率、有害沉积物的成分和厚度、紫外线强度、保护对象的电位差及其阴极剥离的强度、温度变化梯度、可能的辐照影响等。

施工因素可以单独研究并进行比较，以选择较好的对施工容忍度比较大的涂料配套。基材因素也可以不做考虑，因为选择基材的可能性较小，主要是为了在总体设计上对已选好的基材进行涂装配套和腐蚀防护。所以，我们研究的重点和最终目的在于环境因素和使用因素组合成综合的使用环境因素条件下，如何设计好涂层配套体系，满足综合的使用环境因素条件下的使用。

5.4.2 涂层失效防护技术研究发展方向

尽管前人针对涂层失效的过程和机理已进行过不少研究，但研究的体系还很不完善，对于多层复杂涂层体系的失效机制了解还不够深入，对于海水、温度、紫外线照射、冲刷作用等多因素综合作用下的涂层失效过程有待于深入研究。

目前的涂层失效分析还主要停留在单一涂层的研究，而对实际的海水环境下正在使用的复合涂层的研究较少，并且没有严格跟踪某一类涂层体系在使用环境中的失效过程，系统性不强。还没有找到电化学参量与涂层性能之间的确切对应关系，也还没有建立起一套科学、系统、完整的复合涂层体系在不同腐蚀状态下的数学模型及相应的涂层性能数据库，没能为研究涂层失效提供一个能够判断多种涂层体系在典型海水环境中耐蚀性下降和防护效能的系统方法作为研究依据。尽管关于涂层性能与测试已有大量的研究，但几乎全都是在常压下进行的，关于海水压力对涂层性能的影响很少有研究。关于深海的高压状况和模拟潜艇状态的高、低压交替状态对各类涂层的防护性能有何影响，国内外研究报道很少。

本章对现役潜艇的无机富锌涂料的失效机理进行了研究，模拟深海环境对多种涂料在常压海水和交变压力海水单参数条件下的破损机理进行了初步探索，没有涉及温度的变化、氧含量的变化、干湿交替、冲刷、盐度和pH值的变化，实际上在深海环境中的涂层失效问题的研究是一个在三维环境中的多因素综合研究的问题。主要工作如下：

（1）使用环境定量化参数研究。研究腐蚀问题，首先要研究相关的腐蚀环境。对于潜艇来说，实际上是一个使用环境谱的问题。主要参数有所到海域在0～600m或下潜深度的海水的盐度、温度、pH值、氧含量、海生物种类和生长规律、有害成分等，停泊或水面航行时的海洋大气的温度、湿度、有害物质成分，柴油机排烟管外表面温度及辐射温度分布，一般下潜工作状态时舷间艇体温度场变化梯度。

（2）试验方法和试验手段研究。环境变化和压力海水条件下涂层破损问题是一个非常具有开拓性的科学研究问题，随着装备质量和可靠性要求越来越高，长效防腐蚀是一个必然趋势。现有的失败教训表明，单一涂层已不能满足需求，必须靠性能优良的多层复杂涂层配套体系来解决。这样，为研究复杂条件下的多层复杂涂层配套体系的破损和防护问题，不仅要综合运用电化学交流阻抗测试、红外光谱分析、X射线光电子能谱测试及扫描电子显微镜分析等先进测试装置和技术，还要开发研制先进的、多种功能的试验装置和研究相关的方法。

（3）海水介质多参数对涂层失效的影响研究。海水介质的盐度、温度、pH值、氧含量、海生物、有害成分等单一参数已有不少研究成果，当然针对使用环境定量化参数条件下涂层失效问题研究还需进一步进行系统性研究，海水介质多参数对复杂涂层体系失效的影响研究则是需要积极探索的课题。

(4) 海洋大气对涂层失效的影响研究。在我国,海洋大气的湿度、温度、有害成分、紫外线等参数对涂层破损的影响同样也需要系统研究,特别是潜艇由于下潜、上浮,海水杂质和大气污染在涂层表面覆有一层较厚的沉积物时,沉积物的有害物质成分和组织结构对涂层的影响则尚未有学者研究过。

(5) 使用因素对涂层失效的影响研究。以上的海水介质多参数、海洋大气多参数可以看作是不同的二维海域环境和二维空间环境问题,潜艇航行时相关问题研究变成三维海域,加上停泊码头海洋大气的影响,这时的腐蚀环境对象变为三维海域+二维空间。潜艇航行有一定速度,涂层相对海水有一定的相对流速,这样就产生了冲刷问题;潜艇下潜上浮有一定的使用规律,随之海水压力变化有一定的梯度;潜艇下潜、上浮、停泊,舷间艇体和上层建筑区域艇体的涂层就产生了干湿交替问题。将这些问题统一考虑进行研究将会复杂到几乎不可能实现的程度,我们可以采用分步进行、逐步逼近的方式:

① 在上述(3)二维海域环境下的涂层破损问题研究基础上,开展三维海域环境的涂层破损和失效问题研究,如引入海水压力参数、温度参数、氧含量参数等,然后将这些参数综合考虑进行研究。

② 在上述(4)海洋大气对涂层失效的影响研究基础上,开展海水干湿交替对涂层的失效机理研究和基材腐蚀问题研究。

③ 开展三维海域环境与二维空间环境参数对复杂涂层体系失效问题的综合研究。

(6) 施工因素对涂层失效影响机理研究。要针对不同的涂层体系,研究钢材不同表面处理等级对涂层的抗渗透性能和耐腐蚀性能的影响。

(7) 材料因素研究。需要针对三维海域环境与二维空间环境参数,研制开发高性能的树脂、颜填料,改善树脂、颜料、填料的结构及配比,满足耐冲刷+耐压力交变、耐压力交变的性能+耐干湿交替性能+耐阴极剥离性能、耐压力交变的性能+耐干湿交替性能+耐紫外线等不同使用条件下的要求。

(8) 潜艇透水部位涂层的评价体系研究。针对透水部位3种典型的环境,形成相应的评价指标体系。

5.4.3 关于潜艇涂料指标体系

1. 评价项目

根据前期研究成果和实艇涂层失效经验教训,我们认为在潜艇透水部位涂层选型设计时必须经过相应的评价试验。初步的评价内容和评价项目如表5.10所列。

表 5.10　潜艇透水部位涂层评价内容和评价项目

性能评价内容	性能评价项目/方法
物理性能	黏度/流平性
	细度
	防沉淀性能
	固体含量
	使用量
力学性能	附着力
	抗冲击
	柔韧性
抗浸泡性能	常压海水浸泡
	常压蒸馏水浸泡
耐湿热性能	划痕湿热
耐盐雾性能	划痕盐雾
耐阴极剥离	镁牺牲阳极法
耐干湿交替性能	高压海水 - 常压盐雾循环
耐高压海水渗透性能	高压海水 - 常压海水循环

2. 透水部位耐压涂料基本检测数据

根据装备发展需求和以上研究成果,潜艇透水部位耐压涂层的基本检测数据可以参考如下定量指标:

(1) 防护期效。

在满足各方面综合性能良好的前提下,涂料防护期效达到 10 年以上。

(2) 基本性能指标。

体积固体含量:≥70%;

涂装道数:≥2 道;

涂料配套干膜总厚度:≥350μm;

附着力:≥5MPa。

(3) 耐常压海水腐蚀性能指标。

耐海水浸泡性能:3600h 涂层无起泡、开裂、脱落,金属无腐蚀;

耐盐雾性能:3000h 涂层无起泡、开裂、脱落,金属无腐蚀;

耐湿热性能:3000h 涂层无起泡、开裂、脱落,金属无腐蚀;

耐阴极剥离性能:≥6 个月

（4）耐压力海水性能指标。

根据潜艇年下潜时间、下潜深度统计数据，结合训练强度和作战任务要求，分析得出耐压力循环试验周期指标。

耐 3MPa 压力海水循环试验周期：≥8 个周期，涂层无起泡、开裂、脱落，金属无腐蚀；

涂层在 3MPa 压力海水条件下的电化学阻抗指标要求：

涂层浸泡初期（1 个月）阻抗值：$\geq 1 \times 10^{11}\Omega \cdot cm^2$

涂层阻抗值$\geq 1 \times 10^{9}\Omega \cdot cm^2$的保持时间：≥6 个月

涂层在 3MPa 压力海水条件下湿附着力性能指标：

涂层经 8 个周期 5MPa 压力海水循环试验后，湿附着力降低：≤20%。

（5）涂料实海环境性能指标。

涂料在不同海洋特征区（海水全浸、潮差、飞溅、海洋大气）实海挂片无明显起泡、生锈、开裂和粉化的时间≥12 个月。

（6）涂料施工性能指标。

涂料具有良好的表面处理容忍性，对表面处理等级不敏感，要求涂料在 *Sa*2.5 和 *St*3 等级下具有优异的综合性能，在 *St*2 等级下具有可接受的性能（性能降低≤10%）。

5.4.4 潜艇透水部位涂层发展方向

潜艇透水部位耐压涂层是影响到潜艇装备发展和大潜深潜艇技术发展的瓶颈问题，也是潜艇防腐蚀技术的难点问题，有必要花大力气搞好此方面的研究工作和产品研制工作，以适应新时期海军装备的发展需要。潜艇透水部位耐压涂层总的发展趋势有如下 5 个主要特点：

（1）涂料配套向长效型方向发展。海军是高科技兵种，随着海军装备的不断发展，潜艇上使用的设备和材料的科技含量越来越高，使用寿命越来越长。而防腐蚀问题直接与潜艇上设备和材料的使用寿命相关。另外，从降低潜艇的全寿期维修经费出发也要求防腐蚀涂料具有较长的防护期效。潜艇防腐蚀涂料的维修保养费用主要包括涂料费用、表面处理费用、涂装费用和船坞占用费等。原先更多关注涂料自身的费用高低，而忽略了其他几项费用。显而易见的是，如果涂料的防护期效短，必然增加潜艇在全寿期内的维修保养次数，使涂料的维修费用增加。而如果选择高性能防护期效长的涂料品种，虽然初期的涂料费用投入相对较多，但从潜艇全寿期的角度考虑和计算，不仅其他几项费用会大大减少，还可以提高潜艇的在航率。因此，潜艇选择长效型的防腐蚀涂料品种具有重要的军事意义和显著的经济效益。

(2) 涂料配套向高固体份厚膜化方向发展。根据涂料的防腐蚀机理，增加涂层的致密性和涂料配套的厚度是提高涂料防腐蚀性能和防护期效的主要手段。传统的溶剂型涂料固体份小于60%，涂料固体含量低，则挥发性有机溶剂的含量多，不仅污染环境、损害健康、增大火灾等事故的发生率，还直接影响涂料的防腐蚀性能。因为溶剂的挥发速率将直接影响涂料的成膜过程，如控制不当或溶剂含量过多，一方面使产生涂层缺陷的倾向增大，降低涂层的致密度；另一方面将导致溶剂残留在已干燥的涂层中，易引起涂层发生起泡而过早失效。因此，为了提高涂料的防腐蚀性能，要求涂料含溶剂量少，而固体含量高。

涂料厚膜化也是潜艇防腐蚀涂料发展的一个趋势。一方面，涂料的防护期效与涂层厚度有一定的对应关系，如ISO12944对船上不同部位、不同防护期效要求有相应的膜厚规定。对于潜艇水线以下部位涂料10年防腐蚀的要求，防腐蚀涂层的厚度至少应达到300μm以上。如按照传统的溶剂型涂料(固体份小于60%，每道膜厚仅50μm左右)涂装，至少要涂6道才能满足使用要求。不仅施工工序繁琐、涂装工作量大，涂装成本高，还容易产生涂装缺陷。而如果采用高固体份厚膜型涂料，一般涂装2道即可满足300μm的厚度要求。

目前，对于高固体份涂料的固体含量并没有统一的规定，一般要求质量固体含量达到70%以上才视为高固体份涂料。潜艇防腐蚀涂料向高固体份厚膜化方向发展，有利于提高涂料的防腐蚀性能和防护期效，简化施工工序，提高涂装效率和质量，减少涂装成本和涂装缺陷。

(3)涂料配套向低表面处理方向发展。涂料防腐蚀性能与涂装前基体的表面处理质量关系非常密切，良好的表面处理是涂料性能得到充分发挥的根本保证。涂层与基体之间的附着力是涂层一项非常重要的性能，因为失去附着力的涂层的其他性能将变得毫无意义。良好的表面处理要求表面没有油污、水、氧化皮和锈蚀产物，另外表面应达到一定的粗糙度，这样既有利于涂料在基体表面的浸润和流平，又有利于在涂层与基体之间形成分子间作用力、化学键合和机械"锚固"作用，提高与基体之间的附着力。潜艇涂装前表面处理等级一般参照瑞典标准SIS 055900－1967和国标GB8923－88的规定，常用的有*Sa*2.5、*St*3和*St*2三个等级，分别对应于喷砂除锈、电动或气动机械工具除锈和手工工具除锈3种表面处理工艺。从理论上讲，表面处理应尽可能达到*Sa*2.5级，以使涂层达到最佳的防腐蚀效果。但是，基于我国目前的潜艇建造和修理工艺，尤其是修船工艺，难以对所有部位实施喷砂处理，不能保证所有部位的表面处理等级都达到*Sa*2.5级。对于新造潜艇，目前采用的分段建造工艺虽然可以保证绝大多数部位表面处理等级达到*Sa*2.5级，但建造中的预留区域涂料补涂和烧焊破损部位涂料修补仍需要用机械工具或手工工具进行除锈，表面处理等级只能达到 *St*3 或 *St*2 级，而这些部位恰恰是潜艇服役后发生腐蚀的薄弱环节，涂装质量的控制至关重要。对于修船则更是如此，除了船体外表面有可能采取喷砂处理达到 *Sa*2.5 级外，绝大多数部位只能达到 *St*3 级，在舱底和一些不易到达的部位表面处理等级仅能达到 *St*2 级。这样的涂装工艺条件要求潜艇的防腐蚀涂料必须具有较好的表面处理容忍度，要求涂料在低表面处理时仍能发挥出较好的防腐蚀性能。

(4) 涂料配套向环保型方向发展。所有类型涂料都有向绿色无公害、环境友好、有利于环境保护的方向发展的趋势。就防腐蚀涂料而言，一方面应降低涂料中挥发性有机化合物(VOC)即有机溶剂的含量，提高涂料的固体含量；另一方面，涂料无论是在生产过程中还是在涂料成品中都不应含有对环境、人类和其他生物有害或产生破坏作用的物质，如沥青中含有的致癌性极强的二噁英，氯化橡胶涂料制造过程中使用的能破坏地球臭氧层的四氯化碳(CCl_4)，聚氨酯涂料中含有的游离异氰酸酯基，以及含铅、铬等重金属的防锈颜料等。结合海军潜艇的实际特点和需要，在内舱等不易通风的部位应逐渐取消溶剂型涂料产品，推广使用水性和无溶剂涂料品种。

除了以上论述的潜艇防腐蚀涂料的主要发展方向外，为了简化潜艇涂装配套，便于涂装管理，潜艇防腐蚀涂料还有向水上、水下通用型、造船和修船统一型方向发展的趋势。

(5) 高固体份环氧树脂涂料是潜艇防腐蚀涂料类型和品种的主要发展方向。目前，船舶防腐蚀涂料的品种主要有传统溶剂型涂料(固体含量小于60%)、高固体份涂料(固体含量大于70%)、无溶剂涂料和水性涂料。后3种涂料品种由于具有诸多优点，在满足防腐蚀性能的前提下都可以作为潜艇涂料品种的发展方向。但是，无溶剂涂料由于固体含量接近100%，黏度高，给涂料施工带来困难，往往需要现场加温装置。而且涂料流平性和涂膜厚度的合理控制是关键环节，否则也容易造成涂层质量和性能降低；水性防腐蚀涂料虽然环保性较好，但涂料在干燥过程中对环境的湿度、温度都有非常严格的要求，一旦不满足条件，涂料无法彻底干燥固化，防腐蚀性能则难以保证。因此，只有将涂料性能、应用环境和施工工艺三方面因素综合考虑，相互配套，才能充分发挥涂料性能，达到最理想的防腐蚀效果。结合潜艇的实际环境和使用要求，高固体份涂料适用于耐压与非耐压艇体之间和上层建筑区域，无溶剂涂料适合作为潜艇内舱积水、积油部位的重防腐涂料，而水性涂料适合作为潜艇内舱通用干、湿部位的防腐蚀涂料。

可以看出，沥青类和氯化橡胶类涂料由于性能欠佳和环保要求日益增加，将逐渐趋于淘汰。而聚氨酯类涂料由于含有游离异氰酸酯基和对潮气敏感，富锌类涂料由于对表面处理和施工工艺敏感易导致涂料性能劣化，使它们在潜艇上的应用受到限制。

环氧树脂涂料具有优异的防腐蚀性能，抗海水渗透性能强，耐盐雾性能好，物理力学性能良好，对表面处理容忍度高，可制成高固体含量，一次成膜厚，环保性好等诸多优点，能够满足潜艇对防腐蚀涂料的性能要求和发展方向。因此，高固体份环氧树脂涂料是潜艇防腐蚀涂料类型和品种的主要发展方向。

第6章　牺牲阳极耐环境性能

长期以来，由于潜艇的特殊结构和使用特点，腐蚀问题始终比较突出，已成为影响潜艇战斗性能正常发挥的主要因素之一。初步分析上层建筑区域的腐蚀原因，在使用过程中由于潜艇上层建筑内部非耐压壳体内部相对封闭的高温高湿高盐雾的环境，潜艇经常下潜和上浮而使上层建筑结构经常处于海水干湿交替环境中，牺牲阳极材料效率下降，上层建筑内部部分牺牲阳极溶解量小，有的阳极表面结了一层难以去掉的硬壳，各部分阳极的溶解量有较大的差异，被保护结构则腐蚀严重。潜艇上层建筑内部结构遭受两种环境的交替腐蚀，即下潜时的海水全浸腐蚀和上浮时的海洋大气腐蚀，同时潜艇腐蚀环境还会随着季节变化和海域的变化而存在温度、盐度、含氧量等参数的差异。本章就是针对环境差异研究牺牲阳极材料性能的变化规律，以期能对保护材料研发人员在牺牲阳极材料研制和和总体设计师在防腐蚀设计进行牺牲阳极选型时有所帮助。

6.1　概述

为防止其壳体遭受海水腐蚀，目前基本上都采取了涂层和阴极保护技术联合保护，潜艇上层建筑则采用涂层与牺牲阳极阴极保护方法进行保护。采用的牺牲阳极为 Zn - Al - Cd 三元锌阳极，调研中发现上层建筑区域间浸环境中的锌合金牺牲阳极普遍存在保护不足和结壳失效问题，阳极表面难以溶解或出现局部不均匀溶解，甚至到修理期时阳极仍基本保持原始形状，未发生有效溶解；有的阳极焊接钢脚也出现锈蚀，表明阳极在使用中未发生应有的阴极保护作用。上层建筑区域的部分 Zn - Al - Cd 阳极溶解状况照片见图6.1。由于在干湿交替、高温高湿高盐雾环境中牺牲阳极难以输出保护电流，牺牲阳极表面结壳严重溶解困难，造成阳极失效；上层建筑内部结构的复杂性（各种设备、不同材质的管路布置在狭小的空间内）导致牺牲阳极电流分布不均，常规的阴极保护设计方法难以满足上层建筑环境内的阴极保护需要。

潜艇上层建筑工作环境的复杂多变决定了对牺牲阳极苛刻的要求，牺牲阳极除了在长期工作于全浸工作环境中应具备负的工作电位、稳定的输出电流及较高的电流效率外，还必须具有优良的活化性能，腐蚀产物易脱落，干湿交替条

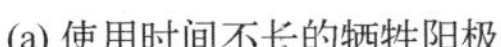

(a) 使用时间不长的牺牲阳极

(b) 使用了一段时间的牺牲阳极

图 6.1　不同时期上层建筑区域结壳失效的三元锌牺牲阳极

件下不易结壳,表面形成的腐蚀产物浸入海水后能较快地溶解脱落并迅速发出电流,才能对潜艇起到良好的保护作用。因此,在选用潜艇上层建筑阴极保护用牺牲阳极材料时,不仅要根据常规性能测试进行选择,还需要对牺牲阳极进行耐环境性能试验,确保其在干湿交替、高温高湿高盐雾的海洋大气的特殊环境中具有优良的电化学性能。开展牺牲阳极材料耐环境性能试验研究,确定牺牲阳极材料在上层建筑腐蚀环境中的腐蚀电化学性能,为潜艇上层建筑内部阴极保护选材提供依据,解决潜艇壳体和上层建筑的腐蚀问题,减少维修费用,保证潜艇结构的可靠性,具有重要意义。

6.2　牺牲阳极的国内外发展现状

由于腐蚀是海军潜艇艇体、结构和设备最主要的损坏形式之一,因此多年来各国一直在不懈地进行潜艇防腐蚀研究。阴极保护技术与涂料联合使用是潜艇结构防腐的主要方法。

牺牲阳极阴极保护技术近年来得到了快速的发展,包括锌合金、铝合金、镁合金等常用主要牺牲材料都已标准化,各种腐蚀环境条件下牺牲阳极材料的选用也取得了很多宝贵的经验。

6.2.1　牺牲阳极材料

采用牺牲阳极对金属构件实施阴极保护时,牺牲阳极在电解质环境中与被保护的金属构件电连接,作为牺牲阳极材料的金属优先溶解,释放保护电流使金属构件阴极化到保护电位。为达到这一目的,牺牲阳极材料必须满足以下性能要求:

（1）具有足够负且稳定的开路电位、工作电位。工作时自身的极化率小，即工作电位接近于开路电位，以保证有足够的驱动电压。

（2）理论电容量大。

（3）具有较高的电流效率，以便具有长的使用寿命。

（4）表面溶解均匀，不发生局部腐蚀，腐蚀产物松散，易脱落，且腐蚀产物应无毒，对环境无害。

（5）原材料来源充足，价格低廉，易于制备。

对钢铁结构的保护，目前研制成功并广泛应用于生产保护工程的主要有锌、铝、镁合金三大类。在船舶上采用的牺牲阳极材料大多是铝基合金和锌基合金，通常不采用镁基合金。

1. 锌基牺牲阳极材料

锌是最早用作阴极保护的牺牲阳极材料。锌的密度较大，理论发电量较小，在腐蚀介质中，它对钢铁的保护驱动电压较低，约为0.2V。但锌阳极具有较高的电流效率，锌中所含杂质对阳极性能影响很大，因此目前锌阳极发展途径主要有两个：一个是采用高纯度的锌，严格控制杂质的含量；另一种是添加合金元素，降低杂质的百分含量。在早期的防腐工业中，主要是采用高纯锌作为牺牲阳极材料，近些年来，主要采用锌基合金材料作为牺牲阳极，主要有Zn-Al和Zn-Al-X系、Zn-Sn系、Zn-Hg系等。

（1）纯锌。早在1823年，英国的Humphrey Davy就提出用锌和铜相连可以防止木质船上铜包皮的腐蚀。但后来人们在使用阳极一段时间后发现，阳极输出电流能力明显减小，阳极表面粘附着一层腐蚀产物。1965年，Teel和Anderson发现造成上述现象的原因与阳极所含的铁杂质有关，铁杂质含量应控制在0.015%以下才可以较小地影响锌牺牲阳极的性能。当锌中含有Fe、Pb、Cu等阴极性杂质时，纯锌阳极很容易极化而失去阴极保护作用，其中尤以铁的影响最大。这是因为Fe在Zn中的固溶度约为0.0014%，超过这一临界值便会以离散的铁粒子析出，成为阴极性杂质，与锌形成局部微电池，促进锌的自腐蚀，使阳极的电位变正，电流效率下降。自腐蚀的发生还会使阳极表面形成氢氧化物沉淀的速度加快，引起阳极钝化，阻碍阳极进一步溶解。因此，只有杂质含量很低的高纯锌（Zn>99.995%，Fe<0.0014%，Cu<0.002%，Pb<0.003%）才能作为牺牲阳极材料。

（2）Zn-Al-X系。国内外应用最为广泛的锌合金牺牲阳极是Zn-Al-Cd三元合金，这种阳极合金的电位稳定，电流效率高，阳极极化小，溶解均匀，腐蚀产物疏松易脱落，具有较好的电化学性能。元素铝和镉的加入可以细化晶粒，使阳极表面腐蚀产物变得疏松，同时，铝和镉分别可以和杂质铁和铅形成金属间化合物，消除了杂质的不利影响，减小锌合金的自腐蚀。锌合金中的铝元素和镉元素的含量只有在一定范围之内才能有效地改善锌阳极的性能，因为当铝含量小于 0.6% 时，铝合金的金相结构为单相 α 固溶体，在合金中添加 0.06% 的镉时，镉会与锌合金中的铅杂质形成固溶体，并且固溶体的电位比铅的电位负，同样可以减缓锌合金的自腐蚀。因此，国家标准规定了其化学成分和电化学性能，如表 6.1 和表 6.2 所列。

表 6.1　锌 – 铝 – 镉合金牺牲阳极化学成分　（单位：%）

阳极材料	Al	Cd	Fe	Cu	Pb	Si
– Al – Cd	0.3 ~ 0.6	0.05 ~ 0.12	≤0.005	≤0.005	≤0.006	≤0.125

表 6.2　锌 – 铝 – 镉合金牺牲阳极电化学性能

阳极材料	开路电位/V	工作电位/V	实际电容量	电流效率	溶解状况
Zn – Al – Cd	–1.09 ~ –1.05	–1.05 ~ –1.00	≥780	≥95%	产物容易脱落，表面溶解均匀
注：参比电极——饱和甘汞电极。					

除了 Zn – Al – Cd 三元锌合金外，还有 Zn – Al – Mn 和 Zn – Al – Hg 合金。Mn 可以提高铝在锌中的固溶度，稳定阳极活化性能，降低自腐蚀速度。Hg 可以很大上提高锌的活性而且允许的铁杂质含量也较高，但是 Hg 有剧毒，基于环保原因，现在已经基本上很少使用。

（3）其他锌合金。除了 Zn – Al 系合金以外还有 Zn – Sn 系合金。Zn – Sn 合金含 Sn0.1% ~0.3%，杂质 Fe≤0.001%、Cu≤0.001%、Pb≤0.005%。这种阳极具有较好的电化学性能，稳定电位为 –1.045V，电流效率达 95% 以上。Zn – Sn – Bi – Mg 四元合金性能据说优于 Zn – Al – Cd 三元合金，其电流效率可达 98% 以上。李异等研究了含镉为 0.08% ~0.1% 的 Zn – Cd 合金牺牲阳极，指出杂质 Fe 与 Cd 部分形成 Cd_2Fe 金属间化合物，改善了锌阳极的性能，同时细化了晶粒，使表面趋于均匀溶解。

2. 铝基牺牲阳极材料

铝是一种理想的牺牲阳极材料，因为它有足够负的电位（其平衡电极电位为 $-1.67V_{SHE}$），较高的热力学活性，密度小，电容量较大，费用较低，寿命较长。

但由于铝和氧之间有很强的亲和力，从而纯铝极易钝化，表面覆盖一层稳定且致密的 Al_2O_3 氧化膜，使铝在中性溶液中的电位仅为 –0.78V（vs. SCE），达不到其理论上的电极电位，不能满足阴极保护对驱动电压的要求。因此，纯铝不适宜用作牺牲阳极材料。

为了使铝能作为一种实用的牺牲阳极材料，国内外学者做了大量研究，在不断的实践中发现，通过添加某些合金元素（如 Zn、In、Cd、Hg、Sn、Si、Mg、Ga、Bi 等），对铝进行合金化，便能显著地改善其电化学性能，有效阻止或抑制铝表面形成连续致密的氧化膜。因为这些元素的原子部分取代了铝晶格上的铝原子，使得这些部位成为铝氧化膜的缺陷，从而促进表面活化溶解。

铝合金牺牲阳极材料的开发最早是从二元合金开始的。1955 年，研制出最早的 Al－Zn 二元合金中，Zn 的含量为 5%～15%，虽然其电位比纯铝负 230～240mV，但其电流效率只有 50% 左右。同一时期还开发出了 Al－Sn 和 Al－In 合金阳极，但电流效率都较低，不能满足实际工程的需要。国内外在 Al－Zn 二元合金的基础上添加了 Hg、In、Cd、Sn、Mg 等元素，使铝合金牺牲阳极的电化学性能不断改善，电流效率从 50% 以下跃升到 80%，有的甚至达到了 90% 以上。这些合金元素称为活化剂。但三元合金仍存在许多不足，如有实用价值的阳极电流效率偏低、溶解不够均匀、极化性能不理想等。为进一步提高阳极性能，国内外的研究者又在三元合金基础上添加了第四种、第五种甚至更多的合金元素，从而形成了一系列具有较高电化学性能的多元铝合金牺牲阳极，包括 Al－Zn－Hg 系、Al－Zn－Sn 系、Al－Zn－In 系三大系列。Al－Zn－In 系合金由于不含有毒元素，且不需要进行热处理，综合性能好，而成为目前研究最多、应用最广泛的一类牺牲阳极。

（1）Al－Zn－In 系。Al－Zn－In 系是人们公认的最有前途的铝阳极系列，它不含有毒元素，不需要热处理，综合性能好。Zn 的存在促进了 $ZnAl_2O_4$ 的产生，增加了保护层的缺陷，第三元素 In 的加入可以使合金活化，阳极电位负移，电流效率提高。为了进一步提高合金阳极的电化学性能，国内外研究者又添加了 Cd、Sn、Si、Mg 等合金元素，构成了四元、五元合金。近年来，人们在研究合金元素活化作用机制的基础上，通过多元合金化，进一步改善阳极性能，研制出新的铝合金阳极配方，如 Al－Zn－In－Mg－Ti、Al－Zn－In－Sn－Mg－RE、Al－Zn－In－Ga－Mg－Mn、Al－Zn－In－Si－Mg、Al－Zn－In－Si－Zr－Te、Al－Zn－In－Sn－Ca－Ga 等。Cd 的加入能促使锌均匀分布，减少 Zn、Cu、In 偏析，改善阳极性能。Sn 可溶于 Al 中形成固溶体，破坏 Al 的钝性，使铝的电位降低，Si 的含量在 0.041%～0.212% 时有助于减少电偶腐蚀，并在一定程度上降低阳极电位，改善阴极保护特性。只要将 Mg 的含量控制在一定范围内就可以改变铝合金阳极的微观结构，有利于其均匀溶解，提高电流效率。

目前，国家修订了铝合金牺牲阳极的国家标准，其中规定了它们的化学成分和电化学性能，如表 6.3～表 6.5 所列。

表 6.3　铝－锌－铟系合金牺牲阳极化学成分　（单位:%）

阳极材料	Zn	In	Cd	Sn	Mg	Si	Ti
AZI－Cd A11	2.5~4.5	0.018~0.050	0.005~0.020	—	—	—	—
AZI－Sn A12	2.2~5.2	0.020~0.045	—	0.018~0.035	—	—	—
AZI－Si A13	5.5~7.0	0.025~0.035	—		—	0.10~0.15	—
AZI－Sn－MgA14	2.5~4.0	0.020~0.050	—	0.025~0.075	0.50~1.00	—	—
AZI－Mg－TiA21	4.0~7.0	0.020~0.050	—	—	0.50~1.50	—	0.01~0.08

表 6.4　铝－锌－铟系合金牺牲阳极杂质化学成分　（单位:%）

阳极材料	Si	Fe	Cu
AZI－Cd	0.10	0.15	0.01
AZI－Sn	0.10	0.15	0.01
AZI－Si	0.10	0.15	0.01
AZI－Sn－Mg	0.10	0.15	0.01
AZI－Mg－Ti	0.10	0.15	0.01

表 6.5　铝－锌－铟系合金牺牲阳极电化学性能

阳极材料	开路电位/V	工作电位/V	实际电容量	电流效率	溶解状况
1 型	－1.18 ~ －1.10	－1.12 ~ －1.05	≥2400	≥85	产物容易脱落，表面溶解均匀
2 型	－1.18 ~ －1.10	－1.12 ~ －1.05	≥2600	≥90	

注　1. 参比电极——饱和甘汞电极。
2. 介质——人造海水或天然海水。
3. 阳极材料——A11、A12、A13、A14 为 1 型；A21 为 2 型

（2）其他铝合金。Hg 被认为是最好的活化剂，它能在铝晶格中均匀分布，阻碍 Al_2O_3膜在表面形成。尽管含 Hg 的铝阳极具有良好的电化学性能，但是由于其在熔炼和应用过程中存在汞污染问题，所以从环保角度来讲，Al－Zn－Hg 系合金已经不再使用了。Sn 虽然会降低铝的电位，但同时也会促进铝基体的晶界优先溶解，在介质 pH 值较低时更加明显，从而导致电流效率降低，且随着时间延长而继续降低。此外，Al－Zn－Sn 合金阳极必须经过均质化热处理，以弥补杂质铁带来的不利影响，因而成本偏高。鉴于以上原因，目前 Al－Zn－Sn 系合金也很少使用。

（3）表面改性的铝阳极。目前，有人借鉴了不溶性氧化物辅助阳极的制作方法，开发出一种全新的方法研制新型铝合金牺牲阳极。这种方法是在阳极表面覆盖一层金属氧化物，通过氧化物本身的多孔结构使得 Al^{3+} 可以自由地在基体和氧化层间扩散，实现阳极活化，提高阳极电流效率。S. M. A. Shibli 研究了 RuO_2 涂覆在 Al + 5% Zn 对阳极性能的改善情况。RuO_2 是一种具有金红石结构的过渡金属氧化物，它在制作不溶性阳极上应用最广泛。将 $RuCl_3$ 溶液事先刷在阳极表面，经过 400℃烧结后，表面就形成了 RuO_2 层。试验显示，这层涂层可使 Al^{3+} 很自由地穿过氧化物到达外表面。表面改性后的阳极开路电位明显负移，极化减弱，电流效率达到了 86%。当阳极溶解到原有的 1/3 时，这层氧化物也不会大面积地脱落，充分显示了这层氧化物有很好的流动性。S. M. A. Shibli 还进行了 IrO_2 涂覆在 Al + 5% Zn 阳极上的研究。IrO_2 同样是具有金红石结构，也广泛地应用于不溶性阳极的制作。试验结果显示，涂有 IrO_2 的牺牲阳极，表面具有较高的电导率和自催化活性，电流效率达到了 81%，而且当阳极溶解到原有的 1/3 时，IrO_2 层也不会大面积地脱落，同样也显示了 IrO_2 具有较好的流动性。

6.2.2 铝合金牺牲阳极的活化机理

工业纯铝由于表面能形成一层致密的氧化物薄膜，使其电位变正，不能满足对钢构件实施阴极保护的电位要求。自从发现在铝中添加某一种或几种合金元素可以阻碍或抑制铝表面形成氧化膜，对铝阳极起活化作用以来，人们研制出了各种各样的铝合金，世界各国专家学者对活化机理、合金中各种元素的做用做了大量深入的研究工作，相继提出了不同的观点。主要有以下几种理论：

1. 离子缺陷理论

主要是针对 Sn，它是在发现 Sn 的活化作用后提出的。铝合金中的 Sn 以 Sn^{2+}、Sn^{4+} 离子进入表面氧化膜导致许多的阳离子、阴离子缺陷，降低了膜的阻力，促进了铝合金的活化溶解。虽然从热力学角度考虑，可能有很少量的 Sn^{2+} 离子存在于氧化膜与基体铝交界处，但控制铝阳极活化过程的仍为 Sn^{4+} 离子。这一理论并不适用含 Hg 或 In 的铝合金阳极，因为 In^{3+}、Hg^{2+} 不能通过制造离子缺陷来减小氧化膜的离子阻力。

2. 溶解—再沉积理论

1980 年，Werner 发现不论是在溶液中加入 In 的盐还是直接从铝合金上溶解下来的 In 都能大大改善铝合金的电化学性能。1984 年，Reboul 等提出了对 In、Sn、Hg 等都适用的“溶解—再沉积”自催化机理，他们认为合金元素在 Al 中是以两种形态存在：一种是与 Al 形成固溶体，另一种是以偏析相的形态存在。

In 和 Hg 等元素对于 Al 来说是阴极性的，它们会被 Al 的晶界所保护，不会对 Al 有活化作用。真正起活化作用的是 Al 中的固溶体。当阳极溶解时，阴极性的阳离子与 Al 发生电化学交换，沉积在 Al 的表面。这个交换反应局部破坏了铝表面的氧化膜，铝溶解得以进行。这个活化机理可分为3个步骤：

（1）固溶体中的合金元素与 Al 基体同时溶解氧化并在电解质中生成阳离子。

$$Al(M)_n \rightarrow Al^{3+} + M_n^{n+} + (3+n)e$$

（2）通过第一步反应溶解生成的合金元素阳离子被 Al 置换，重新沉积在 Al 的表面，这是"再沉积"步骤。

$$Al + M^{n+} \rightarrow Al^{3+} + M + (3-n)e$$

（3）与第二步同时进行，沉积的合金元素与表面钝化膜机械分开导致钝化膜脱落，阳极电位负移，使铝阳极活化。

对于 In 再沉淀步骤，人们一直没有找到证据证明此步骤存在，直到1996年，Venugopal 等运用电化学阻抗、SEM 和 XRD 技术，证明再沉淀步骤是造成钝化 Al 的活化原因。但是，"溶解—再沉积"理论也有其局限性和不足之处，没有很好地解释铝阳极电流效率降低的原因。

该机理是目前普遍认可的对铝合金阳极活化的解释，许多学者提出的活化机理也是在这个基础上提出的，是对该机理的延伸。孙鹤建等在研究 In 对阳极活化过程的影响时提出了第二相优先溶解—脱落机理。他们用电子探针观察时发现，Al－Zn－In 阳极中存在富含 In、Si、Fe、Cu 的第二相。在阳极电流的作用下，富铟偏析相优先溶解直到裸露出铝基体，铝基体与 Al_2O_3 膜组成电位差较大的电偶，使铝基体活化溶解，一旦暴露出铝基体，富铟相转化就为阴极相；偏析相中溶解下来的 In^{2+} 再沉积到铝合金表面，使铝基和氧化膜分离，有利于阳极活化。富铟偏析相因周围铝的大量溶解，造成部分电流的损失。

3. 表面自由能理论

Gurrappa 提出此理论，表面自由能越大，越易吸附像氧之类的物质，更易钝化。他认为合金元素表面自由能越低，Al_2O_3 膜厚度就越小，金属与表面氧化物的结合能力就越弱，因而电解质溶液中的氯离子容易击破氧化膜，有利于合金的均匀溶解。

6.2.3 铝合金牺牲阳极在含氯溶液中的电化学腐蚀行为

铝在空气中表面会生成氧化膜，发生钝化。在含氯溶液中 Cl^- 优先吸附在钝化膜上，把氧原子排挤掉，然后和钝化膜中的 Al 基体结合成可溶性氯化物。结果在新露出的基体 Al 的特定点上形成小蚀坑，这些小蚀坑成为活化中心。在不同的含氯介质中，Al－Zn－In 的工作电位一般在 $-1.1V_{SCE}$ 左右，在此工作电位下，阳极溶解反应最初是由于富 Zn－In 相在晶界发生偏析促进了 Cl^- 吸附在阳极表面造成的。然后，Zn 和 In^{3+} 发生置换反应，使得 In 沉积在阳极表面，而 Zn 优先溶解。生成的腐蚀产物 $ZnAl_2O_4$ 为不稳定氧化膜，很容易从阳极表面脱落，使得阳极不断溶解活化。阳极活化行为可理解为 In 的富集和 Zn 的优先溶解。当工作电位为 $-1.5V_{SCE}$ 时，大量的 In 存在于半液态层间，此时活化过程是由于 In－Al 汞合金的存在造成的。

牺牲阳极在升温条件下工作，阳极性能都有所降低。当环境温度升高时，由于产物粘附性增强，活性元素"再沉积"困难，活化作用减弱。由于晶界原子活性大及各种晶界偏析相的存在，晶界成为重要的活化源，随温度升高小孔腐蚀易从晶界开始，再沿晶界发展，则表现为晶间破坏，存在明显的不均匀腐蚀——晶间腐蚀，晶界溶解破坏晶粒间结合力导致 Al 基体及存在于晶界的偏析相晶粒的脱落，再加上自腐蚀析氢随温度升高而加剧，使得阳极效率随温度升高而大为降低。

6.2.4 牺牲阳极的主要性能指标

1. 阳极电位

牺牲阳极必须有足够负的电位，不仅要有足够负的开路电位（牺牲阳极在电解液中的自然腐蚀电位），而且要有足够负的闭路电位（或称工作电位，即在电解液中与被保护金属结构连接时牺牲阳极的电位）。要达到完全的阴极保护，必须将被保护金属结构极化到表面上最活泼的阳极点的平衡电位。所以，牺牲阳极的电位应该比这一平衡电位还要负。这样它在保护系统中才能作为最有效的阳极起到保护作用。

牺牲阳极要有足够负的闭路电位，这样可以在工作时保持足够的驱动电压。驱动电压是指在保护电位时的阴极表面与有负荷时的阳极之间的电位差。另外，牺牲阳极的工作时间较长，所以它的电位应该长期保持稳定。

2. 电流效率

牺牲阳极的电流效率是指实际电容量与理论电容量的百分比。理论电容量是根据库仑定律计算的消耗单位质量牺牲阳极所产生的电量，而实际电容量是实际测得的消耗单位质量牺牲阳极所产生的电量，它们的单位一般表示为 A·h/kg。

3. 阳极消耗

牺牲阳极的消耗率是指产生单位电量所消耗的阳极质量，单位为 kg/A·年）。阳极消耗率越小，即实际电容量越大，消耗单位质量的阳极就可产生越多的电量，或者反过来说，产生单位电量时消耗的阳极越少。

4. 溶解特征

良好的牺牲阳极的表面，应该是全面均匀的溶解，表面上不沉积难溶的腐蚀产物，使阳极能够长期工作。性能差的阳极，表面溶解不均匀，有的部位溶解得快些，有的部位溶解得慢些，有的地方甚至不溶解，使阳极表面凹凸不平。在阳极工作过程中，表面凸出的不溶解微粒会脱落下来，使阳极电流效率降低。

6.3　海水干湿交替条件下金属腐蚀行为的研究现状

6.3.1　海水干湿交替条件下金属的电化学行为

有许多海洋结构物，如船舶压载水舱、潜艇上层建筑等经常处于海水干湿交替状态。钢构件有时全部浸没于海水中，此时金属主要是受到海水中 Cl^- 的攻击而发生腐蚀，排水后又处于潮湿大气中，此环境温度高、湿度大、供氧充足，舱板表面被水膜覆盖，此时金属腐蚀的阴极过程主要是受 O_2 控制。这种恶劣的工况环境使得钢铁结构发生严重的腐蚀。据报道，压载水舱的平均腐蚀速度为 0.1 ~ 0.5mm/年，最大局部腐蚀速率可达 1.5mm/年。这样高的腐蚀速率可使压载水舱在短短几年内腐蚀穿孔，造成巨大的经济损失。因此，这种环境下的金属腐蚀的腐蚀行为越来越受到人们的重视。用牺牲阳极阴极保护法可有效控制减缓钢构件在干湿交替环境中的腐蚀。

1. 干湿交替条件下金属的电化学行为

金属构件在干湿交替环境下的腐蚀速率极高，人们研究最多的就是阴极金属在这种环境下的腐蚀行为。Nishikata 等在 1995 年报道了碳钢在干湿交替环境下的腐蚀行为。他们认为，在这种环境下碳钢的腐蚀分为 3 个阶段：第一阶段，由于 Cl^- 浓度增大使得腐蚀速率增大，同时腐蚀电位负移。第二阶段，由于金属溶解以及氧的去极化反应，使得腐蚀速率陡然增大，而腐蚀电位保持不变。最后阶段，阳极溶解过程受到抑制，腐蚀速率降低，电位负移。R. P. VERA CRUZ 等运用各种电化学手段研究了碳钢在干湿交替环境下的小孔腐蚀行为，他们认为，当溶液中 Cl^- 浓度达到一定临界值时，发生点蚀。在干态条件下，碳钢进入钝化状态，但若干态湿度较高时，钝化膜并不完美，并且由于腐蚀产物在表面部分附着，使得碳钢在进入下个循环周期时，裸露部分的点蚀加剧。El - Mahdy 等研究了电镀钢和表面有 Al - Zn 合金涂层的碳钢在这种条件下的腐蚀行为。表面镀锌的碳钢在试验最初阶段由于表面覆有锌的腐蚀产物使得腐蚀速率降低，但当表面出现红锈时，Zn 阳极不再作为牺牲阳极，碳钢开始发生腐蚀。而表面有 Al - Zn 合金涂层的碳钢，在试验初期，由于表面涂层的溶解，腐蚀速度加速，随着干湿循环的进行，表面附着了大量的腐蚀产物，使得腐蚀速率慢慢降低。Amar Prasad Yadav 等对镀锌钢和纯锌在干湿交替环境下的腐蚀机制做了深入研究。镀锌钢在这种条件下的腐蚀分为三个阶段，并建立了一个简易模型。在第一个阶段，主要是锌的溶解反应，阴极反应的速控步骤是 O_2的扩散。锌的溶解反应主要是在高活化点（阳极）上进行。由于阳极溶解速度不同，导致低活化点附近的 pH 值升高。在第二阶段，由于镀锌的电位正于纯锌的，表面的锌涂层不再发生溶解，基体开始发生腐蚀，出现红锈。到了第三阶段，电镀钢的腐蚀速率开始减小，这是因为表面锌涂层的保护或者是表面腐蚀产物的堆积。EL－Mahdy 等研究了干湿交替环境的温度、湿度、试样表面状态以及试样摆放位置对金属铝腐蚀行为的影响。他们发现，在试验的开始的几个周期，铝的腐蚀速率大大降低，随后速率降低幅度减缓。铝合金温度的升高加速了铝的腐蚀，并且当试样水平放置时，其腐蚀速率要高于倾斜 30°放置。EL－Mahdy 运用 EIS 技术研究了铜在干湿交替环境下的腐蚀行为，是符合溶解—再沉淀机制的。Tsuru 等研究了干湿交替环境下，钢在腐蚀过程中的渗氢过程。他们认为，由于氢的去极化反应使得氢吸附在表面的钝化膜上。渗氢速率与试样表面的 pH 值以及腐蚀电位有关，在含有 Na_2SO_3的污染大气中，Ph 值和腐蚀电位的降低增加了钢的渗氢速率。Kamimura 等在 Cr 对碳钢在大气腐蚀中的影响发现，Cr 的加入只对干燥条件下碳钢的腐蚀行为有影响。由于含铬氧化物杂质的锈层中生成了 Fe^{2+}，同时锈层的减少受到抑制使得在干燥条件下，碳钢的腐蚀速率降低。

2. 干湿交替条件下牺牲阳极保护效果分析

合适且充分的阴极保护可以完全防止充水期的海水腐蚀，但是以前人们并未对这种腐蚀环境的阴极保护参数做详细深入的研究，而是沿用了全浸结构的保护电位判据——－0.85V（相对于 $Cu/CuSO_4$参比电极），得到的保护效果的分析结果有不同程度的降低，甚至有人怀疑阴极保护对压载水舱的有效性。因为在间浸条件下，结构暴露在空气中得不到阴极保护，牺牲阳极的腐蚀产物在金属结构表面的锈蚀的附着使阴极极化率减小，同时常规的设计无法使具有防蚀作用的钙质膜在结构物表面形成。1998 年，吴建华等在研究阴极保护对海水间浸低碳钢的防蚀作用时，提出采用保护电位判据应为－0.95V（相对于 $Cu/CuSO_4$参比电极）而非－0.85V。杨俊雄在研究压载水舱牺牲阳极阴极保护研究时，也同意采用－0.95V 的电位判据，这使得压载舱的保护度可达 70% 以上。同时还确定了裸露部分在不同压载率下应使用的保护电流密度。Bertolini 等采用了未腐蚀的和已经发生腐蚀的两种试样分析牺牲阳极对混凝土中钢构件的保护效果，经研究表明牺牲阳极对未腐蚀试样的保护效果要好于已经发生腐蚀的试样。孔小东在分析干湿交替条件下牺牲阳极保护效果时，采用 Zn－Al－Cd 阳极作为分析对象。在全浸状态下，阳极表面锌离子溶解后能够比较容易地进入溶液，腐蚀产物很少沉积在阳极表面；但在干湿交替状态下，腐蚀产物 $Zn(OH)_2$ 在空气中部分脱水成 ZnO，同时海水中的 Ca^{2+}、Mg^{2+} 及其他离子也会残留在阳极表面的液膜中，并与空气中的 CO_2 或溶液中的其他离子反应形成钙、镁盐如碳酸盐等，它们与锌的腐蚀产物混合干燥成壳，在长期的干湿交替过程中壳层越积越厚，严重阻碍锌阳极的溶解，降低了阳极的保护性能，最终失去阳极保护作用。

6.3.2　海水干湿交替环境下腐蚀试验

干湿交替循环试验的最初提出是为了评价耐候钢的性能，适用于有钝化膜的金属及合金，这种方法从电化学角度来说，也是合理的。目前，有专门的加速盐雾腐蚀箱可以模拟这种腐蚀环境，但是这种加速盐雾腐蚀箱的环境条件要比实际的干湿交替环境苛刻，得到的试验结果不可靠，因此有人自制了盐雾箱来模拟试验所需的环境。吴建华等在研究阴极保护对海水间浸低碳钢的防蚀作用时，自行设计了一个盐雾腐蚀箱，此箱用有机玻璃制作，采用了精度较高的贝氏温度计、湿度计、加热器，实现了湿度、温度的控制。Gamal Ahmed El－Mahdy 等在监测电镀钢在干湿交替情况下的腐蚀状况时，将电解池放入丙烯酸酯制作的容器中，再将此容器放到湿度温度控制箱中，通过每个干湿交替循环开始和结束时间控制两个磁性阀门排出消耗试液。另一种试验方法是将试样放在溶液中，浸泡一定的时间，然后拿出在常规大气中放置一段时间，以此来实现干湿交替行为。

6.4　牺牲阳极在干湿交替环境下试验

牺牲阳极阴极保护对海洋环境钢铁结构的防腐起到了积极的作用。但在某些特殊的应用领域（如高温、干湿交替、油田污水等）尚不够成熟和完善，目前采用的阳极材料性能满足不了保护要求，需要采用新的牺牲阳极材料，改进阳极配方，并在此基础上，建立并利用标准试验方法对特殊条件下阳极的性能进行有效的评价，以满足某些特殊腐蚀环境条件下阴极保护对牺牲阳极材料特殊的需要。

潜艇上层建筑内部结构的阴极保护仍较多采用三元 Zn 合金牺牲阳极。许多情况下该阳极的生产熔炼不是由专业厂家生产而是由修、造船厂等自行生产，难以控制阳极的成分和杂质含量，性能达不到标准要求，又存在着由于上层建筑内部结构复杂引起的设计不合理，使用中经常存在维护不当如表面涂刷油漆或沾附油污造成的阳极失效，因此锌合金阳极往往难以发挥有效的保护作用。相对锌合金牺牲阳极而言，铝合金牺牲阳极由于具有电位负、电容量大、阳极活化溶解性能良好、重量轻等优点在海洋工程中得到了广泛的应用，在海洋工程阴极保护中有取代 Zn 阳极的趋势，目前已经在海洋工程阴极保护中大量采用，海军水面舰船和部分新型潜艇的水线以下部分船体均采用外加电流和铝合金牺牲阳极阴极保护，在一些船舶的压载水舱阴极保护中也成功采用过铝合金牺牲阳极进行保护。但目前铝合金牺牲阳极材料在潜艇上层建筑内部干湿交替、高温高湿高盐雾腐蚀条件下的应用还没有经系统研究和验证。

不同类型的牺牲阳极具有不同的性能特点，适用的环境也会有所不同。所以，必须针对牺牲阳极在潜艇中的应用环境特点，研究牺牲阳极在特殊工作条件下的电化学性能，建立牺牲阳极材料耐环境性能试验方法，为有效解决潜艇上层建筑区域的严重腐蚀问题提供依据。

本研究的主要目的是，针对潜艇上层建筑特殊的干湿交替、高温高湿高盐雾的腐蚀工况条件，选择国内外海洋环境用性能优良的牺牲阳极材料：三元锌合金阳极 Zn－Al－Cd 以及普通铝合金阳极 Al－Zn－In－Cd 和 Al－Zn－In－Mg－Ti 高效铝合金牺牲阳极材料、新型的 Al－Zn－In－Mg－Ga－Mn 高活化铝合金牺牲阳极，通过实验室模拟试验装置和电化学测试系统，研究不同的牺牲阳极材料在潜艇上层建筑间浸腐蚀环境中的腐蚀电化学性能。并通过在青岛、三亚海域的潮差、海洋大气环境试验，评价牺牲阳极在间浸、全浸条件下的各种电化学性能，分析阳极表面结壳形貌、速率及机理。通过试验研究确定适合潜艇上层建筑间浸环境中使用的电化学性能优异、再活化性能良好的牺牲阳极材料，同时研究建立牺牲阳极耐环境性能试验方法。

6.4.1 试验材料与方法

1. 试验材料

针对上层建筑特殊的腐蚀工况条件，选择国内外海洋环境用性能优良的牺牲阳极材料：三元锌合金 Zn－Al－Cd（简称 ZAC）以及普通铝合金阳极 Al－Zn－In－Cd（简称 AZIC）和高效铝合金牺牲阳极材料 Al－Zn－In－Mg－Ti（简称 AZIMT）、高活化铝合金阳极 Al－Zn－In－Mg－Ga－Mn（简称 AZIMGM），研究其在实验室干湿交替条件、盐雾高温高湿条件下的腐蚀电化学性能，并在青岛、三亚海域的全浸、潮差实海环境进行牺牲阳极干湿交替、全浸条件下活化性能评价。

试验所用牺牲阳极材料分为 3 类：

（1）Zn－Al－Cd 三元锌合金阳极，是目前上层建筑阴极保护选用的阳极材料。

（2）Al－Zn－In－Cd 铝合金牺牲阳极，是海洋工程中阴极保护经常采用的普通牺牲阳极材料。

（3）Al－Zn－In－Mg－Ti 高效铝合金牺牲阳极、Al－Zn－In－Mg－Ga－Mn 高活化铝合金牺牲阳极，与锌合金阳极和常规的铝合金牺牲阳极相比，具有电流效率高、活化溶解性能好、电容量高、工作电位稳定等优点，在海洋工程的阴极保护中已逐渐大量推广应用。特别是后者是为舰艇压载水舱和舱底油污水环境中阴极保护研制的牺牲阳极，具有高的电化学活性。

牺牲阳极的熔炼在725所进行，设备及熔炼过程如图6.2所示，其成分及其要求参考以下标准：

（1）GB/T4948—2002《铝－锌－铟系合金牺牲阳极》。

（2）GB/T4950—2002《锌－铝－镉合金牺牲阳极》。

（3）GB4949—85《铝－锌－铟系合金牺牲阳极及化学分析方法》。

（4）GB4951—85《锌－铝－镉合金牺牲阳极及化学分析方法》。

（5）Q/725－1268—2004《铝－锌－铟－镁－镓－锰合金牺牲阳极》（725所企业标准）。

图6.2 试验用牺牲阳极熔炼、浇铸过程

对熔炼的牺牲阳极按上述标准方法进行化学成分分析，满足国标要求。

2. 试验介质及条件

实验室干湿交替条件下阳极性能试验在全浸腐蚀试验装置进行，全浸腐蚀并按一定的周期取出在空气中暴露，腐蚀介质为取自青岛海滨的洁净天然海水；高温高湿高盐雾条件下阳极性能试验在盐雾试验箱进行试验，腐蚀介质为5% NaCl 溶液；实海阴极保护模拟试验在725所青岛、三亚实海试验站进行，在潮差带、全浸带进行间浸、全浸条件下的腐蚀电化学性能试验对比。

3. 试验方法

1）牺牲阳极耐干湿交替环境性能试验

（1）恒电流试验。通过实验室全浸腐蚀装置，按一定的干湿交替周期（每次在海水中浸泡一定时间取出，在空气中暴露一定时间后再浸入海水）对牺牲阳极进行交替海水浸泡和空气暴露，以此方法模拟潜艇上层建筑干湿交替环境，测量和观察该条件下阳极开路电位、工作电位、电流效率及溶解形貌等，研究干湿交替环境对阳极腐蚀电化学性能的影响。

试验参照 GB/T17848－1999《牺牲阳极电化学性能试验方法》，按总的浸水试验时间 180h 为总的试验周期（60 个干湿交替周期）。

（2）自放电试验。采用实验室间浸环境的自放电试验，模拟干湿交替条件下牺牲阳极对碳钢阴极保护效果。采用 60∶1 的阴阳极面积比设计阴极保护试验偶对，试验时每次浸入海水的时间为 3h，而后取出在空气中直至试样表面自然干燥，在每次浸入海水中同时测量保护电位、阳极发生电流等阴极保护参数随时间及周期的变化规律，最终确定保护率和效果。试验最后一个周期结束时清除阳极表面的腐蚀产物再测量阳极工作电位、保护电位、发生电流。

试验周期为 60 个干湿交替周期。试验中定期更换新鲜海水。

（3）电化学测试。牺牲阳极阴极保护法是依靠牺牲阳极不断溶解所产生的阴极电流实现阴极保护。牺牲阳极经过干湿交替之后，发出电流能力减弱。在不同周期记录阳极发出电流随时间的变化，可以评价阳极在经过不同的干湿交替周期后，其放电能力的大小，从而可以评价阳极的活化能力。具体试验方法如下：

将干态的阳极试样在海水中浸泡一段时间，电位稳定后，将阳极开路电位突然跃升到 $-0.95V_{SCE}$，测定规定时间内阳极试样电流随时间的变化。发出电流越大，说明阳极活化性能越好。

采用电化学阻抗谱评价牺牲阳极的表面活性，分别在开路电位条件下测定其阻抗图谱。频率范围为 100kHz～1MHz，对数扫频，每倍频程 5 次循环。

（4）腐蚀产物分析。对阳极表面的腐蚀产物进行微观形貌分析和 XRD 分析，并对形成规律进行分析，探讨在干湿交替条件下牺牲阳极的工作机理和失效机制。

2）牺牲阳极耐高温高湿高盐雾环境性能试验

（1）自然腐蚀。利用盐雾试验箱，模拟高温高湿高盐雾的腐蚀环境，研究牺牲阳极材料在该种环境条件下腐蚀溶解和活化性能。

（2）电化学性能评价。在盐雾试验装置模拟高温高湿高盐雾条件，研究牺牲阳极材料经历不同暴露时间后的电化学性能，测量动电位极化曲线评价其极化性能,恒电位极化曲线测量评价其再活化性能。

(3) 腐蚀产物分析。通过阳极表面腐蚀情况和产物的性质,以及随试验周期的变化,探讨高温高湿高盐雾环境下阳极性能及工作机制。

试验参照 GB10125《人造气氛下中的腐蚀试验——盐雾试验(SS 试验)》。

3) 实海牺牲阳极腐蚀电化学性能及阴极保护效果试验

在青岛、三亚实海潮差带和海水全浸带,进行干湿交替和全浸条件下的牺牲阳极腐蚀电化学性能试验、牺牲阳极对碳钢的阴极保护模拟对比试验,研究牺牲阳极的保护电位、发生电流、表面溶解形貌、腐蚀率等腐蚀电化学性能,确定对被保护结构的保护电位、保护率等阴极保护效果。

试验参照 GB6384《船舶及海洋工程用金属材料在天然环境中的海水腐蚀试验方法》、GB/T15748—95《船用金属材料电偶腐蚀试验方法》、CB/T3855《海船牺牲阳极阴极保护设计和安装》。

4) 实艇牺牲阳极电化学性能评价

对服役满一个坞修期的潜艇上的 Al - Zn - In - Mg - Ti 阳极进行了实验室条件下的电化学性能评价。

(1) 表面微观形貌分析。对阳极表面和溶解产物进行微观观察,分析其表面溶解产物的覆盖情况和对阳极性能的影响。

(2) 阳极开路电位测试。在海水中测量经实艇使用后阳极的开路电位及其随时间的变化规律,判断该阳极的电位能否满足使用要求。

(3) 阳极自放电试验。将阳极与钢制阴极电性连接,测量其工作电位和对钢的阴极保护电位,判断其能否提供有效的阴极保护。

(4) 再活化性能试验。在海水中对阳极进行 $-0.95V_{SCE}$ 恒电位极化试验,测量其阳极发生电流随时间变化规律。并将阳极表面产物清除后再测量,以评价阳极在经历一个坞修期后的再活化性能。

6.4.2　海水全浸条件恒电流试验

对熔炼的以上 4 种牺牲阳极材料按 GB/T17848 - 1999《牺牲阳极电化学性能实验方法》进行全浸海水条件下的电化学性能评价,以评价熔炼的阳极是否合格,此结果作为与干湿交替条件下阳极性能进行对比的依据。

试样的结构如图 6.3 所示,牺牲阳极电化学性能试验装置如图 6.4 所示。参比电极为饱和甘汞电极(SCE),实验容器是 5000mL 的烧杯,电源是由 3 个蓄电池串联在一起组成的。电流采用 C21 - mA 型直流电流表,量程为 30mA,电阻箱选用 ZX17 - 1 型十进位电阻箱。试验中有两个回路:一个为测量回路,通过直流电压表、参比电极、盐桥与试样组成回路测量试样的开路电位、工作电位;另一个为恒电流回路，通过直流稳压电源、可变电阻、电流表、铜电量计及海水中的阴阳极构成一个回路，恒定牺牲阳极上的电流密度为 $1mA/cm^2$。在此回路中被测试样采用串联方式，一次测量多个试样。

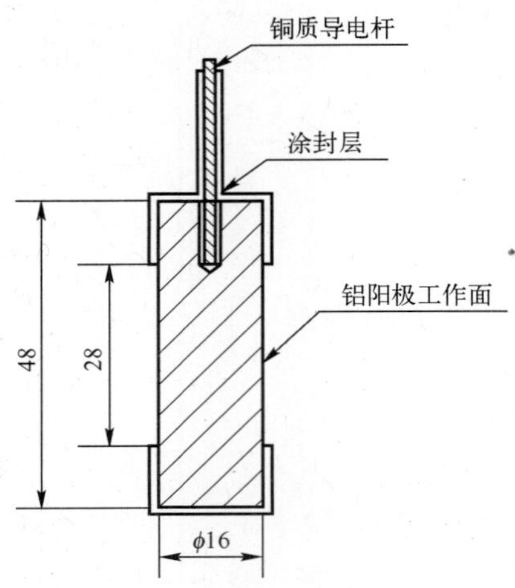

图 6.3 电化学试验用牺牲阳极封装结构示意图

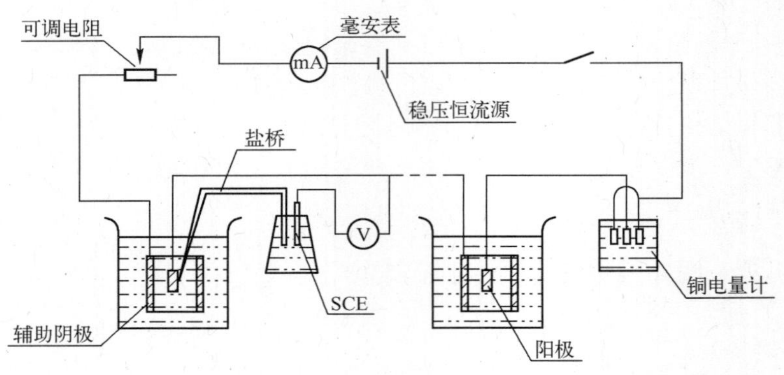

图 6.4 恒电流试验装置图

1. 工作电位—时间曲线

图 6.5 所示为全浸海水中恒电流试验测量的阳极工作电位随时间变化规律，试验同时测量了阳极的开路电位。

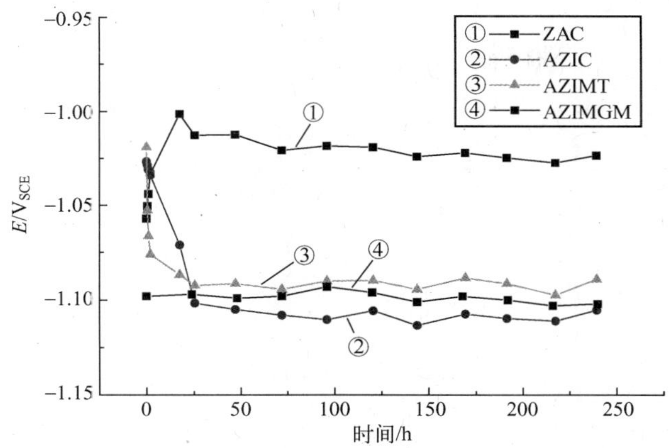

图 6.5　4 种牺牲阳极在全浸海水中的工作电位—时间曲线

2. 阳极电化学性能

表 6.6 所列为 4 种阳极的常规电化学性能数据，结果表明 4 种阳极的腐蚀电化学性能均满足国标和相应的技术要求，为合格的牺牲阳极材料。

表 6.6　4 种牺牲阳极电化学性能

阳极材料	开路电位 $/V_{SCE}$	工作电位 $/V_{SCE}$	实际电容量 /(A·h/kg)	电流效率 /%	溶解性能
ZAC	-1.09	-1.02	802	97.8	腐蚀产物易脱落，表面溶解均匀
AZIC	-1.14	-1.11	2529	87.8	腐蚀产物易脱落，表面溶解较均匀
AZIMT	-1.12	-1.09	2646	92.0	腐蚀产物易脱落，表面溶解很均匀
AZIMGM	-1.23	-1.15	2637	92.4	腐蚀产物易脱落，表面溶解很均匀

3. 腐蚀形貌

图 6.6 所示为 3 种阳极材料在青岛天然海水中，工作电流密度为 $1mA/cm^2$ 时通电 10 天清除腐蚀产物后的溶解形貌。锌合金阳极溶解较均匀，表面光滑平整；普通铝阳极溶解表面较均匀，呈疏松海绵状；高效铝阳极表面溶解均匀，溶解性能好于普通铝阳极。高活化 Al - Zn - In - Mg - Ga - Mn 阳极的溶解均匀，表面蚀坑浅而平，在 3 种阳极中相对较好。

以上试验结果表明，试验采用的牺牲阳极材料性能均能满足国标要求。

(a) Zn-Al-Cd　(b) Al-Zn-In-Cd

(c) Al-Zn-In-Mg-Ti　(d) Al-Zn-In-Mg-Ga-Mn

图 6.6　4 种阳极全浸条件下恒电流试验溶解形貌

6.4.3　干湿交替条件下恒电流试验

在实验室全浸腐蚀装置上进行干湿交替条件的阳极电化学性能加速试验，以 24h 为 1 个工作周期，按一定的干湿交替 1:7 间浸比（即每次在海水中浸泡 3h，在空气中暴露干燥 21h 后再浸入海水，间浸率为 12.5%）对牺牲阳极交替地进行海水浸泡和空气中干燥，模拟上层建筑干湿交替环境，测量和观察该工作条件下阳极开路电位、工作电位、电流效率及溶解形貌等，研究干湿交替环境对阳极腐蚀电化学性能的影响；试验参照 GB/T17848 - 1999《牺牲阳极电化学性能试验方法》，试验总的浸水试验时间 180h（60 个干湿交替周期）。

1. 工作电位

图 6.7 所示为 4 种阳极在干湿交替恒电流试验中，每个试验周期试样在浸入海水 15min 后测量的阳极工作电位随试验周期的变化规律，主要是评价阳极在经历表面产物的干燥后阳极在入水后快速极化的能力。Zn - Al - Cd 阳极（图中以 Z 表示）在前 20 周期内阳极电位逐渐正移，发生了阳极极化，其原因是表面产物的逐渐附着和结壳抑制了其阳极过程，此后电位稳定在 - 900 ~ - 950mV_{SCE}范围；Al - Zn - In - Cd 阳极（图中以 C 表示）在试验周期内相对趋势比较平稳，但由于阳极表面的活化—钝化—再活化行为造成电位波动较大；Al - Zn - In - Mg - Ti 阳极（图中以 T 表示）在试验周期内工作电位基本稳定，50 天

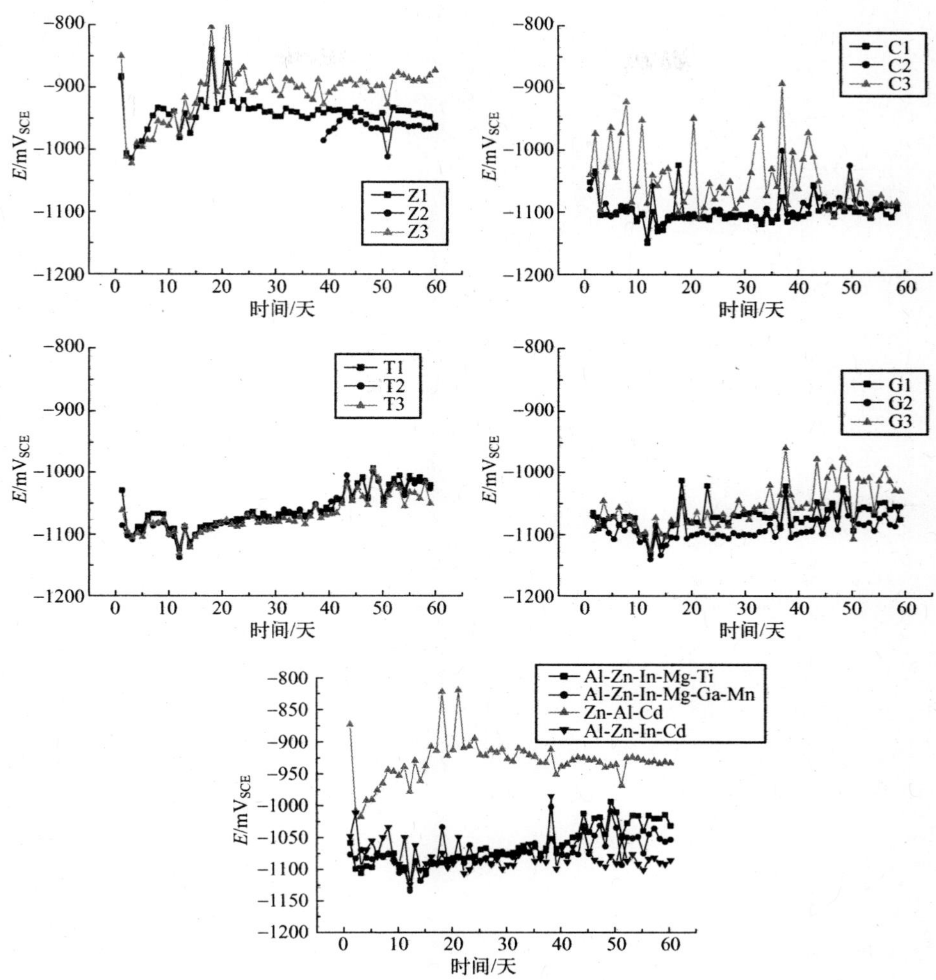

图6.7　阳极干湿交替恒电流试验每周期浸泡初期电位(0.25h)变化规律

后略有正移，表明后期表面也有轻微的产物附着，工作电位在 -1050 ~ -1100mV(以下未注明均为相对SCE参比电极)；Al-Zn-In-Mg-Ga-Mn阳极(图中以G表示)的电位相对稳定在 -1100mV上下。从4种阳极的对比曲线可以明显看出在下水初期Al-Zn-In-Mg-Ga-Mn的活化性能最佳，其次是Al-Zn-In-Mg-Ti、Al-Zn-In-Cd，Zn-Al-Cd最低。

图6.8所示为4种阳极在每个干湿交替周期的海水浸泡结束时测量的工作电位随周期变化的规律。锌阳极的工作电位与初期接近，表明在经过3h的海水浸泡后阳极表面仍未明显活化；在经过3h的活化后铝阳极均不同程度地活性增

强，其中 Al－Zn－In－Mg－Ga－Mn 的工作电位非常稳定，约为－1100mV；Al－Zn－In－Mg－Ti 阳极表面也基本活化和稳定。第 60 周期阳极工作电位随海水浸泡时间变化曲线如图 6.9 所示。

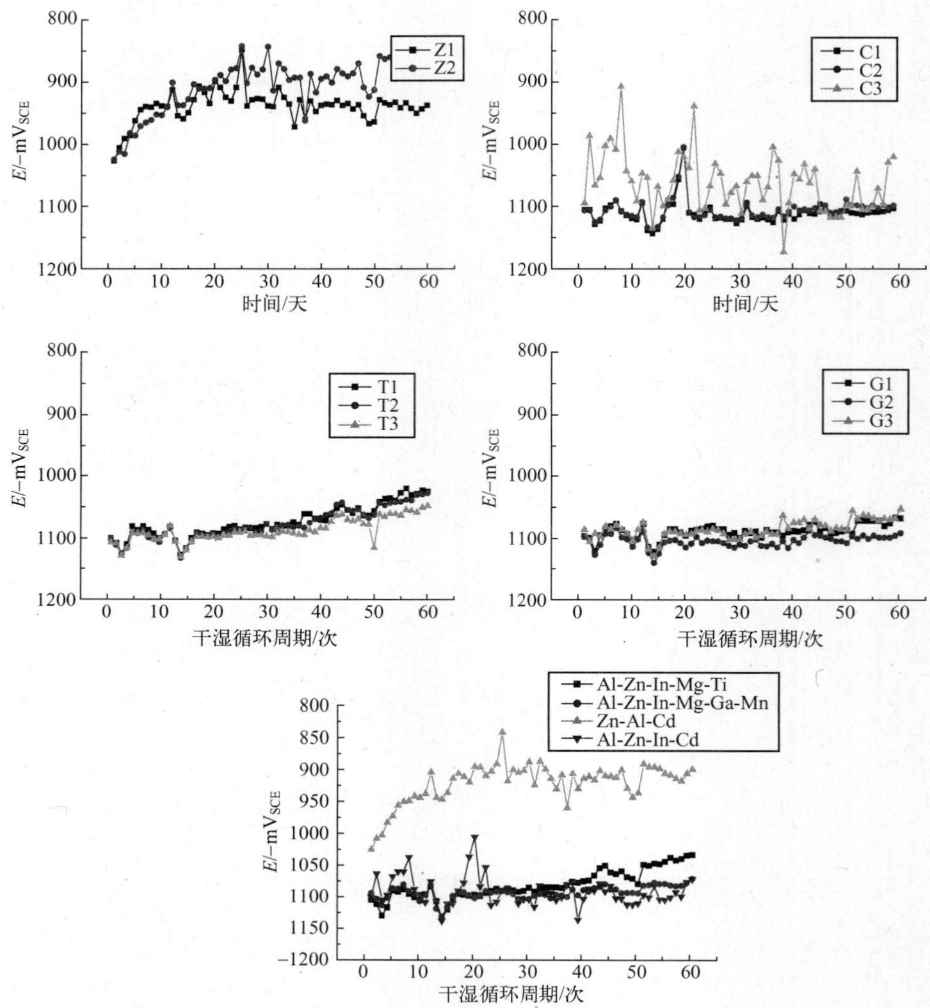

图 6.8　阳极干湿交替恒电流试验每周期浸泡末期电位（3.0h）变化规律

从干湿交替条件下阳极的不同周期（阳极入水初期、出水时）电位变化规律可以看出，Zn－Al－Cd 阳极工作电位从初期的约－1000mV_{SCE}到后期发生阳极极化，只能达到－900～－950mV_{SCE}范围，已达不到对基体有效保护的工作电位；Al－Zn－In－Mg－Ti 阳极工作电位逐渐从－1100mV 正移到－1000mV_{SCE}；Al－

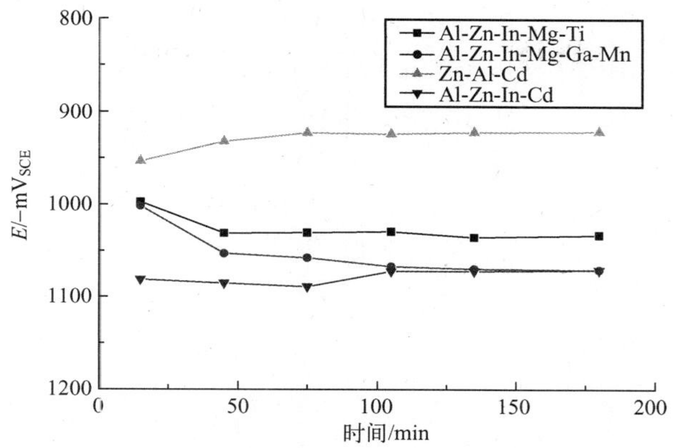

图6.9　第60周期阳极工作电位随海水浸泡时间变化曲线

Zn－In－Cd 阳极的工作电位在 －1000～－1100mV$_{SCE}$，但阳极的电位波动较大，表明其表面状态不稳定，可能是由于阳极表面钝化与活化的交替进行导致其工作电位波动；Al－Zn－In－Mg－Ga－Mn 阳极的工作电位基本在 －1100mV$_{SCE}$且比较稳定，没有发生阳极极化的现象，性能相对最好。

2. 电流效率

上述干湿交替条件下牺牲阳极的电流效率（阳极干湿周期比 7:1，以 24h 为 1 个间浸周期，60 个循环）。表6.7 所示为4 种阳极在海水全浸和干湿交替条件阳极电流效率的对比，Al－Zn－In－Mg－Ga－Mn 阳极最高，其电流效率仅降低5%左右；其次为 Al－Zn－In－Mg－Ti，电流效率降低约10%；Al－Zn－In－Cd 牺牲阳极的电流效率降低近12%；Zn－Al－Cd 阳极电流效率降低最大，达到15%以上。

表6.7　4 种阳极干湿交替电化学性能数据

试验条件	Zn－Al－Cd	Al－Zn－In－Cd	Al－Zn－In－Mg－Ti	Al－Zn－In－Mg－Ga－Mn
海水全浸	≥95%	≥85%	≥90%	≥90%
干湿交替	79.13%	73.33	79.93	84.25

3. 溶解形貌

从图6.10、图6.11 所示的产物溶解情况看，Zn－Al－Cd 阳极的表面附着有一层很致密的白色腐蚀产物，清除产物后其表面溶解相对比较均匀，可以判断是其表面的结壳严重阻碍了阳极表面的再活化和阳极电流的发生，使阳极逐渐窒息；Al－Zn－In－Mg－Ti 阳极的腐蚀产物相对较疏松且表面有较多小孔可以达到阳极表面，其腐蚀产物比较难以脱落，清除产物后表面呈现不均匀溶解，有晶间腐蚀现象，表明在干湿交替条件下其表面虽然可以得到活化但溶解不太均匀；Al－Zn－In－Cd 阳极的表面产物较为疏松且部分脱落，清除产物后阳极表面溶解较均匀，有众多小蚀斑，表明溶解过程中其表面存在较大区域的活化和钝化区，溶解不均匀；Al－Zn－In－Mg－Ga－Mn 阳极表面阳极产物疏松较易脱落，清除产物后阳极表面的溶解表面较均匀，蚀坑浅，溶解形态较均匀，Ga、Mn 等元素的加入有助于提高牺牲阳极的溶解性能。从阳极溶解性能看，以上阳极性能由高到低依次为 Al－Zn－In－Mg－Ga－Mn、Al－Zn－In－Mg－Ti、Al－Zn－In－Cd、Zn－Al－Cd。

(a) Zn-Al-Cd阳极 (b) Al-Zn-In-Cd阳极

(c) Al-Zn-In-Mg-Ti阳极 (d) Al-Zn-In-Mg-Ga-Mn阳极

图 6.10 牺牲阳极干湿交替恒电流试验 60 周期后表面产物附着形貌

4. 阳极溶解产物 XRD 分析

对恒电流试验过程中阳极表面形成的溶解产物进行清除，将产物进行 XRD 物相分析。测试系统为德国布鲁克公司提供的 D8A 衍射仪，将带有腐蚀产物的阳极直接放入 X 射线衍射仪中，分析阳极表面腐蚀产物成分。参数设置为 Cu－kα 射线，光管电压 40kV，电流 40mA，扫描步长 0.01°，时间步长 0.3s。

图 6.12 所示干湿交替条件下恒电流试验阳极表面溶解产物 XRD 衍射图谱结果表明，Zn－Al－Cd 阳极的溶解产物结晶中有基体峰值出现，即有晶粒脱落现象，这是造成阳极电流效率降低的原因之一。3 种铝阳极中 Al－Zn－In－Cd 的衍射峰中也有明显的铝的基体峰出现，表明其腐蚀产物中含有阳极金属，即溶解过程中发生了阳极的脱落；Al－Zn－In－Mg－Ti 及 Al－Zn－In－Mg－Ga－Mn 两种阳极腐蚀产物的衍射峰显示，以晶粒尺度很小的腐蚀产物为主，即未发生阳极组织的脱落。这一结果与 4 种牺牲阳极的电流效率试验结果一致，

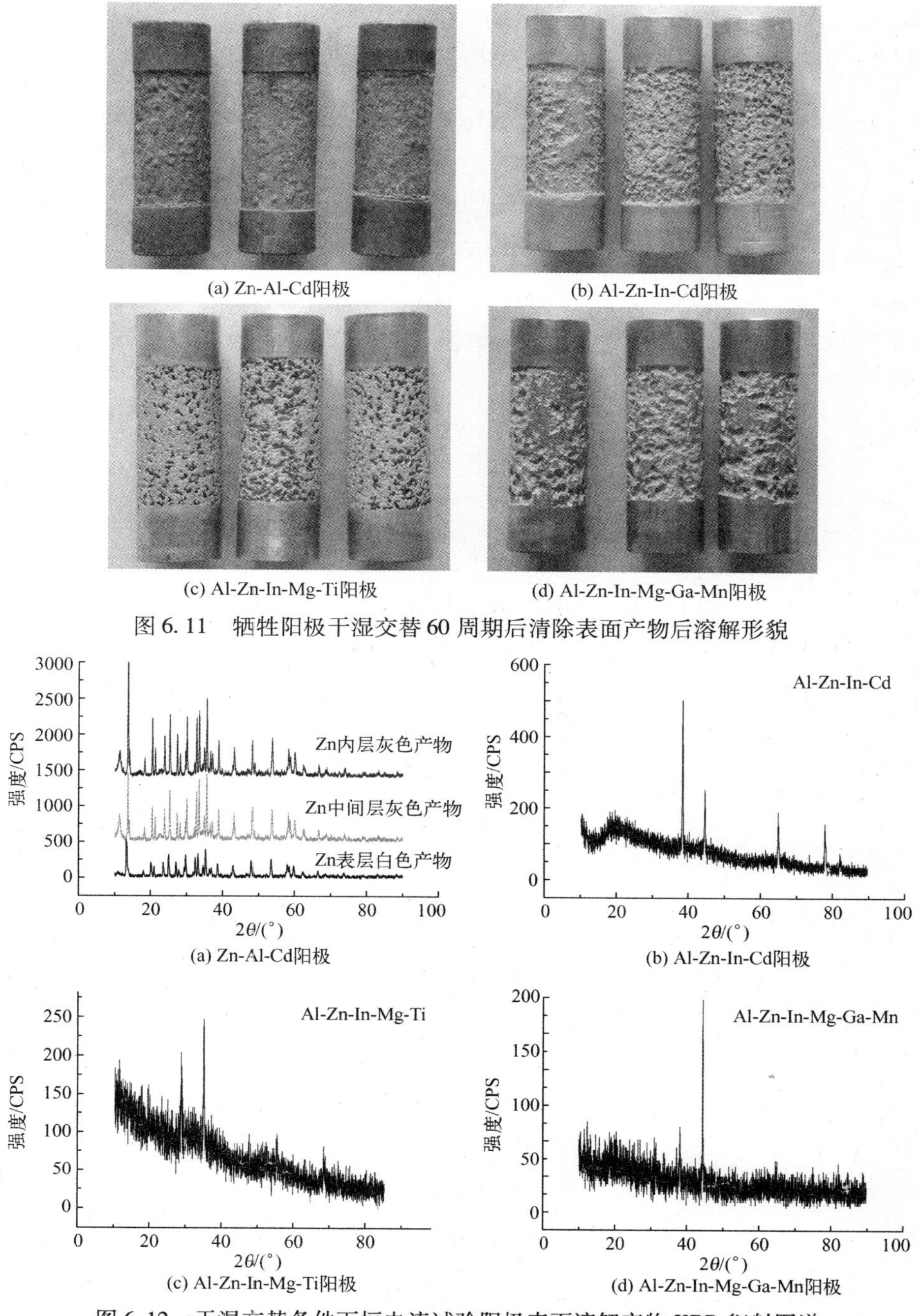

(a) Zn-Al-Cd阳极　(b) Al-Zn-In-Cd阳极

(c) Al-Zn-In-Mg-Ti阳极　(d) Al-Zn-In-Mg-Ga-Mn阳极

图 6.11　牺牲阳极干湿交替 60 周期后清除表面产物后溶解形貌

(a) Zn-Al-Cd阳极　(b) Al-Zn-In-Cd阳极

(c) Al-Zn-In-Mg-Ti阳极　(d) Al-Zn-In-Mg-Ga-Mn阳极

图 6.12　干湿交替条件下恒电流试验阳极表面溶解产物 XRD 衍射图谱

由于发生了阳极的不均匀溶解和组织脱落，脱落的阳极未能输出有效的阳极电流，使 Zn－Al－Cd、Al－Zn－In－Cd 阳极的电流效率大幅降低。

6.4.4 干湿交替条件下自放电试验

实验室采用间浸试验模拟试验，研究了干湿交替条件下牺牲阳极对钢基体的阴极保护效果。参照国标采用一定的阴阳极面积比(60:1)设计阴极保护试验偶对，试验时与恒电流试验对应以 24h 为一个试验周期，每次浸入海水的时间为 3h，而后取出在空气中试样表面自然干燥 21h，在每次浸入海水中时测量阳极工作电位、保护电位、发生电流等参数随时间及周期的变化规律，最终确定保护率和效果。试验最后一个周期结束时清除阳极表面的腐蚀产物再测量阳极工作电位、保护电位、发生电流。

1. 阳极工作电位

图 6.13 是在间浸环境中 4 种牺牲阳极与钢阴极电性连接条件下，阳极在每周期浸入海水初期 0.25h 的工作电位随间浸周期的变化规律，此时可认为海水已达到阳极表面，阳极开始发生活化。图 6.14 是阳极在每周期浸入海水末期 3h 的工作电位随间浸周期的变化规律，此时认为阳极的表面已基本达到稳定状态。图中曲线分别为四种阳极的平行样及平均值的对比。

图 6.15 所示为干湿交替自放电试验中每周期浸水后期(3.0h)牺牲阳极对钢的阴极保护电位随周期的变化规律。

从阳极在每个试验周期浸水初期和末期阳极工作电位的变化规律看，Zn－Al－Cd 阳极和 Al－Zn－In－Cd 阳极在自放电条件下阳极发生了显著的阳极极化，这对于牺牲阳极材料的电化学性能是非常不利的。在间浸环境自放电试验后期，两种阳极的工作电位已达不到要求。从每周期入水初期阳极工作电位看，20 周期时 Zn－Al－Cd 阳极的工作电位即正移到 $-700mV_{SCE}$（约 $-780mV_{Cu/CuSO_4}$）；Al－Zn－In－Cd 阳极则在 30 周期时正移到此电位。这一工作电位已难以使钢达到其在海水中的阴极保护电位 $-850mV_{Cu/CuSO_4}$，即不能对钢铁结构提供有效的阴极保护。即使在入水 3h 后，Zn－Al－Cd 阳极在 30 周期左右也正移到 $-800mV_{SCE}$，Al－Zn－In－Cd 阳极在 40 周期时到达这一电位，此时仍难以产生有效的阴极保护驱动电位差，无法对钢提供有效阴极保护电流。从图 6.15 中同样可以明显看出在 20 周期时，Zn－Al－Cd 阳极对钢的阴极保护电位已经达不到保护要求，Al－Zn－In－Cd 阳极在 35 周期后同样无法使钢达到要求的阴极保护电位。

Al－Zn－In－Mg－Ti 阳极的工作电位波动较大，其表面也存在由于干湿交替造成的表面局部钝化问题，但其阳极电位正移不显著，入水初期工作电位在

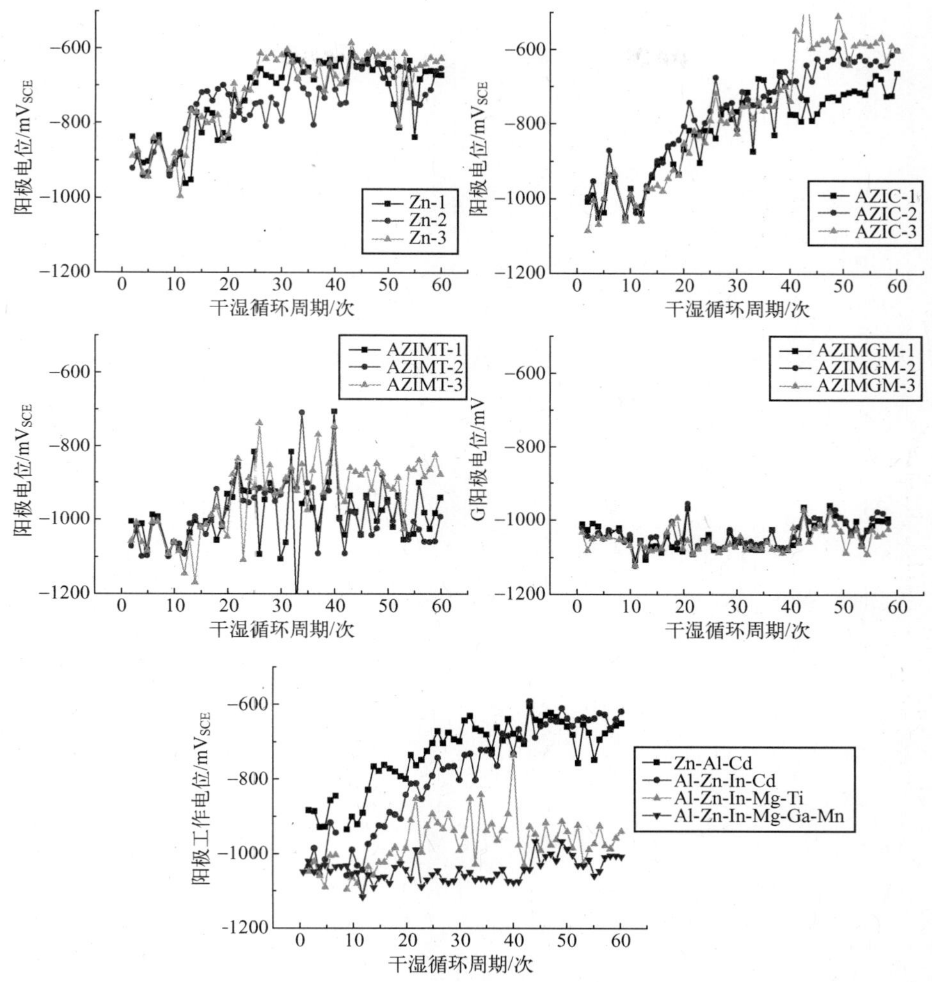

图6.13　干湿交替条件下自放电试验入水初期(0.25h)阳极工作电位变化规律

-950mV_{SCE},入水后期可达到-1050mV_{SCE},基本可以达到对海水中钢提供有效阴极保护的使用要求;Al－Zn－In－Mg－Ga－Mn 阳极工作电位则始终比较稳定,入水初期工作电位约在-1050mV_{SCE},后期电位可达到-1100mV_{SCE},接近其在全浸海水中的工作电位。从图6.15看 Al－Zn－In－Mg－Ti 阳极对钢的阴极保护电位可以满足要求,仅在个别周期出现正于$-850\text{mV}_{Cu/CuSO_4}$的情况,而 Al－Zn－In－Mg－Ga－Mn 阳极对钢的阴极保护电位基本稳定在-950mV_{SCE},完全满足船体结构钢的阴极保护电位要求。

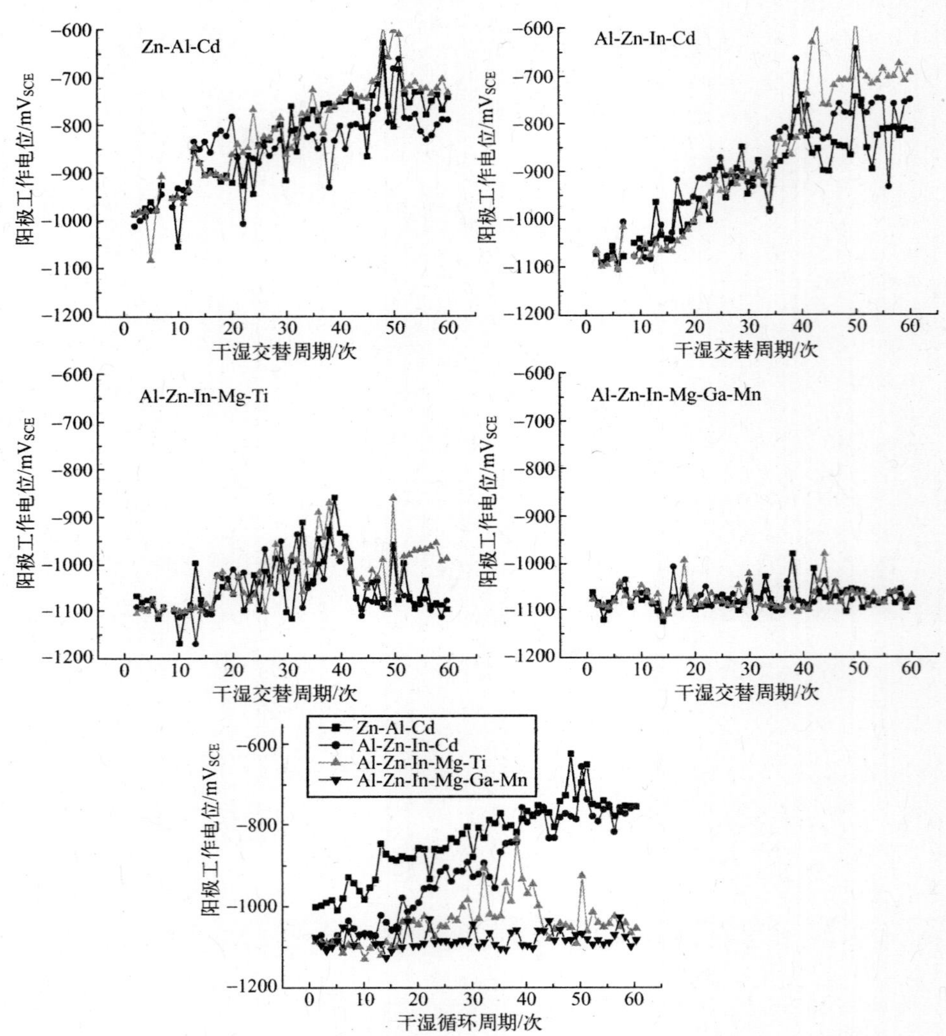

图 6.14　干湿交替条件下自放电试验入水后期(3.0h)阳极工作电位变化规律

2. 阳极发生电流

图 6.16、图 6.17 所示为间浸环境自放电试验中 4 种牺牲阳极在入水初期和末期的阳极发生电流随干湿交替周期变化规律。图中的电流值为整个阳极工作表面的发生电流总量。入水初期由于钢极化初期需要的极化电流大，此时需要阳极的输出电流较大，而在经历间浸腐蚀后能够很快发生较大电流的阳极也表明其再活化性能较好。后期钢的极化电位基本稳定，需要的极化电流量减小，阳极维持在比较恒定的发生电流。

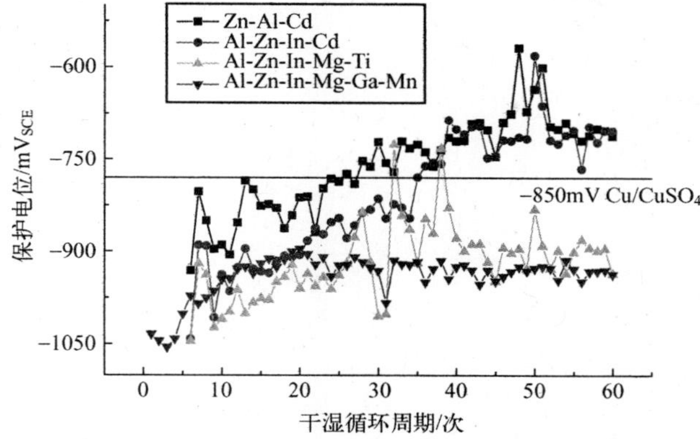

图 6.15　干湿交替自放电试验每周期浸水后期(3.0h)钢的阴极保护电位变化规律

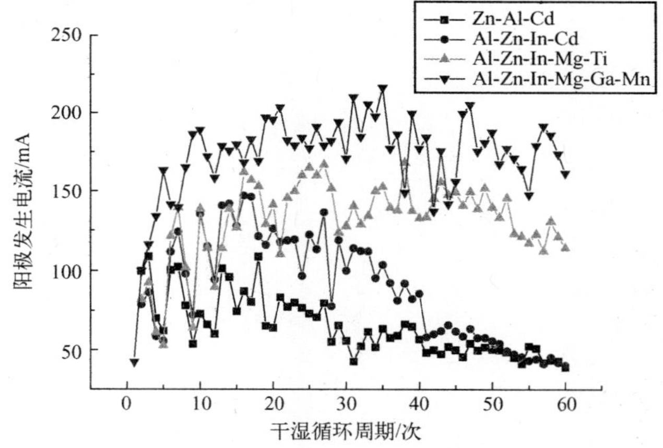

图 6.16　间浸条件下自放电试验入水初期(0.25h)阳极发生电流变化规律

从阳极的发生电流试验结果看,随着干湿交替周期的增加,Zn－Al－Cd 和 Al－Zn－In－Cd 阳极的发生电流量逐渐降低,其中 Zn－Al－Cd 降低最明显,在 20 周期后呈现快速的降低,Al－Zn－In－Cd 阳极则在 30 周期后下降比较明显,表明这两种阳极已发生钝化而难以输出保护电流,对钢的阴极保护能力大大降低。

Al－Zn－In－Mg－Ti 和 Al－Zn－In－Mg－Ga－Mn 阳极一直保持着良好的发出电流能力,特别是后者发出的电流最大而且很稳定,其发生电流量在 20 周期内呈增加趋势,这是由于干湿交替条件下,阴极表面难以形成致密的阴极沉积膜,随干湿交替周期增加对保护电流的需求增大,Al－Zn－In－Mg－Ti 和 Al－Zn－In－Mg－Ga－Mn 阳极可以满足这种条件下的阴极保护需要。

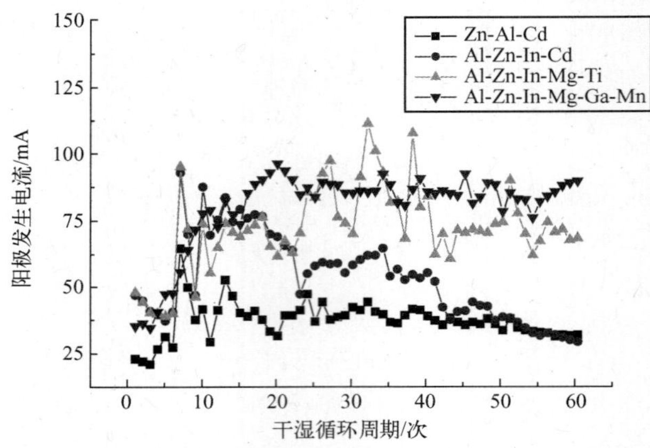

图 6.17 间浸条件下自放电试验入水后期(3.0h)阳极发生电流变化规律

3. 阳极溶解性能

图 6.18 所示为四种牺牲阳极在干湿交替环境中自放电试验经历 60 个周期后阳极的表面形貌,图 6.19 所示为不同阳极的表面产物及截面状态的低倍照片,图 6.20 所示为干湿交替自放电试验 60 周期阳极清除产物后表面溶解形貌。

图 6.18 干湿交替自放电试验阳极经 60 周期后的表面状态

(自左至右:Al - Zn - In - Mg - Ti、Al - Zn - In - Cd、Zn - Al - Cd、Al - Zn - In - Mg - Ga - Mn)

从阳极表面腐蚀产物的附着情况看,Zn - Al - Cd 阳极的表面附着一层厚而致密的白色腐蚀产物,清除产物后其表面溶解相对比较均匀,可以判断其表面的结壳严重阻碍了阳极表面的再活化和阳极电流的发生,使阳极发生窒息;Al - Zn - In - Cd 阳极表面产物为白色结晶,基体表面附着坚硬的黑色块状产物,

Zn-Al-Cd阳极

Al-Zn-In-Cd阳极

Al-Zn-In-Mg-Ti阳极

Al-Zn-In-Mg-Ga-Mn阳极

图 6.19　干湿交替自放电试验阳极 60 周期后的表面及截面状态(低倍 10 ×)

Zn-Al-Cd

Al-Zn-In-Cd

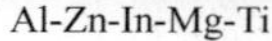

Al-Zn-In-Mg-Ti　　Al-Zn-In-Mg-Ga-Mn

图 6.20　干湿交替自放电试验 60 周期阳极清除产物后表面溶解形貌

不易清除；Al－Zn－In－Mg－Ti 阳极的腐蚀产物疏松，表面有大量的微孔可以达到阳极表面，其腐蚀产物相对较易清除，清除产物后表面呈不均匀突起；Al－Zn－In－Mg－Ga－Mn 阳极表面溶解较均匀，表面产物大部分都自行脱落，只有少量阳极产物附着。从阳极溶解性能看，以上阳极由优到差依次为 Al－Zn－In－Mg－Ga－Mn、Al－Zn－In－Mg－Ti、Al－Zn－In－Cd、Zn－Al－Cd。

4. 阳极产物对电化学性能影响

为确定阳极表面附着的溶解产物对阳极活化及电流发出能力的影响，在干湿交替试验最后周期将附着产物用刷子进行清除，使阳极基体表面暴露，再浸入海水中测量保护电位和发生电流。

图 6.21(a)、图 6.21(b)分别为 4 种阳极经间浸自放电试验 60 周期，清除表面产物前后的工作电位和发生电流，图 6.21(c)为 4 种阳极清除腐蚀产物前后，对钢阴极的保护电位对比。由图 6.21 可以看出，Zn－Al－Cd 和 Al－Zn－In－Cd阳极在未清理腐蚀产物时，工作电位较正，阳极发生电流较小，无法对钢提供有效阴极保护；清除表面腐蚀产物后，阳极工作电位和发生电流的能力明显改善，电位负移近 300mV，但其表面产物的附着和结壳对电化学性能的恶化影响很大，清除表面产物可以提高电化学性能，却不能恢复到阳极应有的电化学性能水平。Al－Zn－In－Mg－Ti 阳极清除产物前后的性能没有显著差别，表明其产物对电化学性能的影响较小。Al－Zn－In－Mg－Ga－Mn 阳极表面几乎没有产物附着，性能最好。Al－Zn－In－Mg－Ti 和 Al－Zn－In－Mg－Ga－Mn，无论是否清除产物，在浸泡一段时间后均能达到钢的有效保护电位。

5. 阳极溶解速度

表 6.8 所列为 4 种阳极在干湿交替条件自放电试验中的消耗率，Zn 阳

极的消耗率较高，其保护电位和发生电流、溶解性能等均不佳，因此其在干湿交替条件下的电流效率会大大降低；3 种铝阳极中 Al - Zn - In - Mg - Ga - Mn 阳极的消耗率较高，这是由于其阳极表面活化性能相对较好，阳极能够正常溶解和发出保护电流；Al - Zn - In - Mg - Ti 次之，Al - Zn - In - Cd 表面的产物抑制阳极溶解和电流输出，其阳极消耗率降低，电流效率相应也将降低。

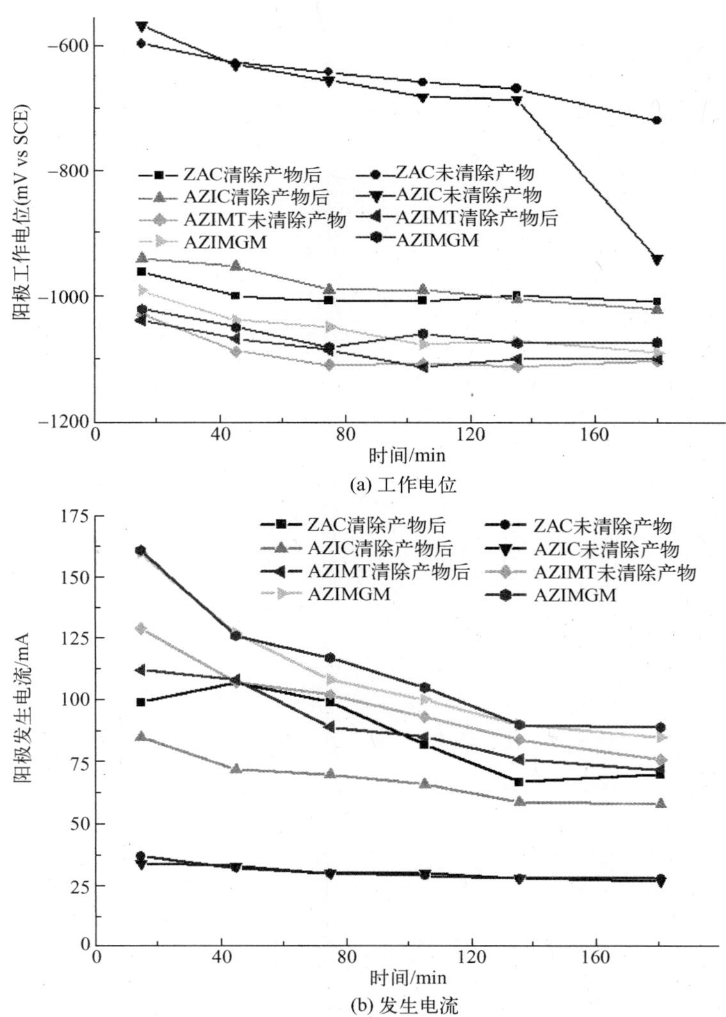

(a) 工作电位

(b) 发生电流

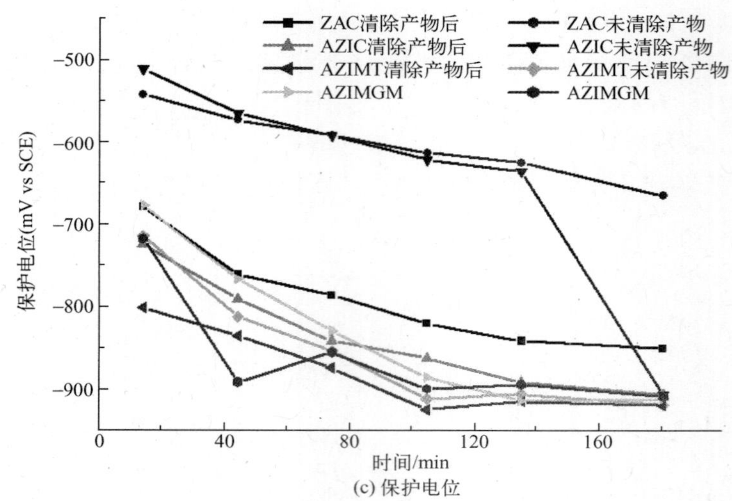

图 6.21 干湿交替自放电 60 周期牺牲阳极清除腐蚀产物前后保护电位对比

表 6.8 干湿交替自放电试验 4 种阳极消耗率

阳 极	消耗率/(g/m² · 天)	消耗率/(mm/年)
Zn – Al – Cd	1366.55	69.53
Al – Zn – In – Cd	640.50	85.70
Al – Zn – In – Mg – Ti	768.29	102.79
Al – Zn – In – Mg – Ga – Mn	904.45	121.01

6. 阳极溶解产物 XRD 分析

图 6.22 所示为 3 种阳极经干湿交替条件下自放电试验后，表面溶解产物的 XRD 衍射图谱。分析表明，锌合金阳极表面腐蚀产物各层的致密程度不同，较致密产物层的物相以锌的氢氧化物和碱式氯化物为主，产物衍射谱中有基体 Zn 的衍射峰出现，特别是靠近阳极表面的产物中有基体峰，说明溶解过程中存在晶粒脱落现象，这是造成阳极电流效率降低的原因。Al – Zn – In – Cd 铝阳极表层的白色结晶物衍射峰明显宽化，为晶粒尺度很小的铝腐蚀产物，基体表面附着较牢的黑色产物，其衍射谱中有基体金属衍射峰，表明也有晶粒脱落现象。Al – Zn – In – Mg – Ti 阳极的腐蚀产物为较疏松产物和附着较牢产物的混合，在显著宽化的背景衍射峰中有较明显的基体峰，表明大部分腐蚀产物晶粒较细，其中含有未溶解的阳极颗粒。Al – Zn – In – Mg – Ga – Mn 阳极表面溶解产物基本全部脱落，没有附着结壳问题。

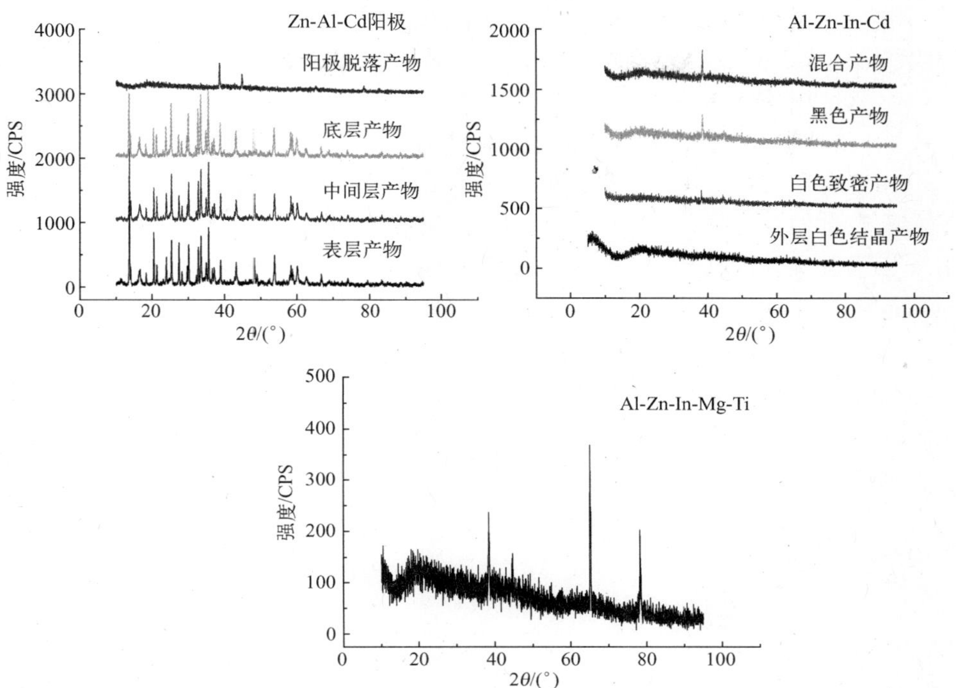

图 6.22　干湿交替条件下自放电试验阳极表面溶解产物 XRD 衍射图谱

6.4.5　干湿交替条件电化学性能评价

将牺牲阳极在干湿交替条件下进行自放电试验，模拟阳极工作状态，在不同试验周期对阳极进行电化学性能测试，通过测定其在海水中恒电位极化曲线和阳极极化曲线，评价其活化性能。干湿交替工作周期同前，试验中采用的阳极形状为片状，阳极正对阴极的一面中心暴露 $1cm^2$ 的阳极工作表面，其余阳极表面用环氧腻子涂封。每个圆形钢制阴极筒周围均匀布置 14 个阳极，阳极与阴极的面积比为 1∶60。阳极与钢制阴极筒间电性连接，不同种阳极材料间采用不同阴极筒进行试验。试验过程中定期从样品中取出经间浸条件下自放电的牺牲阳极，进行各种电化学试验，同时补充新的试验样品以保持阴阳极面积比。

采用动电位曲线测量技术，测试经不同干湿交替周期后阳极的极化曲线，评价其电化学性能的变化规律。

采用电位阶跃法，即将试样在海水中浸泡一段时间待电位稳定后，将阳极的电位由开路电位跃升为 $-0.95V_{SCE}$，同时测定阳极极化电流随时间的变化规律，以发生电流的大小评价其表面活化状态。

采用交流阻抗谱方法，通过测量经历不同间浸周期自放电试验的阳极表面的交流阻抗谱，评价其表面活化/钝化状态及其机制。

1. 牺牲阳极的极化曲线

1）牺牲阳极不同间浸周期的极化曲线

由准稳态阳极极化曲线可以确定牺牲阳极的极化性能，一般要求牺牲阳极应具有较低的极化率和较大的阳极电流。图 6.23 所示为试验选定的 4 种阳极在不同干湿交替自放电工作周期后的极化曲线。

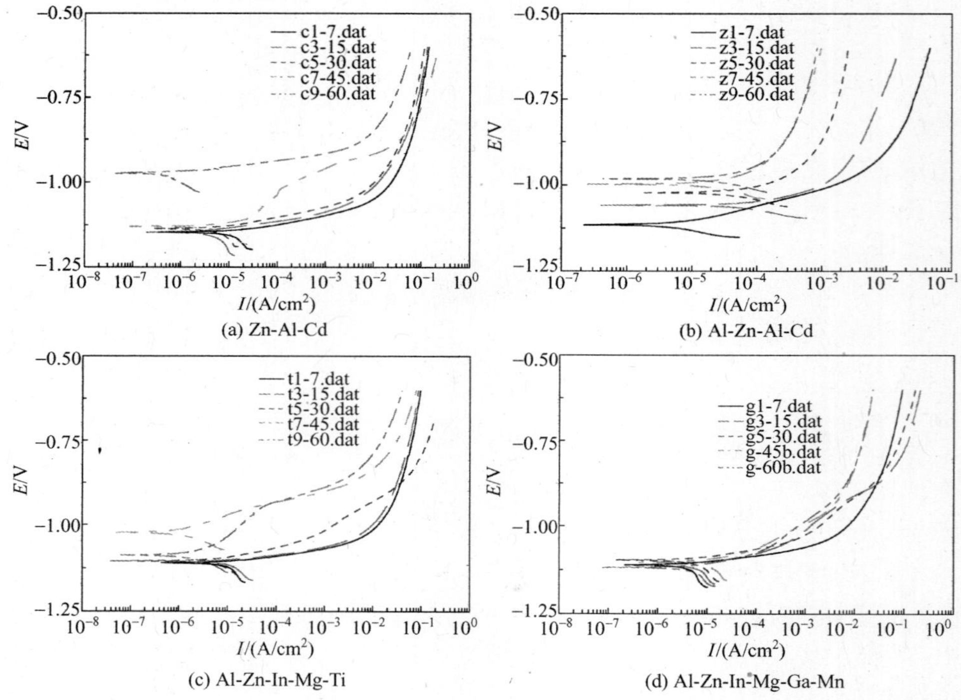

图 6.23 阳极不同工作时间后的极化曲线

图 6.23(a)所示为普通三元锌阳极在不同工作周期后的极化曲线。结果显示，随着工作周期的延长，锌阳极的开路电位正移，极化率也逐渐显著增大，从 15 个周期开始就出现显著的变化。试验周期内阳极溶解电流则降低近 2 个数量级，阳极工作段大大缩短。结合阳极工作过程中的形貌观察可知，锌阳极在干湿交替的工作环境下，腐蚀产物容易在阳极表面结壳，使得阳极“窒息”，不能发挥保护作用，因此锌阳极不适合应用于干湿交替的工作环境中。

图 6.23(b)所示为普通铝阳极 Al－Zn－In－Cd 在海水介质中经过不同干湿交替自放电工作周期后的极化曲线。从图中可以看出，30 个周期内阳极的极

化曲线几乎重合，其开路电位和极化率非常接近，均具有较负的开路电位和较小的极化率，表明阳极性能尚未出现恶化。但其第45个工作周期后，阳极的极化率有显著的增大，这一现象与阳极在长期且频繁的干湿交替的环境下工作，腐蚀产物在表面包覆结壳有关；在60个工作周期后阳极开路电位急剧正移，也与产物的附着结壳有关，阳极的电化学性能大大降低。

图6.23(c)所示为Al－Zn－In－Mg－Ti阳极在海水介质中经过不同干湿交替工作周期后的极化曲线。由图中可以看出，经7个和15个工作周期后，阳极试样的极化曲线几乎完全重合，随着工作周期的延长，由于表面腐蚀产物的增多，其电化学性能有所降低，表现在开路电位正移，但仍低于$-1.0V_{SCE}$。图中结果显示，60个周期后的开路电位相对于45个周期的更负，原因和试验中该阳极在海水介质中随浸泡时间变化，表面腐蚀产物的附着和溶解脱落，阳极表面活化仍可以随机性发生有关。不同周期阳极的开路电位和极化率变化情况表明，该阳极在间浸环境中具有相对前两种阳极良好的电化学性能。

图6.23（d)所示为Al－Zn－In－Mg－Ga－Mn阳极在海水介质中经过不同干湿交替工作周期后的极化曲线。图中结果显示，7个工作周期后，阳极仍具有负于－1.10V开路电位，且其极化率很小，表明该阳极输出电流的能力较好。在15～30个工作周期后，阳极极化率略有增大，到45、60周期时极化率比前期又有进一步增加。其开路电位则变化不大，工作电流密度虽然比初期略有降低，但可以满足使用要求。从不同周期极化曲线变化规律看，该阳极在间浸海水中具有良好的电化学性能，可以满足间浸环境中阴极保护使用要求。

2）不同阳极的极化性能对比

图6.24(a)～(d)所示为不同阳极在相同干湿交替周期下工作后的极化性能的对比图。4种牺牲阳极材料在7个工作周期后的极化性能相近，表明在较短的时间内，4种牺牲阳极材料均可在干湿交替的环境下工作，但是随着工作周期的延长，Zn－Al－Cd阳极的性能逐渐恶化，主要表现在其开路电位大幅正移，极化率明显增大；其余3种阳极的性能相对较好，在30个工作周期后仍保持较负的开路电位和较小的极化率，表明这3种阳极此时均可以作为干湿交替环境中的牺牲阳极材料。但随着间浸周期的延长，Zn－Al－Cd和Al－Zn－In－Cd阳极的开路电位正移至近$-1.0V_{SCE}$，Zn－Al－Cd阳极的极化率增大；Al－Zn－In－Mg－Ti阳极出现开路电位正移和极化率增加的现象，但其电化学性能相对前两者而言仍可以作为牺牲阳极在间浸环境中使用。Al－Zn－In－Mg－Ga－Mn在各个试验周期内相对其他3种阳极，具有最好的电化学性能。

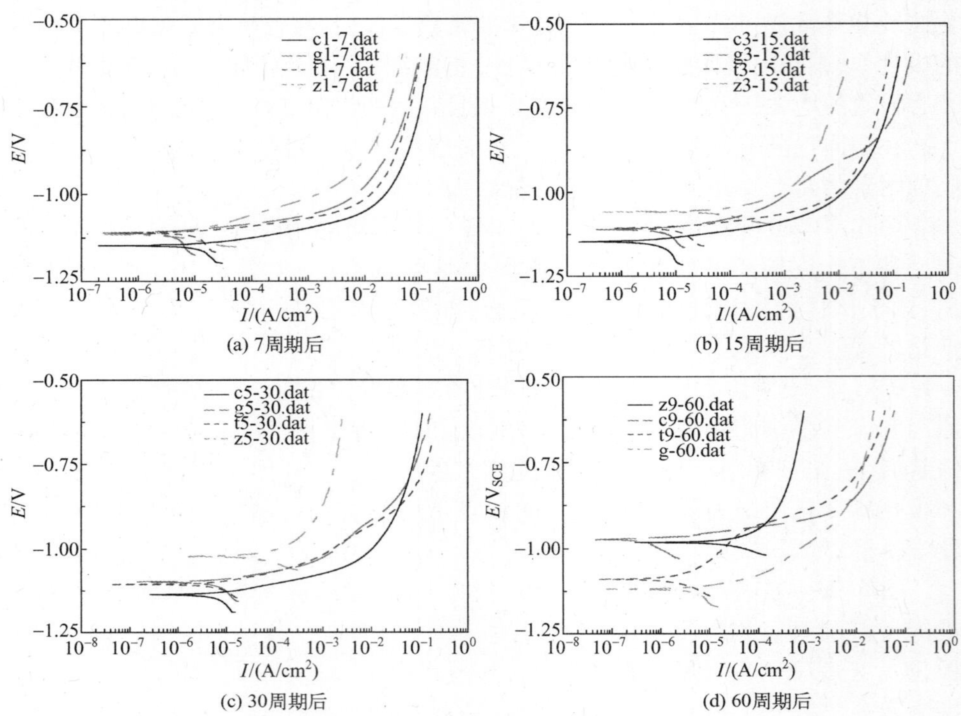

图 6.24 不同阳极间浸环境自放电不同工作周期后的极化曲线

2. 阳极的再活化性能

在干湿交替的环境下，阳极表面容易生成腐蚀产物膜，严重的可结成硬壳，使阳极窒息，失去发生电流能力。因此，在该种工况条件下，阳极的再活化能力极为重要，要求阳极入水后能够迅速发出电流，起到保护作用。

1）牺牲阳极在不同工作时间后的再活化性能

利用恒电位阶跃法测定阳极的再活化性能。图 6.25 给出了试验的 4 种阳极在不同间浸自放电工作周期后的放电曲线。

图 6.25（a）显示 Zn – Al – Cd 阳极在 7 个工作周期内属于持续活化型阳极，之后转为钝化型，表明锌阳极的活性显著恶化，到 30 周期后已严重降低，仅能达到 0.1mA/cm^2。

图 6.25（b）显示 Al – Zn – In – Cd 阳极试样在 15 个工作周期之内属于持续活化型阳极，其中电流迅速下降的过程为电极表面双电层的放电所致，其后在阳极电位的作用下，阳极表面逐渐被活化，电流增高。

图 6.25（c）显示 Al – Zn – In – Mg – Ti 阳极随着工作周期的延长，阳极的放

电能力逐渐减弱，但在30个工作周期内均属于持续活化型阳极，之后的放电曲线变化趋势平缓，呈现出“钝化”的现象。

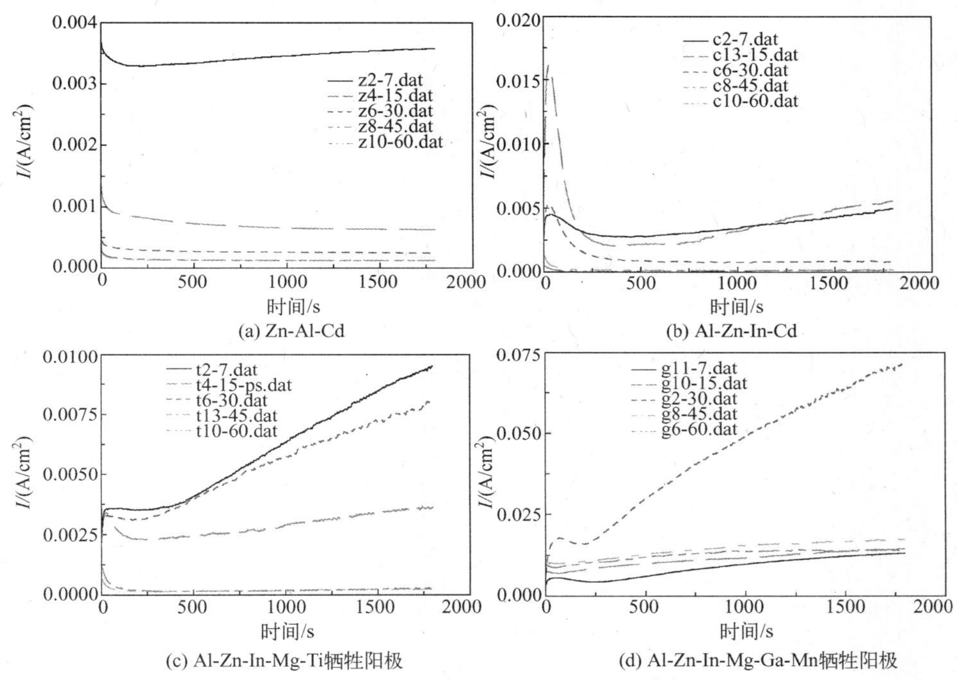

图6.25　4种牺牲阳极不同间浸工作周期后的放电曲线

图6.25（d）显示Al－Zn－In－Mg－Ga－Mn阳极在不同间浸工作周期时均属于持续活化型阳极，在第30周期时发生电流有很大的变化，比其他几个周期增加比较明显，原因可能是表面产物由于某种原因脱落造成。

2）不同阳极的再活化性能对比

图6.26（a）～（d）给出的是4种阳极在不同间浸自放电周期后的恒电流极化曲线对比。通过比较可以看出，Al－Zn－In－Mg－Ga－Mn阳极的放电能力明显优于其他阳极，其再活化性能最好，是适合于干湿交替的工作环境的牺牲阳极材料。

通过干湿交替条件下阳极自放电试验测量了4种阳极的不同工作周期的极化曲线和再活化性能，对比试验结果表明，Zn－Al－Cd阳极在干湿交替条件下的电化学性能降低幅度最大，Al－Zn－In－Cd次之，这两种牺牲阳极在干湿交替条件下使用时保护作用难以保证；Al－Zn－In－Mg－Ti相对前两者具有更好的再活化性能。从再活化性能看，Al－Zn－In－Mg－Ga－Mn是4种阳极中最适合作为干湿交替条件下阴极保护用牺牲阳极类型，是在潜艇上层建筑区域和压载水舱等部位推荐使用的牺牲阳极。

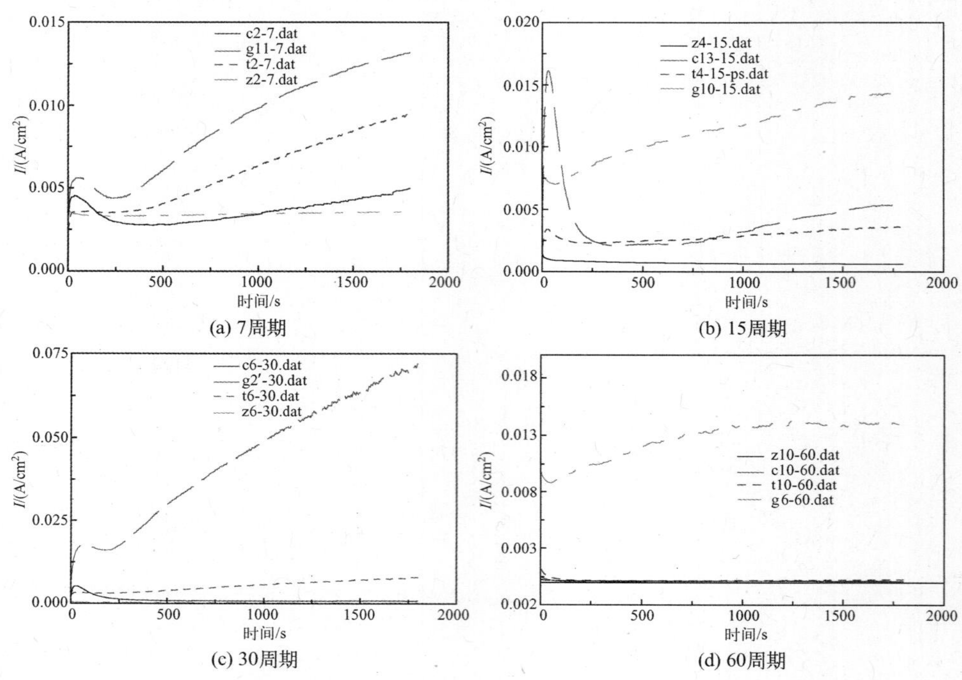

(a) 7周期 (b) 15周期 (c) 30周期 (d) 60周期

图 6.26 4 种牺牲阳极间浸自放电不同周期后的恒电位极化曲线

3. 牺牲阳极的阻抗谱分析

图 6.27 所示为 Zn – Al – Cd 阳极不同间浸自放电周期后的电化学阻抗谱比较。第一个阻抗谱数据(第 7 周期)，复阻抗平面有两个时间常数，可以看出，高频段出现的是腐蚀产物膜的特征，低频段出现的是 Zn 的溶解反应的特征。$Zn(OH)_2$在空气中脱水或者海水中残留的 Ca^{2+}、Mg^{2+}与空气中的 CO_2结合成难溶物，形成了膜层以及膜层的逐渐固定影响了 Zn 的电子传递。到了第 15 周期，膜层基本固定，高频段峰值消失。到了 30 周期后的阻抗谱，在形式上与富锌涂层相似，锌阳极在溶解过程中存在晶间腐蚀等原因导致了锌粒脱落现象，当表面腐蚀产物经多次干湿交替时，产物在表面成壳，锌粒直接嵌在腐蚀产物中，其阻抗谱类似富锌涂层阻抗谱，在这种条件下，高频时间常数代表表面锌粒的反应特征，而低频段的特征代表阳极表面锌的反应，且相位峰逐步向低频变化，表明反应变得越来越慢，阳极的活性则越来越差。

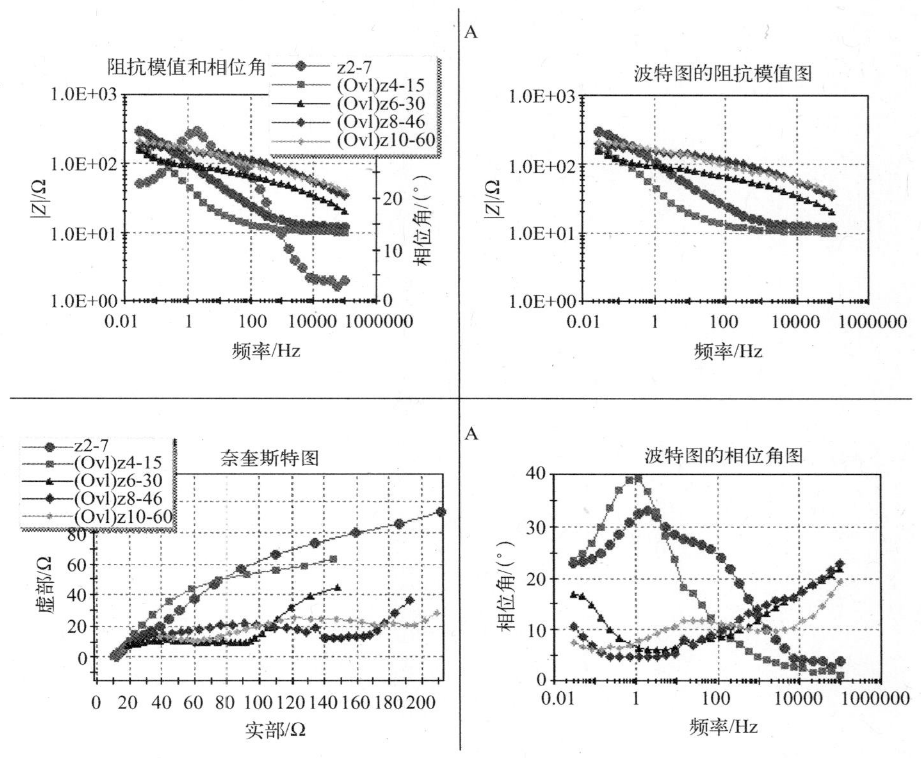

图 6.27　Zn－Al－Cd 阳极不同干湿交替周期的电化学阻抗谱比较

图 6.28 所示为 Al－Zn－In－Cd 阳极不同干湿交替周期的电化学阻抗谱比较。第 7 周期、第 15 周期和第 30 周期阳极的复阻抗平面中含感抗弧。对于铝合金牺牲阳极来说，感抗弧可能来自腐蚀产物在表面的吸/脱附，也可能来自 In 元素在阳极表面的沉积，或者铝表面孔蚀的发展造成的电化学不稳定性，几种情况共同决定感抗弧的大小。感抗弧越大，说明在阳极表面的活性点变化越大，腐蚀在电极表面随机分布，不会在同一个部位发展。在低于感抗弧频率以下，又出现了一个容抗弧，这个容抗弧可能来自于 Al 元素的分步反应：$Al^{+} \rightarrow Al^{3+} + 2e$。在第 7 周期至 30 周期中，感抗弧有变小的趋势，说明阳极的活性逐渐减小。到了 45 周期后，虽然容抗弧减小，但是感抗消失，说明表面的活性点已经趋于固定，腐蚀产物 $Al(OH)_3$ 在空气中脱水或者海水中残留的 Ca^{2+}、Mg^{2+} 与空气中的 CO_2 结合成难溶物，也就是说腐蚀产物经过多次干湿交替已经结壳。到 60 周期结壳严重，导致容抗弧增大，阳极的活化溶解能力大大降低。

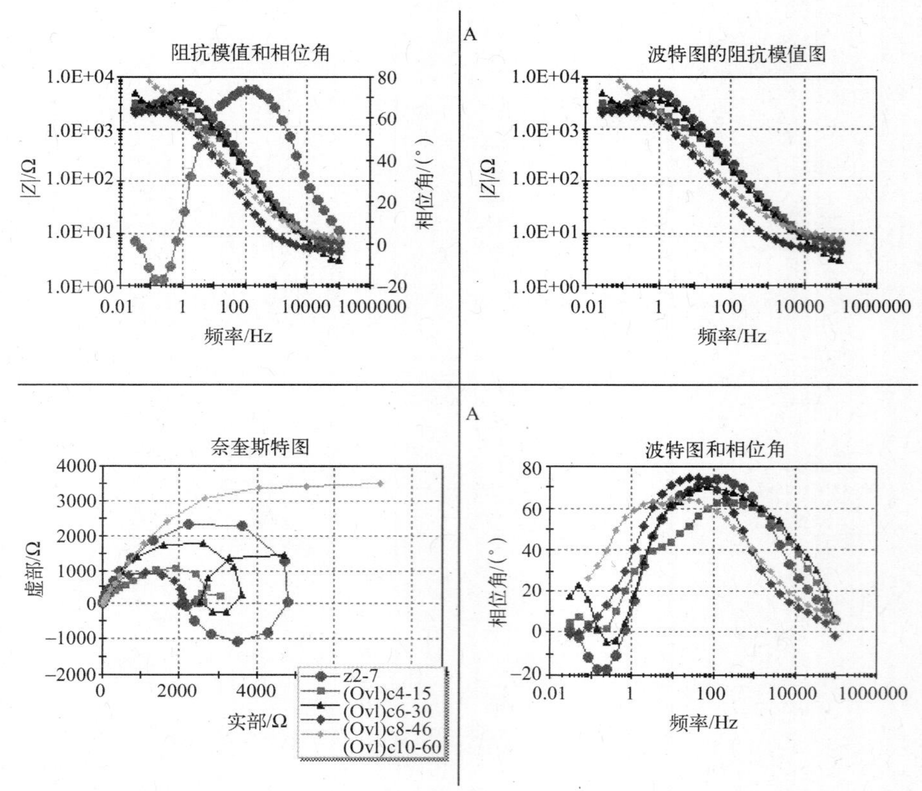

图 6.28 Al - Zn - In - Cd 阳极不同干湿交替周期的电化学阻抗谱比较

图 6.29 所示为 Al - Zn - In - Mg - Ti 阳极不同干湿交替周期的电化学阻抗谱比较。第 7 周期、第 15 周期和第 30 周期阳极的复阻抗平面中含感抗弧，对于铝牺牲阳极来说，感抗弧来自腐蚀产物在表面的吸/脱附、In 元素在阳极表面的再沉积等，几种情况共同决定感抗弧的大小。在第 7 周期 ~ 第 30 周期中，感抗弧有变小的趋势，说明阳极的活性逐渐减小。在感抗弧频率以下，又出现了一个容抗弧，这个容抗弧可能来自于 Al 元素的分步反应：$Al^{+} \rightarrow Al^{3+} + 2e$。到了 45 周期后，由于干湿交替导致腐蚀产物在阳极表面结壳的固定，阻碍了点蚀在阳极表面的随机分布，表面的活性点已经趋于固定，点蚀趋于向深度方向发展，同时随着干湿交替的进一步发展，固定的活性点也有部分被腐蚀产物覆盖，使阳极溶解进一步变得困难，导致第 60 周期容抗弧增大，牺牲阳极的再活化能力进一步降低。但从容抗弧的幅值看，远低于 Al - Zn - In - Cd 阳极，表明其相对普通铝阳极仍具有较好的电化学活性。

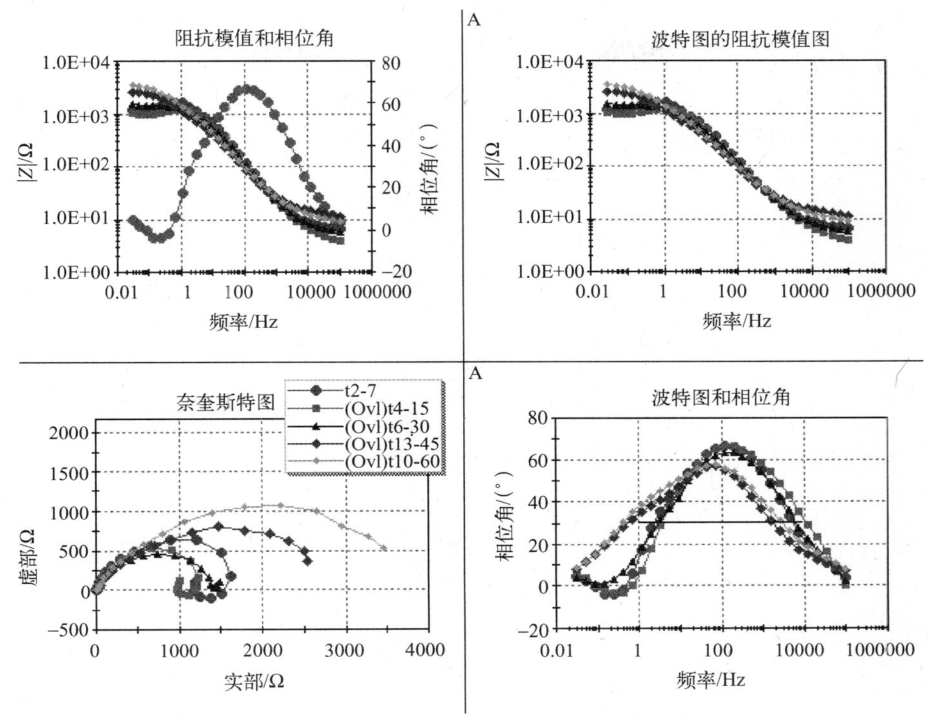

图 6.29　Al－Zn－In－Mg－Ti 阳极不同干湿交替周期的电化学阻抗谱比较

图 6.30 所示为 Al－Zn－In－Mg－Ga－Mn 阳极不同干湿交替周期的电化学阻抗谱比较。第 7 周期、第 15 周期和第 30 周期阳极的复阻抗平面中含感抗弧，和多数铝阳极一样，是阳极活性较好的一个表现。Al－Zn－In－Mg－Ga－Mn 阳极在第 7 周期～第 30 周期时，感抗部分逐渐减弱，表示阳极的活化能力随时间推移有所降低，到了第 45 周期，阳极的活性点也趋于固定，阳极的感抗部分消失，由于腐蚀产物覆盖表面造成 R_p 值相应增加；到了 60 周期，阳极的 R_p 值接近增大，溶解活性变差。

4. 小结

通过间浸条件下阳极自放电试验测量了阳极的动电位极化曲线、恒电位极化曲线，研究了 4 种牺牲阳极在经历不同间浸工作周期后的电化学性能特别是再活化性能，试验结果表明，Zn－Al－Cd 阳极在干湿交替条件下的电化学性能降低幅度最大，Al－Zn－In－Cd 次之，两种阳极均不适合在间浸环境中使用；Al－Zn－In－Mg－Ti 相对前两者具有更好的电化学性能，Al－Zn－In－Mg－Ga－Mn是 4 种阳极中最适合作为间浸条件下阴极保护用牺牲阳极。

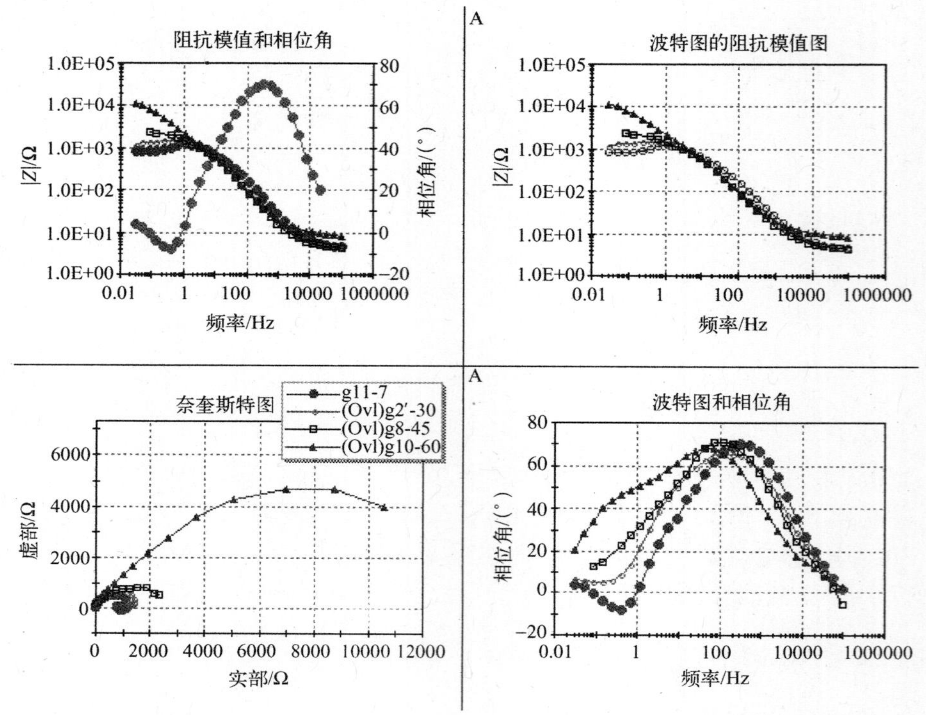

图 6.30 Al－Zn－In－Mg－Ga－Mn 阳极不同干湿交替周期的电化学阻抗谱比较

交流阻抗谱研究结果表明，间浸条件下阳极失效主要是其腐蚀产物覆盖表面造成阳极的活性溶解点减少，阻止了阳极的进一步活化。

6.4.6 盐雾试验

利用盐雾试验箱，模拟高温高湿高盐雾的腐蚀环境，研究牺牲阳极材料在该种环境条件下电化学性能和腐蚀溶解状态。

1. 电化学性能

1）阳极极化曲线

图 6.31 所示为经中性盐雾试验 15 天和 30 天后阳极的极化曲线对比，表明锌阳极的极化曲线正移，阳极极化率显著增大，电化学性能大大降低；Al－Zn－In－Cd 阳极的开路电位正移、阳极极化率增加，阳极输出电流密度比其他阳极明显低；Al－Zn－In－Mg－Ti 阳极的开路电位较低，极化性能相对好于前两者，15 天阳极极化曲线中出现局部“钝化”现象；4 种阳极中 Al－Zn－In－Mg－Ga－Mn 的开路电位、极化性能和发生电流密度相对最优。

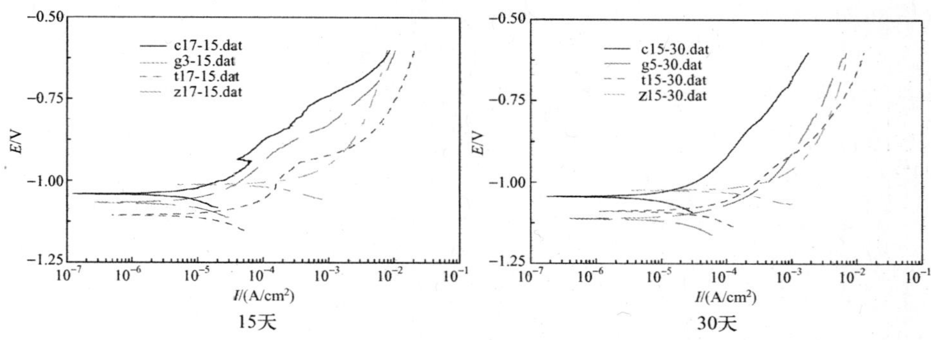

图 6.31　盐雾试验后阳极极化曲线对比

2）再活化性能

采用恒电位阶跃法评价在经历盐雾高温、高湿条件腐蚀后阳极的再活化性能。图 6.32 所示为盐雾试验不同周期后阳极在海水中测量的恒电位（$-0.95V_{SCE}$）极化曲线。可以看出，在各个周期 Al - Zn - In - Mg - Ga - Mn 均为持续活化型，发生电流较大且随极化时间逐渐增大。Al - Zn - In - Mg - Ti 阳

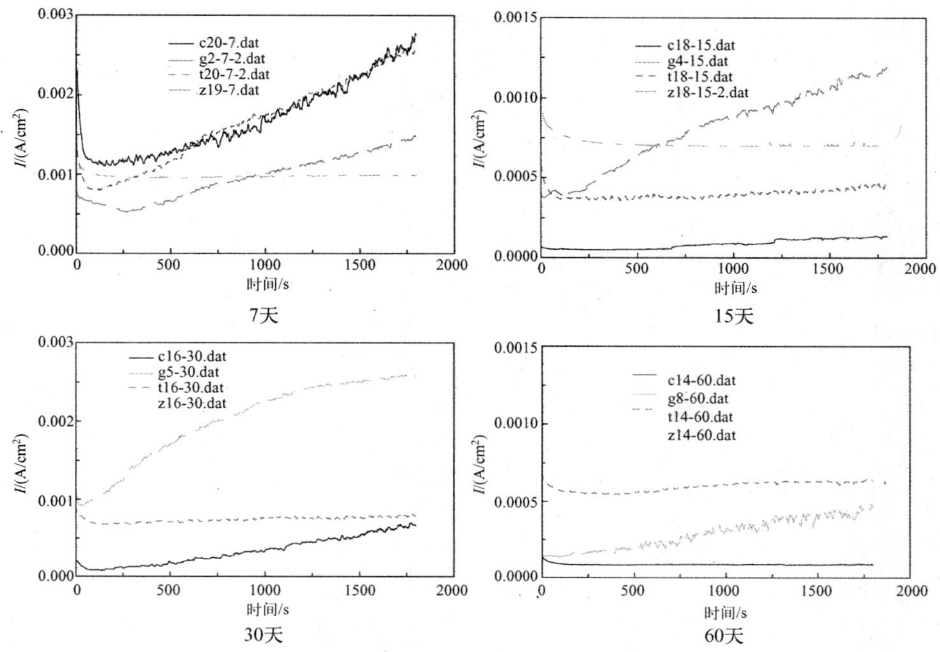

图 6.32　盐雾腐蚀条件下阳极再活化性能（恒电位极化曲线）

极在初期为持续活化型，后期的活化性能有所降低，但其发生电流量仍相对较高；Zn - Al - Cd 阳极表面虽然有较厚的产物覆盖，但由于其在盐雾条件下形成的产物相对较疏松，因此仍可稳定发出一定的电流，但其活化性能在试验过程中没有改善。Al - Zn - In - Cd 阳极初期活化，很快表面形成较致密的氧化膜阻滞了阳极表面的活化，其发生电流相对最小。

3）牺牲阳极的阻抗谱分析

图 6.33 所示为 Zn - Al - Cd 阳极不同盐雾周期的电化学阻抗谱比较。比较盐雾环境和普通间浸环境中的阳极阻抗行为，发现相应的间浸周期条件下，锌阳极的阻抗值要远远小于普通环境中的阻抗值，相应周期约为 1/5；出现这种现象的原因是因为盐雾环境温度高，湿度大，阳极表面的腐蚀产物在这种条件下结成的壳不如在完全干燥条件下坚固完整（$Zn(OH)_2$的脱水程度不如完全干燥条件下大），同时，高温导致晶间腐蚀加剧，且盐雾中残留的 Cl^-离子很可能在腐蚀产物层中富集，导致阳极的阻抗值要比普通条件下低。但是并不代表阳极的活化性能好，因为这一现象仅代表阳极在未通电流时的自腐蚀溶解性能，说明阳极在盐雾环境中很容易自身损耗。

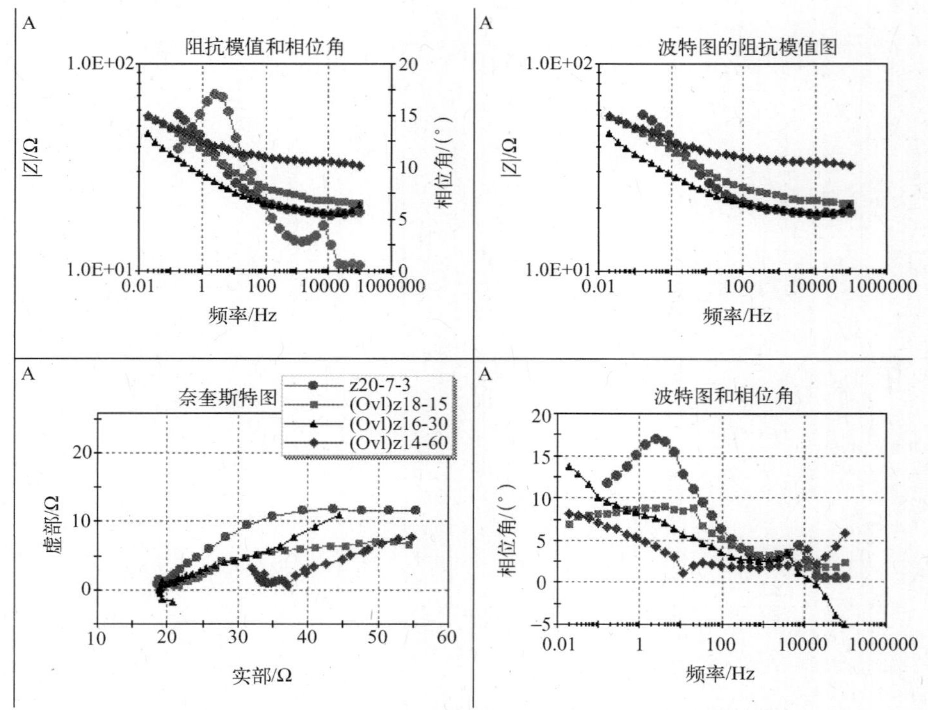

图 6.33 Zn - Al - Cd 阳极不同盐雾周期的电化学阻抗谱比较

图6.34为Al－Zn－In－Cd阳极不同盐雾周期的电化学阻抗谱比较。Al－Zn－In－Cd牺牲阳极在加速盐雾试验条件下7天后的阻抗谱仍出现感抗部分，这是由于In和Zn元素的溶解－沉积和腐蚀产物吸/脱附共同导致，说明电极表面仍有点蚀活性，小孔腐蚀在电极表面随机发生。之后牺牲阳极表面腐蚀孔发展稳定，这可能是因为盐雾环境中阳极自身还继续腐蚀，而在干燥大气环境中蚀孔很快发展稳定的原因，而其他部分被腐蚀产物覆盖，随时间延长覆盖物部分增加，使阻抗变大。但是到了第60天，阻抗谱呈现两个时间常数，这可能是由于随着点蚀孔的发展变大，点蚀孔之间连通，致使表面出现宏观的均匀腐蚀部分；或者由于盐雾湿度环境中，腐蚀产物过厚又导致部分脱落。所以经历盐雾环境的阳极活化性能在每个周期中并不稳定，但是盐雾导致的自身损耗使阳极寿命会大大减短。

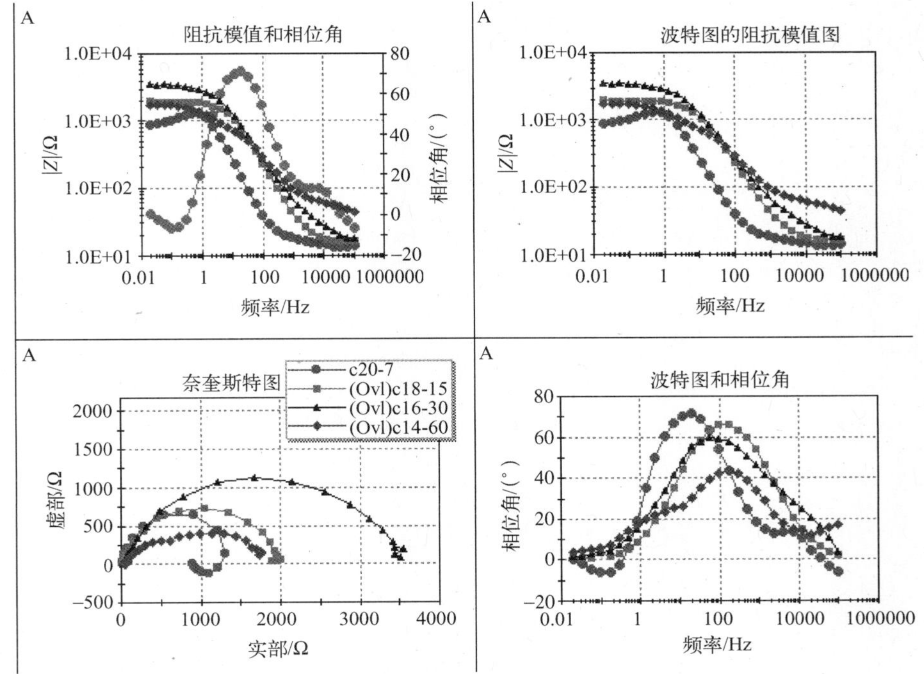

图6.34　Al－Zn－In－Cd阳极不同盐雾周期的电化学阻抗谱比较

图6.35所示为Al－Zn－In－Mg－Ti阳极不同盐雾周期的电化学阻抗谱比较。Al－Zn－In－Mg－Ti阳极在第7个干湿交替周期其感抗弧就基本消失，因为Al－Zn－In－Mg－Ti阳极中，加入了Ti晶粒细化元素，Ti元素对阳极晶粒细化作用在所有合金元素中最大，使牺牲阳极的组织结构很均匀，在盐雾的高Cl^-

浓度下，在阳极表面倾向于发生均匀腐蚀。由阻抗谱可以看出，阻抗包含两个时间常数，说明有两个过程，其中一个为 Al 溶解的电化学反应电子传递时间常数，另一个则可能为表面腐蚀产物膜的时间常数。由奈奎斯特图可以看出，随着间浸周期的增加，电化学反应阻抗和膜层电阻都在减小，说明阳极的自腐蚀倾向增加，同时也说明在盐雾条件下，Al－Zn－In－Mg－Ti 阳极并未结成致密的膜层。

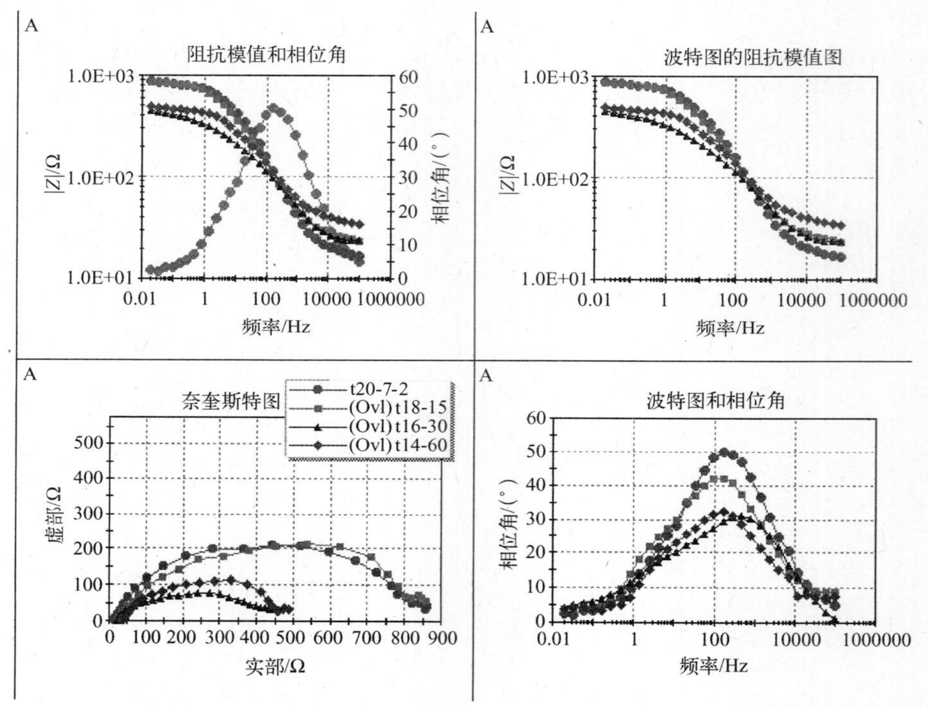

图 6.35 Al－Zn－In－Mg－Ti 阳极不同盐雾周期的电化学阻抗谱比较

图 6.36 所示为 Al－Zn－In－Mg－Ga－Mn 阳极不同盐雾周期的电化学阻抗谱比较。Mn 的加入可以包覆住阳极中形成的 $FeAl_3$ 化合物，降低了阳极点蚀的敏感性，Ga 元素的加入也同样可以起到降低点蚀敏感性的作用，所以 Al－Zn－In－Mg－Ga－Mn 阳极溶解形貌通常比较均匀，且腐蚀产物本身不容易在阳极表面吸附。但是在干湿交替状态下，Al－Zn－In－Mg－Ga－Mn 阳极也同样会由于产物覆盖表面而导致活化能力降低。图中干湿交替在盐雾中进行，在盐雾环境中由于不如空气中干燥，且盐雾中大量的 Cl^- 会在阳极表面吸附，使得阳极在经历盐雾状态重新入水时，表面产物并不会一直积累下去，在产物积累到

一定厚度时反而会部分自动脱落从而减小了阳极的阻抗值,但同时阳极的自腐蚀现象要比常规干湿交替环境时严重。

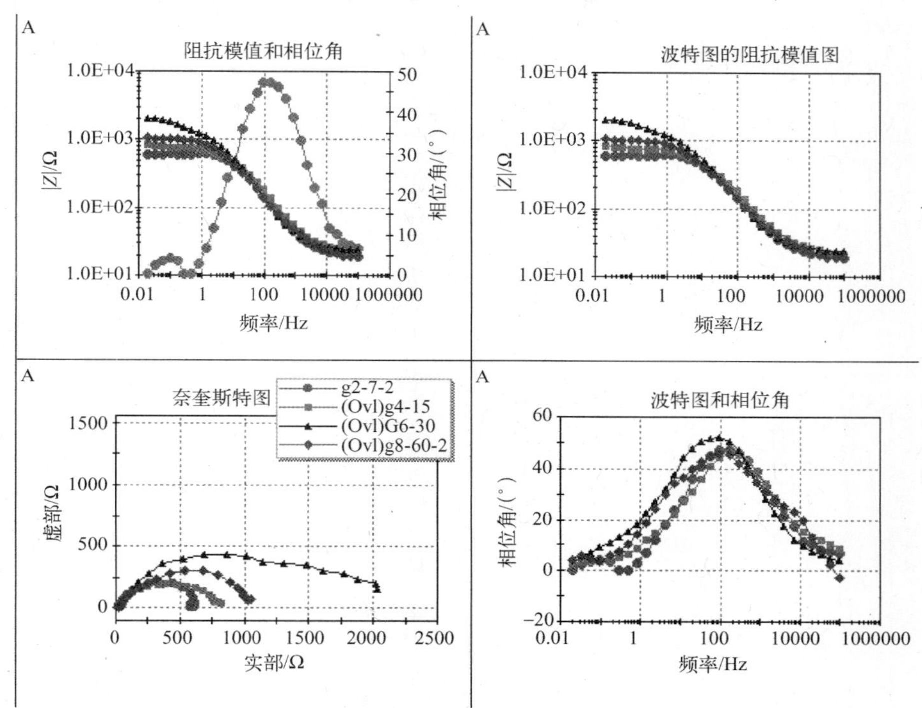

图6.36 Al-Zn-In-Mg-Ga-Mn阳极不同盐雾周期的电化学阻抗谱比较

2. 阳极在盐雾条件下腐蚀速度

表6.9所列为阳极在盐雾条件下的腐蚀速度,锌阳极的腐蚀速度最快;Al-Zn-In-Cd由于表面形成比较致密的氧化膜而相对地腐蚀速度受到抑制,但本身也发生钝化而使电化学性能降低;Al-Zn-In-Mg-Ti和Al-Zn-In-Mg-Ga-Mn由于表面活化而有一定的腐蚀速度,后者自腐蚀较低,且表面容易活化,具有相对较高的综合性能。

表6.9 4种阳极在盐雾条件下腐蚀速度

阳　极	腐蚀速率/(g/(m^2·天))			
	7天	15天	30天	60天
Zn-Al-Cd	45.71	50.04	42.49	40.28
Al-Zn-In-Cd	0.489	0.383	0.159	0.110
Al-Zn-In-Mg-Ti	2.397	2.187	1.883	1.752
Al-Zn-In-Mg-Ga-Mn	1.004	0.874	0.718	0.712

3. 阳极腐蚀形貌

4 种阳极在盐雾条件下 15 天的腐蚀形貌如图 6.37 所示,60 天的腐蚀形貌如图 6.38 所示,盐雾试验后清除腐蚀产物后腐蚀形貌如图 6.39 所示。由不同

(a) Zn-Al-Cd　(b) Al-Zn-In-Cd

(c) Al-Zn-In-Mg-Ti　(d) Al-Zn-In-Mg-Ga-Mn

图 6.37　4 种阳极在盐雾条件下腐蚀形貌(15 天)

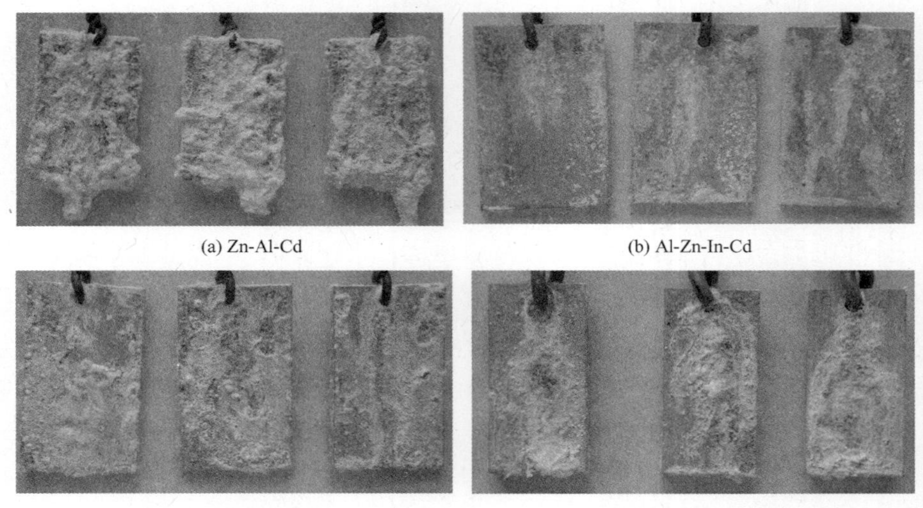

(a) Zn-Al-Cd　(b) Al-Zn-In-Cd

(c) Al-Zn-In-Mg-Ti　(d) Al-Zn-In-Mg-Ga-Mn

图 6.38　4 种阳极在盐雾条件下腐蚀形貌(60 天)

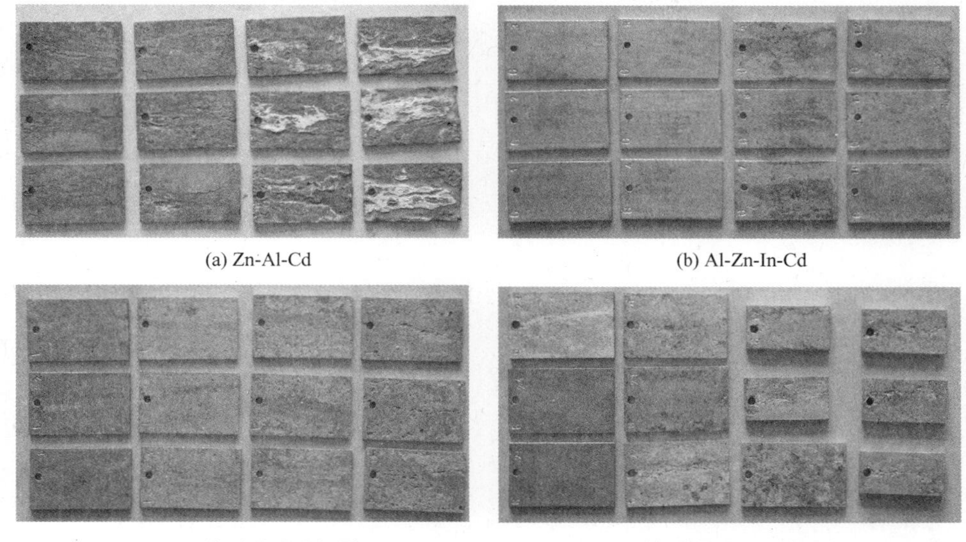

(a) Zn-Al-Cd　(b) Al-Zn-In-Cd

(c) Al-Zn-In-Mg-Ti　(d) Al-Zn-In-Mg-Ga-Mn

图6.39　4种阳极盐雾试验后清除腐蚀产物后腐蚀形貌
(每张图自左至右依次为7天、15天、30天、60天)

盐雾试验周期阳极表面的产物情况可以看出,锌阳极表面在中性盐雾条件下自腐蚀较快,腐蚀产物初期相对疏松,但后期表面形成了难以清除的白色硬壳,阳极表面溶解不均匀。Al - Zn - In - Cd 阳极的表面比较光洁没有明显的疏松腐蚀产物,有一层较薄的钝化膜,清洗产物阳极表面也没有活性溶解点,因此造成其再活化性能的变差。Al - Zn - In - Mg - Ti 和 Al - Zn - In - Mg - Ga - Mn 阳极表面随时间延长表面逐渐有较多的产物覆盖,产物较疏松容易脱落,清洗产物后显示阳极表面有分布较均匀的蚀坑即阳极活化溶解点,因此再活化性能试验中阳极可以持续活化发出较大电流。

6.4.7　实海试验

在青岛和三亚实海潮差段、飞溅段,进行全浸和干湿交替条件下的牺牲阳极腐蚀电化学性能对比试验,通过牺牲阳极对碳钢阴极保护模拟试验,研究牺牲阳极的保护电位、发生电流、表面溶解形貌、腐蚀率等性能,确定对被保护结构的保护电位、保护率等阴极保护效果。试验参照 GB6384—86《船舶及海洋工程用金属材料在天然环境中的海水腐蚀试验方法》、GB/T15748—95《船用金属材料电偶腐蚀试验方法》、CB/T3855—99《海船牺牲阳极阴极保护设计和安装》,试验周期为3～4个月。

1. 青岛实海试验

1）工作电位、保护电位

实海试验中阴极采用 Q235 钢板，阳极工作面积与阴极间的面积比为 1:60，试验中参比电极为 $Cu/CuSO_4$电极。图 6.40 所示为青岛实海全浸带阳极对钢板的阴极保护电位随时间的变化曲线。

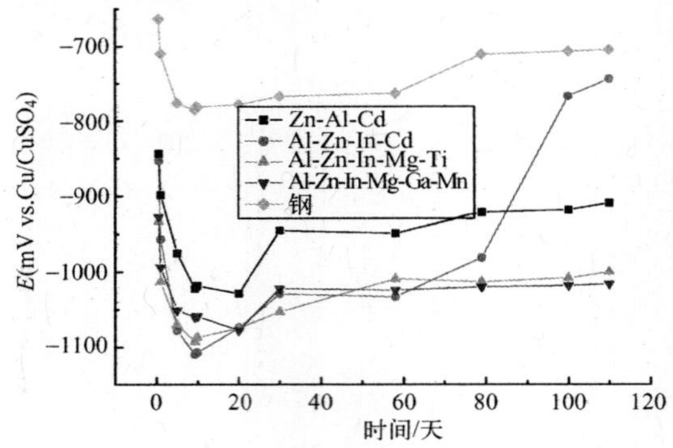

图 6.40　4 种阳极在青岛实海全浸带阴极保护试验中阳极的保护电位对比

在全浸带阳极的保护电位很快达到稳定，基本上所有阳极均可满足全浸带的保护电位要求，3 种铝阳极保护电位相对较负。其中 Al－Zn－In－Cd 阳极在后期出现电位正移现象，可能是由于阳极与阴极连接部位漏水导致接触电阻增大所致。

由图 6.41、图 6.42 可以看出，随着试验周期的增加，各种阳极在海水浸泡后使阴极钢板达到要求保护电位值的时间由初期的 1h 增加到了后期的 2h，表明随潮差区海水干湿交替浸泡阳极表面的活化性能有所降低。到第 58 天 Zn－Al－Cd 阳极已经不能对阴极提供有效保护。第 100 天时保护电位较负，主要原因是连续降雨，使阳极表面潮湿而一直处于活化状态。

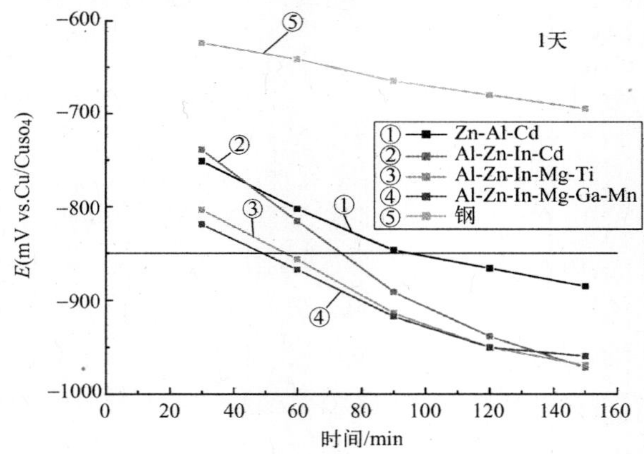

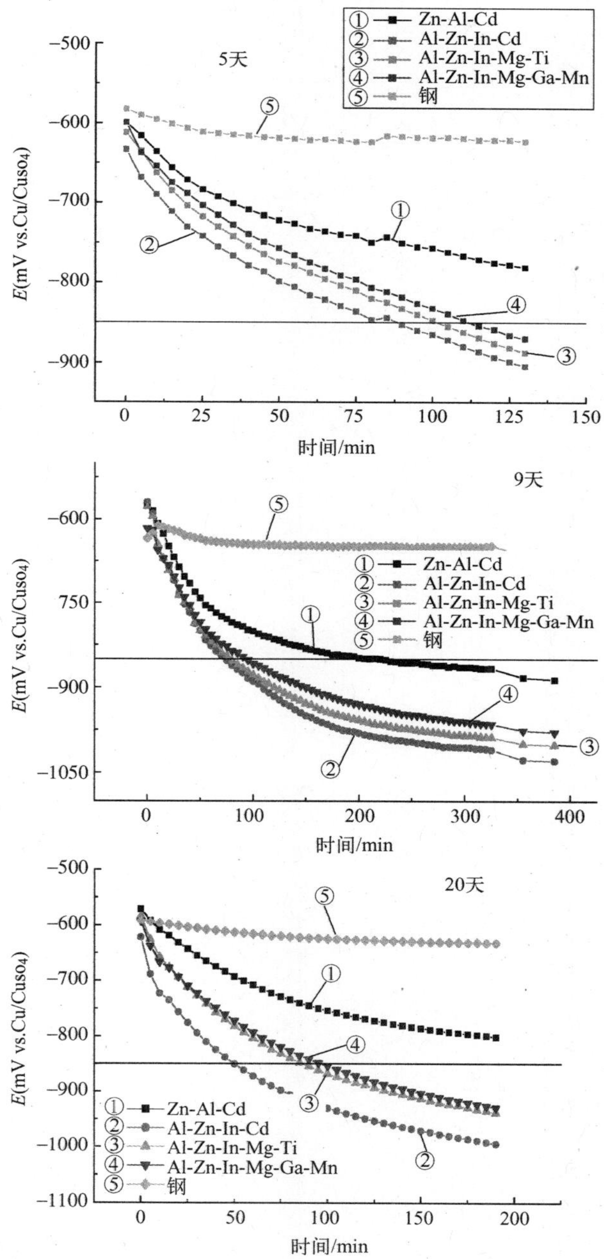
5天
① Zn-Al-Cd
② Al-Zn-In-Cd
③ Al-Zn-In-Mg-Ti
④ Al-Zn-In-Mg-Ga-Mn
⑤ 钢
E(mV vs.Cu/Cuso4)
时间/min
9天
① Zn-Al-Cd
② Al-Zn-In-Cd
③ Al-Zn-In-Mg-Ti
④ Al-Zn-In-Mg-Ga-Mn
⑤ 钢
E(mV vs.Cu/Cuso4)
时间/min
20天
① Zn-Al-Cd
② Al-Zn-In-Cd
③ Al-Zn-In-Mg-Ti
④ Al-Zn-In-Mg-Ga-Mn
⑤ 钢
E(mV vs.Cu/Cuso4)
时间/min

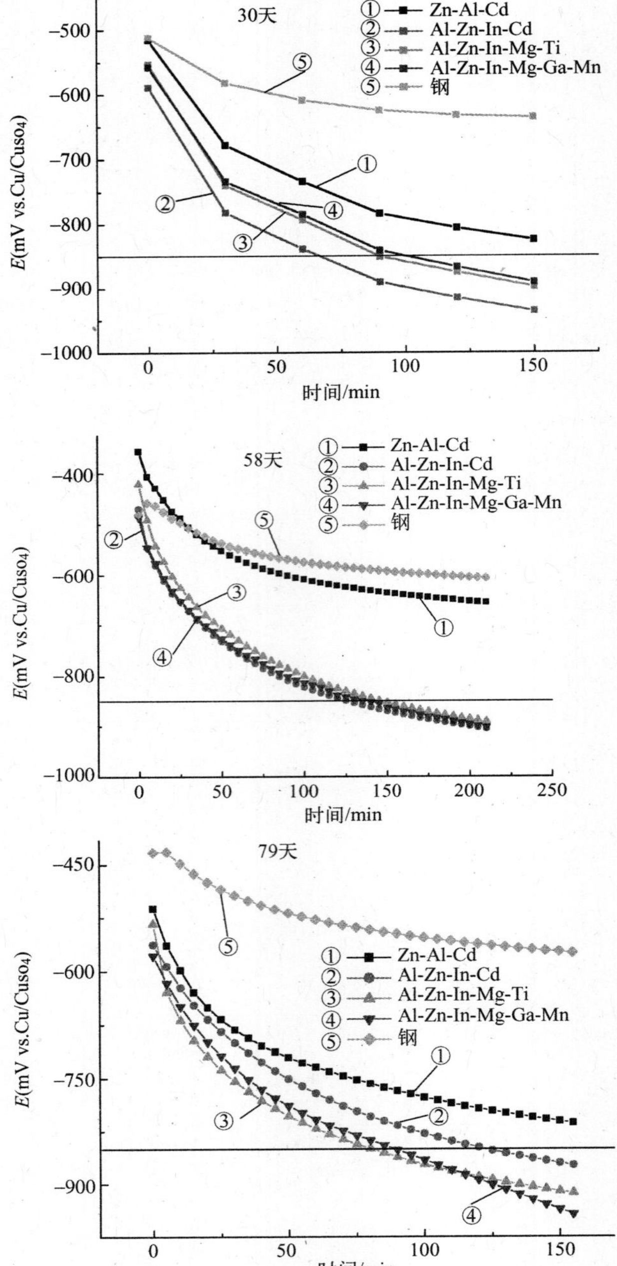
30天
①Zn-Al-Cd
②Al-Zn-In-Cd
③Al-Zn-In-Mg-Ti
④Al-Zn-In-Mg-Ga-Mn
⑤钢
E(mV vs.Cu/Cuso4)
时间/min
58天
①Zn-Al-Cd
②Al-Zn-In-Cd
③Al-Zn-In-Mg-Ti
④Al-Zn-In-Mg-Ga-Mn
⑤钢
E(mV vs.Cu/Cuso4)
时间/min
79天
①Zn-Al-Cd
②Al-Zn-In-Cd
③Al-Zn-In-Mg-Ti
④Al-Zn-In-Mg-Ga-Mn
⑤钢
E(mV vs.Cu/Cuso4)
时间/min

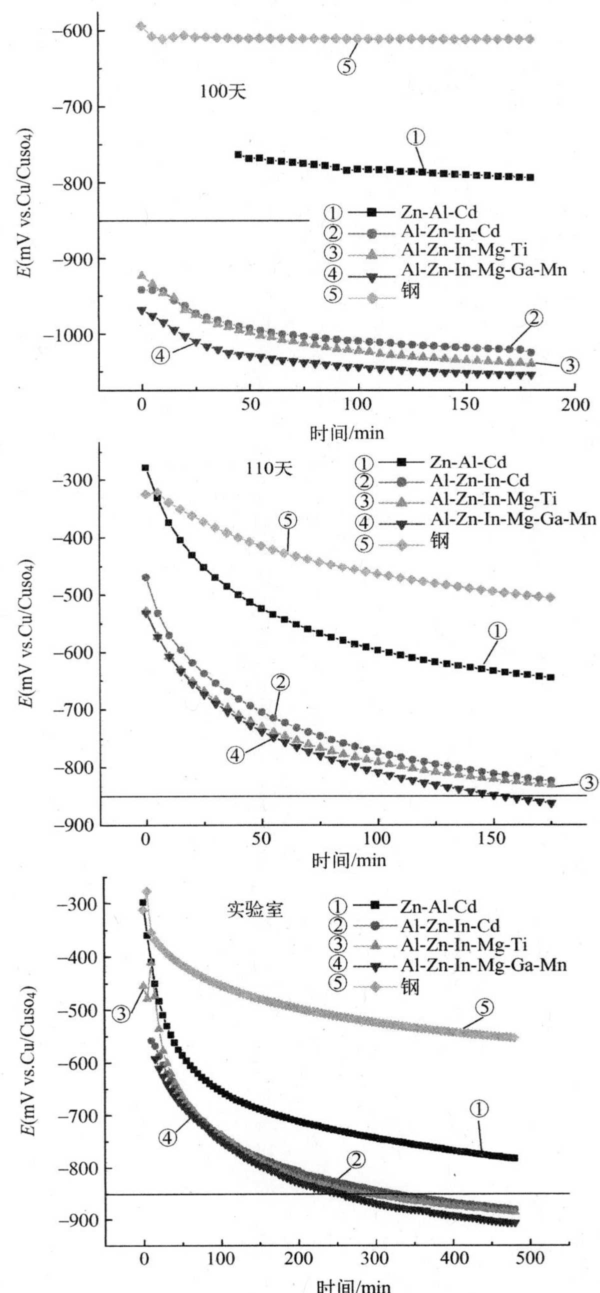

图 6.41　4 种阳极在青岛实海潮差带阴极保护试验中不同周期入水后活化性能对比(依次为 1、5、9、20、30、58、79、100、110 天,及取样后在实验室中测试)

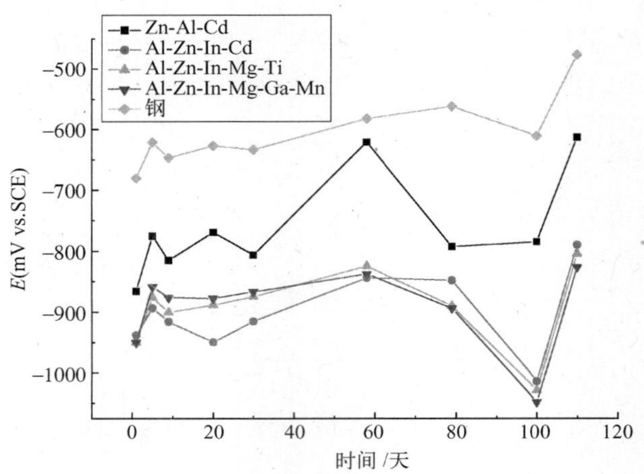

图 6.42 青岛实海潮差带阴极保护试验中不同周期阳极入水 2h 保护电位对比

2)阳极消耗率及保护率

4 种阳极在青岛实海阴极保护试验中阳极消耗及阴极保护率对比情况如表 6.10 所列。从不同阳极的消耗速度看,两种区带中锌阳极均明显高于铝阳极;从试验区带看,潮差带阳极的消耗速度远高于全浸带,这是由于在潮差带钢阴极需要的保护电流相对达到稳态极化的全浸海水中要低得多,因此需要的阳极用量相对大,且牺牲阳极在潮差带自腐蚀相对较大,造成其阳极效率降低。

表 6.10 4 种阳极在青岛实海阴极保护试验中阳极消耗及阴极保护率对比

阳极种类及区带		阳极消耗率/(g/(m² · 天))	钢板腐蚀速率		保护率/%
			g/(m² · 天)	mm/年	
潮差带	Zn - Al - Cd	449.20	4.0848	0.191	72.2
	Al - Zn - In - Cd	339.68	3.7295	0.175	74.6
	Al - Zn - In - Mg - Ti	228.37	3.8217	0.179	74.0
	Al - Zn - In - Mg - Ga - Mn	184.46	3.5131	0.164	76.1
	空白	—	14.6920	0.688	—
全浸带	Zn - Al - Cd	82.73	0.0519	0.0029	95.6
	Al - Zn - In - Cd	53.22	0.1180	0.0055	91.7
	Al - Zn - In - Mg - Ti	48.77	0.0618	0.0029	95.6
	Al - Zn - In - Mg - Ga - Mn	47.37	0.0631	0.0024	96.4
	空白	—	1.43	0.066	—

从保护率结果看,潮差带阳极对阴极钢板的保护率显著低于全浸带,这与干湿交替条件下钢的阴极保护电流需求增大,而阳极在潮差带的电化学性能降低有关。全浸带阳极的保护率可达到 95% 以上。在两个区带中 Al - Zn - In - Mg - Ga - Mn 阳极的保护率均相对较高。

3）阳极溶解形貌

从阳极溶解形貌看(图 6.43、图 6.44),Zn - Al - Cd 阳极在潮差带表面的产物明显结壳不易脱落,阳极溶解相对在全浸环境中不均匀;Al - Zn - In - Cd 阳极的溶解速度较快,且表面呈疏松的海绵状,其溶解状况很不均匀;Al - Zn - In - Mg - Ti 阳极次之,表面相对较粗糙;3 种铝阳极在潮差带条件下表面的溶解产物疏松且附着较少,Al - Zn - In - Mg - Ga - Mn 阳极溶解形态相对最均匀。

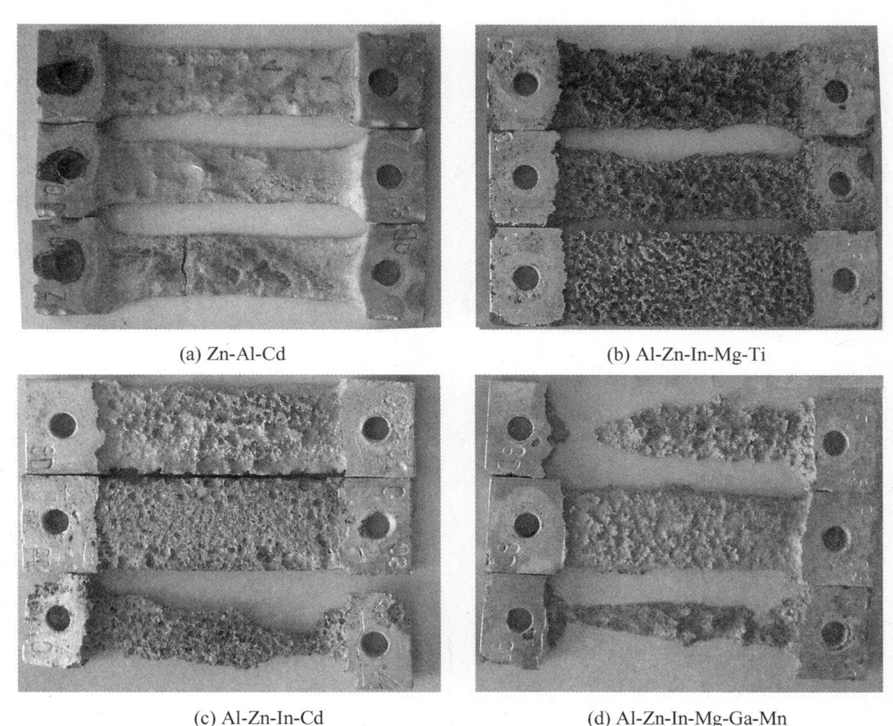

(a) Zn-Al-Cd　(b) Al-Zn-In-Mg-Ti

(c) Al-Zn-In-Cd　(d) Al-Zn-In-Mg-Ga-Mn

图 6.43　青岛实海潮差带阴极保护试验 4 种阳极清除腐蚀产物后形貌

全浸带锌阳极的溶解产物相对较疏松能脱落,3 种铝阳极产物疏松容易脱落,表面溶解相对较均匀。从溶解量看,全浸带阳极的消耗量要远小于潮差带。

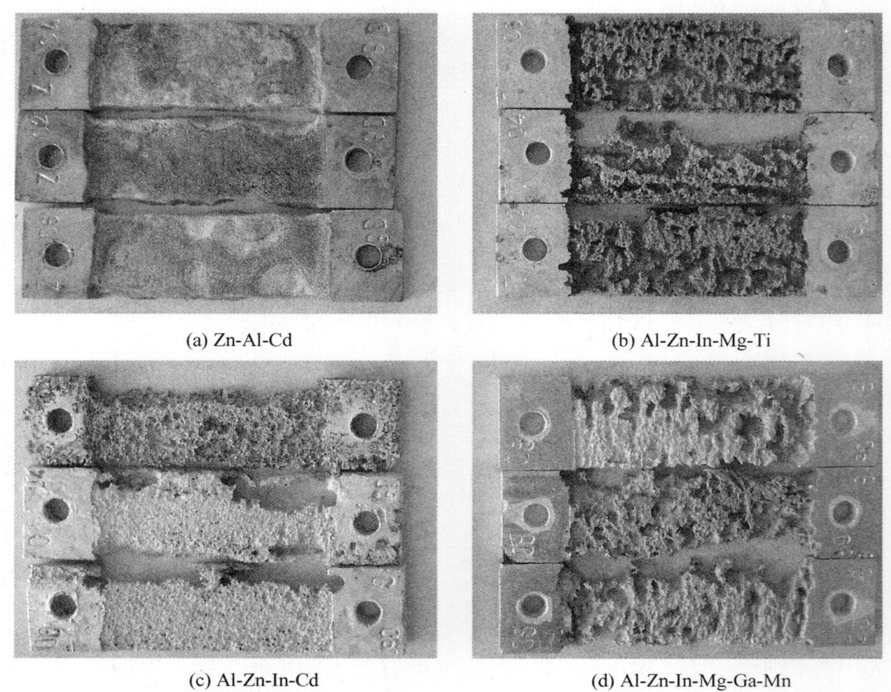

图 6.44　青岛实海全浸带阴极保护试验 4 种阳极清除腐蚀产物后形貌

2. 三亚实海试验

1）不同区带阳极工作电位、保护电位

图 6.45 ~ 图 6.48 为试样在三亚实海试验取样时测量的阳极工作电位、保护电位。在全浸区，各种阳极均处于活化状态，对阴极钢板进行了有效的阴极保护。在潮差区，Zn - Al - Cd 阳极表面大量腐蚀产物结壳，阳极在浸入海水中

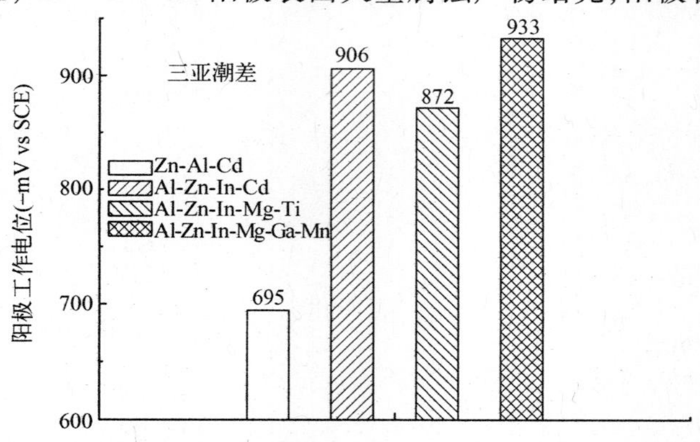

图 6.45　三亚实海潮差区 4 个月后各阳极浸水 1.5h 时工作电位对比

1.5h后仍未活化，表明阳极在潮差带海水频繁干湿交替条件下表面已结壳而“窒息”，导致阳极难以活化。而各种铝阳极均在浸入海水后均能较快活化，与之相连的阴极钢板也在1.5h很快达到了保护电位以下。

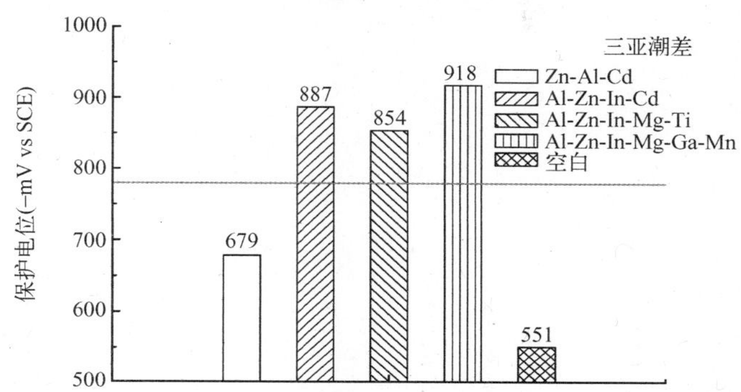

图6.46　三亚实海潮差区4个月后不同阳极浸水1.5h后对钢的保护电位与钢的腐蚀电位对比

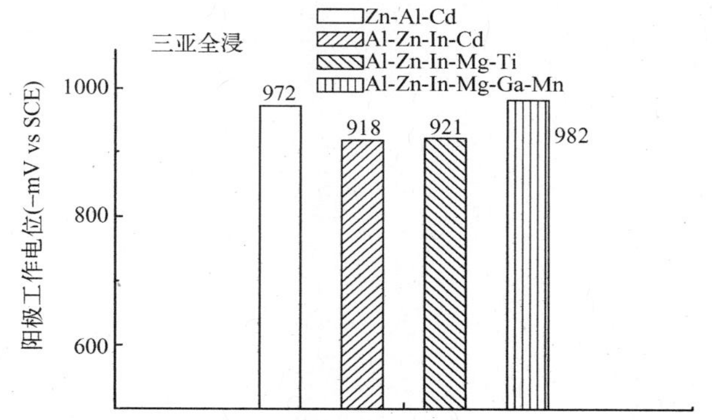

图6.47　三亚实海全浸区试验各阳极4个月时工作电位对比

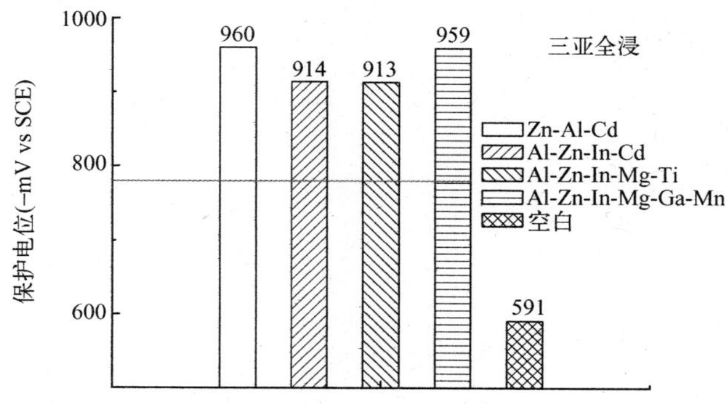

图6.48　三亚全浸区实海试验4个月时各阳极阴极保护电位对比

图 6.49 为潮差带试样框架自实海中取样后在实验室条件下浸入海水，并连续测量保护电位随时间的变化规律，从阳极活化使阴极保护电位达到 -0.85V（相对 $Cu/CuSO_4$电极）的时间及保护电位的绝对值看，4 种阳极中 Al-Zn-In-Mg-Ga-Mn、Al-Zn-In-Mg-Ti 电化学性能相对较高，Zn-Al-Cd 阳极相对较低，在入水 5h 后才能够达到保护电位要求。

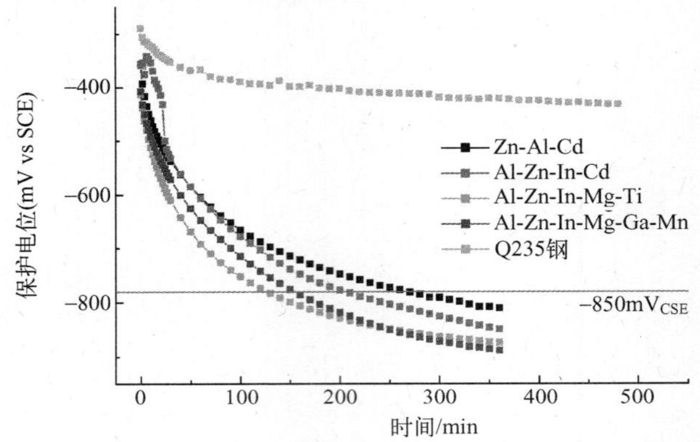

图 6.49 三亚潮差区试样在实验室中海水中保护电位随时间变化规律

2）阳极消耗速率及保护率

4 种阳极在三亚实海阴极保护试验中阳极消耗及阴极保护率对比情况如表 6.11 所列。

表 6.11 4 种阳极在三亚实海阴极保护试验中阳极消耗及阴极保护率对比

阳极种类及区带		阳极消耗速率 /(g/(m^2·天))	钢板腐蚀速度		保护率 /%
			g/(m^2·天)	m/年	
潮差带	Zn-Al-Cd	137.65	3.316	0.154	65.0
	Al-Zn-In-Cd	143.59	3.122	0.145	67.0
	Al-Zn-In-Mg-Ti	83.19	2.656	0.123	72.0
	Al-Zn-In-Mg-Ga-Mn	70.62	2.220	0.103	74.3
	空白钢板	—	8.63	0.40	—
全浸带	Zn-Al-Cd	164.03	0.367	0.017	94.7
	Al-Zn-In-Cd	118.33	0.409	0.019	94.1
	Al-Zn-In-Mg-Ti	66.57	0.392	0.018	94.4
	Al-Zn-In-Mg-Ga-Mn	60.30	0.204	0.010	96.9
	空白钢板	—	6.92	0.32	—

从阳极的消耗速度看，两种区带锌阳极均明显高于铝阳极，但全浸带中锌阳极的消耗率低于潮差带，这是由于潮差带中锌阳极表面的产物结壳，导致阳极无法发出有效保护电流且减缓了海水对阳极的腐蚀，消耗率因此降低；对铝阳极而言潮差带阳极消耗率均高于全浸带，这是由于在潮差条件下阴极钢板需要的保护电流相对全浸带大大增加，而铝阳极表面在能够活化发出电流的前提下，阳极的消耗率增加。从保护率结果看，潮差带阳极对阴极钢板的保护率明显低于全浸带，潮差海洋环境中按常规设计参数阳极的保护率只能达到 70% 左右，后者的保护率可达到 95% 以上；Al－Zn－In－Cd 阳极的消耗率较高但保护率相对较低与其自腐蚀造成的电流效率降低有关。在两个区带中 Al－Zn－In－Mg－Ga－Mn 阳极的保护率均相对较高。

3）阳极溶解形貌

从阳极溶解形貌（图 6.50、图 6.51）看，Zn－Al－Cd 阳极在潮差带表面的产物明显结壳不易脱落，阳极溶解不均匀；Al－Zn－In－Cd 阳极的溶解速度较快，Al－Zn－In－Mg－Ti 阳极次之，3 种铝阳极在潮差带条件下表面的溶解产物疏松且附着较少，Al－Zn－In－Mg－Ga－Mn 阳极溶解形态相对较均匀。

(a) Zn-Al-Cd

(b) Al-Zn-In-Mg-Ti

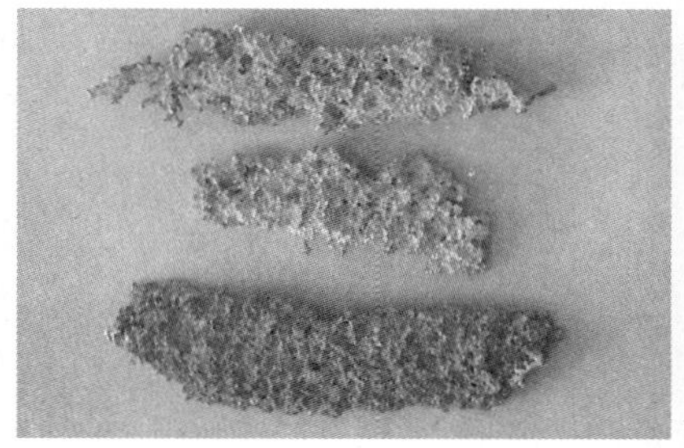

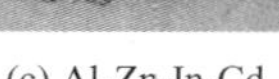

(c) Al-Zn-In-Cd

(d) Al-Zn-In-Mg-Ga-Mn

图 6.50　三亚实海潮差带阴极保护试验 4 种阳极清除腐蚀产物后形貌

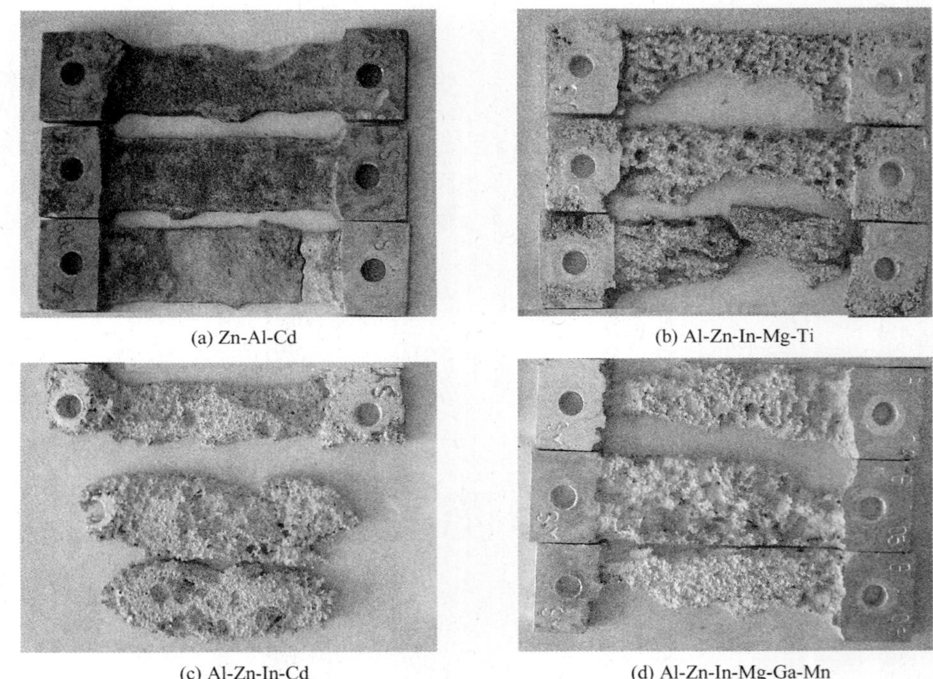

(a) Zn-Al-Cd　(b) Al-Zn-In-Mg-Ti

(c) Al-Zn-In-Cd　(d) Al-Zn-In-Mg-Ga-Mn

图 6.51　三亚实海全浸带阴极保护试验 4 种阳极清除腐蚀产物后形貌

全浸带 Zn - Al - Cd 阳极的溶解产物相对较疏松能脱落，3 种铝阳极产物疏松容易脱落。

6.5　实艇牺牲阳极性能评价

由于 Zn - Al - Cd 阳极在潜艇上层建筑使用过程中出现结壳失效的问题，目前潜艇上层建筑区域阴极保护已逐步更换牺牲阳极材料，常规潜艇目前部分采用了 Al - Zn - In - Mg - Ti 高效铝合金牺牲阳极，采用的阳极规格为 250mm × (80 + 100) mm × 85mm，阳极质量为 5kg，设计使用寿命为 10 年。而且对上层建筑区域的阴极保护设计也进行了调整，阳极的规格发生变化，采用了长条状阳极，其布置方式也相对传统的耐压壳体表面平贴式布置有所变化。

对坞修的某潜艇上层建筑区域牺牲阳极溶解情况进行了检查，上层建筑及指挥台围壳内的铝合金牺牲阳极表面有一薄层白色溶解产物，产物疏松，用刮铲可以很容易地清除，清除后可见牺牲阳极表面溶解均匀；图 6.52 为上层建筑内部高效铝阳极清除产物前后的形貌。有的阳极产物已自行脱落，露出牺牲阳极基体表面，见图6.53。

图6.52　某艇上层建筑区域高效铝合金牺牲阳极清除产物前后

图6.53　某艇上层建筑区域高效铝合金牺牲阳极表面溶解形貌

现场对坞修的潜艇上层建筑拆除的牺牲阳极中取样(图6.54)，带回实验室进行系列的试验检测，评价高效铝合金在经历一个坞修期后的电化学性能。

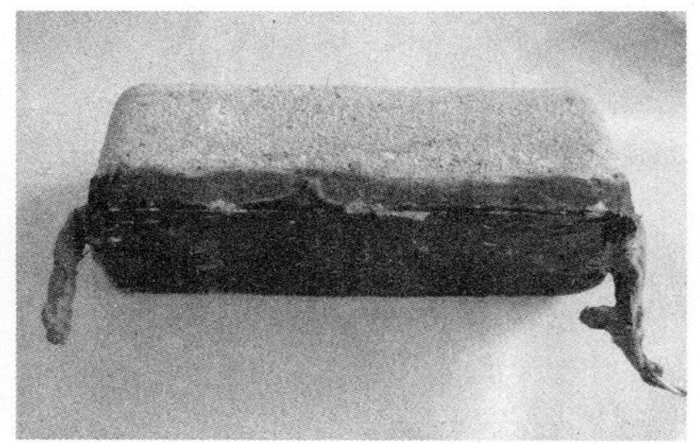

图6.54　Al－Zn－In－Mg－Ti 牺牲阳极实艇使用一个坞修期后宏观形貌

6.5.1 微观分析

Al - Zn - In - Mg - Ti 牺牲阳极在实船工作一段时间后，表面溶解均匀，表面有一薄层白色的溶解产物。在三维视频显微镜下对其放大观察进一步微观分析，见图 6.55。由图可知，在微观条件下，阳极均匀溶解区表面的溶解产物较薄，溶解产物疏松且产物层下面暴露出基体表面，有利于入水后海水达到阳极表面使其活化。局部有溶解坑存在的表面呈火山口状或溃疡状，中心暴露出阳极活性溶解点，周围为阳极的疏松溶解产物堆积。微观形貌观察可以判断阳极表面未形成结壳，有大量的阳极表面暴露可以使其接触海水活化。

6.5.2 海水中自腐蚀电位测量

将 Al - Zn - In - Mg - Ti 牺牲阳极置于海水中，测量其开路电位随时间的变化规律，测量结果见图 6.56。由图可见，开路电位初期在 $-960\mathrm{mV}_{\mathrm{vsSCE}}$，之后很快负移并于 1h 左右趋于稳定，在 $-1.00\mathrm{V}_{\mathrm{SCE}}$左右。这一开路电位相对其在全浸海水中的开路电位 $-1.05 \sim -1.18\mathrm{V}_{\mathrm{SCE}}$有正移，但仍可以对海水中的钢制结构提供有效的驱动电位差。

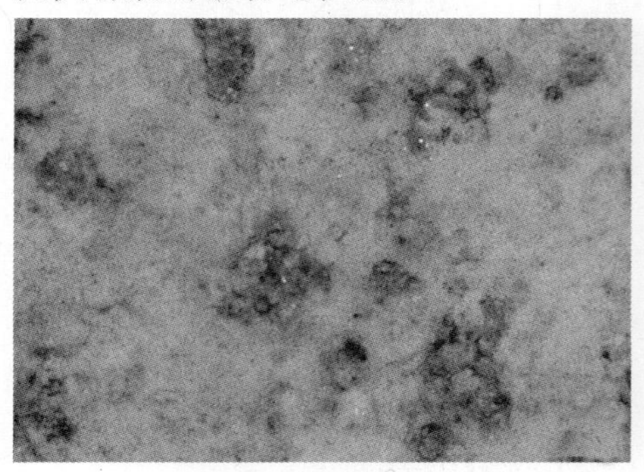

溶解产物均匀覆盖区1($50^{\times}$)

溶解产物均匀覆盖区2($50^{\times}$)

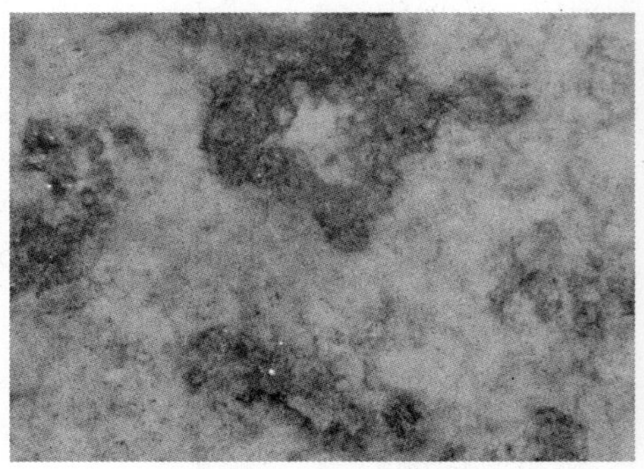

溶解产物均匀覆盖区3($50^{\times}$)

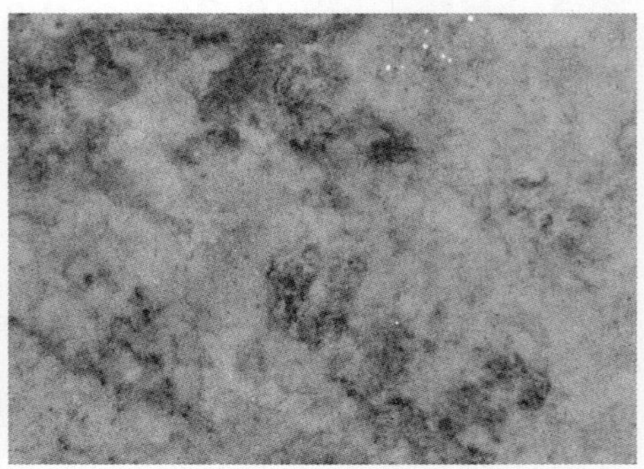

溶解产物均匀覆盖区4($50^{\times}$)

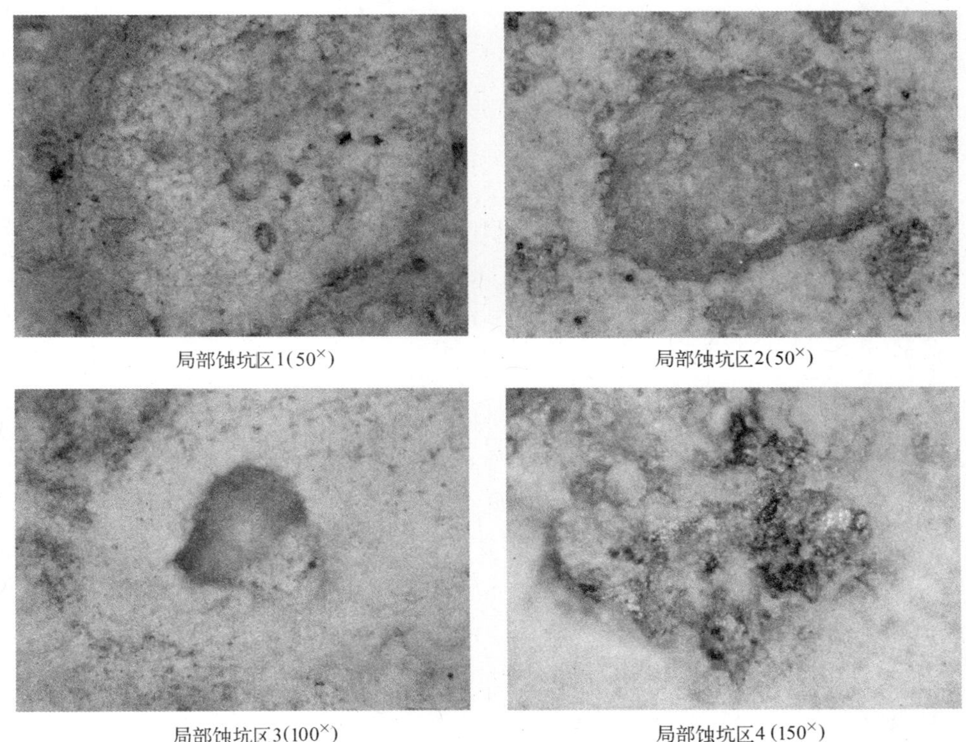

局部蚀坑区1(50×)　局部蚀坑区2(50×)

局部蚀坑区3(100×)　局部蚀坑区4 (150×)

图 6.55　Al－Zn－In－Mg－Ti 牺牲阳极表面的微观形貌

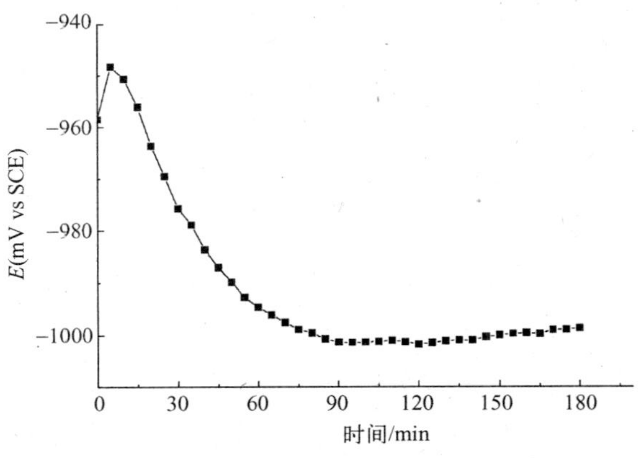

图 6.56　Al－Zn－In－Mg－Ti 牺牲阳极在海水中电位随时间变化

6.5.3 电化学保护性能评价

在钢制水槽内进行了牺牲阳极自放电阴极保护性能试验。计算 Al - Zn - In - Mg - Ti 牺牲阳极的面积为 $660cm^2$，按保护面积比 1:60，所保护的阴极钢板面积应为 $4m^2$，将 Al - Zn - In - Mg - Ti 牺牲阳极置于钢制水槽中（阳极表面产物未清理，为原始状态），注入海水至浸没的钢板部分面积为 $6m^2$，测得阳极工作电位和阴极钢板保护电位随时间变化如图 6.57 所示。由图可见，浸入海水后阳极工作电位和钢的阴极保护电位迅速负移，1h 达到了钢板的保护电位 $-850mV_{Cu/CuSO4}$（相当于 $-780mV_{SCE}$），5h 后达到 $-885mV_{SCE}$，阳极的工作电位达到 $-930mV_{SCE}$。

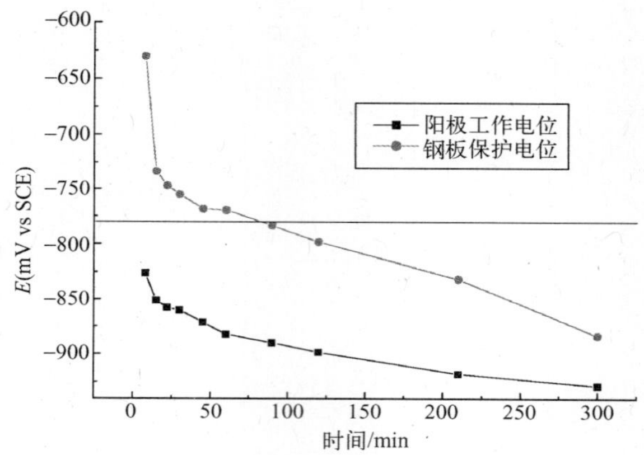

图 6.57 Al - Zn - In - Mg - Ti 牺牲阳极工作电位和钢板保护电位随时间变化

6.5.4 再活化性能评价

将上述试验后的阳极在空气中暴露至表面干燥后，将阳极置于海水中测量其再活化性能，试验方法为 $-0.95V_{SCE}$ 恒电位阶跃法。图 6.58 为测量得到的恒电位极化曲线。可以看到阳极能够很快活化并发出较大的阳极电流，之后阳极电流呈现缓慢降低趋势并稳定。极化曲线表明阳极呈持续活化状态。

将阳极表面的溶解产物用钢丝刷清除，之后再采用恒电位极化方法测量其再活化性能，测量极化电流随时间变化规律见图 6.59。可以看出阳极的电流呈现持续增大的趋势，表明清理溶解产物后，更多的阳极表面开始逐渐活化并发出电流。

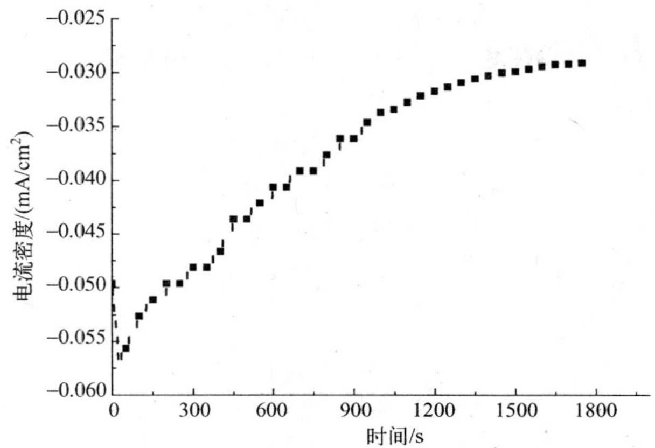

图 6.58　实艇高效铝合金牺牲阳极恒电流极化曲线（$-0.95V_{SCE}$）

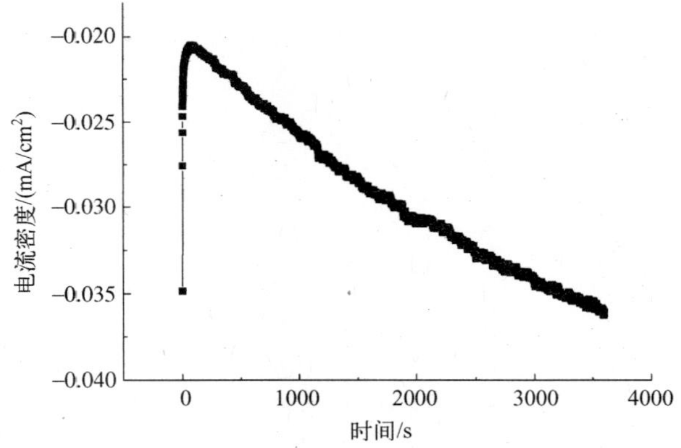

图 6.59　实艇高效铝合金牺牲阳极清理产物后的恒电流极化曲线（$-0.95V_{SCE}$）

6.6　结论

针对 Zn - Al - Cd 牺牲阳极在潜艇上层建筑区域间浸环境中使用时存在的阳极结壳造成窒息失效的问题，开展了牺牲阳极在间浸条件下系统的电化学性能试验研究。试验对象包括海洋环境中阴极保护经常采用的牺牲阳极及新研制的高活化性能的铝合金牺牲阳极：Zn - Al - Cd 三元锌阳极、Al - Zn - In - Cd 普通铝阳极、Al - Zn - In - Mg - Ti 高效铝阳极、Al - Zn - In - Mg - Ga - Mn 高活化铝阳极。

熔炼了4种牺牲阳极样品并进行了化学成分分析和全浸海水中的腐蚀电化学性能评价，结果表明试验采用的牺牲阳极符合国标要求和相应的产品标准，可以用于评价其耐间浸环境性能。

在实验室条件下模拟潜艇上层建筑的间浸腐蚀环境，采用恒电流试验研究了4种牺牲阳极的开路电位、工作电位、电流效率、溶解性能等腐蚀电化学性能，并对腐蚀产物进行XRD分析；通过海水间浸条件下的自放电试验，评价了阳极的工作电位、对阴极的保护电位、溶解性能以及清除腐蚀产物对阳极性能的影响；通过对间浸条件下对经历不同自放电周期的阳极进行动电位极化测试、恒电位极化试验及交流阻抗谱测试，评价了阳极在间浸条件下的电化学性能，特别是再活化性能，研究了阳极在间浸条件下的活化/失效机理；通过中性盐雾腐蚀条件下的动电位极化试验、恒电位试验、交流阻抗试验评价了在高温、高湿、高盐雾环境中阳极的腐蚀电化学性能。

实验室研究结果表明，Zn－Al－Cd阳极在间浸环境中由于产物结壳导致很快失效，其各项腐蚀电化学性能均不能满足上层建筑区域阴极保护的使用要求；Al－Zn－In－Cd在此环境中也存在钝化失效问题，同样不能用于间浸环境中的阴极保护；Al－Zn－In－Mg－Ti阳极相对前两者具有较好的电化学性能，间浸条件下可以用作牺牲阳极对钢提供有效的阴极保护；Al－Zn－In－Mg－Ga－Mn在4种阳极材料中具有相对最好的耐间浸环境性能，适合作为间浸环境中阴极保护用牺牲阳极材料。

在实验室试验基础上，通过青岛、三亚实海全浸和潮差带模拟挂片试验，对比评价了阳极在间浸条件下的阳极腐蚀电化学性能和对钢的阴极保护效果，与实验室试验取得了与上述相同的试验结果。两个海区的潮差带相对全浸带，牺牲阳极的电化学性能降低，对钢的阴极保护效果明显降低。

通过对实艇使用一个坞修期后的Al－Zn－In－Mg－Ti进行实验室腐蚀电化学试验，评价了该阳极的工作电位、保护电位、溶解性能和再活化性能，结果表明该阳极仍具有较好的电化学性能，可以为间浸条件的潜艇上层建筑结构提供阴极保护作用。在阳极使用期间清理溶解产物可以明显提高其电化学性能。

研究结果同时表明，海水间浸环境中由于阳极电化学性能降低，钢铁结构物表面难以形成致密有效的阴极沉积膜，苛刻的腐蚀环境使其对阴极保护电流的需求提高，其阴极保护相对全浸条件而言难度增加。需要对间浸环境中阴极保护参数、判据等进行调整以提高间浸环境中的阴极保护效果。

第7章　艇体结构阴极保护屏蔽效应

在潜艇上层建筑的牺牲阳极阴极保护系统中，由牺牲阳极通过海水向结构湿表面(阴极表面)提供充分的保护电流，使阴极表面上的电位充分负移，以达到防腐的目的。牺牲阳极、结构湿表面(阴极)和海水是舰艇牺牲阳极阴极保护系统中的3个基本要素。由于海水电阻的作用，“屏蔽效应”是阴极保护中的固有现象。牺牲阳极提供的保护电流将首先流入牺牲阳极附近的阴极表面，同时由于牺牲阳极的极化现象，从而无法确保远离牺牲阳极的阴极表面能够获得充分的保护电流。本章即通过实验室和数字化模拟计算的方法，研究海水环境中阴极保护的“屏蔽效应”，为潜艇结构总体设计者提供一种思路和优化设计方法。

7.1　概述

潜艇上层建筑空间相对狭窄、其内部隔挡板等结构交错复杂、贵金属设备较多，这些因素一方面限制了牺牲阳极提供保护电流的能力，同时，由于内部隔挡板结构和贵金属设备对保护电流的“屏蔽效应”，保护电流实际上被局限于牺牲阳极周围的局部区域内。因此，在潜艇上层建筑的牺牲阳极阴极保护系统中，牺牲阳极的布置必须能够减缓或消除“屏蔽效应”的影响。

一般认为，增加牺牲阳极的数量并合理布置是缓解“屏蔽效应”的有效手段，能够有效地改善结构表面上保护电流的分布状态。然而，在潜艇上层建筑的牺牲阳极系统中，当牺牲阳极布置过密时，其结构表面上的保护电流将自然维持在一个高水平状态，增大了牺牲阳极的总体消耗速度，造成不必要的浪费，同时由此引起的牺牲阳极安装工程量的增加也是受到关注的问题。另一方面，增大牺牲阳极的体积，能够在一定程度上扩大单个牺牲阳极的有效保护范围，从而减少牺牲阳极的数量，但有可能导致牺牲阳极附近的船体表面处于过保护状态。

在任何设定的保护周期内，复合防腐系统都将处于一个动态过程：防腐涂层因老化损伤使其防腐效果降低、牺牲阳极因被消耗缩小使其提供保护电流的能力下降，从而导致船体湿表面上保护电位正移使保护效率降低。

综上所述，在潜艇上层建筑的牺牲阳极系统中，存在着一个最合理的阳极数量和优化的布置方案，达到防腐效果、阳极效率以及全寿命期综合经济性等的最佳平衡。

在潜艇上层建筑的牺牲阳极系统设计中，必须考虑干湿交替的问题。在潜艇浮出水面航行和潜水航行交替过程中，其上层建筑结构表面上的防腐涂层将遭受海水浸泡（潜水航行时）和高温、潮湿环境（水面航行时）的交替作用，其老化过程加速、有效寿命缩短，从而导致其总体防腐效果低下。此外，当潜艇浮出水面航行时，其上层建筑内部的牺牲阳极系统完全失去提供阴极保护的作用，在高温、潮湿环境的作用下，防腐涂层功能失效区域将呈现剧烈的腐蚀倾向。在设计潜艇上层建筑的牺牲阳极阴极保护系统过程中，需要首先确定合理的涂层防腐效率条件，同时需要确定合理的防腐电位基准，即当潜艇潜水航行时，牺牲阳极阴极保护系统能够使上层建筑内部结构的全部金属表面处于完全保护状态的同时，在相应的金属表面上形成钙和镁等的不溶性盐类电沉积层（称为“钙质层”）；当潜艇浮出水面航行时，凭借“钙质层”有效地缓解高温、潮湿环境作用下的腐蚀进程。

因此，在针对潜艇上层建筑结构进行“屏蔽效应”相关研究时，也必须以上述“合理的涂层防腐效率条件”和“合理的防腐电位基准”为基础加以实施。

在潜艇上层建筑的牺牲阳极阴极保护设计中，必须解决 3 个关键性问题：

（1）“屏蔽效应”问题。在潜艇上层建筑的牺牲阳极阴极保护系统中，“屏蔽效应”主要源于两个方面的原因，即首先耐压壳及非耐压壳的隔挡板结构、各类设备等对诱导电场中电流的传播起阻碍作用；其次，当贵金属设备与潜艇之间处于电短接状态时，其表面将成为保护电流的“汇”，从而弱化潜艇结构的防腐效果。

（2）潜艇浮出水面航行时的防腐问题。当潜艇浮出水面航行时，上层建筑的牺牲阳极系统完全失去防腐作用，而结构表面在潮湿的空气环境中呈现更强烈的腐蚀倾向。为了有效地缓解潜艇浮出水面航行时的腐蚀倾向，当潜艇潜水航行时，牺牲阳极系统需要能够在保证结构表面处于有效保护状态的同时，在结构表面上形成“钙质层”。

（3）过保护问题。当牺牲阳极系统的作用使结构表面的局部区域处于过保护状态时，将加快防腐涂层出现损伤的过程，甚至导致结构材料发生氢脆而影响到潜艇的生命力。

相关的研究报告显示，在自然海水环境中，造船用钢金属材料在几种典型的阴极保护电位条件下，其表面行为如表 7.1 所列。

表 7.1　表面行为与保护电位的关系

阴极保护电位条件($Cu/CuSO_4$)	表面行为
低于 -850mV	有效保护
低于 -900mV	可形成能够缓解腐蚀进程的钙质层
低于 -1100mV	过保护(加速防腐涂层老化、产生氢脆现象)

针对潜艇上层建筑的牺牲阳极系统,采用边界元法建立计算机模型,可计算得出结构表面上的保护电位分布状态及其随时间变化规律、牺牲阳极提供保护电流的能力随时间变化规律、牺牲阳极的消耗速度和形状随时间变化规律等。数值模拟计算为研究牺牲阳极数量及布置设计与船体表面上保护电流分布状态之间的关系、研究牺牲阳极空间布置对保护效果的影响等提供了有效的技术手段。在数值模拟仿真计算的基础上,能够实现牺牲阳极系统(数量、空间布置、初始尺寸)的优化设计,以使潜艇上层建筑结构表面上的电位分布在全寿命周期内始终处于所要求的基准范围内。

数值模拟计算是实施本项目研究的基础和最重要技术手段。基于边界元法的阴极保护系统数值模拟计算技术和软件,已在解决舰船阴极保护实际工程问题的过程中取得了良好的应用业绩。然而,潜艇上层建筑内部的隔挡板等结构使牺牲阳极阴极保护系统的诱导电场模型变得非常复杂,必须采用"分块边界元"技术才能够实现正确的数值模拟计算。

7.2　阴极保护设计的边界元方法

7.2.1　边界元

构成船体阴极保护系统的部分要考虑的是:船体湿表面、牺牲阳极表面以及海水电解质区域。描述阴极保护系统的两个物理量分别是电位和电流密度。因此,与船体阴极保护系统相对应的物理模型所包含的基本要素有:海水电解质区域内(Ω)的电位状态和电流矢量状态、船体湿表面防腐涂层完好部位(定义为 S_1)的电位状态和电流状态、涂层损伤部位(定义为 S_2)的电位状态和电流状态、牺牲阳极表面(定义为 S_2)的电位状态和电流状态、海面(定义为 S_w)的电位状态和电流状态以及距离艇体足够远处(定义为 S_∞)的电位状态和电流状态。这样一来,船体阴极保护问题的数学模型可以归结为:描述海水电解质区域(Ω)内电位状态和电流矢量状态的数学方程(域内控制方程)、描述全部边界($S_1+S_2+S_w+S_\infty$)上电位状态和电流状态的数学方程(边界条件)。

在海水电解质区域内，由船体阴极保护系统产生的电场中的电位和电流密度满足：

$$q = -\frac{1}{\rho}\nabla\phi \quad (\Omega\text{内}) \tag{7.1}$$

式中：q 为电流密度；ϕ 为电位；ρ 为海水的电阻率。

如图 7.1 所示，在海水电解质区域的电场中取一微小立方体积元（$\mathrm{d}x\times\mathrm{d}y\times\mathrm{d}z$）作为研究对象，则微小立方体积元 6 个面上的电流密度可表示为

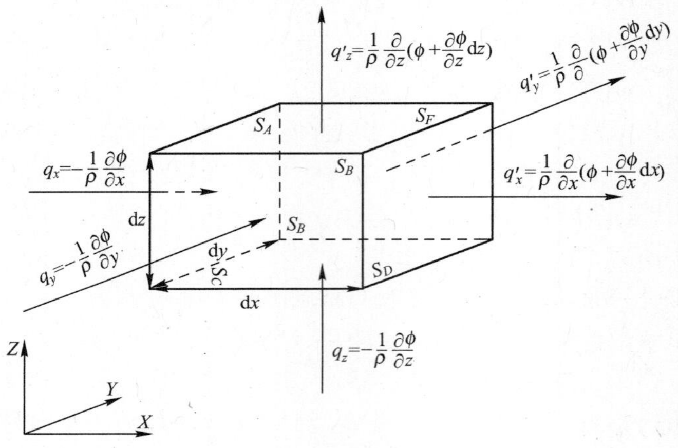

图 7.1　电场中微小立方体积元

$$\begin{cases} S_A: q_x = -\dfrac{1}{\rho}\dfrac{\partial\phi}{\partial x} \\ S_B: q_y = -\dfrac{1}{\rho}\dfrac{\partial\phi}{\partial y} \\ S_C: q_z = -\dfrac{1}{\rho}\dfrac{\partial\phi}{\partial z} \\ S_D: q'_x = -\dfrac{1}{\rho}\dfrac{\partial}{\partial x}\left(\phi+\dfrac{\partial\phi}{\partial x}\mathrm{d}x\right) \\ S_E: q'_y = -\dfrac{1}{\rho}\dfrac{\partial}{\partial y}\left(\phi+\dfrac{\partial\phi}{\partial y}\mathrm{d}y\right) \\ S_F: q'_z = -\dfrac{1}{\rho}\dfrac{\partial}{\partial z}\left(\phi+\dfrac{\partial\phi}{\partial z}\mathrm{d}z\right) \end{cases} \tag{7.2}$$

任意时刻，上述图示中的微小立方体积元（$\mathrm{d}x\times\mathrm{d}y\times\mathrm{d}z$）中电量的变化量为

$$\begin{aligned} Q &= q_x\mathrm{d}y\mathrm{d}z + q_y\mathrm{d}x\mathrm{d}z + q_z\mathrm{d}x\mathrm{d}y + q'_x\mathrm{d}y\mathrm{d}z + q'_y\mathrm{d}x\mathrm{d}z + q'_z\mathrm{d}x\mathrm{d}y \\ &= \frac{1}{\rho}\left(\frac{\partial^2\phi}{\partial x^2}+\frac{\partial^2\phi}{\partial y^2}+\frac{\partial^2\phi}{\partial z^2}\right)\mathrm{d}x\mathrm{d}y\mathrm{d}z \end{aligned} \tag{7.3}$$

当阴极保护系统产生的电场达到平衡状态时,能量最低原理要求微小立方体积元($dx \times dy \times dz$)中的电量处于恒定状态,即 $Q=0$。由式(7.3)可以得到域内控制方程为

$$\frac{1}{\rho}\nabla^2\phi=0 \quad (\Omega\text{内}) \tag{7.4}$$

数学模型的边界条件如下:

(1) 船体湿表面防腐涂层完好部位 S_1:垂直于边界方向的电流密度为“0”。

$$q=\frac{1}{\rho}\frac{\partial\phi}{\partial n}=0 \quad (S_1\text{上}) \tag{7.5}$$

(2) 涂层损伤部位(定义为 S_2)及牺牲阳极表面(定义为 S_2)的电位状态和电流状态之间的关系满足极化曲线。

$$q=\frac{1}{\rho}\frac{\partial\phi}{\partial n}=f_{ac}(\phi) \quad (S_2\text{上}) \tag{7.6}$$

(3) 垂直于海面边界(定义为 S_w)方向的电流密度为“0”。

$$q=\frac{1}{\rho}\frac{\partial\phi}{\partial n}=0 \quad (S_w\text{上}) \tag{7.7}$$

(4) 距离船体足够远处(定义为 S_∞,也称为物理模型的外边界)的电位为常数、电流密度为“0”。

$$\begin{cases}\phi=\phi_\infty \\ q=\dfrac{1}{\rho}\dfrac{\partial\phi}{\partial n}=0\end{cases} \quad (S_\infty\text{上}) \tag{7.8}$$

综上所述,船体阴极保护的数学模型为

$$\begin{cases}\dfrac{1}{\rho}\nabla^2\phi=0 & (\Omega\text{内}) \\ q=\dfrac{1}{\rho}\dfrac{\partial\phi}{\partial n}=0 & (S_1\text{ 上}) \\ q=\dfrac{1}{\rho}\dfrac{\partial\phi}{\partial n}=f_{ac}(\phi) & (S_2\text{ 上}) \\ q=\dfrac{1}{\rho}\dfrac{\partial\phi}{\partial n}=0 & (S_w\text{ 上}) \\ \phi=\phi_\infty & (S_\infty\text{ 上}) \\ q=\dfrac{1}{\rho}\dfrac{\partial\phi}{\partial n}=0 & (S_\infty\text{ 上})\end{cases} \tag{7.9}$$

而船体阴极保护离散化边界积分方程组为

$$\begin{bmatrix} H_{11} & \cdots & H_{1j} & \cdots & H_{1N_t} & -1 \\ \vdots & & \vdots & & \vdots & \vdots \\ H_{i1} & \cdots & H_{ij} & \cdots & H_{iN_t} & -1 \\ \vdots & & \vdots & & \vdots & \vdots \\ H_{N_t1} & \cdots & H_{N_tj} & \cdots & H_{N_tN_t} & -1 \\ 0 & \cdots & 0 & \cdots & 0 & 0 \end{bmatrix} \begin{Bmatrix} \phi_1 \\ \vdots \\ \phi_j \\ \vdots \\ \phi_{N_t} \\ \phi_\infty \end{Bmatrix} = \begin{bmatrix} G_{11} & \cdots & G_{1j} & \cdots & G_{1N_t} \\ \vdots & & \vdots & & \vdots \\ G_{i1} & \cdots & G_{ij} & \cdots & G_{iN_t} \\ \vdots & & \vdots & & \vdots \\ G_{N_t1} & \cdots & G_{N_tj} & \cdots & G_{N_tN_t} \\ S_1 & \cdots & S_j & \cdots & S_{N_t} \end{bmatrix} \begin{Bmatrix} q_1 \\ \vdots \\ q_j \\ \vdots \\ q_{N_t} \end{Bmatrix} \tag{7.10}$$

式中：$\{\phi_1,\cdots,\phi_{N_t}\}$，$\{q_1,\cdots,q_{N_t}\}$分别为船体湿表面及牺牲阳极表面上的电位和电流密度。在$\{q_1,\cdots,q_{N_t}\}$中，船体湿表面上防腐涂层完好部位：$\{q=0\}$，涂层损伤部位以及牺牲阳极表面：$\{q=f_{ac}(\phi)\}$，即船体结构金属材料和牺牲阳极材料在海水中的阴极极化曲线和阳极极化曲线。将这些物理条件代入式(7.10)，可以得到一个关于船体湿表面及牺牲阳极表面上的电位$\{\phi_1,\cdots,\phi_{N_t}\}$及距离船体足够远处的电位$\phi_\infty$的代数方程组。求解该代数方程组可获得船体湿表面上和牺牲阳极表面上的保护电位分布和工作电位分布，以判定船体湿表面的阴极保护状态和牺牲阳极的工作状态。在此基础上，利用高效铝阳极材料在海水中的极化曲线所提供的在牺牲阳极表面上电流密度与工作电位之间的定量关系，可进一步计算出牺牲阳极表面上的电流密度分布、保护电流强度以及牺牲阳极的消耗速度等参数。

式(7.10)对应于船体阴极保护系统的一个状态。在该方程的形成过程中，要求相应的物理模型的边界元计算网格具有良好的性态以及系数矩阵的计算具有足够的精度。式(7.10)中的系数矩阵须由式(7.9)计算并求相应的代数和得到。为了保证系数矩阵的计算具有足够的精度，在用于本研究的数值模拟仿真软件中，采用h_{jk}和g_{jk}的解析积分公式精确计算式(7.10)中的系数矩阵。

黄一教授采用该方法研制一套软件，并对某水面船舶进行了模拟计算，如图7.2所示。计算结果与实际工程中船体电位、阳极消耗规律具有良好的吻合度，证明了该方法的正确性、可用性，当然现在市面上也有了诸如E－base的仿真软件。

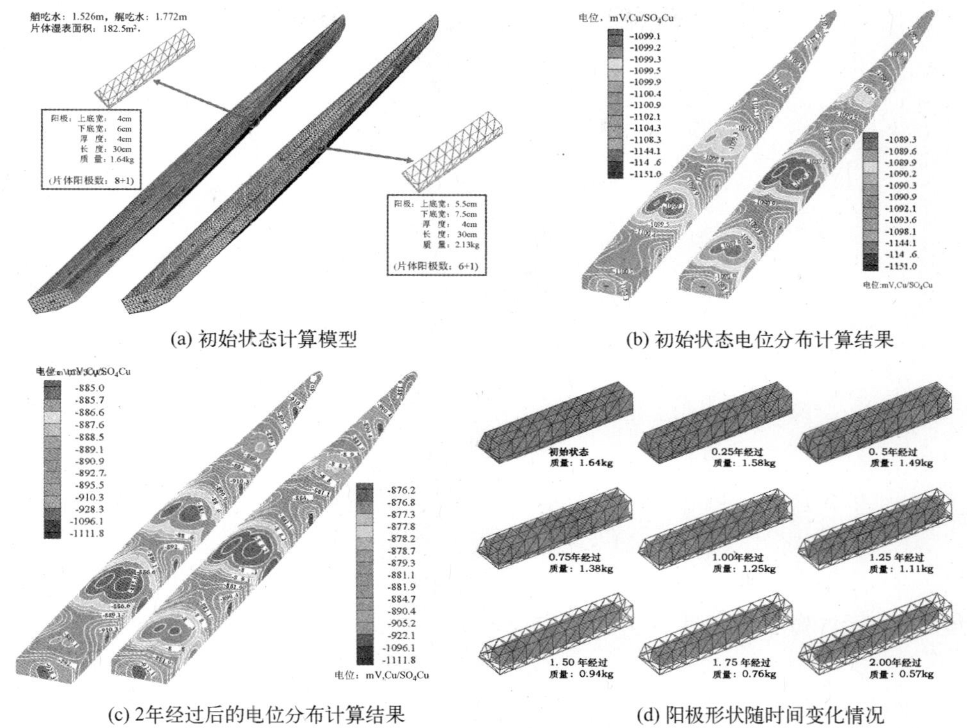

(a) 初始状态计算模型　(b) 初始状态电位分布计算结果

(c) 2年经过后的电位分布计算结果　(d) 阳极形状随时间变化情况

图 7.2　对某型船的阴极保护系统边界元仿真结果

7.2.2　分块边界元法

在长期积累的防腐问题——数值模拟计算技术及软件开发研究成果的基础上，采用分块边界元技术，开发针对潜艇上层建筑复杂结构牺牲阳极系统中屏蔽效应问题的数值模拟计算技术及计算机分析软件。

1. 分块边界元法的基本思想

在某些情况下，采用一般边界元法无法对阴极保护问题进行准确的模拟。如图 7.3 所示，如果挡板高度比较高，这时电场情况比较复杂，用一般边界元法将会产生较大的计算误差。在这种情况下，需要用到另外一种方法——分块边界元法来对阴极保护的电流密度及电位分布进行计算。

分块边界元法的基本思想是假想一条虚拟边界，这条虚拟边界将原有的一个封闭域分成两个封闭的域，然后将对应于两个封闭域的边界积分方程分别应用一般边界元法进行离散，再应用在虚拟边界上电位及电流密度的等价关系得到对应于整体电场问题的方程体系，最后求解该方程体系以得到电场

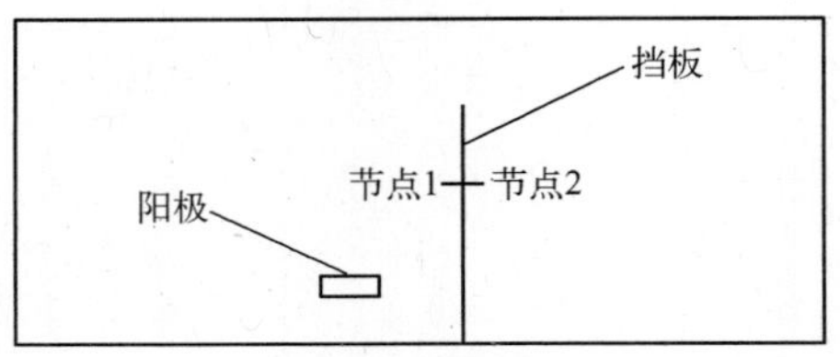

图 7.3　分块边界元法模型构想

的准确模拟。

2. 分块边界元法的实施

分块边界元法的具体实施如图 7.4 所示。中间的虚线即为虚拟边界，它将原有的一个封闭域分成两个独立的计算域。

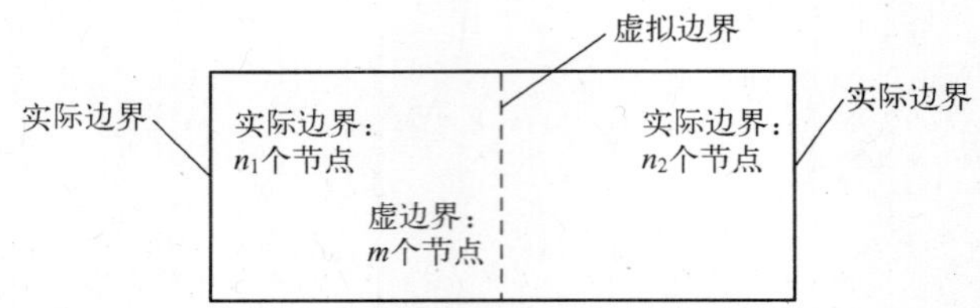

图 7.4　分块边界元边界设计

用一般边界元法将左边封闭域进行离散，最终的矩阵形式方程组为：$[H]\{\phi\}=[G]\{q\}$，各矩阵中的元素如下：

$$\begin{bmatrix} \overbrace{h_{11}\cdots h_{1n_1}}^{n_1个} & \overbrace{h_{1(n_1+1)}\cdots h_{1(n_1+m)}}^{m个} \\ \vdots & \vdots \\ \overbrace{h_{(n_1+m)1}\cdots h_{(n_1+m)n_1}}^{n_1个} & \overbrace{h_{(n_1+m)(n_1+1)}\cdots h_{(n_1+m)(n_1+m)}}^{m个} \end{bmatrix} \cdot \begin{Bmatrix} \phi_1 \\ \phi_2 \\ \vdots \\ \phi_{n1} \\ \vdots \\ \phi_{(n_1+m)} \end{Bmatrix} =$$

$$\begin{bmatrix} \overbrace{g_{11}\cdots g_{1n_1}}^{n_1个} & \overbrace{g_{1(n_1+1)}\cdots g_{1(n_1+m)}}^{m个} \\ \vdots & \vdots \\ \overbrace{g_{(n_1+m)1}\cdots g_{(n_1+m)n_1}}^{n_1个} & \overbrace{g_{(n_1+m)(n_1+1)}\cdots g_{(n_1+m)(n_1+m)}}^{m个} \end{bmatrix} \cdot \begin{Bmatrix} q_1 \\ q_2 \\ \vdots \\ q_{n1} \\ \vdots \\ q_{(n_1+m)} \end{Bmatrix} \tag{7.11}$$

对于该计算域的实际边界来说,电位 ϕ 和电流密度 q 成非线性函数关系,即 $q=\frac{\phi}{R_P}-\frac{\phi_C}{R_P}$;而对于计算域内的虚拟边界而言,电位 ϕ 和电流密度 q 均为未知数,因此,对式(7.11)进行移项处理,得

$$\begin{bmatrix} h_{11}-\frac{g_{11}}{R_P} & \cdots & h_{1n_1}-\frac{g_{1n_1}}{R_p} & h_{1(n_1+1)} & \cdots & h_{1(n_1+m)} & -g_{1(n_1+1)} & \cdots & -g_{1(n_1+m)} \\ & \vdots & & & & \vdots & & \vdots & \\ h_{(n_1+m)1}-\frac{g_{(n_1+m)1}}{R_P} & \cdots & h_{(n_1+m)n_1}-\frac{g_{(n_1+m)n_1}}{R_p} & h_{(n_1+m)(n_1+1)} & \cdots & h_{(n_1+m)(n_1+m)} & -g_{(n_1+m)(n_1+1)} & \cdots & -g_{(n_1+m)(n_1+m)} \end{bmatrix}\cdot$$

$$\begin{Bmatrix} \phi_1 \\ \vdots \\ \phi_{n_1} \\ \phi_{n_1+1} \\ \vdots \\ \phi_{n_1+m} \\ q_{n_1+1} \\ \vdots \\ q_{n_1+m} \end{Bmatrix}=\begin{Bmatrix} -g_{11}\cdot\phi_C/R_P-g_{12}\cdot\phi_C/R_P\cdots-g_{1n_1}\cdot\phi_C/R_P \\ -g_{21}\cdot\phi_C/R_P-g_{22}\cdot\phi_C/R_P\cdots-g_{2n_1}\cdot\phi_C/R_P \\ \vdots \\ -g_{(n_1+m)1}\cdot\phi_C/R_P-g_{(n_1+m)2}\cdot\phi_C/R_P\cdots-g_{(n_1+m)n_1}\cdot\phi_C/R_P \end{Bmatrix}\tag{7.12}$$

将式(7.12)写成矩阵形式为:$[A]\cdot\{X\}=\{B\}$,不过这个方程组中有(n_1+m)个方程,却有(n_1+2m)个未知数,因此,单靠这个方程组还不能求出各节点上未知数的值。故还需将另外一个封闭的计算域(右边)进行离散。

同理,右边计算域也可应用一般边界元法写成矩阵形式:$[H]\{\phi\}=[G]\{q\}$,各矩阵中的元素如下:

$$\begin{bmatrix} \overbrace{h'_{11}\cdots h'_{1n_2}}^{n_2\text{个}} & \overbrace{h'_{1(n_2+1)}\cdots h'_{1(n_2+m)}}^{m\text{个}} \\ \vdots & \vdots \\ \overbrace{h'_{(n_2+m)1}\cdots h'_{(n_2+m)n_2}}^{n_2\text{个}} & \overbrace{h'_{(n_2+m)(n_2+1)}\cdots h'_{(n_2+m)(n_2+m)}}^{m\text{个}} \end{bmatrix}\begin{Bmatrix} \phi'_1 \\ \phi'_2 \\ \vdots \\ \phi'_{n_2} \\ \vdots \\ \phi'_{(n_2+m)} \end{Bmatrix}=$$

$$\begin{bmatrix} \overbrace{g'_{11}\cdots g'_{1n_2}}^{n_2个} & \overbrace{g'_{1(n_2+1)}\cdots g'_{1(n_2+m)}}^{m个} \\ \vdots & \vdots \\ \overbrace{g'_{(n_2+m)1}\cdots g'_{(n_2+m)n_2}}^{n_2个} & \overbrace{g'_{(n_2+m)(n_2+1)}\cdots g'_{(n_2+m)(n_2+m)}}^{m个} \end{bmatrix} \begin{Bmatrix} q'_1 \\ q'_2 \\ \vdots \\ q'_{n_2} \\ \vdots \\ q'_{(n_2+m)} \end{Bmatrix} \tag{7.13}$$

同理，对于该计算域的实际边界来说，电位 ϕ 和电流密度 q 成非线性关系：$q=\dfrac{\phi}{R_P}-\dfrac{\phi_C}{R_P}$；而对于计算域内的虚拟边界而言，电位 ϕ 和电流密度 q 均为未知数，因此，对式(7.13)进行移项处理，得

$$\begin{bmatrix} h'_{11}-\dfrac{g'_{11}}{R_P} & \cdots & h'_{1n_2}-\dfrac{g'_{1n_2}}{R_p} & h'_{1(n_2+1)} & \cdots & h'_{1(n_2+m)} & -g'_{1(n_2+1)} & \cdots & -g'_{1(n_2+m)} \\ & \vdots & & & \vdots & & & \vdots & \\ h'_{(n_2+m)1}-\dfrac{g'_{(n_2+m)1}}{R_P} & \cdots & h'_{(n_2+m)n_2}-\dfrac{g'_{(n_2+m)n_2}}{R_p} & h'_{(n_2+m)(n_2+1)} & \cdots & h'_{(n_2+m)(n_2+m)} & -g'_{(n_2+m)(n_2+1)} & \cdots & -g'_{(n_2+m)(n_2+m)} \end{bmatrix}\cdot$$

$$\begin{Bmatrix} \phi'_1 \\ \vdots \\ \phi'_{n_2} \\ \phi'_{n_2+1} \\ \vdots \\ \phi'_{n_2+m} \\ q'_{n_2+1} \\ \vdots \\ q'_{n_2+m} \end{Bmatrix} = \begin{Bmatrix} -g'_{11}\cdot\phi_C/R_P-g'_{12}\cdot\phi_C/R_P\cdots-g'_{1n_2}\cdot\phi_C/R_P \\ -g'_{21}\cdot\phi_C/R_P-g'_{22}\cdot\phi_C/R_P\cdots-g'_{2n_2}\cdot\phi_C/R_P \\ \vdots \\ -g'_{(n_2+m)1}\cdot\phi_C/R_P-g'_{(n_2+m)2}\cdot\phi_C/R_P\cdots-g'_{(n_2+m)n_2}\cdot\phi_C/R_P \end{Bmatrix} \tag{7.14}$$

式(7.14)是一个有(n_2+m)个方程，却有(n_2+2m)个未各数的方程组。但由于虚拟边界上坐标相等的两节点电位值和电流密度值相等，因此，式(7.14)和式(7.12)中有 $2m$ 个相同的未知数，即：$\phi_{n_1+1}=\phi'_{n_2+1}\cdots\phi_{n_1+m}=\phi'_{n_2+m}$，$q_{n_1+1}=q'_{n_2+1}\cdots q_{n_1+m}=q'_{n_2+m}$。故式(7.14)和式(7.12)中未知数总数变为(n_1+n_2+2m)个，而这两式中方程总数也为(n_1+n_2+2m)个，由此，便可求出各节点上未知的电位及电流密度的值。

3. 计算方法验证

为了验证分块边界元法的正确性，对如图 7.5 所示的计算模型分别用一般

边界元法和分块边界元法进行了计算(取挡板高度为“0”)。

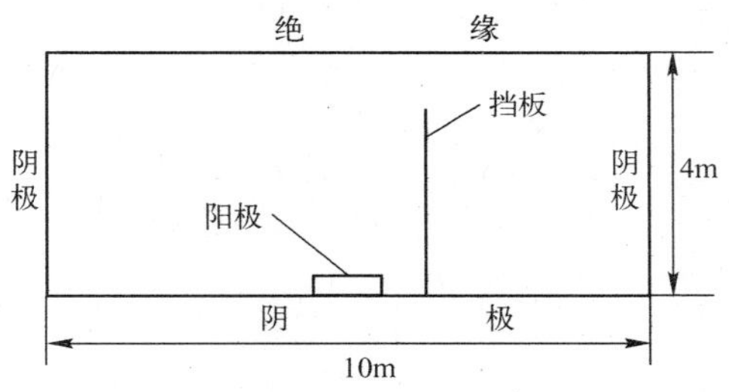

图 7.5　分块边界元计算模型

图 7.6 计算结果表明,一般边界元法和分块边界元法的计算结果具有良好的一致性,从而证明了本研究中开发的分块边界元技术及计算机软件的正确性。

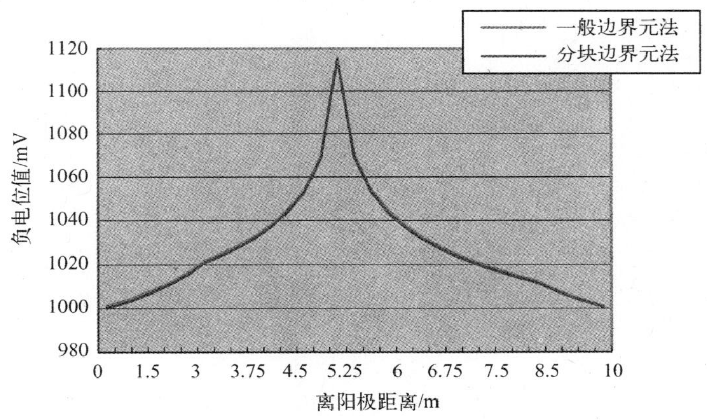

图 7.6　分块边界元与一般边界元比较计算结果

7.3　阴极保护系统中两种典型的“屏蔽效应”

7.3.1　隔板高度对“屏蔽效应”的影响

算例 1　采用一个简易模型通过数值模拟计算研究阻挡式“屏蔽效应”问题。简易模型的边界元法计算模型如图 7.7(a)所示,在两块隔板之间设置一块牺牲阳极。在该模型中,在一个箱体的尺寸分别为长 1200mm、宽 800mm、高 1000mm 的箱体内,在长度方向布置两块间距 600mm 的隔板,以高度为 100mm、200mm、300mm、400mm 仿真计算。该算例数值计算模型及 4 种情况下壁面保护电位的计算结果如图 7.7(a) ~ (e)所示。可以看到,该模型的结构电流屏蔽效应的影响随着挡板高度的变化而变化,当挡板高度小于 300mm 后,阻挡式屏蔽效应影响基本消除。

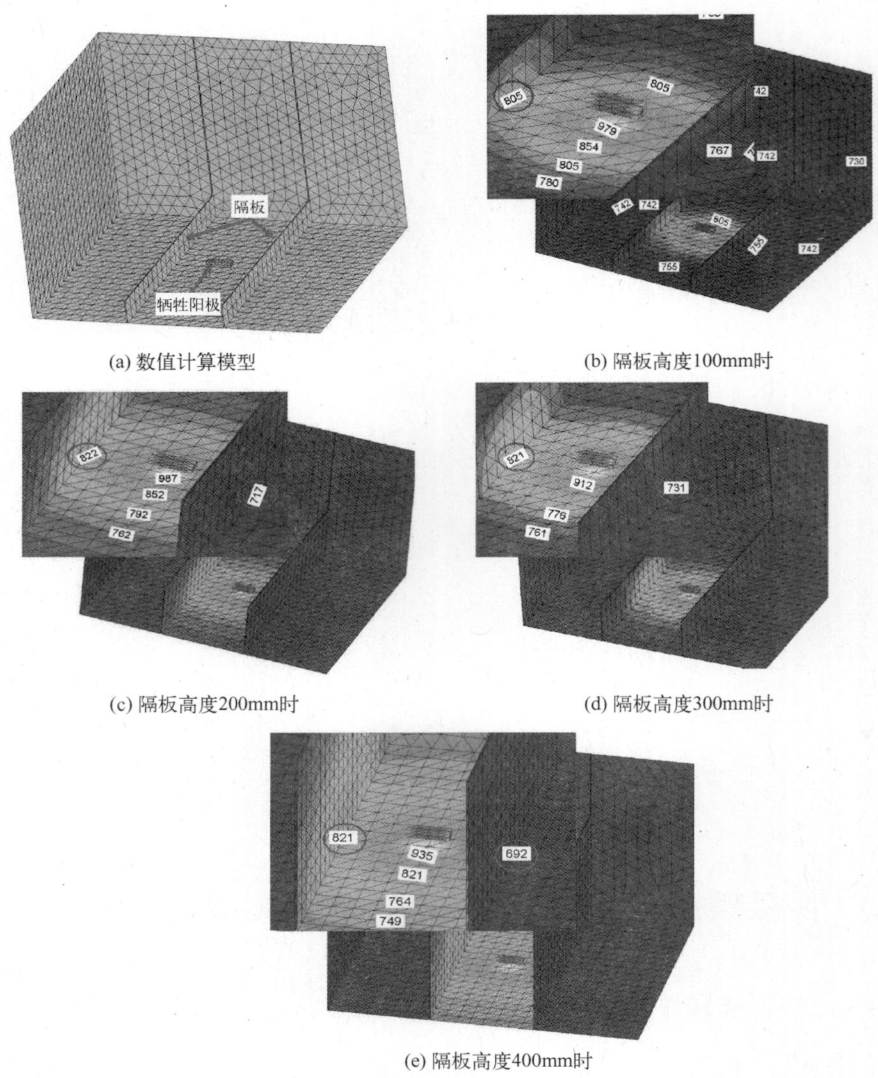

(a) 数值计算模型

(b) 隔板高度100mm时

(c) 隔板高度200mm时

(d) 隔板高度300mm时

(e) 隔板高度400mm时

图 7.7 不同隔板高度时遮挡式"屏蔽效应"仿真计算结果

7.3.2 高电位金属对吸收式"屏蔽效应"的影响

算例 2 还是采用上述简易模型通过数值模拟计算研究吸收式"屏蔽效应"

问题。模型尺寸大小同算例 1，在牺牲阳极的正上方放置铜质构件，考虑铜质构件与箱型壁面绝缘和短接两种情况，该算例的边界元法数值计算模型和高电位金属与壁面的两种状态保护电位的计算结果，如图 7.8(a) ~ (c)所示。

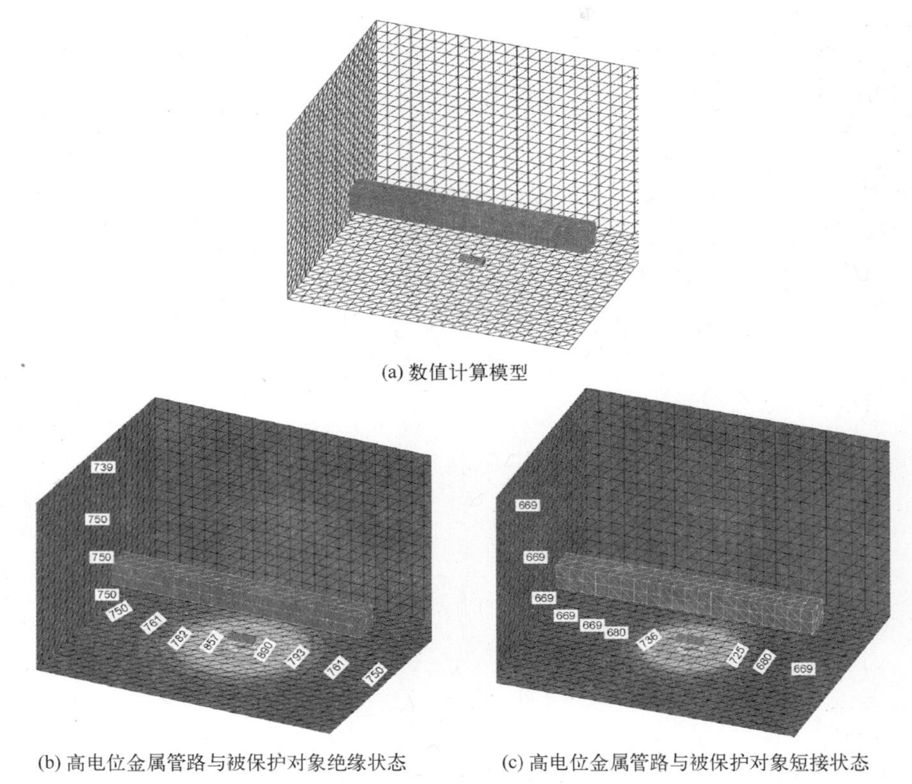

(a) 数值计算模型

(b) 高电位金属管路与被保护对象绝缘状态　(c) 高电位金属管路与被保护对象短接状态

图 7.8　吸收式"屏蔽效应"仿真计算结果

在铜质构件与箱型壁面绝缘和短接两种情况下，壁面上的保护电位出现了相当大的差异，量值达到 100mV。

7.4　复杂结构屏蔽效应仿真

7.4.1　复杂结构阻挡式屏蔽效应影响

在潜艇上层建筑的牺牲阳极阴极保护系统中，屏蔽效应主要源于两个方面的原因：首先，耐压壳及非耐压壳的隔挡板结构、各类设备等对阴极保护电场中电流的传播起阻碍作用；其次，当贵金属设备与潜艇之间处于电短接状态时，其表面将成为保护电流的“汇”，从而弱化潜艇结构的防腐效果。

下面简化某型潜艇的上层建筑区域结构，选取一段进行仿真计算，以确认耐压壳肋骨、气瓶以及高电位金属管路等产生的屏蔽效应状态。

算例 3 包含耐压壳表面、非耐压壳表面和牺牲阳极。在该计算中，耐压壳上的肋骨高度是 300mm，肋骨间距是 600mm，共设 19 块牺牲阳极。边界元法计算模型、耐压壳表面电位分布、非耐压壳表面电位分布计算结果如图 7.9 所示。

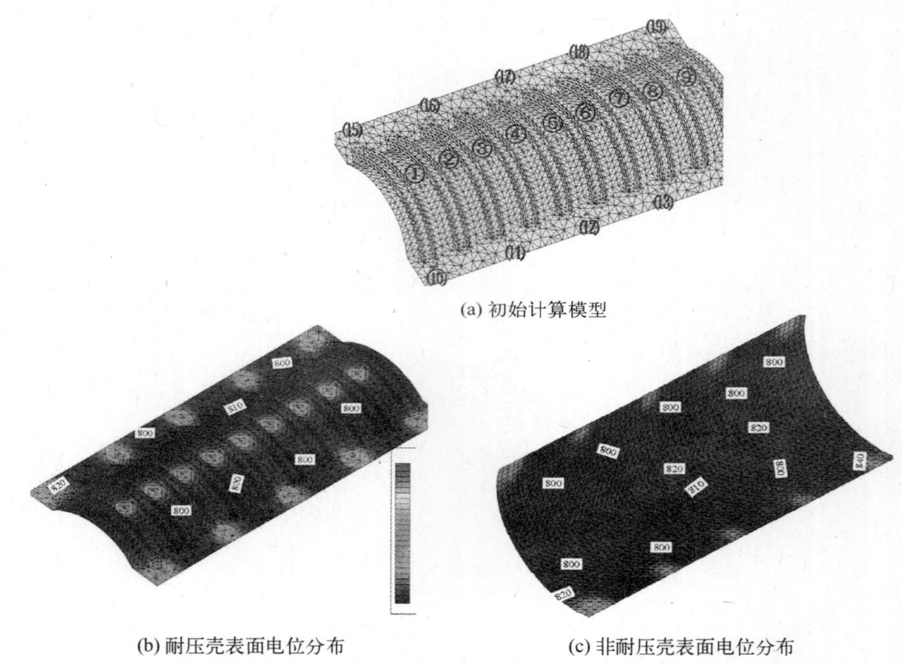

(a) 初始计算模型

(b) 耐压壳表面电位分布

(c) 非耐压壳表面电位分布

图 7.9 考虑耐压壳体、非耐压壳体的结构和牺牲阳极电位分布图

上述计算结果表明，随着隔板高度的增加，屏蔽效应显著加剧。300mm 高的肋骨产生较为明显的屏蔽效应。

7.4.2 复杂结构阻挡式屏蔽效应和单点吸收式屏蔽效应综合影响

算例 4 包含耐压壳表面、非耐压壳表面、气瓶和牺牲阳极。在该计算中，耐压壳上的肋骨高度是 300mm，肋骨间距是 600mm，有气瓶设备，共设 19 块牺牲阳极。

分别考虑 3 种情况：

(1) 气瓶与艇体短接、气瓶表面涂层完好，计算结果如图 7.10(a)(b)所示。

（2）气瓶与艇体绝缘，气瓶表面涂层损伤，计算结果如图 7.10(c)(d)所示。

（3）气瓶与艇体短接，气瓶表面涂层损伤，计算结果如图 7.10(e)(f)所示。

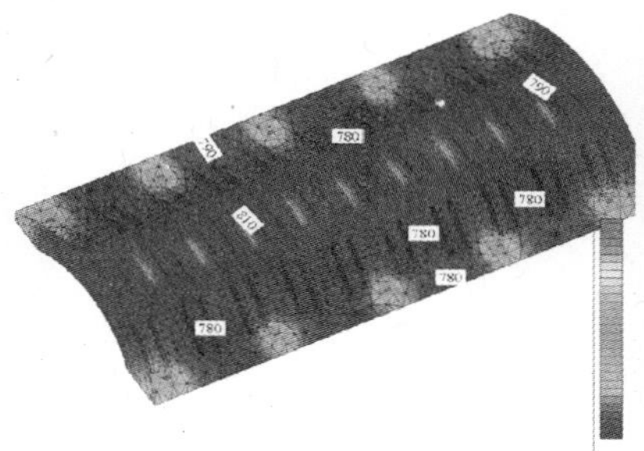

(a) 气瓶与艇体短接，气瓶表面涂层完好，耐压壳体表面电位

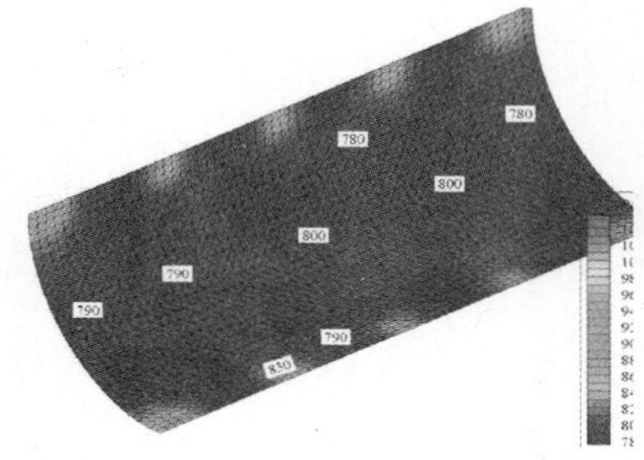

(b) 气瓶与艇体短接，气瓶表面涂层完好，非耐压壳表面电位

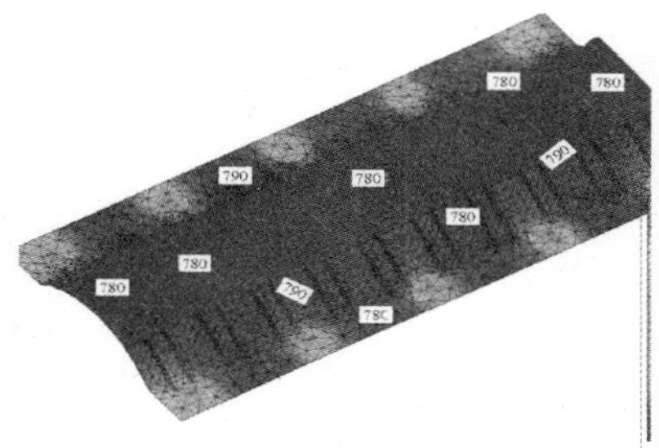

(c) 气瓶与艇体绝缘，气瓶表面涂层损伤，耐压壳体表面电位

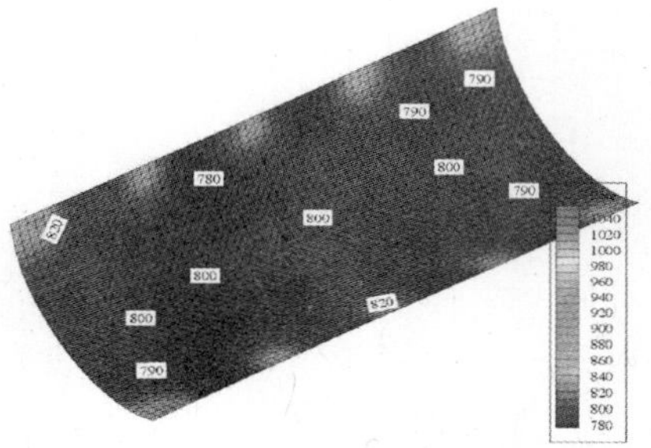

(d) 气瓶与艇体绝缘，气瓶表面涂层损伤，非耐压壳体表面电位

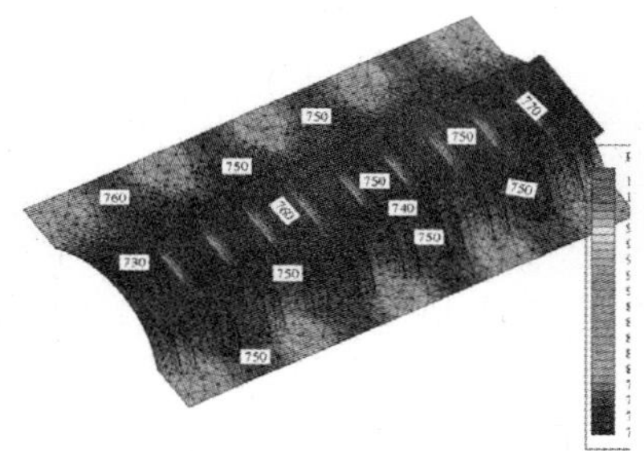

(e) 气瓶与艇体短接，气瓶表面涂层损伤，耐压壳体表面电位

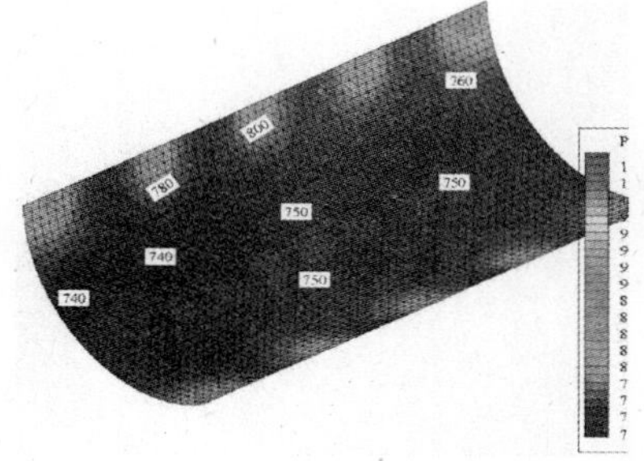

(f) 气瓶与艇体短接，气瓶表面涂层损伤，非耐压壳体表面电位

图 7.10　涂层损伤、气瓶与艇体结构绝缘或短接时电位分布仿真计算结果

由于气瓶表面涂层良好，尽管与艇体结构短接，但不接受保护电流。然而，由于气瓶对保护电流的遮挡作用，使非耐压壳表面上的保护电位分布受到了

影响。

当气瓶与艇体结构绝缘，气瓶表面涂层有损伤时，虽然气瓶表面具有接受保护电流的可能，但由于气瓶与牺牲阳极系统之间出于绝缘状态，故无保护电流提供，但气瓶对电流的阻挡作用仍然存在。

当气瓶与潜艇短接且气瓶表面涂层有损伤时，由于气瓶表面接受保护电流同时存在气瓶对电流的阻挡作用。因此，使耐压壳表面及非耐压壳表面的保护电位分布受到较大影响。使阻挡式屏蔽效应和吸收式屏蔽效应同时显现出来。

7.4.3 复杂结构阻挡式和多点吸收式屏蔽效应影响

算例 5 包含耐压壳表面、非耐压壳表面、气瓶、铜管和牺牲阳极。在算例 4 中增加一根铜管与艇体连接。考虑的状态是：气瓶与艇体结构短接，气瓶表面涂层状态损伤，铜管与艇体结构短接。计算结果如图 7.11 所示。上层建筑中，贵金属设备及气瓶等产生强烈的屏蔽效应，从而严重影响上层建筑结构表面的防腐效果。

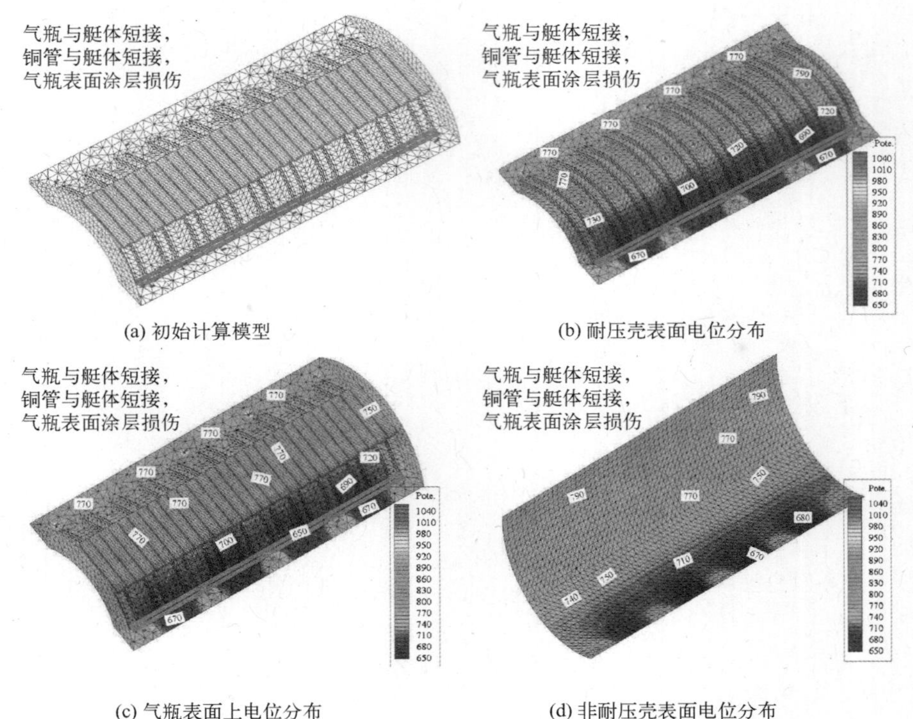

(a) 初始计算模型 (b) 耐压壳表面电位分布

(c) 气瓶表面上电位分布 (d) 非耐压壳表面电位分布

图 7.11 涂层损伤气瓶与艇体短接、高电位金属与艇体短接电位分布仿真计算结果

表 7.2 中的数据是在各种模型计算中得到的牺牲阳极的保护电流强度的计算结果。在对应于图 7.9(a)的初始模型中,由于铜管对阳极电流的吸收式屏蔽效应,在铜管附近的 5 块牺牲阳极(10、11、12、13、14)的消耗将异常迅速。这是实际使用过程中牺牲阳极消耗速度不一的主要原因。

在“气瓶涂层完好、与艇体结构短接”和“气瓶涂层含损伤、与艇体结构绝缘”两种情况下,由于“屏蔽效应”作用,设在气瓶下方的牺牲阳极提供保护电流的功能受到阻碍。

表 7.2　牺牲阳极的电流强度　(单位:mA)

阳极序号	无设备	气瓶涂层完好、短接	气瓶涂层损伤、绝缘	气瓶涂层损伤、短接	气瓶涂层损伤、短接、铜管
1	634	525	527	602	573
2	622	519	523	597	568
3	618	517	521	595	567
4	618	518	522	596	569
5	616	517	521	595	568
6	617	518	522	595	569
7	616	516	520	594	567
8	618	517	520	594	567
9	628	521	524	599	570
10	608	628	626	679	803
11	617	640	639	692	906
12	630	654	654	708	879
13	674	699	698	757	924
14	621	642	640	694	832
15	620	640	638	692	665
16	682	708	707	766	736
17	629	654	654	708	680
18	624	647	647	701	673
19	622	642	641	694	667

7.5　结论

(1) 对潜艇上层建筑和围壳内部复杂结构,阴极保护存在“吸收式”“阻挡式”两种屏蔽效应,吸收式屏蔽效应以异种金属材料接触为主,阻挡式屏蔽效应以物体结构阻挡牺牲阳极电流难以到达为主。

（2）复杂结构阴极保护设计中结构电流屏蔽效应的影响随着遮挡物高度的变化而变化,当该遮挡物高度小于一定值后,阻挡屏蔽效应影响消除。某潜艇耐压壳上300mm高的肋骨对保护电流的屏蔽效应影响是可以接受的。

（3）气瓶等设备对保护电流的屏蔽效应明显,阻碍阳极提供保护电流。气瓶、高电位金属管路等设备与艇体间的绝缘措施良好时,不产生吸收式屏蔽效应;气瓶、高电位金属管路等设备与艇体结构间的绝缘措施失效时,将产生吸收式的屏蔽效应。

（4）潜艇上层建筑阴极保护设计时要关注气瓶、高电位金属管路等表面状态以及与艇体连接状态。在阻挡式屏蔽效应不可避免时,必须保证气瓶、高电位金属管路等与艇体的绝缘,否则产生的吸收式屏蔽效应将会使牺牲阳极难以发挥作用,严重影响上层建筑整体防腐效果。

（5）对于潜艇上层建筑这种非常复杂的结构的阴极保护系统的设计,基于边界元法的数值仿真是一种有效的方法。

第 8 章　潜艇结构阴极保护系统优化

实施牺牲阳极系统优化的目的是，获得最佳的保护电位分布状态。因此，需要首先能够描述保护电位分布状态与牺牲阳极布置之间的关系。

本研究中，采用人工神经网络算法描述保护电位分布状态与牺牲阳极布置之间的关系，在此基础上，采用遗传算法进行牺牲阳极系统的布置优化。

8.1　保护电位分布与牺牲阳极布置之间的关系

8.1.1　BP 人工神经网络概述

神经网络是对人脑神经系统的数学模拟，其目的是学习和模仿人脑的信息处理方式。基于对生物神经元的模拟与抽象，人们提出了人工神经元模型。如图 8.1 所示。

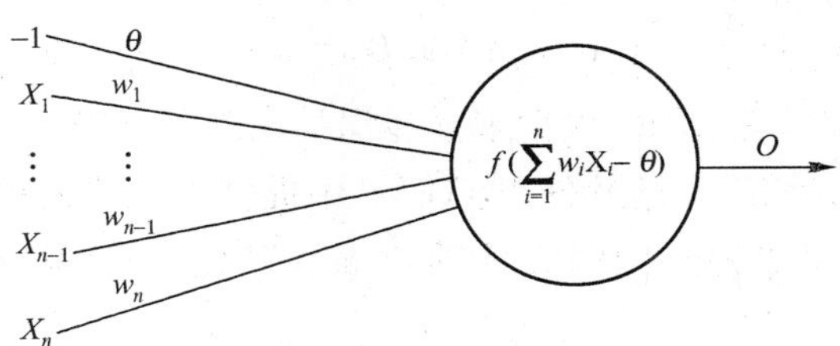

图 8.1　人工神经元模型

人工神经元相当于一个多输入单输出的非线性阈值器件。图中的 $X_1, X_2, \cdots, X_n$ 表示它的输入；O 表示神经元的输出；$w_1, w_2, \cdots, w_n$ 是神经元与上级神经元连接的权值；$f()$ 表示神经元输入输出关系的函数，称为激活函数，常用的激活函数可归结为 3 类，即阈值型、S 形和线形，θ 称为阈值。

基于上述的神经元结构，人们又提出了多种神经网络结构，其中在网络学习过程中采用误差反向传播算法的前向多层网络——BP（Back - Propagation）网络，是函数映射领域中用得最多也最有成效的。标准的 BP 网络结构如图 8.2 所示。

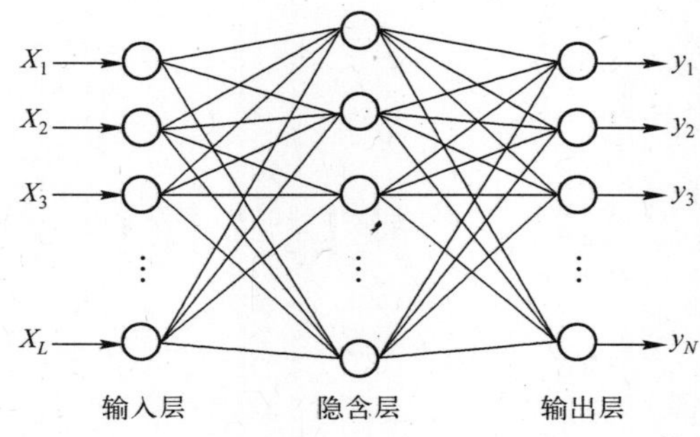

图 8.2　前向多层神经网络模型

BP 网络的动力学过程有两类:一是学习过程(训练过程),就是将由样本向量构成的样本集合输入到人工神经网络中,按一定的方式调整神经元之间的连接权,使得网络能将样本集的内涵以连接权矩阵的方式存储起来,从而使网络接受输入时,可以给出适当的输出;另一类是计算过程(仿真过程),该过程就是对训练好的网络进行求值计算及应用。

8.1.2　保护电位分布状态与阳极布置之间关系的模拟

在环境介质参数和阴极保护系统的其他参数一定时,牺牲阳极的布置对保护电位分布状态有重要的影响,保护电位分布状态与牺牲阳极的布置之间存在映射关系。在本研究中,利用 BP 神经网络的非线性函数逼近功能,结合数值模拟仿真得到的数据,建立网络模型来描述保护电位分布状态与牺牲阳极的布置之间的关系。在目前流行的软件 MATLAB 中提供了现成的神经网络工具箱,有对应的函数可以完成神经网络设计的全部计算任务,免除了编写复杂的算法程序。

1. 网络结构的确定

1）输入输出层的确定

网络的输入与输出节点数是由实际问题决定的,与网络性能无关。描述牺牲阳极位置的参数为阳极几何中心的三维坐标 X,Y,Z;描述保护电位分布均匀性的参数为保护电位均方差 S。所以,确定网络的输入层节点数为 $3n$(牺牲阳极的数量为 n),输出层节点数为 1。

2）隐含层数的确定

增加隐含层可以增加神经网络的处理能力,进一步减小误差,提高精度,但将会使网络的训练复杂化,所需的训练样本增加,训练的时间增长。理论上已经证明，对于一个 3 层的 BP 网络，当神经元的激活函数采用 S 形函数，而隐含层的神经元足够多时，通过调整网络的权值和阈值，该网络可以逼近任意的从 m 维到 n 维的映射。所以这里采用 3 层的神经网络。

3）隐含层节点数的确定

隐层节点数的选择对网络的性能影响很大，但根据完成的功能来确定隐含层节点数是非常困难的，因为没有确定的解析式可以表示，大多还是依据经验。隐含层节点数太少，需要训练的次数很多，训练精度也不高，网络还可能不收敛。增加节点数会使网络的功能变得强大，但节点数又不能过多，一般不超过 25 个，否则会使学习时间过长，且误差达不到最佳。隐含层的节点数往往与输入数据中隐含的特征因素有关。下面列出一些选择节点数 J 的参考公式。

（1）$J=2n+1$，其中 n 为输入层神经元的数目。

（2）$J=\sqrt{0.43mn+0.12n^2+2.54m+0.77n+0.86}$，$m$，$n$ 分别为输入、输出节点数。

（3）$k<\sum_{i=0}^{n}C\binom{J}{i}$，其中 k 为样本数，J 为隐含层节点数，n 为输入节点数，如果，$i>J$，$C\binom{J}{i}=0$。

（4）$J=\lg 2n$，其中 n 为输入节点数。

（5）$J=\sqrt{n+m+\alpha}$，其中 m 为输入节点数，n 为输出节点数，α 为 1～10 之间的常数。实际中应根据牺牲阳极的数量确定隐含层节点数。

2. 网络设计

利用 MATLAB 神经网络工具箱对应的函数完成网络设计。这里，针对牺牲阳极系统的网络结构如图 8.3 所示。

（1）用 premnmx 函数将输入矩阵 $\boldsymbol{p}$、输出矩阵 $\boldsymbol{t}$ 进行归一化处理，训练时用归一化之后的数据；当用训练好的网络对新数据进行预测时，将输入数据归一化，得到的输出数据用 postmnmx 函数变换为实际的数据。

（2）对非线性问题，输入层和隐含层多采用非线性传递函数，输出层采用线性函数。由于样本输出为保护电位均方差，都大于零，所以输入层、隐含层采用对数 S 形函数 logsig；输出层采用线性函数 purelin，以保证输出的范围。

（3）用 BP 网络生成函数 newff 生成网络；训练算法函数采用默认的 trainlm，trainlm 是用 Levenberg – Marquardt 数值优化法来实现误差反向传播的，一般来讲对于含有几百个权重的网络，Levenberg – Marquardt 算法具有最快的收敛速度，但需要大的内存；学习函数为 learngdm，用来修正权值和阈值；性能函数为

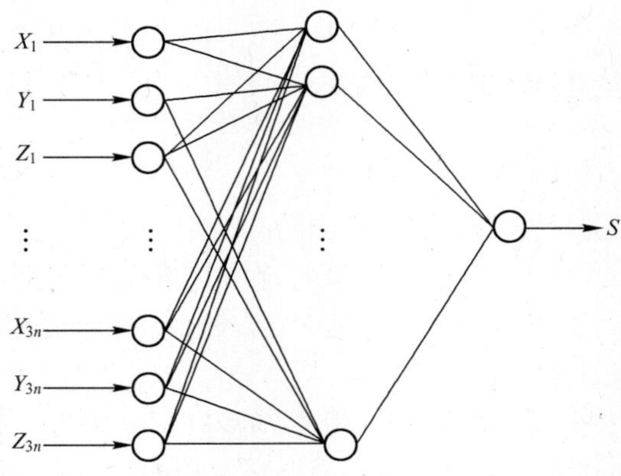

图 8.3 网络结构示意图

mse,计算网络输出的均方误差,为训练提供判据。Newff 在确定网络结构后会自动调用初始化函数 init,用默认参数来初始化网络中的各个权值和阈值,产生一个可训练的 BP 网络,即该函数的返回值 net。

(4) 网络训练函数 train 采用批处理方式进行网络权值和阈值的修正,即所有的学习样本都学习完成后,连接权值和阈值才被更新一次,这样只需为整个网络指定一个训练函数。

(5) 仿真函数 sim,计算网络在给定输入下的输出。

(6) 绘图函数 plot,可以对网络输出和样本输出进行比较。

BP 网络学习计算流程如图 8.4 所示。

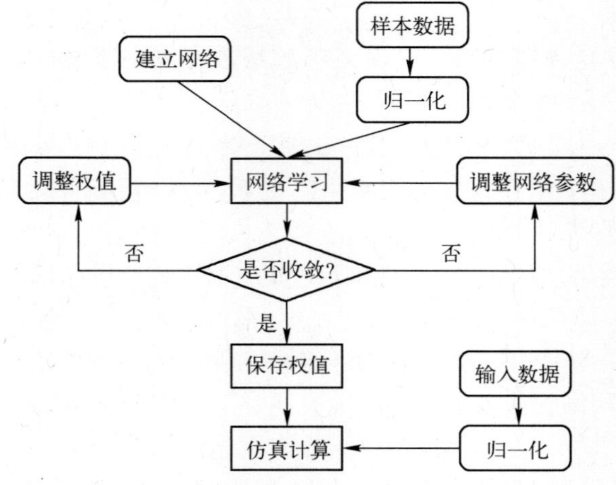

图 8.4 BP 网络学习计算流程图

8.2　牺牲阳极布置优化技术

8.2.1　遗传算法概述

遗传算法(genetic algorithms,GA)是一种根据生物进化原理的搜索方法,根据适者生存、优胜劣汰等自然进化原则,一代代地优选目标函数的解,重组后构成新的参数组合,而逐渐取得最优解。

遗传算法的基本思想是从代表问题可能潜在解集的一个种群开始的,而一个种群则由经过基因编码的一定数目的个体组成。每个个体实际上是染色体带有特征的实体。因此一开始就要实现个体从表现型到基因型的映射,即编码工作。利用遗传算法解最优化问题,首先应对可行域中的点进行编码(如采用二进制编码),然后在可行域中随机挑选一些编码组作为进化起点的第一代种群,并计算每个解的目标函数值,也就是个体的适应度。接着就像自然界中的进化一样,利用选择机制从种群中随机挑选个体作为进化过程前的个体样本。选择机制应保证适应度较高的个体能够保留较多的样本,而适应度较低的个体则保留较少的样本,甚至被淘汰。在接下去的进化过程中,遗传算法提供了交叉和变异两种算子对挑选后的样本进行变换。交叉算子交换随机挑选的两个个体编码的某些位,变异算子则直接对某些个体中随机挑选的某一位编码进行变换。这样通过选择和变换就产生了下一代种群。重复上述选择和变换过程,直到结束条件得到满足为止。进化过程最后一代中的最优个体再通过解码就是该最优化问题的近似最优解。图 8.5 为遗传算法的流程图。

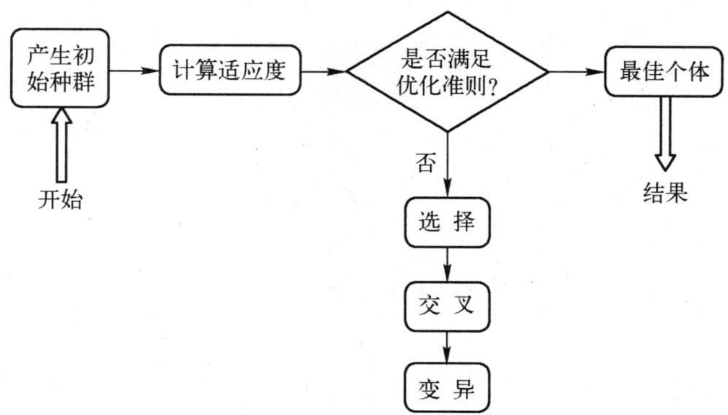

图 8.5　遗传算法流程图

与传统的优化算法相比,遗传算法具有以下特点:

(1) 直接对解的编码的集合进行操作,而不是对解集本身。

(2) 寻优始于解的一个群落,而不是单个解。

(3) 利用函数本身信息建立寻优方向,而不是利用导数信息建立寻优方向,不存在求导和函数连续性的限制,仅要求问题是可计算的。

(4) 采用概率化的寻优方式,在整个解空间同时开始寻优搜索,自适应地调整搜索方向,因此可以有效地避免陷入局部极小点,具备全局最优搜索性。

8.2.2 牺牲阳极位置的优化

下面,用 MATLAB 编制遗传算法程序,具体策略如下:

1. 个体的编码

一个个体即代表一种牺牲阳极布置方案,个体中每个分量代表牺牲阳极的一个坐标值,所以这里采用浮点数编码,解向量长度与浮点数向量长度相同。例如:

$$(x_1, y_1, z_1, x_2, y_2, z_2 \cdots x_n, y_n, z_n)$$

式中:n 为牺牲阳极的个数。

2. 初始种群

采用启发式策略,根据所要解决问题的先验知识及特殊性(牺牲阳极不能悬挂在空中),给出有着较好基因结构的个体组成初始种群,从而有利于加速搜索过程。初始种群个体中的每个坐标分量都在规定的范围内选取,遗传算子在进化过程中也遵循这个约束。

3. 适应度函数

将目标函数取倒数后作为个体的适应度函数,适应度即为每种牺牲阳极布置方式所对应的保护电位均方差 S 的倒数 $1/S$。由于牺牲阳极布置方式与其所对应的保护电位均方差 S 之间是一种非线性映射关系,没有确定的解析式可以描述,所以,这里,利用上述神经网络模型拟合适应度函数,当网络模型达到要求的误差精度时就可以用来仿真。这样,适应度越大,S 就越小,说明保护电位分布得越均匀,该个体最好。另外,为防止牺牲阳极出现空间悬挂采取了惩罚措施:某一块牺牲阳极的 3 个坐标值使其出现悬挂时,就令个体适应度函数值为零,以降低被选择的概率。

4. 选择策略

假设种群中的个体数为 N,用 p_i 表示第 i 个个体的编号,计算每个个体的适应度函数 $F(p_i)$,然后根据 $F(p_i)$ 的值按从小到大的顺序排序,对应的个体 p_i 也进行排序。选择过程首先采用轮盘赌选择方法进行选择,其次采用最优选择策略，即保证最好的个体（适应度函数值最大的个体）永远被选入下一代。采用最优策略能提高算法的收敛速度，保证算法能收敛到全局最优解。

选择步骤如下：

（1）计算每个个体的累积概率 LJ_i，$LJ_i = \sum_{j=1}^{i} F(p_i)\ (i = 1,2,\cdots,N)$。

（2）取区间（0,1）内一随机数 a。

（3）如果 $LJ_{i-1} < a < LJ_i$，则第 i 个个体被选择（$i = 1,2,\cdots,N$）。

（4）重复（2）、（3）两步 $N-1$ 次，就得到了 $N-1$ 个个体。

（5）将最优选择策略选择的个体加入，就得到一个新的种群。

5. 交叉算子和变异算子

定义 crate、mrate 分别为交叉和变异的概率，当种群大小为 N 时，有 crate $\times N$ 个个体进行交叉操作，有 mrate $\times N$ 个个体进行变异操作。在 $1 \sim N$ 之间随机产生整数 j，选择个体 p_i 进行交叉或变异操作。

（1）交叉算子。个体用浮点数表示，交叉位置选在个体的各个分量处。例如个体 p_i 和 p_j 交叉，则产生的子代为

$$p_i^{t+1} = ap_j^t + (1-a)p_i^t;\quad p_j^{t+1} = ap_i^t + (1-a)p_j^t$$

式中：a 为 $0 \sim 1$ 的随机数，并且随着代数的变化而随机产生。

（2）变异算子。个体的每一个分量都以相同的概率变异，变异的结果是该分量取对应阳极该方向坐标范围中的一个随机值。如果个体为 $p_i^t = (e_1, e_2, \cdots, e_n)$ 则变异后的个体为

$p_i^{t+1} = (e_1, \cdots, e_k, \cdots, e_n)$，$1 \leqslant k \leqslant n$，$e_k$ 是坐标范围中的一个随机值。

6. 算法步骤

（1）$t=0$ 代，生成初始种群，即确定 zq（popsize，glength）的初始值（popsize 为种群大小，glength 为个体长度）。

（2）根据适应度函数计算每个个体的适应度，对产生阳极悬空的个体采取惩罚措施，令其被选择的概率变小，并将个体按适应度从小到大排序。

（3）以轮盘赌方法选择 $N-1$ 个个体，将适应度最大的个体加入，使种群大小达到 N。

（4）根据交叉算子进行交叉，每一代至少有 2 个个体进行交叉。

（5）根据变异算子进行变异，每一代至少有 1 个个体发生变异，从而形成新的种群。

重复步骤（2）～（5）直到满足终止条件，最后一代适应度最大的个体为最优解。

8.3 牺牲阳极系统优化设计计算例

8.3.1 计算模型

选择某船舶双层底压载水舱的牺牲阳极系统作为优化算例的计算模型。模型尺寸及结构信息如下：

位置：右舷双层底

纵向长度（Y）：12.000m

横向长度（X）：6.816m

垂向高度（Z）：2.621m

结构：两侧为横向水密舱壁，中间有两横向开孔肋板，内部布置纵向骨材，尺寸为 GB704－65 中的 160.0－40.0。

计算模型如图 8.6 所示。

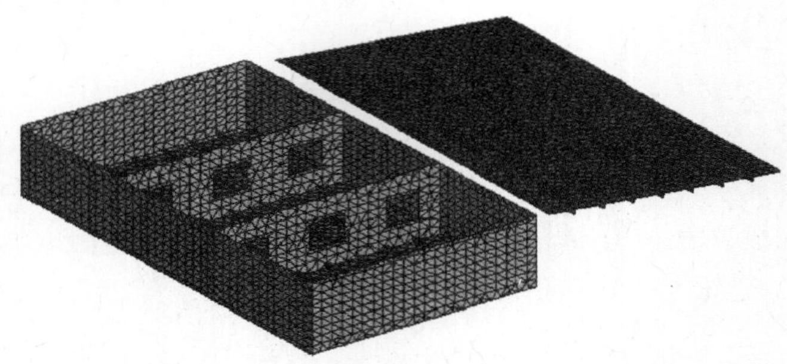

图 8.6 计算模型

8.3.2 数值模拟仿真计算

牺牲阳极基本信息：

类型：short－flush mounted

尺寸：0.564×0.125×0.145×0.138

材料：Zn－based

电容量：700Ah/kg

数量：6

质量：74.6kg/个

在该压载水舱的牺牲阳极系统中，经计算得知需要 6 块牺牲阳极布置在舱内。为减少保护电流的屏蔽，使被肋板分割而成的 3 块区域内各有 2 块阳极。

在设定的计算条件下，变换牺牲阳极位置得到足够数量的计算模型，经过数值模拟仿真计算，得到“牺牲阳极位置参数—保护电位方差”对应关系数据。从图 8.7、图 8.8 可以看出阳极的布置位置对保护电位分布状态有很大的影响，从而影响阴极保护的效果。

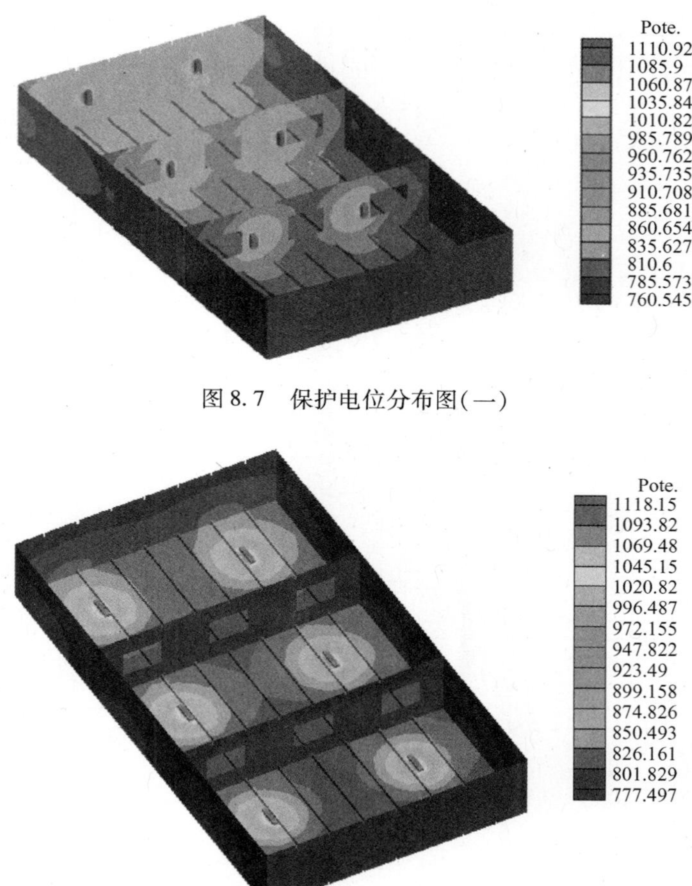

图 8.7　保护电位分布图(一)

图 8.8　保护电位分布图(二)

8.3.3　“牺牲阳极位置—保护电位方差”神经网络模型

用 3 层的 BP 神经网络建立“牺牲阳极位置参数—保护电位方差”关系模型，由此确定网络模型的输入节点为 18，输出节点为 1，隐含层节点为 20。

用 MATLAB 的 BP 工具函数设计网络，变量初始值如下：

net. trainparam. show = 50;　net. trainparam. epochs = 5000;

net. trainparam. goal = 0. 000001;　net. trainparam. lr = 0. 01;

训练50轮显示一次;最大训练次数5000;目标函数误差0. 000001;网络学习速度0. 01。

这里,从“牺牲阳极位置参数—保护电位方差”关系数据中选取了30个样本,程序从文件中读入样本,对网络进行训练。部分样本如表8. 1所列。

表8. 1　部分样本

样本	1	2	3	4	5	6	7	8	9	10
X_1	0. 300	1. 400	4. 539	4. 939	3. 000	4. 039	1. 900	2. 700	4. 839	1. 000
Y_1	0. 946	0. 382	0	0	2. 882	0	1. 382	2. 882	0	2. 882
Z_1	0	0	1. 110	1. 310	0	1. 810	0	0	0. 610	0
X_2	6. 400	5. 000	2. 783	1. 883	4. 500	2. 183	5. 700	3. 700	2. 683	5. 500
Y_2	0. 946	0. 382	0	0	2. 882	0	1. 382	2. 882	0	2. 882
Z_2	0	0	1. 110	1. 310	0	1. 810	0	0	0. 610	0
X_3	0. 300	1. 400	4. 539	4. 939	3. 000	4. 039	1. 900	2. 700	4. 839	1. 000
Y_3	4. 382	4. 382	4. 000	4. 000	6. 882	4. 000	5. 382	6. 882	4. 000	6. 882
Z_3	0	0	1. 110	1. 310	0	1. 810	0	0	0. 610	0
X_4	6. 400	5. 000	2. 783	1. 883	4. 500	2. 183	5. 700	3. 700	2. 683	5. 500
Y_4	4. 382	4. 382	4. 000	4. 000	6. 882	4. 000	5. 382	6. 882	4. 000	6. 882
Z_4	0	0	1. 110	1. 310	0	1. 810	0	0	0. 610	0
X_5	0. 300	1. 400	4. 539	4. 939	3. 000	4. 039	1. 900	2. 700	4. 839	1. 000
Y_5	8. 382	8. 382	8. 000	8. 000	10. 882	8. 000	9. 382	10. 882	8. 000	10. 882
Z_5	0	0	1. 110	1. 310	0	1. 810	0	0	0. 610	0
X_6	6. 400	5. 000	2. 783	1. 883	4. 500	2. 183	5. 700	3. 700	2. 683	5. 500
Y_6	8. 382	8. 382	8. 000	8. 000	10. 882	8. 000	9. 382	10. 882	8. 000	10. 882
Z_6	0	0	1. 110	1. 310	0	1. 810	0	0	0. 610	0
S	2589. 32	2088. 49	2349. 36	1397. 47	1744. 00	2462. 07	1568. 69	1885. 57	2522. 00	1350. 09

图8. 9所示为网络的误差收敛曲线,网络模型在不断调整权值后达到期望的收敛效果。

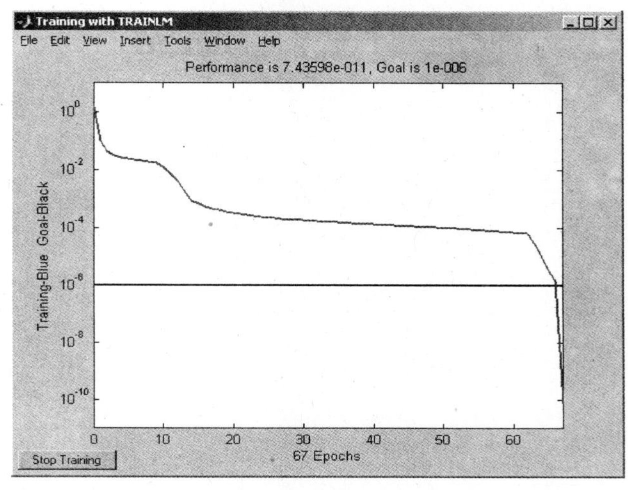

图 8.9　误差收敛曲线

8.3.4　牺牲阳极优化布置

对图 8.7 中压载水舱的 6 块牺牲阳极进行优化布置，设定初始种群大小为 10，个体长度为 18。设交叉率为 0.4，变异率为 0.2，进化终止代数为 100。初始种群及适应度如表 8.2 所列。

表 8.2　初始种群及适应度

样本	1	2	3	4	5	6	7	8	9	10
X_1	2.282	1.782	0.682	4.239	4.539	0.482	0.782	0.982	5.039	2.782
Y_1	2.000	1.500	1.500	0	0	0	0.200	0	0	1.000
Z_1	0	0	0	1.310	1.110	0.550	0	0.600	0.610	0
X_2	4.484	5.034	6.134	2.283	2.783	6.334	6.034	5.834	2.483	3.984
Y_2	2.000	1.500	1.500	0	0	0	0.200	0	0	1.000
Z_2	0	0	0	1.310	1.110	0.550	0	0.600	0.610	0
X_3	2.282	1.782	0.682	4.239	4.539	0.482	0.782	0.982	5.039	2.782
Y_3	6.000	5.500	5.500	4.000	4.000	4.000	4.200	4.000	4.000	5.000
Z_3	0	0	0	1.310	1.110	0.550	0	0.600	0.610	0
X_4	4.484	5.034	6.134	2.283	2.783	6.334	6.034	5.834	2.483	3.984
Y_4	6.000	5.500	5.500	4.000	4.000	4.000	4.200	4.000	4.000	5.000
Z_4	0	0	0	1.310	1.110	0.550	0	0.600	0.610	0

（续）

样本	1	2	3	4	5	6	7	8	9	10
X_5	2. 282	1. 782	0. 682	4. 239	4. 539	0. 482	0. 782	0. 982	5. 039	2. 782
Y_5	10. 000	9. 500	9. 500	8. 000	8. 000	8. 000	8. 200	8. 000	8. 000	9. 000
Z_5	0	0	0	1. 310	1. 110	0. 550	0	0. 600	0. 610	0
X_6	4. 484	5. 034	6. 134	2. 283	2. 783	6. 334	6. 034	5. 834	2. 483	3. 984
Y_6	10. 000	9. 500	9. 500	8. 000	8. 000	8. 000	8. 200	8. 000	8. 000	9. 000
Z_6	0	0	0	1. 31	1. 110	0. 550	0	0. 600	0. 610	0
$F()$	0. 001	0. 0008	0. 0007	0. 0007	0. 0004	0. 0002	0. 0004	0. 0003	0. 0003	0. 0005

表 8. 3　第 100 代种群及适应度

样本	1	2	3	4	5	6	7	8	9	**10**
X_1	2. 282	2. 282	2. 282	2. 282	2. 282	2. 282	2. 282	2. 282	2. 282	**2. 282**
Y_1	2. 000	2. 000	2. 000	2. 000	2. 000	2. 000	2. 000	2. 000	2. 000	**2. 000**
Z_1	0	2. 112	0	0	0	0	0	0	0	**0**
X_2	4. 484	4. 484	4. 484	4. 484	4. 484	4. 484	4. 484	4. 484	4. 484	**4. 484**
Y_2	0. 999	0. 999	0. 999	0. 999	0. 999	0. 999	0. 999	0. 999	0. 999	**0. 999**
Z_2	0	0	0	0	0	0	0	0	0	**0**
X_3	3. 565	3. 565	3. 565	3. 565	3. 565	3. 565	3. 565	3. 565	3. 565	**3. 565**
Y_3	7. 194	7. 194	7. 194	7. 194	7. 194	7. 194	7. 194	7. 194	7. 194	**7. 194**
Z_3	2. 263	0	0	0	0	0	0	0	0	**0**
X_4	5. 893	5. 893	5. 893	5. 893	5. 893	5. 893	5. 893	5. 893	5. 893	**5. 893**
Y_4	6. 000	6. 000	6. 000	6. 000	6. 000	6. 000	6. 000	6. 000	6. 000	**6. 000**
Z_4	0	0	0	0	0	0	0	0	0	**0**
X_5	2. 282	2. 282	2. 282	2. 282	2. 282	2. 282	2. 282	2. 282	2. 282	**2. 282**
Y_5	10. 00	10. 000	10. 000	10. 00	10. 000	10. 00	10. 000	10. 000	10. 000	**10. 000**
Z_5	0	0	0	0	0	0	0	0	0	**0**
X_6	4. 484	4. 484	4. 484	4. 484	4. 484	4. 484	4. 484	4. 484	4. 484	**4. 484**
Y_6	10. 00	10. 000	10. 000	10. 000	10. 000	10. 000	10. 000	10. 000	10. 000	**10. 000**
Z_6	0	0	0	0	0	0	0	0	0	**0**
$F()$	0	0	0. 0971	0. 0971	0. 0971	0. 0971	0. 0971	0. 0971	0. 0971	**0. 0971**

从表 8.3 中可以看出第 100 代种群中的第 10 个个体对应的 6 块牺牲阳极的底面几何中心的坐标即该牺牲阳极优化布置问题的近似最优解。图 8.10 所示为遗传算法计算过程中适应度随代数的变化曲线。最大适应度是逐代收敛的,表明这个解也是收敛的。

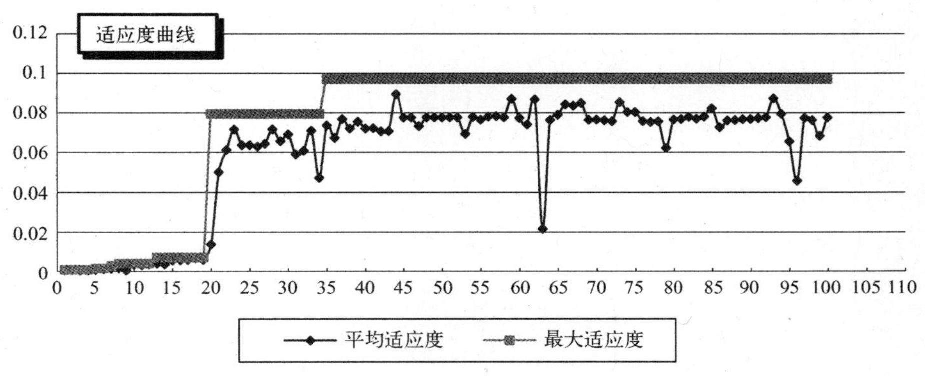

图 8.10　适应度曲线

8.3.5　计算结果分析

与近似最优解对应的牺牲阳极布置方式如图 8.11 所示,经数值模拟计算得

图 8.11　牺牲阳极最优布置时保护电位分布的计算结果

到与其对应的保护电位方差为1492.93,与“牺牲阳极位置—保护电位方差”的绝大多数样本数据相比,该值较小,表明在这种情况下保护电位分布更加均匀。

8.3.6 小结

利用人工神经网络算法和遗传算法,进行牺牲阳极三维优化布置。阐述了神经网络结构的确定和网络设计方法,遗传算法的算法结构和实现步骤。在适应度函数不确定的情况下,借助BP神经网络模型和边界元数值模拟计算得到的数据拟合适应度函数,并通过实际算例验证了该方法的可行性。计算结果表明,使用该方法可以得到牺牲阳极布置的近似最优解,使压载水舱阴极保护设计得到较好的保护效果,具有很好的实用性。

8.4 潜艇上层建筑结构防腐蚀系统模拟

8.4.1 导致潜艇上层建筑内舱结构严重腐蚀的主要因素

1. 腐蚀环境方面

潜艇水下航行时,上层建筑内舱的壳板内表面、内部结构以及其中的金属设备处于强腐蚀性的海水环境中。

潜艇浮出水面航行时,附在上层建筑内舱的壳板内表面、内部结构表面以及其中的金属设备外表面上的水膜产生更强烈的腐蚀作用。

2. 防腐涂层方面

上层建筑内舱结构的防腐涂层在海水浸泡(潜水航行时)和高温、潮湿环境(水面航行时)的交替作用下,其老化过程加速、有效防腐寿命缩短。

同时,在预定的防腐周期内,由于防腐涂层的防腐效果大幅度减弱,上层建筑内舱结构表面实际必要的保护电流密度将大幅度超过国家标准中规定的关于涂装钢板所需要的保护电流密度($10mA/m^2$)。因此,即使在潜水航行时,牺牲阳极系统也无法提供充分的保护电流使上层建筑内舱结构表面极化到完全保护的保护电位水平 $-850mV$ (vs $Cu/CuSO_4$ 电极),从而无法实现其预期的防腐效果。

3. 牺牲阳极系统方面

在牺牲阳极(三元锌)表面形成的致密氧化膜削弱了牺牲阳极提供保护电流的能力。相关研究结果表明,在锌阳极的阴极保护系统中,当浸水率(浸泡在海水中的时间占总时间的比率)大于25%时,锌阳极基本上能够正常提供保护电流。在潜艇上层建筑内舱结构的牺牲阳极系统中，由于锌阳极的浸水率很小（10% ~20%），经过海水浸泡的锌阳极表面在空气中易形成相对致密的腐蚀产物层，从而削弱了牺牲阳极正常提供保护电流的效能。

屏蔽效应阻止牺牲阳极提供保护电流。潜艇上层建筑内舱空间相对狭窄、其内部结构交错复杂、设备较多，这些因素限制了牺牲阳极提供保护电流的能力；由于内部结构和设备对保护电流的屏蔽效应，保护电流实际上被局限于牺牲阳极周围的局部区域内。因此，即使是在潜水航行时，上层建筑内舱结构的大部分表面实际上得不到充分的阴极保护。

8.4.2　现行防腐系统模拟计算

1. 计算方法

采用边界元法，针对潜艇上层建筑内舱结构表面、设备表面、管道表面以及牺牲阳极（共 59 块锌阳极）表面等建立计算模型，如图 8.12 所示。

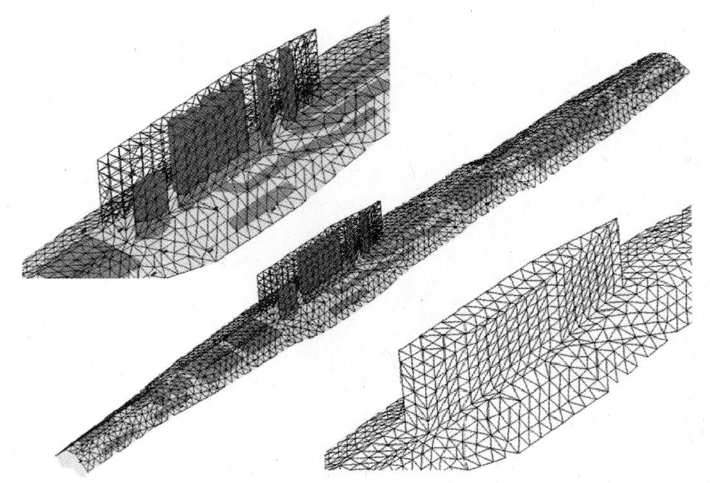

图 8.12　边界元法计算模型(59 块锌阳极)

2. 计算条件

潜艇上层建筑内舱中海水的电阻率为 25Ω · cm（潜水航行时），假设锌阳极表面处于正常工作状态，开路电位为 1100mV（vs $Cu/CuSO_4$）；

上层建筑内舱结构表面在 850mV（vs $Cu/CuSo_4$参比电极）电位状态下的保护电流密度分别为 $10mA/m^2$和 $20mA/m^2$。

3. 计算结果

上层建筑内舱结构表面的完全保护电流密度（对应 850（mVvs $Cu/CuSo_4$）的

保护电位）分别为 $10mA/m^2$ 和 $20mA/m^2$ 时，电位分布状态分别如图 8.13 和图 8.14所示。相应的保护电位范围分别为 885～1050mV 和 779～1038mV。两种情况下，保护电位超过 900mV 的区域基本上局限于牺牲阳极附近的小范围内。

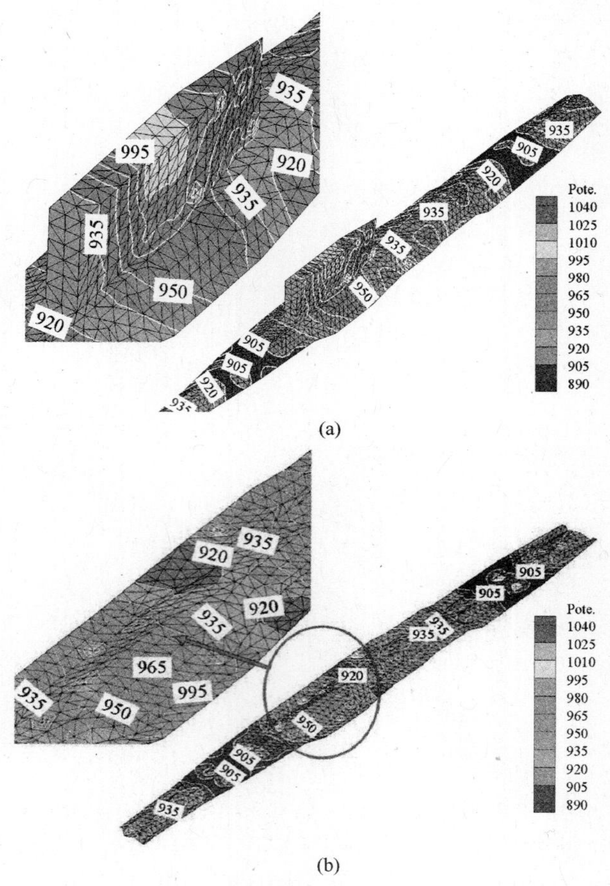

图 8.13 保护电位分布（锌阳极 59 块、保护电流密度 $10mA/m^2$）

4. 现行防腐系统综合评价

（1）上述模拟计算结果表明，在现行的防腐系统中，只有在牺牲阳极能够正常提供保护电流（阳极表面上没有形成致密的腐蚀产物层）、防腐涂层的防腐效能满足国家标准中规定的关于涂装钢板所需要的保护电流密度（$10mA/m^2$）的前提下，潜水航行时，上层建筑内舱结构表面能够处于完全保护状态。

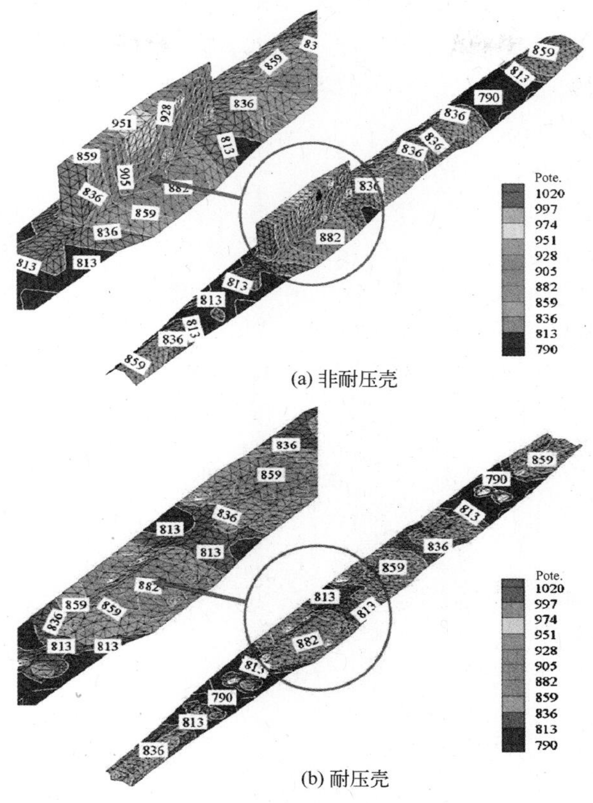

(a) 非耐压壳

(b) 耐压壳

图 8.14　保护电位分布(锌阳极 59 块、保护电流密度 $20mA/m^2$)

(2) 现行防腐系统的实际状态是:在锌阳极表面上形成了阻碍提供保护电流的致密的氧化膜,防腐涂层的防腐效能将远远低于标准中规定的关于涂装钢板应具备的防腐性能。因此,即使是在潜水航行时,上层建筑内舱结构表面也将处于欠保护状态。

(3) 当潜艇水面航行时,上层建筑内舱的牺牲阳极系统将完全失去提供阴极保护的作用。在高温、潮湿环境的作用下,防腐涂层功能失效区域将处于剧烈的自由腐蚀状态。

8.4.3　合理的牺牲阳极系统计算设计

由于无法明确上层建筑结构表面的防腐涂层的状态,考虑上层建筑结构表面的平均阴极保护电流密度(对应于 850mV 的保护电位)分别为 $20mA/m^2$、

10mA/m^{2}和5mA/m^{2}三种情况进行牺牲阳极系统设计。设计目标是，考虑到牺牲阳极在5年间的消耗，针对3种平均阴极保护电流条件，牺牲阳极系统能够确保上层建筑结构表面的保护电位分布处于900～1100mV范围。

采用铝合金牺牲阳极，设计寿命为5年，经计算共需79牺牲阳极，每一块牺牲阳极的初始质量为1.62kg。

当牺牲阳极为初始质量时，在平均阴极保护电流密度分别为20mA/m^2、10mA/m^{2}和5mA/m^{2}时，上层建筑结构表面的保护电位分布状态分别如图8.15～图8.17所示。相应的保护电位范围分别为959～1095mV（平均阳极电流0.306A）、991～1099mV和997～1099mV。

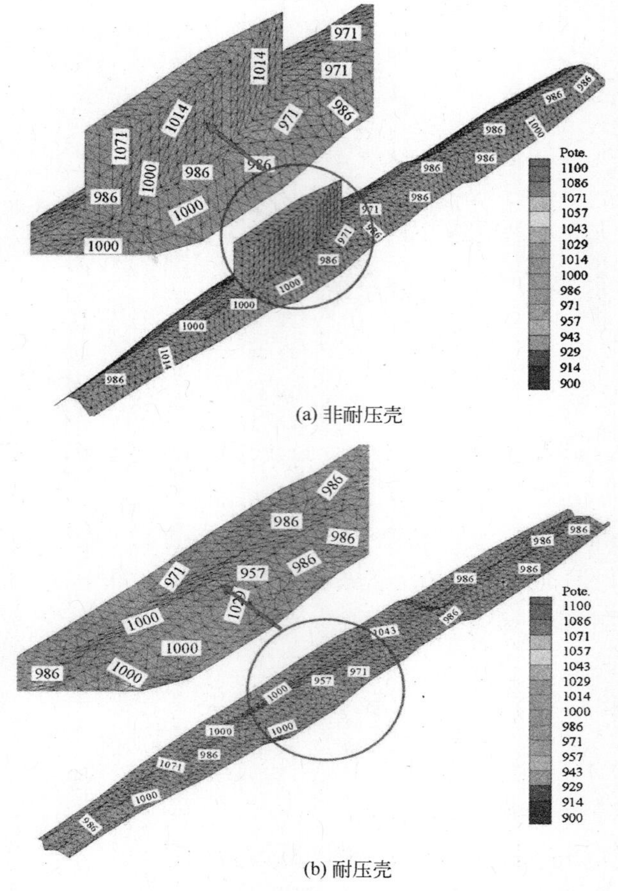

(a) 非耐压壳

(b) 耐压壳

图8.15 保护电位分布（铝合金阳极79块、保护电流密度20mA/m^2、初始）

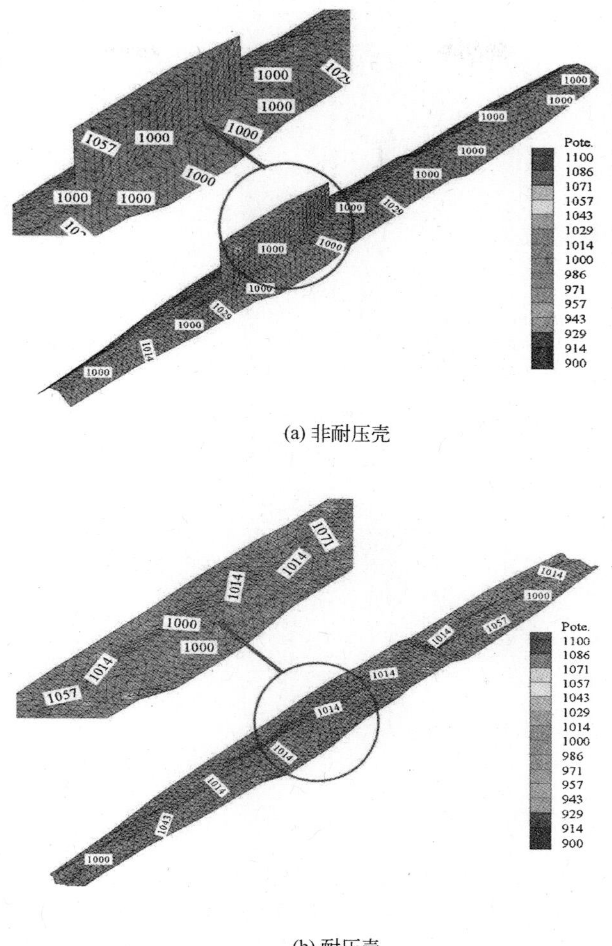

(a) 非耐压壳

(b) 耐压壳

图 8.16　保护电位分布(铝合金阳极 79 块、保护电流密度 $10mA/m^2$、初始)

5 年后平均阳极质量为 0.52kg 时,在平均阴极保护电流密度分别为 $20mA/m^2$、$10mA/m^2$和 $5mA/m^2$时,上层建筑结构表面的平均阴极保护电流密度(对应于 850mV 的保护电位)为 $20mA/m^2$时,电位分布状态如图 8.18 所示。相应的保护电位范围为 913 ~ 1066mV。

5 年保护周期内,在上层建筑结构表面的平均阴极保护电流密度(对应于 850mV 的保护电位)为 $20mA/m^2$ 的情况下,保护电位范围的可能变化情况如图 8.19(a)所示,变化范围为 913 ~ 1066mV;在上层建筑结构表面的平均阴极保护

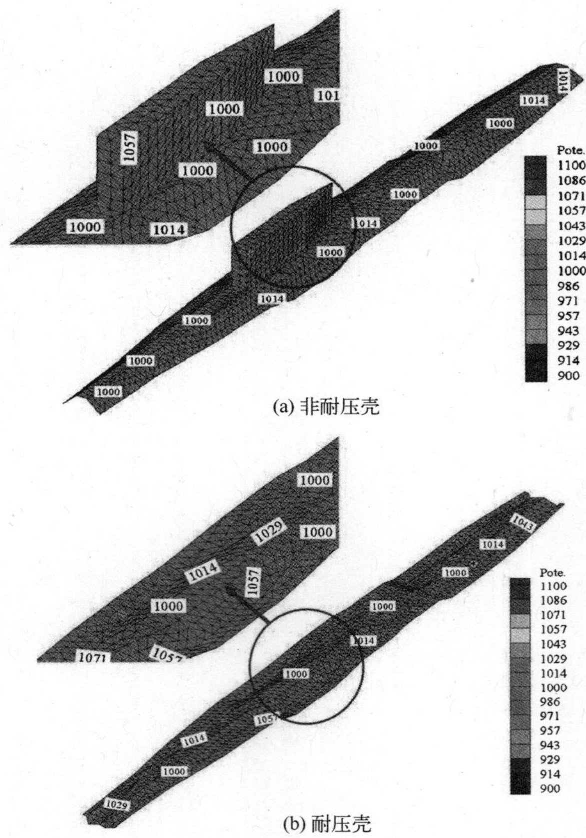

(a) 非耐压壳

(b) 耐压壳

图 8.17　保护电位分布(铝合金阳极 79 块、保护电流密度 $5mA/m^2$、初始)

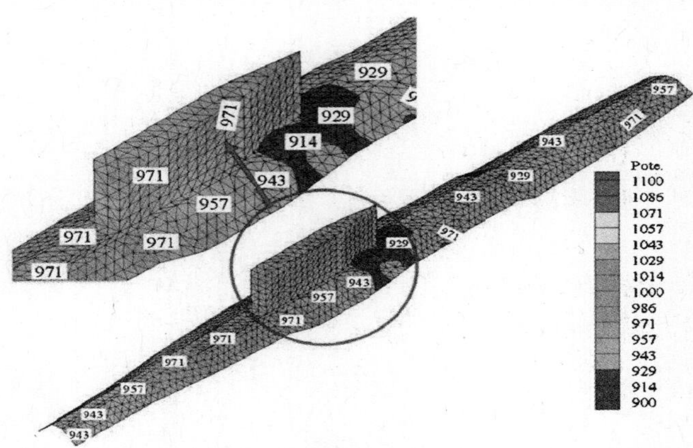

图 8.18　保护电位分布(铝合金阳极 79 块、保护电流密度 $20mA/m^2$、经过 5 年)

电流密度(对应于 850mV 的保护电位)为 10mA/m²的情况下,保护电位范围的可能变化情况如图 8.19(b)所示,电位范围为 988 ~1099mV;在上层建筑结构表面的平均阴极保护电流密度(对应于 850mV 的保护电位)为 5mA/m²的情况下,保护电位范围的可能变化情况如图 8.19(c)所示,电位范围为 996 ~1099mV。图 8.19(d)所示的是,在上层建筑结构表面的平均阴极保护电流密度(对应于 850mV 的保护电位)为 5 ~20mA/m²范围的情况下,5 年中保护电位范围可能的变化情况。

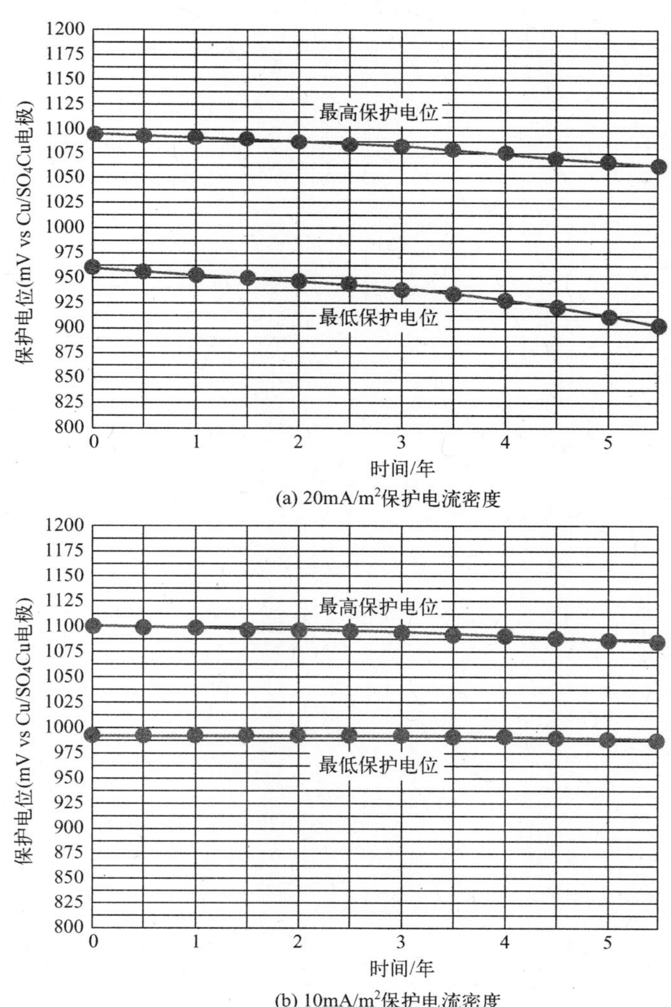

(a) 20mA/m²保护电流密度

(b) 10mA/m²保护电流密度

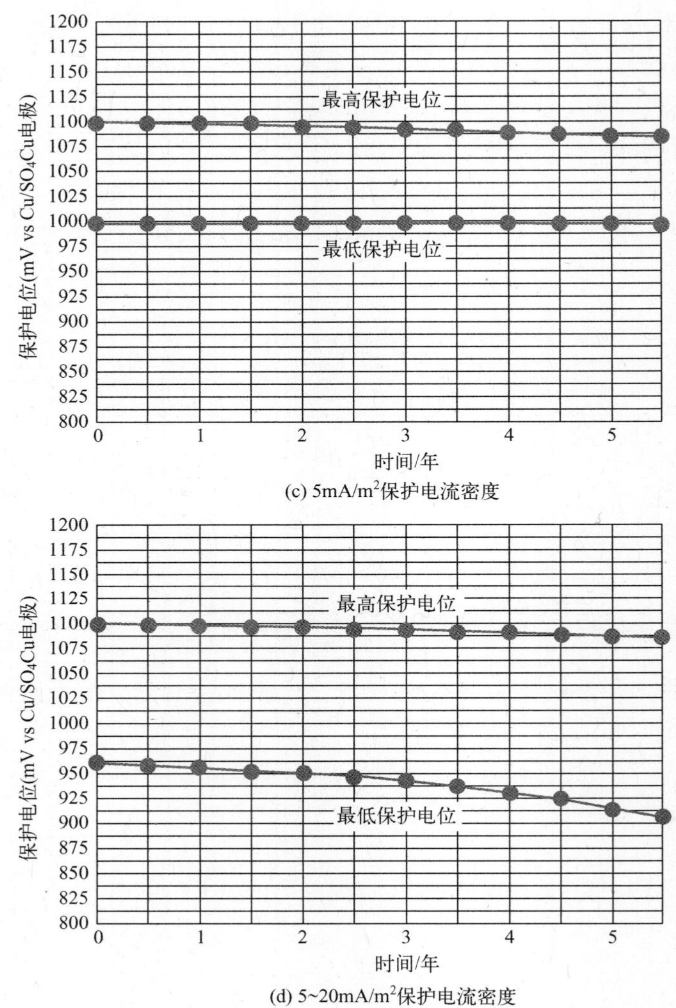

(c) 5mA/m²保护电流密度

(d) 5~20mA/m²保护电流密度

图 8.19 不同保护电流密度下保护电位范围的变化趋势

8.4.4 牺牲阳极系统综合评价

根据阳极系统模拟计算的结果,上层建筑结构阴极保护系统在预定的5年保护周期内,相关参数如表8.4所列。

上述计算结果表明,在上层建筑内舱结构阴极保护系统中,当850mV的保护电位所对应的阴极保护电流密度处于5~20mA/m² 的范围时,在5年保护周期内上层建筑全部结构表面上的保护电位将处于913~1099mV范围内。因此,该阳极系统能够使上层建筑结构表面在5年保护周期中处于良好的防腐状态。

表 8.4　上层建筑内舱结构阴极保护系统关键参数

时间	保护电位范围			阳极质量/kg
	对应 850mV 的阴极电流密度 $20mA/m^2$	对应 850mV 的阴极电流密度 $10mA/m^2$	对应 850mV 的阴极电流密度 $5mA/m^2$	
初始	959 ~ 1095mV	991 ~ 1099mV	997 ~ 1099mV	1.62
1 年后	955 ~ 1091mV	991 ~ 1096mV	997 ~ 1097mV	1.38
2 年后	948 ~ 1087mV	990 ~ 1094mV	997 ~ 1095mV	1.15
3 年后	941 ~ 1082mV	990 ~ 1092mV	997 ~ 1092mV	0.93
4 年后	929 ~ 1075mV	989 ~ 1089mV	997 ~ 1090mV	0.72
5 年后	913 ~ 1066mV	988 ~ 1085mV	996 ~ 1086mV	0.52

8.5　结论

（1）这里，开发了可用于上层建筑牺牲阳极系统模拟计算的分块边界元算法，并针对某艇的上层建筑的牺牲阳极系统进行了模拟计算。根据模拟计算进行了牺牲阳极系统的优化设计，得到的结论是：在上层建筑结构牺牲阳极阴极保护系统中，当 850mV 的保护电位所对应的阴极保护电流密度处于 $5 \sim 20mA/m^2$ 的范围时，在 5 年保护周期内上层建筑全部结构表面上的保护电位将落在 913 ~ 1099mV 范围内。因此，该阳极系统能够使上层建筑结构表面在 5 年保护周期中处于良好的防腐状态。

（2）潜艇耐压壳上 300mm 高的肋骨对保护电流的屏蔽效应很小；气瓶等设备对保护电流的屏蔽效应明显，阻碍阳极提供保护电流；气瓶、贵金属管路等设备与潜艇间的绝缘措施良好时，不产生电流汇式的屏蔽效应；气瓶、贵金属管路等设备与潜艇间的绝缘措施失效时，将产生电流汇式的屏蔽效应；气瓶、贵金属管路等设备对保护电流产生的屏蔽效应将严重影响防腐效果。

（3）利用人工神经网络算法和遗传算法，开发了可用于压载水舱、上层建筑牺牲阳极系统优化设计的计算方法，实现牺牲阳极的优化布置。在本研究中，阐述了神经网络结构的确定和网络设计方法、遗传算法的算法结构和实现步骤，在适应度函数不确定的情况下，借助 BP 神经网络模型和边界元数值模拟计算得到的数据拟合适应度函数，并通过实际算例验证了该方法的可行性。计算结果表明，使用该方法可以得到牺牲阳极布置的近似最优解，使压载水舱潜艇上层建筑阴极保护设计得到较好的保护效果，具有很好的实用性。

参 考 文 献

[1] 冯士筰,李凤岐,李少菁．海洋科学导论[M]．北京:高等教育出版社,1999.

[2] 张正斌．海洋化学[M]．青岛:中国海洋大学出版社,2004.

[3] 夏兰廷,王录才,黄桂桥．我国金属材料的海水腐蚀研究现状[J]．中国铸造装备与技术,2002(6):1－4.

[4] 朱相荣,王相润．金属材料的海洋腐蚀与防护[M]．北京:国防工业出版社,1999.

[5] 张德丰．Matlab 神经网络编程[M]．北京:化学工业出版社,2011.

[6] Dong Y,Zhou Q. Relationship between ion transport and the failure behavior of epoxy resin coatings[J]. Corrosion Science,2014(78):22－28.

[7] 胡津津,石伟明．海洋平台的腐蚀及防腐技术[J]．中国海洋平台,2008(23):39－42.

[8] 侯保荣．钢铁设施在海洋浪花飞溅区的腐蚀行为及其新型包覆防护技术[J]．腐蚀与防护,2007(28):174－176.

[9] 方志刚．高性能船舶金属材料[M]．北京:化学工业出版社,2015.

[10] 方银霞,包更生,金翔龙．21 世纪深海资源开发利用的展望[J]．海洋通报,2000(19):73－78.

[11] 高艳波,李慧青,柴玉萍,等．深海高技术发展现状及趋势[J]．海洋技术,2010(3):119－124.

[12] Schumacher M. Sea Water Corrosion Handbook[M]. New Jersey:Noye Data,1979.

[13] 曹楚南．中国材料的自然环境腐蚀[M]．北京:化学工业出版社,2004.

[14] 李碧英,周美．海洋钢结构物腐蚀防护的研究[J]．中国海洋平台,2001(16):45－49.

[15] 侯保荣．海洋腐蚀环境理论及其应用[M]．北京:科学出版社,1999.

[16] Huang M,Yang J. Salt spray and EIS studies on HDI microcapsule－based self－healing anticorrosive coatings[J]. Progress in Organic Coatings,2014(77):168－175.

[17] 刘道新．材料的腐蚀与防护[M]．西安:西北工业大学出版社,2006.

[18] 高荣杰,杜敏．海洋腐蚀与防护技术[M]．北京:化学工业出版社,2011.

[19] D S C,Culberson C. Global variability of natural sea water[J]. Material Performance,1980(19):16－28.

[20] Barletta M,Vesco S,Trovalusci F. Effect of the substrate and interface on micro－scratch deformation of epoxy－polyester powder coatings[J]. Progress in Organic Coatings,2012(74):712－718.

[21] Elsadig O Eltai,Scantlebury J D,Koroleva E V. Protective properties of intact unpigmented epoxy coated mild steel under cathodic protection[J]. Progress in Organic Coatings,2012(73):8－13.

[22] Ahmadzadeh F,Lundberg J. Remaining useful life prediction of grinding mill liners using an artificial neural network[J]. Minerals Engineering,2013(53):1－8.

[23] Zhu S P,Huang H Z,Smith R,et al. Modarres. Bayesian framework for probabilistic low cycle fatigue life prediction and uncertainty modeling of aircraft turbine disk alloys[J]. Probabilistic Engineering Mechanics,2013(34):114－122.

[24] Celina M C. Review of polymer oxidation and its relationship with materials performance and lifetime prediction[J]. Polymer Degradation and Stability,2013(98):2419－2429.

[25] Kang J J,Xu B S,Wang H D,et al. Competing failure mechanism and life prediction of plasma sprayed composite ceramic coating in rolling－sliding contact condition[J]. Tribology International,2014(73):128－137.

[26] Keβler S, Fischer J, Straub D, et al. Updating of service – life prediction of reinforced concrete structures with potential mapping[J]. Cement and Concrete Composites, 2014(47): 47 – 52.

[27] Evans M. A statistical degradation model for the service life prediction of aircraft coatings: With a comparison to an existing methodology[J]. Polymer Testing, 2012(31): 46 – 55.

[28] Fedel M, Rossi S, Deflorian F. Comparison between natural and artificial weathering of e – coated galvanized steel panels[J]. Progress in Organic Coatings, 2013(76): 194 – 203.

[29] Cocuzzi D A, Pilcher G R. Ten – year exterior durability test results compared to various accelerated weathering devices: Joint study between ASTM International and National Coil Coatings Association[J]. Progress in Organic Coatings, 2013(76): 979 – 984.

[30] 周建龙, 李晓刚, 程学群, 等. 深海环境下金属及合金材料研究进展[J]. 腐蚀科学与防护技术, 2010(22): 47 – 51.

[31] 郭为民, 李文军, 陈光章. 材料深海环境腐蚀试验[J]. 装备环境工程, 2006(3): 10 – 15.

[32] 王佳, 孟洁, 唐晓, 等. 深海环境钢材腐蚀行为评价技术[J]. 中国腐蚀与防护学报, 2007(27): 1 – 7.

[33] 许立坤, 李文军, 陈光章. 深海腐蚀实验技术[J]. 海洋科学, 2005(29): 1 – 3.

[34] 唐俊文, 邵亚薇, 张涛, 等. 循环压力对环氧涂层在模拟深海环境下失效行为的影响[J]. 中国腐蚀与防护学报, 2011(31): 275 – 281.

[35] 刘斌, 方志刚, 王虹斌. 深海环境防腐蚀涂料性能评价技术研究[J]. 上海涂料, 2011(5): 52 – 54.

[36] Shifler D A. Understanding material interactions in marine environments to promote extended structural life [J]. Corrosion Science, 2005(47): 2335 – 2352.

[37] 刘淮. 国外深海技术发展研究[J]. 舰艇, 2006(257): 6.

[38] 邓春龙. 深海腐蚀研究试验装置成功投放[J]. 装备环境工程, 2008(5): 95.

[39] 方志刚, 黄一. 有机涂层在深海环境中的失效行为研究[J]. 腐蚀科学与防护技术, 2010(6): 518 – 520.

[40] 方志刚, 黄一. 海水环境交变压力环氧涂料失效行为研究[J]. 哈尔滨工程大学学报, 2012, 33(1): 26 – 29.

[41] 方志刚. 潜艇透水耐压涂料失效机理研究[D]. 大连: 大连理工大学, 2012.

[42] 方志刚, 刘斌, 王涛. 干湿交替条件下牺牲阳极再活化性能试验研究[J]. 舰船科学技术, 2013, 35(1)65 – 69.

[43] 方志刚, 刘斌, 王涛. 几种牺牲阳极在干湿交替条件下的自放电行为比较[J]. 装备环境工程, 2012(8): 52 – 54.

[44] 方志刚. 四种典型牺牲阳极在干湿交替环境中的性能评价[J]. 表面技术, 2012, 41(4)31 – 34.

[45] 方志刚, 刘斌, 王涛. 铝基合金牺牲阳极在干湿交替环境中的耐腐蚀性能[J]. 腐蚀科学与防护技术, 2013, 25(1): 39 – 44.

[46] 方志刚, 刘斌, 王涛. 舰船腐蚀预防与控制系统工程[J]. 舰船科学技术, 2016, 38(1): 112 – 115.

[47] 许立坤, 李文军, 等. 深海腐蚀试验技术[J]海洋科学, 2005, 29(7): 1 – 3.

[48] 谢德明, 胡吉明, 童少平. 富锌漆研究进展[J]. 材料研究学报, 2004, 24(5): 314 – 320.

[49] 张显程, 巩建鸣, 涂善东. 涂层缺陷对涂层失效与基体腐蚀行为的影响研究[J]. 材料科学与工程学报, 2003, 21(6): 922 – 926.

[50] Funck W. Experimental evidences of lattice distortion in nanocrystalline materials[J]. Progress in Organic Coatings, 1981, 9: 29 – 34.

[51] Yang X F, Vang C, Tallman D E. Weathering Degradation of a Polyurethane Coating[J]. Polymer Degradation and Stability. 2001, 74(2): 341 – 351.

[52] Senkevich, Jay J. Degradation of an alkyd polymer coating characterized by AC impedance[J]. Journal of

Materials Science. 2000,35(6):1359 – 1364.

[53] Kweon Y G, Coddet C. Blistering mechanisms of thermally sprayed Zinc and Zinc based Coatings in Sea Water[J]. Corrosion Science. 1992,48(8):660 – 656.

[54] Leidheiser H, Funck W J. nanometer – sized microstructures[J]. Oil and Colour Chemistry Association, 1987,5:121 – 127.

[55] Funck W J. Microstructure and tribological properties of sulphide coating produced by ion sulphuration[J]. Oil and Colour Chemistry Association, 1985,9:229 – 338.

[56] Funke W. Towards Environmentally Acceptable Corrosion Protection through Organic Coatings Problems and Realization[J]. JCT, 1983,55:705 – 708.

[57] Deflorian F, Fedrizzi L. Characterization of protective organic coatings by electrochemical impedance spectroscopy[J]. Journal of Adhesion Science and Technology, 1999,13(5):629 – 645.

[58] 高立新，张大全，周国定．改性环氧涂层吸水性及耐蚀性研究．中国腐蚀与防护学报[J]．2002,22(1):41 – 43.

[59] 刘登良．涂层失效分析的方法和工作程序[M]．北京:化学工业出版社,2003.

[60] Orcillo M. Soluble Salts: their effects on premature degradation of anticorrosive paints[J]. Progress in Organic Coatings, 1999,36:137 – 147.

[61] 徐永祥，严川伟，高延敏．基体金属上可溶盐污染对涂层下金属腐蚀和涂层失效的影响[J]．材料保护,2002,23(11):469 – 473.

[62] Parks, Jeffrey, Michael. Effect of chlorides on reinforcing steel exposed to simulated concrete solutions[J]. Diss. Abstr. Int. 1985,46(2):342 – 346.

[63] Skoulikidis T, Ragoussis A. Studies on the gas permeabilties and surface properties of PDMS/PTMO mixed soft segment polyurethane membranes[J]. Corrosion. 1992,48(8):666 – 689.

[64] Lambrev V G, Rodin N N, Koftyuk V A. Application of the method of neutron activation for studying corrosion processes and protective ability of paint coatings[J]. Progress in Organic Coatings. 1997,30:1 – 8.

[65] 胡吉明，张鉴清，张金涛．LY12 铝合金环氧涂层在 NaCl 溶液中的吸水与失效[J]．金属学报,2003,39(9):955 – 961.

[66] 严川伟，何刚，刘宏伟．用显微红外方法研究涂层中物质传输规律[J]．腐蚀科学与防护技术,2000(1):45 – 51.

[67] 王周成，张瀛洲，周绍民．离子选择性酚醛涂层对碳钢防腐蚀性能的研究[J]．材料保护,1998,31(1):1 – 3.

[68] 张金涛，胡吉明，张鉴清．有机涂层的现代研究方法[J]．材料科学与工程学报,2003,21(5):763 – 768.

[69] 周立新，程江，杨卓如．有机涂层防腐性能的研究与评价方法[J]．腐蚀科学与防护技术,2004,16(6):375 – 378.

[70] Skerry B S, Alavi A, Lindgren K I. Environmental and electrochemical test methods for the evaluation of protective organic coatings[J]. Journal of Coatings Technology, 1988,60(765):97 – 101.

[71] 国家标准 GB/T 1766 – 1995. 色漆和清漆涂层老化评级方法[S]．化学工业标准汇编．北京:中国标准出版社,2003:109 – 112.

[72] 国家标准 GB/T 1865 – 1997. 色漆和清漆 人工气候老化和人工辐射暴露．化学工业标准汇编．北京:中国标准出版社,2003:122 – 130.

[73] 罗振华，蔡键平，张晓云．耐候性有机涂层加速老化试验研究进展[J]．合成材料老化与应用,2003,32(3),31 – 35.

[74] 罗振华，蔡健平，张晓云．有机涂层性能评价技术研究进展[J]．腐蚀科学与防护技术,2004,16

(5):313 - 317.

[75] Han J S, Park J H. Detection of corrosion steel under an organic coating by infrared photography[J]. Corrosion Science, 2004, 46(4):787 - 793.

[76] Bemard M C. Some relevant aspects of the use of Raman asociated techniques in the study of surfaces and coatings[J]. Progress in Organic Coatings, 2002, 45:399.

[77] Marchebois H, Touzain S, Joiret S. Zinc - rich powder coatings corrosion in sea water: influence of conductive pigments[J]. Progress in Organic Coatings, 2002, 45:415 - 421.

[78] 朱良漪,孙亦梁,陈耕燕. 分析仪器手册[M]. 北京:化学工业出版社,1997.

[79] Sommer A, Zirngiebl E, Kahl L. Studies on the gas permeabilties and surface properties of PDMS/PTMO mixed soft segment polyurethane membranes. Polym. Mat. Sci. Engin., 1998, 14(3):115 - 1179.

[80] Guillaumin V, Landolt D. Synthesis of poly(dimethylsiloxane) oligomers with pendant amine groups via co-equilibration anionic polymerization reactions[J]. Corrosion Science. 2002, 44:179 - 183.

[81] Galliano F, Landolt D. Evaluation of corrosion protection properties of additives for waterborne epoxy coatings on steel[J]. Progress in Organic Coatings, 2002, 44:217 - 221.

[82] Guillaumin V, Landolt D. Effect of dispersion agent on the degradation of a water borne paint on steel studied by scanning acoustic microscopy and imperdance[J]. Corrosion Science, 2002, 44(1):179 - 189.

[83] Johnson B W. Studies on the gas permeabilties and surface properties of PDMS/PTMO mixed soft segment polyurethane membranes. Polym. Mat. Sci. Engin., 1998, 14(3):115 - 117.

[84] 刘斌,孟繁强,尚永春. 原子力显微镜在涂层分析中的应用[J]. 涂料工业,2000,(2):38 - 40.

[85] 杨玫,王立华. 表面涂层的制备工艺与测试技术[J]. 武汉科技大学学报,2003,26(3):241 - 245.

[86] Mansfeld F. Use of electrochemical impedance spectroscopy for the study of corrosion protection by polymer coatings[J]. Journal of Applied Electrochemica1. 1995, 25(3):187 - 196.

[87] Pistorus P C. Design aspects of electrochemical noise measurements for uncoated metals: electrode size and sampling rate[J]. Corrosiong Science, 1997, 53(4):273 - 279.

[88] Bonora P L, Deflorian F, Fedrizzi L. Electrochemical impedance spectroscopy as a tool for investingating under paint corrosion[J]. Electrochimica Acta, 1996, 41:1073 - 1079.

[89] 谢德明,胡吉明,童少平. Zn 粉含量及表面沾污对环氧富 Zn 漆电化学行为的影响[J]. 金属学报,2004,40(1):103 - 108.

[90] Reynolds L B, Twite R, Khobaib M. Preliminary evaluation of the anticorrosive properties of aircraft coatings by electrochemical methods[J]. Progress in Organic Coatings, 1997, 32:31 - 35.

[91] 吴丽蓉,胡学文,许崇武. 用 EIS 快速评估有机涂层防护性能的方法[J]. 腐蚀科学与防护技术,2000,12(3):182 - 184.

[92] 张鉴清,张昭,王建明等. 电化学噪声的分析与应用 - I. 电化学噪声的分析原理[J]. 中国腐蚀与防护学报,2001,21(5):310 - 314.

[93] Bierwagen G P, et al. Synthesis and characterization of poly(dimethyl siloxane) modified polyurethane[J]. Progress in Organic Coatings. 1997, 32:25 - 28.

[94] Le T Q, Bierwagen G P, Touzain S. EIS and ENM measurements for three different organic coatings on aluminum[J]. Progress in Organic Coatings, 2001, (42):179 - 187.

[95] Mill D J, Mabbutt S. Investigation of defects in organic anticorrosive coatings using electrochemical noise measurement[J]. Progress in Organic Coatings. 2000, 39:41 - 46.

[96] Mojica J, Garcia E, Rodriguez F J, et al. Evaluation of the protection against corrosion of a thick polyurethane film by electrochemical noise[J]. Progress in Organic Coatings, 2001, 42:218 - 225.

[97] Stratmann M, Leng A, Furbeth W, et al. The scanning Kelvin probe ; a new technique for the in situ analysis

of the delamination of organic coatings[J]. Progress in Organic Coatings,1996,27:261 -279.

[98] Khobaib M,Rensi A,Matakis T. Ultimate tensile properties of segmented polyurethane elastomers:factors leading to reduced properties for polyurethane based on nonpolar soft segments[J]. Progress in Organic Coatings,2001,41:266 -73.

[99] Vogelsang J,strum W. Polydimethylsioxane - polyurethane elastomer:Synthesis and properties of segmented copolymers and related zwitterionomers[J]. Materials and Corrosion,2001,52:462 -469.

[100] Strunz W. Dielectric relaxation in barrier coatings:A square root of time process[J]. Progress in Organic Coatings,2000,39 :49 -56.

[101] Schiller C A,Strunz W. Molecular design of alkoxide precursors for the synthesis of hybrid organic - inorganic Gels[J]. Electrochimca Acta,2001,46:3619 -3627.

[102] Vogelsang J,Strunz W. New interpretation of electrochemical data obtained from organic barrier coatings [J]. Electrochimica Acta. 2001,46:3817 -3826.

[103] Le P C. Effects of Sol - Gel coatings on the localized corrosion behavior of 304 stainless steel[J]. Progress in Organic Coatings,2000,39:167 -174.

[104] Corfias C,et al. Surface modification of segmented polyurethaneureas via oligomeric end groups incorporated during synthesis[J]. Corrosion Science,2000,42 :1337 -1342.

[105] Senkevich,Jay J. Degradation of an alkyd polymer coating characterized by AC impedance[J]. Journal of Materials Science,2000,35(6):1359 -1364.

[106] Kweon Y G,Coddet C. Blistering mechanisms of thermally sprayed Zinc and Zinc based coatings in sea water[J]. Corrosion Science,1992,48(8):656 -660.

[107] Deflorian F,Fedrizzi L. Characterization of protective organic coatings by electrochemical impedance spectroscopy[J]. Journal of Adhesion Science and Technology,1999,13(5) :629 -645.

[108] 金晓鸿,胡雪娇,叶美琪. 船体水上防锈漆体系加速试验方法研究[J]. 材料开发与应用,1996,11(3):16 -21.

[109] Leidheiser H Jr,Wang W,Igetoft L. The mechanism for the cathodic delamination of organic coatings from a metal surface[J]. Progress in Organic Coatings,1983,11:19 -40.

[110] Nemeth Z,Erdei L,Kolics A. A new approach to studying ion transport in corrosion protective coatings using an in situ radiotracer method[J]. Corrosion Science,1995,37(7):1163 -1166.

[111] Lambrev V G,Rodin N N,Koftyuk V A. Application of the method of neutron activation for studying corrosion processes and protective ability of paint coatings[J]. Progress in Organic Coatings,1997,30:1 -8.

[112] Perrin L,Nguyen Q T,Sacco D,et al,Experimental Studies and Modeling of Sorption and Diffusion of Water and Alchohols in Cellulose Acetate[J]. Poluym. Int,1997,42(1):9 -16.

[113] 胡吉明. 水在有机涂层中的传输—I Fick 扩散过程[J]. 中国腐蚀与防护学报,2002,22(5):311 -314.

[114] Miskovic - Stankovic V B,Drazic D M,Teodorovic M J. Eletrolyte penetration through epoxy coating electrodeposited on steel[J]. Corrosion Science,1995,37:241 -253.

[115] Deflorian F,Fedrizzi L,Rossi S. Organic coating capacitance measurement by EIS:ideal and actual trends [J]. Electrochim. Acta,1999,44:4243 -4246.

[116] 张云,王崇武,陈金爱. 涂料的耐老化性及其试验方法[J]. 涂料工业,2003,33(11):51 -53.

[117] Deflorian F,Fedrizzi,Rossi S. Some relevant aspects of the use of FTIR associated techniques in the study of surfaces and coatings[J]. Corrosion Science. 1997,54(8):605 -609.

[118] Guillaumin V. Landolt D. Effect of dispersion agent on the degradation of a water borne paint on steel studied by scanning acoustic microscopy and impedance[J]. Corrosion Science,2002,44:179 -184.

[119] 汪新文,白春礼,朱传凤. 原子力显微镜针尖和变性 DNA 链间的相互作用[J]. 化学通报,1997,(3):48-51.

[120] Feliu S,Barajas R,Bastidas J M,et al. Polydimethylsioxane - polyurethane elastomer:Synthesis and properties of segmented copolymers and related zwitterionomers[J]. Coat Technol,1989;61(775):63-67.

[121] 梁成浩. 现代腐蚀科学与防护技术[M]. 上海:华东理工大学出版社,2007.

[122] 林玉珍,杨德钧. 腐蚀与腐蚀控制原理[M]. 北京:中国石化出版社,2007.

[123] 汪国平. 船舶涂料与涂装技术[M]. 第 2 版. 北京:化学工业出版社,2006.

[124] 李国莱,张慰盛,管从胜. 重防腐涂料[M]. 北京:化学工业出版社,1999.

[125] 王光雍,王海江,李兴濂,等. 自然环境的腐蚀与防护[M]. 北京:化学工业出版社,1997.

[126] Appleman B R,Campbell P G. Salt spray testing for short time evaluation of coatings. Part1:Reation of coatings in salt spray[J]. Journal of Coatings Technolgy,1982,54(686):17.

[127] Hare C H. Considerations in accelerated testing of anticorrosion coatings[J]. Modern paint and coatings,1982. 72(1):50.

[128] Skerry B S,Alavi A,Lindgren K I. Environmental and electrochemical test methods for the evaluation of protective organic coatings[J]. Journal of Coatings Technology,1988,60(765):97.

[129] 徐永祥,严川伟,高延敏,等. 大气环境中涂层下金属的腐蚀和涂层的失效[J]. 中国腐蚀与防护学报,2002(4):249.

[130] 李忠东. 涂料防腐蚀机理研究进展[J]. 化工新型材料,1995(8):6.

[131] 林海潮,李谋成. 涂层下金属的腐蚀过程[J]. 腐蚀科学与防护技术,2002(3):180.

[132] Chen J F,Bogaerts W F. Electrochemical emission spectroscopy for monitoring uniform and localized corrosion[J]. Corrosion,1996,52(10):753.

[133] 吴瑾光. 近代傅里叶变换红外光谱技术及应用[M]. 北京:科学技术文献出版社,1994.

[134] Tian Wenliang,Meng Fandi,Liu Li,et al. The failure behavior of a commercial highly pigmented epoxy coating under marine alternating hydrostatic pressure[J]. Progress in Organic Coating,2015(82):101-112.

[135] Meng Fandi,Liu Li,Tian Wenliang,et al. The influence of the chemically bonded interface between fillers andbinder on the failure behaviour of an epoxy coating under marine alternating hydrostatic pressure[J]. Corrosion Science,2015(101):139-154.

[136] Tian Wenliang,Liu Li,Meng Fandi,et al. The failure behaviour of an epoxy glass flake coating/steel system undermarine alternating hydrostatic pressure. Corrosion Science,2014(86):81-92.

[137] Liu Ying,Wang Jiangwei,Liu Li,et al. Study of the failure mechanism of an epoxy coating system under high hydrostatic pressure. Corrosion Science,2013(74):59-70.

内容简介

本书以潜艇为研究对象，阐述了潜艇材料、使用环境及船体结构典型腐蚀问题，分析了潜艇等深海装备结构腐蚀控制失效的科学问题，研究了潜艇常用结构材料腐蚀特性；通过试验对比、仿真研究等，研究了防腐蚀涂层在压力海水、交变压力条件下的失效机理，并在此基础上提出了潜艇结构防腐蚀涂料发展方向；论述了多种不同牺牲阳极在干湿交替环境的失效机理，阐述了以分块边界元法研究牺牲阳极“屏蔽效应”的规律，评价了现有牺牲阳极保护系统，构建了采用BP神经网络方法优化设计潜艇牺牲阳极阴极保护系统的新方法。

本书的重点是深海装备腐蚀研究科学问题的论述和提出，书中涉及的防腐蚀涂层在压力海水/交变压力海水条件下的失效机理、牺牲阳极在干湿交替环境的失效机理、牺牲阳极“屏蔽效应”以及BP神经网络方法优化设计潜艇牺牲阳极阴极保护系统的新方法，体现了潜艇等深海腐蚀控制技术最新研究成果。

本书内容全面、新颖，对从事潜艇和其他深海装备腐蚀理论研究有重要的参考价值，适合于腐蚀专业具有研究生学历的人员阅读，也可作为深海装备论证、研制、使用的工程技术人员及材料类专业院校师生参考使用。

This book is a research object in submarine. The typical corrosion problems of submarine materials, use environment and hull structure are described. The scientific problem of structure control failure of deep sea equipment such as submarine is analyzed. The corrosion characteristics of common submarine structure materials were studied. The failure mechanism of the anti – corrosive coating under pressure seawater and alternating pressure was studied by comparison of experiment and simulation. On this base, the development direction of submarine structure anti – corrosive coating is put forward. The failure mechanism of various sacrificial anodes in alternate dry and wet environment is discussed. The law of the sacrificial anode shielding effect is studied by blocked boundary element method. The existing sacrificial anode protection system is evaluated. A new method of submarine sacrificial anode and cathodic protection system optimal designed by BP neural networks is proposed.

The main point of the book is to discuss and put forward the scientific issues of deep sea equipment corrosion research. The failure mechanism of anti – corrosion coating under pressure seawater/alternating pressure seawater, the failure mechanism of sacrificial anode in alternate dry and wet environment, the sacrificial anode "shielding effect" and the new method of submarine sacrificial anode and cathodic protection system optimal designed by BP neural networks covered in the book embodies the latest research results of deep sea corrosion control technologies such as submarines.

The content of this book is comprehensive and novel, which has important reference value for the research of corrosion theory of submarine and other deep sea equipment. It is not only suitable for corrosive professionals with a graduate degree in reading, but also be used as a reference for deep – sea equipment, development, use of engineering and technical personnel and materials professional institutions teachers and students.